디딤돌 파이썬

구조적 프로그래밍으로 설명한 파이썬 기초

이찬수 지음

INFINITYBOOKS
인피니티북스

이찬수 chansu@sarammani.com

어떻게 살 것인가에 대한 고민과 함께 대학 강의를 시작한다. 그 자리를 통해 보다 인격적인 만남과 공동의 이익을 가꿔가길 희망하며 지난 25년 동안 가톨릭대, 고려대, 광운대, 국민대, 덕성여대, 서울시립대, 성균관대, 성신여대, 한성대 등에서 강의전담교수나 비전임교원인 대학 강사로 교단에 서고 있다.

다수의 대학에서 주로 Python, C, C++, MFC, Java, Android, 웹 프로그래밍, 자료구조, 알고리즘, 소프트웨어 공학, 데이터베이스, 데이터통신, 논리회로, 컴퓨터구조, 운영체제 등의 다양한 강좌를 담당하면서 교과과정상 각 과목에서 다뤄야 할 내용의 범위와 상관관계에 대해 고민하게 되었고, 그 첫 결실로 이 책을 집필하게 되었다.

컴퓨터 프로그래밍이란 아무나 할 수 있는 것은 분명 아니지만, 본인의 의지가 있다면 누구나 할 수 있다는 신념 아래 최근에는 컴퓨터공학을 전공하는 학생들뿐만 아니라 컴퓨터공학을 전공하지 않은 이들도 보다 수월하게 프로그래밍을 익힐 수 있는 강좌에 대해 고민하고 있다.

유튜브 채널 사람만이(https://youtube.com/c/사람만이)를 운영하고 있다.

디딤돌 파이썬 구조적 프로그래밍으로 설명한 파이썬 기초

인쇄 2022년 8월 9일 초판 1쇄
발행 2022년 8월 23일 초판 1쇄

저자 이찬수
발행인 성희령
발행처 INFINITYBOOKS | **주소** 경기도 고양시 일산동구 하늘마을로 158, 대방트리플라온 C동 209호
대표전화 02)302-8441 | **팩스** 02)6085-0777
기획팀 채희만 | **영업팀** 한석범, 최형진, 이호준 | **편집팀** 한혜인, 임유리 | **경영관리팀** 이승희

도서문의 및 A/S 지원
홈페이지 www.infinitybooks.co.kr | **이메일** helloworld@infinitybooks.co.kr

ISBN 979-11-92373-05-8 | **등록번호** 제2021-000018호 | **판매정가** 29,000원

머리말

대학 강단에 선지도 어언 만 25여 년을 앞두고 있다. 박사학위를 취득한 후 삶에 대한 개인적 선택에 따라 전문연구원이나 대학 전임교원이 아닌 비전임교원인 대학강사로 여러 대학에서 다양한 학생들을 위한 수업을 진행하고 있다. 이 선택 덕분에 그저 한 학과, 한 학교 내의 특성에 얽매이지 않고, 다양한 대학에서 컴퓨터공학 관련 교육의 흐름을 고민해보게 된다. 이런 고민은 한 강좌가 다른 강좌와 어떤 연계를 가져야 하며, 내가 담당한 강좌에서 어떤 부분까지 다뤄야 하는지를 결정하는 데 도움을 준다.

이 과정 중에 만난 학생들 모두 내게는 소중한 인연이다. 짧게는 한 학기, 길게는 몇 년간 걸쳐 수업을 통해 만나는 학생들에게 도움 줄 수 있다는 것에 보람과 고마움을 갖는다. 물론 몇몇 학생들은 불만어린 아쉬움을 토로하기도 한다. 그네들의 부정적 피드백 덕분에 한 번 더 고민하면서 그저 익숙한 방식에 안주하지 않을 수 있었다. 더 많은 학생들은 강의평가를 통해서 긍정적인 피드백을 남겨준다. 일부는 졸업 때, 혹은 졸업 후에도 찾아와 인사하기도 한다. 이는 현실의 어려움을 잊게 하고 다음 학기로 나아갈 수 있게 하는 힘이 된다.

이런 소중한 관계가 있기에 매 학기, 매 시간 강의를 더욱 신중하게 준비하게 된다. 더 많은 학생이 그들의 배움 과정에서 시행착오 좀 덜 겪게 해주고 싶다. 하지만 그네들의 고민을 내가 대신할 수는 없고, 또 그래서도 안 될 것이다. 교수자는 그저 안내자일 뿐 해결사가 되어서는 안 된다. 학생들이 스스로 독립할 수 있게 도와주는 것이 교수자의 역할인 것이다.

다양한 교재를 강의에 적용해 보면서 필요한 것과 그렇지 않은 것을 구분해보게 된다. 이 자리를 빌려 내가 참고해왔던 많은 서적의 여러 저자들에게 경의를 표한다. 다만 기초 프로그래밍 강의를 '함수'를 중심으로 재설계하게 되면서 그에 따라 적합한 교재가 없어 이 책을 쓰게 되었다. 책임분할의 측면에서 함수부터 시작하는 강의순서는 이제까지 우리나라의 대학교육에서 채택한 관습적인 순서와는 차이가 있으나, 실제 강의에 적용해 보면 효과적이었다고 단언할 수 있다. 이 책이 기초 프로그래밍 교육에서 새로운 시발점이 될 수 있길 희망해 본다.

이 책이 만들어지기까지 많은 도움과 지지를 받았다. 먼저 좀 더 나은 수업을 위해 함께 고민해주시고 지지해주시며 모범을 보여주신 여러 교수님께 감사를 전한다. 더불어 하나의 완성된 책이 나올 수 있게 배려해주시고 애써주신 인피니티북스의 채희만 대표님과 까다로운 요구사항을 처리하느라 고생한 편집자분께 감사를 전한다.

끝으로 부족한 아빠이지만 항상 활력을 불어넣어 주며 꾸준히 자기 자리를 가꿔가고 있는 지효와 지윤이 그리고 언제나 든든한 지지자이며 지원자인 아내 면보씨에게 고마움을 전한다.

이 책에 대한 개선점이나 틀린 곳이 있으면 출판사 편집부나 개인 이메일을 통해 알려주기 바란다. 프로그래밍을 배우는 이들이 한층 더 성장하는 데 도움이 될 수 있는 하나의 자료로 다듬어 가는 데에 여러분의 참여는 절실하고 또 큰 힘이 된다. 자신이 속한 집단의 이익에만 눈이 먼, 소위 성공한 소수가 되기 위해 애쓰기 보다는 더 많은 이들과 더불어 살아갈 수 있는 세상을 함께 만들어 가보자.

2022년 8월

이찬수

프로그래밍을 배우는 학생에게

오늘날 컴퓨터는 인간이 추구하는 모든 분야에서 많은 가능성을 열어주고 있다. 더욱이 최근에 회자되는 4차 산업혁명의 허와 실은 차치하고서라도 미래 세대의 인간은 컴퓨터와 더 많이 상호작용하게 될 것이다. 따라서 직업으로써 컴퓨터를 다루지 않더라도 미래에는 컴퓨터를 이용해 자신의 문제를 해결해야 할 더 많은 경우에 마주하게 될 것이다.

그러다보니 인간의 명령에 따라 컴퓨터가 주어진 문제를 어떻게 처리할 수 있는지, 또 그런 명령을 어떻게 표현할 수 있는지에 대해 이해하는 것은 도움이 될 것이다. 연일 인공지능 기술 관련 놀라운 결과물에 대한 소식을 접하지만, 그 역시 인간의 의도가 반영되는 프로그램의 한 갈래일 뿐이다.

이 책에서 중심을 두는 것

이 책에서 다루는 내용은 파이썬 프로그래밍의 온전한 부분을 다루지는 않는다. 더불어 실무에 바로 접목할 수 있는 활용 기술도 소개하지 않는다. 그렇다고 화려한 그래픽 처리나 재미난 예제를 소개하지도 않는다. 대신 그런 기술을 익히기 위해 필요한 기본 바탕을 소개하고, 또 다져가고자 한다.

여러분들이 실무에서 해야 할 일을 인공위성에 비유해 보자. 아무리 중요한 일을 처리할 인공위성도 발사대에서 발사되어 각 단계별 추진체에 의해 궤도 위에 올려져야 한다. 인공위성이 해야 할 일에 비해 발사대나 발사체는 상대적으로 보잘것없어 보이지만, 어떤 인공위성도 이 도움 없이 궤도에 올라갈 수는 없다.

이 책은 여러분들이 프로그래밍을 학습하는 데 있어 발사대 혹은 1단 추진체의 역할을 하고자 한다. 천리 길도 한 걸음부터[1]란 말이 있듯이, 이 책을 통해 여러분들의 꿈을 펼쳐나갈 든든한 기반을 다질 수 있기 바란다.

1 千里之行 始於足下(천리지행 시어족하), 노자, 도덕경 64장

이 책을 학습해가는 과정 중에 해야 할 것

삶아가면서 겪게 되는 어려운 문제 중 하나를 꼽아보라면 많은 이들이 '관계'를 선택한다. 특히 상호간에 제대로 의사소통하는 것만큼 중요하고 또 어려운 것도 없지 않을까 싶다. 하물며 사람들 사이에서도 그런데, 내가 필요한 동작을 컴퓨터에게 지시하는 것은 만만한 일이 아니다.

그렇다고 해서 고급 수준의 수학적 개념이나 전자공학에 대한 이해가 필요하다는 건 아니다. 프로그래밍에 있어서 중요한 것은, 컴퓨터를 통해 해결해야 할 문제로부터 어떻게 결과를 도출해 낼지에 대해 좀 더 일반화되고, 명료하며, 구체화된 형태로 기술할 수 있느냐는 것이다. 이를 위해서 지금까지 보다는 좀 더 논리적으로 사고하는 것이 필요하다. 컴퓨터는 내게 우호적인 친구가 아니라 까칠한 경쟁자처럼 굴 것이다.

이 과정은 다소 막막하고, 낯설며, 지루하고, 골치 아프게 느껴질 수 있다. 하지만 이 과정을 충실히 해나간다면 까칠한 경쟁자를 나의 좋은 협력자로 삼을 수 있다. 스스로 프로그래밍 하여 주어진 문제를 해결할 수 있다는 것에 대한 성취감과 희열을 맛볼 수 있기 바라고, 궁극적으로 여러분의 생활에 실질적인 도움이 되기 바란다.

다만, 지금의 시작 단계에서는 당장 얻을 수 있는 결과물보다는 내 논리를 컴퓨터가 이해할 수 있는 형태로 표현하는 훈련을 지속적으로 해가기 바란다.

난, 프로그래밍에 흥미가 없어요!

그럴 수 있다. 그러면 얼른 흥미로운 것을 찾아 나서길 바란다! 미래에는 컴퓨터를 통한 업무 처리의 중요성이 높아지겠지만, 그렇다고 해서 모두가 프로그래밍을 배워야 한다고 생각하진 않는다. 컴퓨터를 이용한 업무 처리는 분명 도움이 될 수 있지만 유일한 선택은 아니다. 세상에 사람은 많고, 관심 가질 일은 다양하다!

다만 진정한 흥미는 주어지는 것이 아니라 내가 발견하는 것이라 생각한다. 누군가가 제시하는 흥미는 그 생명력이 짧을 수밖에 없다. 그런데 오늘날 우리는 너무 많은 정보에, 너무 강한 자극에 노출되어 있기에 뭔가에 대한 자신의 흥미를 발견하고 가꿔가는데 오히려 무뎌져 있는 건 아닌가 싶다.

에디슨의 명언 중 '1%의 재능과 99%의 노력'이란 말이 있다. 이 말이 '노력'을 강조한 것인지, '재능'을 강조한 것인지는 중요하지 않다. 결국엔 둘 다 필요하다. 필자는 이에 한 가지 덧붙이고자 한다: '재능'과 '노력'에 앞서 '관심'이다. 특정 분야에 대한 관심을 가질 때 비로소 노력하게 되고, 또 그에 대한 재능을 찾을 수 있다. 다만 그 관심은 외부 세계에서 주어지는 것이 아니라 스스로 찾아야 한다. 관심을 갖고 지속할 수 있을 때 비로소 진정한 흥미를 발견할 수 있을 것이다.

너무 쉬운 문제는 금방 흥미를 떨어뜨린다. 너무 복잡하고 어려운 문제는 쉽게 포기하게 만든다. 따라서 시작에서는 너무 거창한 목표를 정하기보다는 각자가 도전할 수 있을 정도의 문제를 단계적으로 해결해갈 때 관심을 이어가기 쉽다. 우선, 현재 단계를 성취하고 나서 다음 단계로 설렘을 이어 나가기 바란다.

실패해보고, 또 질문하라

인터넷 초창기, 정보를 검색하기 위해 검색엔진을 주로 이용하던 시절이 있었다. 다만 오늘날에는 이보다 유튜브 등의 동영상 검색을 통해 좀 더 직접적이고 구체적인 방법을 찾는 이들이 늘고 있다. 차근차근 단계적으로 필요한 지식을 쌓아가기엔 너무 많은 시간이 걸리고 또 방대해서 그런가 싶다. 하지만 쉽게 얻은 건 쉽게 잃게 되기 마련이다.

어느 분야에서든 잘하고 싶다면 직접 고민하는 과정이 동반되어야 한다. 내비게이션을 통해 길 안내를 받으면 쉽게 새로운 길을 찾아갈 수 있지만, 내비게이션의 도움을 받지 않고서도 그 길을 다시 찾아가기 위해서는 결국에는 스스로 시행착오를 겪어 익히는 것이 필요하다.

계단을 한 번에 뛰어오르려 하기 보다는 한 계단씩, 그러나 꾸준히 오르자. 그 과정에서 기꺼이 쓰디쓴 실패를 경험해보자. 실패했다면 왜 그랬는지, 성공했다면 놓친 문제는 없는지를 살펴보면서 다음 단계로 올라서자. 당장 어떤 결과를 내는 것은 중요하지 않다. 궁극적으로 여러분이 작성해야 할 프로그램은 단지 책에서 다룬 예제 정도의 수준도 아닐테고, 인터넷에서 검색한 예제들의 짜깁기 조합을 지향하는 것도 아니다. 여러분들만의 더 큰 그림을 이뤄가기 위해 한 발자국씩 디뎌가자.

다만 그 과정 중에 막히는 부분이 있다면, 아무리 고민해도 해결되지 않는 점이 있다면, 또 제대로 가고 있는지 확신이 없다면 그 부분을 질문해서 자신의 부족한 부분을 식별하고 채워가라.

스스로에게 질문해 고민할 수도 있지만, 함께 학습하는 다른 이와 다양한 의견을 토론해볼 수 있다. 또한 여러분들의 학습을 이끌어주는 교수자에게 주저 말고 질문하라. 그분들은 항상 여러분들의 질문을 기다리고 있고, 여러분들에게 직접적인 도움을 줘야 한다는 책임을 갖고 있는 분들이다. 특히 학습 초기에는 인터넷상의 어설프고 부정확한 답변에 적당히 의존하려 하지 말라. 타인의 의견을 받아들일지의 여부를 스스로 판단할 수 없다면, 현대의 인공지능 기술을 적용한 시스템의 실패를 우리가 답습하게 될 뿐이다.

'실패'와 '질문', 이 둘은 뭔가를 잘하기 위해서 반드시 동반되어야 할 부분이며, 배우는 단계에서는 누구든 충분히 누릴 수 있는 부분이다. 이 과정이 낯설고 어색하더라도 궁극적으로 필요한 걸 현명하게 선택하길 바란다. 발사대와 추진체의 도움을 받아야 인공위성도 궤도에 오를 수 있고, 그 과정은 언제나 한 번 만에 성공하지만은 않는다는 점을 명심하자!

강의자에게

각 교수자는 자신이 담당한 수업을 어떤 식으로 운영할지, 또 어떻게 해야 학생들에게 좀 더 도움이 될지에 대한 구체적이고 합리적인 비전이 있을 것이다.

필자 역시 지난 25여 년간 여러 대학의 다양한 프로그래밍 강좌를 맡아 운영하면서 컴퓨터 프로그래밍을 처음 입문하게 되는 학생들에게 필요한 것이 무엇인지, 또 어떤 방식의 접근이 필요한지에 대해 시행착오를 겪으며 고민해 오고 있다. 그 산출물 중의 하나인 이 책을 통해 **좀 더 도움되는 강의를 꾸려가기 위한 밑거름이 될 수 있기 바란다.**

2010년대 중반부터 우리나라의 여러 대학에서도 파이썬 언어를 커리큘럼에 도입하고자 하는 움직임이 있었고 그에 따라 여러 출판사에서 파이썬 서적이 출간되었다. 그럼에도 불구하고 필자가 또 다른 책을 집필하게 된 계기는 다음과 같다.

프로그래밍의 기본 개념 학습을 지향

처음 집필 방향을 잡을 때, 소위 좀 더 파이썬답게 프로그래밍 할 수 있는 내용을 지향할지, 아니면 파이썬 언어를 이용해 기초 프로그래밍에 대한 이해를 도모하도록 해야 할지에 대해 고민하였다. 현재 여러 대학의 커리큘럼상에서 파이썬 언어가 갖는 위상을 보면, 많은 경우 처음 혹은 두 번째로 학습하게 되는 기초 프로그래밍 강좌에서 다루는 언어로 채택되는 비중이 더 크다.

따라서 이 책은 파이썬 자체의 고유한 특징과 그에 대한 활용보다는, **파이썬 언어를 기반으로 하여 컴퓨터 프로그래밍에 대한 기본을 학습**하는 데 비중을 두었다. 파이썬이라는 쉽게 배울 수 있는 언어를 통해 좀 더 수월하게 프로그래밍에 입문하여 프로그래밍한다는 것에 대한 윤곽을 잡고, 이후 커리큘럼에서 다루게 될 C, C++, Java와 같은 **다른 프로그래밍 언어에 좀 더 쉽게 다가갈 수 있는 징검다리 역할**을 하고자 한다.

사용자 정의 함수를 중심으로 한 새로운 학습 순서

기존의 프로그래밍 서적에서는, [연산문] → [조건문] → [반복문] → [함수] → [복합 자료형]이라는 학습 구성이 일반화되어 있다. 다만 이런 순서의 내용 전개가 학습 과정에서 정말 도움이 되는가라는 의문을 가져본다. 첫 시간, 첫 번째 예제부터 함수를 사용하기는 하나 정작 내가 필요로 하는 함수를 정의하는 것을 배울 시기는 항상 시험을 코앞에 두고 다루게 되기에 많은 학생이 함수에 대해 충분히 학습하지 못하고 막연해하는 경우를 자주 접한다.

필자는 몇 년 전부터 이런 관습적인 내용 전개 순서 대신 먼저 함수부터 다루었을 때, 더 많은 학생이 무엇을 왜 해야 하는지를 좀 더 분명히 하며 만족스럽게 학기를 마무리하는 모습을 보았다.

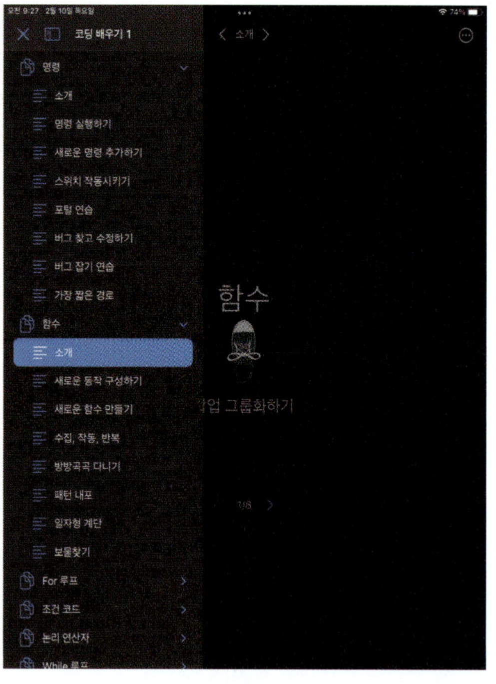

이런 접근은 필자의 개인적인 생각에 그치지 않았다. 위 그림은 애플사에서 만든 iPad 기반의 교육용 소프트웨어 앱인 Playgrounds의 '코딩 배우기1' 과정의 진도표이다. 기본적인 입출력에 대한 처리를 소개한 후에 바로 첫 번째 과정에서 함수를 다루고 그 뒤에 제문을 다룬다. 다시 말해 애플사에서 만든 소프트웨어 교육용 프로그램에서도 우리에게 익숙한 관습적인 순서와 달리 함수를 먼저 다루고 있다.

위와 같은 사례에도 불구하고 간단한 요구사항을 갖는 예제를 작성함에 있어 사용자 정의 함수를 이용하는 것이 바람직한가에는 여전히 이견이 있을 수 있다. 다만, 함수라는 단원이 그저 한두 주차에 다루어 선택적으로 사용하는 문법 사항이 아니라, 전체 문제를 분해해가며 좀 더 다루기 쉽게 구조화하는 데 거의 필수적으로 적용해야 할 사항으로 인식하도록 돕고자 한다. 이런 접근이 고학년으로 진급하여 더 길고, 더 복잡한 프로그램을 작성하더라도 포기하지 않을 수 있는 기반이 된다고 생각한다. 특히 객체지향형 프로그래밍이 중시되는 오늘날 사용자 정의 함수를 이용한 프로그래밍의 중요성은 두 번 강조할 필요도 없을 것이다.

따라서 이 책에서는 각 문법 사항들을 전개해가는 기존의 순서와 달리 사용자 정의 함수를 먼저 다룬다. 각 문제에서 단계별 세분화 전략에 따라 전체 문제를 분해해가며 해결할 수 있는 좀 더 작은 규모의 함수로 나누어 구성해 갈 수 있도록 유도한다. 이를 위해 문제의 요구사항을 의사코드를 통해 설계하고, 그것을 구현해 가는 과정을 보인다. 그리고 이 기반 위에 연산자, 제어문 등의 다른 기본 문법들을 단계적으로 적용하도록 구성한다.

문제집이기보다는 개념서를 지향

한 분야에 대한 이해를 도모하기 위해서는, 다양한 문제를 다룸으로써 그에 대한 개념을 이해해 가는 방법과, 반대로 먼저 개념을 정리함으로써 그와 관련된 다양한 문제를 풀 수 있는 기반을 쌓는 방법이 있을 것이다. 보통 전자와 같은 접근을 하는 책을 문제집이라, 후자와 같은 접근을 하는 책을 개념서라 한다.

물론 개념을 익혔다 해도 그것을 실제 문제에 적용하지 못한다면 아무짝에도 쓸모없을 것이다. 이런 측면에서 최근 교재로 집필되는 서적들의 추세는 다양한 문제 위주의 접근을 취하기도 한다. 하지만 문제 위주의 접근 시에도 그저 몇몇 문제를 풀어봤다는 것이 중요한 게 아니라 그 과정을 통해 공통의 개념을 정리해 낼 수 있어야 다른 형태로 응용된 문제를 해결할 수 있을 것이다.

그런데 대학 강의에서는 이런 접근방법에 다소 시간적 제약이 따르기 마련이고, 학생들은 그저 해결해야 할 문제의 요구사항을 이해하기에 급급하거나, 혹은 주어진 해답을 암기하려고만 하는 선에 머물고 마는 경우를 자주 마주한다. 더불어 충분한 유형의 문제를 풀어보지 않으면 그저 몇몇 패턴화된 문제만 풀 수 있고 살짝 다르게 응용된 하지만 다뤄보지 않은 유형은 손도 대지 못하는 경우가 생기기도 한다.

따라서 이 책은 문제집 유형보다는 개념서 유형을 지향한다. 많은 문제의 나열보다는 각 단원별로 기본적으로 필요한 개념을 정리하고, 그것을 기본 예제에 적용해가도록 구성하였다. 그리고 각 단원의 마지막에는 주요 기본 개념을 연습해 볼 수 있는 활용 문제를 추가하였다. 이를 통해 학생들은 어떤 새롭고 복잡한 응용문제를 만나더라도 해결할 수 있는 기반을 쌓을 수 있을 것이다.

간단하지만 명확히 이해할 수 있는 예제

이따금씩 복잡한 활용 문제의 요구사항을 분석하는 과정 중에 정작 그 단원에서 연습해야 할 기본 개념과 적용 방법에 대한 본질을 잃게 되는 경우를 자주 본다. 물론 응용할 수 있는 능력은 중요하다. 하지만 초등학교 저학년 국어 시간에 유명 고전 소설이나 베스트셀러 수준의 글쓰기를 기대하지 않듯이, 기초 프로그래밍을 학습하는 단계에서는 응용보다는 기본기를 갖추도록 하는 것이 더 필요하다.

따라서 복잡한 요구사항을 갖는 다양한 예제들을 그저 나열식으로 다루기보다는, 각 문법 사항을 정확히 적용해 볼 수 있는 예제들을 제시한다. 즉 본문의 예제는 이미 익숙한 요구사항의 작은 규모의 프로그램을 구조화하는 과정을 통해 왜 그렇게 구성하게 되었는지에 대해 설명한다. 이를 통해 추후 보다 복잡하고 많은 요구사항을 갖는 프로그램을 작성할 수 있는 안목을 키울 수 있을 것이다.

다만, 그러다보니 이 책에는 상대적으로 다양한 예제나 연습 문제가 부족해 보일 수 있다. 하지만 이 책은 독학서가 아닌 대학 교재를 감안하여 집필되었기에 강의를 담당한 강의자의 경험과 전문성을 바탕으로 대상 강좌 학생들에게 필요한 적절한 난이도의 추가 문제들을 제시해줄 수 있으리라 생각한다.

터틀 그래픽과 그래픽 처리는 배제

최근 파이썬 서적에 빠짐없이 등장하는 것 중 하나로 터틀 그래픽이 있다. 이는 1966년 교육용 프로그램인 Logo에서 처음 소개된 것으로, 간단한 그래픽처리 모듈을 이용해 프로그램의 동작을 시각적으로 나타낼 수 있어 프로그래밍에 익숙하지 않은 이들이 프로그램 수행 결과를 눈으로 쉽게 확인할 수 있도록 도와준다.

학생들의 흥미 유발과 손쉬운 접근을 위해 이를 도입해볼 수는 있다지만, 사실상 정말 흥미로운지에는 이견이 있을 수 있다. 오히려 반복문에 대한 연습을 넘어서서는 오히려 학생들이 복잡해하거나 구조적이지 못한 주먹구구식의 프로그래밍을 조장하고 만다. 좀 더 실질적인 그래픽 처리는 GUI 프로그래밍에서 다루는 것이 더 적합한데, 이 책의 분량과 집필 방향상 다루지 못했다. 이 책은 최종 종착점이 아니라 다음 단계 프로그래밍으로 가기 위한 징검다리일 뿐이다.

더불어 오늘날 대학에 진학하는 대부분의 학생들은 이미 초중등학교에서 이미 스크래치나 엔트리 등을 이용한 시각적인 블록 코딩을 기반으로 프로그래밍을 경험했다. 한때는 대학 교육에서도 블록 코딩과 같은 손쉽고 직관적이며 흥미 위주의 접근이 도움이 되기도 했다. 다만 이제는 그 역할이 대학 입학 전의 교육과정에서 이뤄지고 있다는 점을 직시하고 그에 따라 대학에서의 기초 프로그래밍 교육의 내용도 변해야 할 필요가 있다.

그저 초기 입문 시 흥미위주로만 접근하다가 정작 본격적인 프로그래밍을 학습하면서 좌절하게 되기보다는, 초기에 좀 더 체계적으로 프로그램을 구성할 수 있는 능력을 키우는 것이 바람직하다 생각한다. 이를 바탕으로 각 개인의 관심 분야에 따라 다양한 사례를 접목할 수 있는 기반을 가꿀 수 있도록 도와주고자 한다. 학생들이 단순 예제에 대한 출력 결과물을 내는데 급급하게 지도하기보다는, 각 과정 이후에 홀로서기 할 수 있도록 도와주도록 하자.

분량 제한에 따른 아쉬움

이밖에도 예외 처리와 클래스 상속, 추상 클래스와 다형성과 같은 객체지향 언어의 몇몇 특징, GUI 환경의 좀 더 다양한 구성과 통합 프로그래밍에 대한 내용과 그 밖의 여러 내장 함수와 복합 자료형의 좀 더 파이썬다운 활용법 등은 원고를 작성했음에도 불구하고 책의 분량과 이 책에서 다루고자 하는 범위를 넘어서기에 미처 본문에 싣지 못했다.

사실 첫 번째 프로그래밍 언어 강좌의 교재라면 이 부분은 과감히 생략하는 것이 맞을 것이나, 두 번째 프로그래밍 언어 강좌라면 아쉬울 수도 있는 부분이라 생각된다. 다만 이 책은 파이썬 활용서로 자리매김하기 보다는 프로그래밍 한다는 것에 대한 윤곽을 학생들이 잡을 수 있도록 하는 데 더 초점을 맞추고자 했기에 아쉽지만 욕심은 덜어내었다.

책의 순서

1단원 컴퓨터 시스템의 기본 특징을 통해 프로그래밍에 대한 개념을 소개한다. 파이썬 프로그래밍을 위한 개발환경을 구축하고, 프로그램을 실행하는 기본 과정에 대해 소개한다.

2단원 파이썬 소스 코드에 나타나는 주석과 문장, 리터럴 그리고 함수에 대해 소개한다. 기본 출력문만을 이용하여 인수와 반환값을 갖지 않는 사용자 정의 함수를 정의함으로써 전체 프로그램을 구조화하는 가능성에 대해 살펴본다.

3단원 변수에 대한 개념과 입력문을 통해 데이터를 입력받는 방법에 대해 알아본다. 변수에 대한 개념을 기반으로 매개변수와 반환값을 가질 수 있는 다양한 구성의 사용자 정의 함수에 대해 다룬다.

4단원 하나의 연산 표현식을 이루는 기본 연산자 중 부호, 산술, 대입, 비트, 축약 대입 연산자 그리고 연산자 우선순위와 결합규칙을 소개함으로써 기본적인 연산을 처리하는 프로그램을 작성할 수 있도록 한다.

5단원 지역변수와 전역변수의 차이를 기반으로 함수 호출 메커니즘에 대한 온전한 이해를 도모한다. 더불어 모듈을 이용한 프로그래밍과 사용자 정의 모듈을 구성하는 방법에 대해 다룬다.

6단원 문자열을 표현하는 다양한 방법과 더불어 문자열에서 제공되는 기본 메서드에 대해 소개한다. 더불어 다른 표현식의 결과값을 기반으로 문자열을 형식화하는 f-문자열에 대해 다룬다.

7단원 비교 연산자와 논리 연산자를 기반으로 조건평가식을 구성하고, 이를 조건문에 적용해 본다. if 절이나 else 절에 중첩된 조건문을 단일 조건문으로 표현하고, 함수 내외부에서 조건문이 어떻게 적용될 수 있는지도 다룬다.

8단원 프로그램에서의 반복 루프를 효율적으로 기술하기 위해 while 문과 for 문에 대해 다룬다. 단지 문법적 표현뿐만 아니라 각 구문을 좀 더 명확히 사용하기 적합한 경우를 구분한다.

9단원 복합 자료형 중 리스트와 튜플, 딕셔너리에 대해 다룬다. 각 복합 자료형의 기본 특징과 주요 메서드를 알아본다. 기초 프로그래밍을 감안해 주로 리스트를 기반으로 살펴본다.

10단원 복합 자료형의 데이터를 반복문과 같이 좀 더 효율적으로 사용하는 방법에 대해 다룬다. 더불어 가변 객체인 복합 자료형을 함수와 같이 사용했을 때 갖게 되는 특징에 대해서도 다룬다.

11단원 객체지향 프로그래밍에 대한 기본 개념들을 다룬다. 클래스와 객체의 기본 개념을 바탕으로 클래스를 정의하고 객체를 생성해 문제를 해결하는 관점에 대해 소개한다. 기초 프로그래밍을 고려해 상속과 다형성에 대해서는 다루지 않았다.

12단원 데이터 파일에 대한 개념과 더불어 데이터 파일에 입출력하는 방법에 대해 다룬다. 텍스트 파일뿐만 아니라 pickle 모듈을 이용한 이진 파일 입출력에 대해서 소개한다.

13단원 tkinter 모듈을 인용해 GUI 프로그램을 작성하는 방법에 대해 소개한다. 좀 더 개선된 룩앤필을 제공하는 ttk 모듈을 사용하며 ttk 스타일 설정을 이용해 좀 더 효율적으로 위젯들을 관리할 수 있도록 한다. 더불어 객체지향적으로 GUI를 구성하는 방법에 대해서도 살펴본다.

강의 계획 제안

앞서 소개한 것처럼 이 책은 파이썬 언어를 이용해 기초 프로그래밍을 학습하는데 도움을 주고자 한다. 다만 교양 강좌에서 다루는지 혹은 전공에서 다루는지, 또 첫 프로그래밍 언어인지 아닌지에 따라 한 학기 강의에서 소화할 수 있는 분량과 범위가 다를 것이기에 다음과 같이 세 유형의 강의 계획을 제안한다. 이를 참조하여 강의자가 담당하는 각 강좌 특성에 따라 융통성 있게 운영해 갈 수 있을 것이다.

[일반교양] 컬럼은 전공과목이 아닌 교양으로 개설된 컴퓨터 사고 관련 교과목이나 기초 프로그래밍 관련 강좌에 적용해 볼 수는 진도이다. 전공으로 개설된 기초 프로그래밍 강좌를 위해서는 [첫 번째 언어]와 [두 번째 언어] 컬럼을 참고하라. 각각은 프로그래밍 언어를 처음으로 다루는 강좌인지에 따라 구분하였다. 8주차와 15주차는 시험 기간으로 가정한다.

<table>
<tr><th>단원</th><th>내용</th><th>일반교양</th><th>첫 번째 언어</th><th>두 번째 언어</th></tr>
<tr><td>1</td><td>파이썬을 만나는 설렘</td><td>1주차</td><td>1주차</td><td>1주차</td></tr>
<tr><td>2</td><td>함수를 기반으로 한 기본 구조</td><td>2주차</td><td>2주차</td><td rowspan="2">2주차</td></tr>
<tr><td>3</td><td>데이터와 함수</td><td>3주차</td><td>3주차</td></tr>
<tr><td>4</td><td>표현식과 연산자</td><td>4주차(일부 생략)</td><td>4주차(일부 생략)</td><td>3주차</td></tr>
<tr><td>5</td><td>함수의 구성 이해</td><td>5주차(일부 생략)</td><td>5주차</td><td>4주차</td></tr>
<tr><td>6</td><td>문자열</td><td>6주차(일부 생략)</td><td>6주차</td><td>5주차</td></tr>
<tr><td>7</td><td>비교 연산과 조건문</td><td>7주차</td><td>7주차</td><td>6주차</td></tr>
<tr><td>8</td><td>반복문</td><td>9~10주차(일부 생략)</td><td>9주차(일부 생략)</td><td>7주차</td></tr>
<tr><td>9</td><td>복합 자료형 소개</td><td>11주차(일부 생략)</td><td>10주차</td><td>9주차</td></tr>
<tr><td>10</td><td>복합 자료형 활용</td><td>(전부 생략)</td><td>11주차(일부 생략)</td><td>10주차</td></tr>
<tr><td>11</td><td>클래스와 객체</td><td>(전부 생략)</td><td>12주차(일부 생략)</td><td>11주차</td></tr>
<tr><td>12</td><td>데이터 파일 입출력</td><td>12주차(일부 생략)</td><td>13주차(일부 생략)</td><td>12주차</td></tr>
<tr><td>13</td><td>GUI 프로그래밍 기초</td><td>13~14주차(일부 생략)</td><td>14주차(일부 생략)</td><td>13~14주차</td></tr>
</table>

이 책에 대한 강의자 매뉴얼은 인피니티북스 사이트에서 인증된 교수회원에게 온라인으로 제공한다. 강의자 매뉴얼에는 대상별 강의 세부계획안, 단원별 강의 슬라이드와 프로그래밍 연습 문제 해답, 정오표가 포함되어 있다. 보다 자세한 사항은 인피니티북스 각 대학 담당자에게 문의하기 바란다.

인피니티북스 홈페이지 https://www.infinitybooks.co.kr

책의 구성 및 특징

가독성 있는 편집

학습자가 좀 더 책의 내용을 명료하게 살펴볼 수 있도록 다음과 같이 여러 구성으로 구분하여 편집하였다. 각 구성에 대한 특징은 아래에 따로 설명한다.

더불어 글자의 크기나 장평, 줄 간격 그리고 여백을 좁지 않게 하여 학습자가 책을 보면서 답답함을 갖지 않도록 구성하려 노력했다. 또한 본문 중간에는 문맥에 적합한 그림을 통해 학습자의 이해를 도모하도록 하였다.

본문 강조

본문에서는 기본 문법 사항과 더불어 예제 코드에 대해 설명하다 보니 다소 호흡이 긴 글로 구성되고 있다. 따라서 각 절에서 핵심 문장은 좀 더 명료하게 강조하기 위해 일반 본문 글자 보다 조금 큰 연두색 글자로 나타낸다. 주요 내용을 확인하기 위해서는 이 부분 위주로 살펴볼 수 있다.

일반화된 문법 정리

각 절에서 주요 문법 사항에 대한 일반화된 정리는 다음과 같이 연두색 박스로 나타낸다. 이때 기울임체로 쓰인 부분은 코드 작성 시 상황에 따라 적절히 다른 표현으로 바꾸어 작성해야 하는 부분을 나타낸다.

```
print('출력할_문자열')
```

예제 코드

대화식 모드나 스크립트 모드로 작성하고 실행해 볼 수 있는 실습 예제 코드는 다음과 같이 분홍색 박스로 나타낸다. 이때 화면 좌측에는 각 행에 대한 번호를 따로 기술하여 본문에서 설명하고자 하는 코드를 쉽게 찾을 수 있도록 한다.

코드 3-3 두 개의 매개변수를 갖는 사용자 정의 함수의 호출 예

```
# 사용자 정의 함수부
def show_message(msg, name) :
    print(msg, name, '님')
```

코드의 글자색은 IDLE에서의 색상과 비슷하게 일치시켜 학습자가 실습 중에 오타 등으로 잘못 작성한 부분을 빠르고 명확하게 확인할 수 있도록 한다. 다만 앞서 제시한 코드를 수정할 때에는 참조하는 기존 코드는 다음과 같이 회색 글자로 나타내고, 수정된 부분을 포함하고 있는 문자만 글자색을 지정하여 학습자가 어느 부분의 코드가 수정되었는지를 명확히 한다.

 # 코드 3-5 매개변수에 기본값을 갖는 함수

```
# 사용자 정의 함수부
def show_message(msg='안녕하세요', name='여러분') :
    print(msg, name, '님')

# 주 프로그램부
print('시작')
show_message('안녕', '이찬수')
show_message('안녕')
```

코드의 실행 결과는 하늘색 박스로 나타내는데, 이때 프로그램에서 출력된 문장은 IDLE의 실행결과와 같이 파란색 글자로, 사용자 입력값은 검정색 글자로 표현한다. 다만 사용자 입력값은 좀 더 분명하게 식별할 수 있도록 기울임체를 적용한다. 더불어 화면에 표시할 수 없는 Tab키나 Enter키는 특수 기호로 나타낸다.

실행 결과

원기둥 밑면 원의 반지름은? *2.5* [Enter↵]
원기둥의 높이는? *10* [Enter↵]
원기둥의 부피는 196.25

주석글

본문 측면에는 해당 문장과 연관된 부연 설명이나 참고해야 할 다른 부분에 대한 주석을 기술하여 학습자의 이해를 도모한다.

보다 자세한 과정은 1단원 6절을 다시 참고하라.

앞 절에서 설명한 것처럼 IDLE 프로그램을 실행한 후(이미 실행했다면 다시 실행하지 않아도 된다) 상단 메뉴에서 [File]-[New File]를 선택해 스크립트 편집기를 실행하자. 편집기 상에 다음의 코드 2-1을 철자에 주의해가며 똑같이 입력하자.

참고사항

본문 내용의 흐름과 별개로 본문과 연관된 확인 사항이나 학습자가 가질 수 있는 질문 사항은 다음과 같이 보라색 박스에 질의응답 형식으로 기술하여 본문의 내용을 보충한다.

궁금합니다

파이썬의 주석은 한 종류뿐인가요?

C 언어와 같은 일부 프로그래밍 언어에서는 라인 주석과 블록 주석이라는 두 종류의 주석을 제공하기도 합니다. 다만 파이썬에서는 공식적으로 # 기호를 이용한 라인 주석만 제공합니다.

중간 정리

각 절에서 하나의 문법 설명 끝에는 다음과 같이 정리 박스를 통해 주요 문법 사항과 프로그래밍 시 주의점을 간단히 정리해 학습자가 기억해야 할 사항들을 명확하게 확인할 수 있도록 한다.

정리

함수

- ✓ 특정 작업을 수행할 수 있도록 설계된 독립된 문장들의 집합을 일컫는다.
- ✓ 일반적으로 각 함수는 고유한 책임을 담당한다.

확인 문제

각 절의 마지막에는 그 절에서 다룬 내용이나 고민해봐야 할 질문 사항을 간단히 확인해 볼 수 있는 확인 문제를 제시한다. 이 문제는 뒤에서 다룰 연습 문제보다는 다소 기본적인 문제들이다.

이제는 할 수 있어요!

다음은 스크립트 모드로 잘못 작성된 소스 코드이다. 이 코드는 제대로 실행되지 못한다. 어떤 문제가 왜 발생하는지, 그리고 어떻게 수정해야 하는지 찾아보자.

```
  print('hello world!')
print(
    'good job!'
)
```

단원 정리

각 장의 마지막 부분에는 그 단원에서 꼭 기억해야 할 주요 문법 사항을 요약하여, 그 장에서 기억해야 할 점들을 한 눈에 살펴볼 수 있도록 정리했다.

이번 단원을 정리하며

» 변수는 프로그램이 진행되는 동안 변할 수 있는 데이터를 저장한다.

» 모든 변수는 그 값이 참조되기 전에 변수 이름을 나타내는 식별자에 특정 초기값 할당을 통해 먼저 선언되어야 한다.

연습 문제

각 장의 마지막에는 연습 문제를 포함한다. 해당 장에서 학습한 주요 내용에 대한 활용 연습으로 그저 문제의 실행 결과와 똑같이 출력하는데 초점을 맞추기 보다는 각 문제에서 기술하고 있는 요구사항을 꼼꼼히 확인하고 맞춰가면서 그 장에서 익혀야 하는 부분들을 충분히 연습하는 기회로 삼았다. 이에 문제의 설명이 다소 길지만 이는 학습자가 작성해야 하는 바를 구체적으로 기술하기 위함이다.

연습 문제

01 컴퓨터 구성요소 중 하드웨어는 중앙처리장치, 주기억장치, 보조기억장치, 입출력장치로 구분된다. 인터넷 검색을 통해 개인용 컴퓨터에서 사용되는 각 장치들의 특징을 찾아보자.

목차

CHAPTER · 1

파이썬을 만나는 설렘 29

01 컴퓨터란 무엇인가? 30
- 왜 사용하는 것일까? 30
- 과연 무엇일까? 30
- 누가 더 똑똑한가? 32
- 그런데도 우리는 왜 컴퓨터를 사용하나? 32

02 컴퓨터의 구성을 알아보자 34
- 모방은 창조의 어머니 34
- 컴퓨터 하드웨어 34
- 컴퓨터 소프트웨어 35

03 컴퓨터 프로그래밍 개요 37
- 컴퓨터 프로그래밍 언어란? 37
- 소스 코드와 실행 방식 38
- 왜 프로그래밍을 배우나? 39

04 파이썬의 소개 41

05 파이썬 개발환경 구축하기 42
- 설치 파일 다운로드 42
- 설치 과정 42

06 파이썬 프로그램 실행하기 45
- 개발환경을 시작해 보자 45
- 대화식 모드로 명령어를 하나씩 실행해 보자 46
- 스크립트 모드로 일괄 실행하기 48
- 이전에 작성한 코드의 수정 및 재실행하기 52

이번 단원을 정리하며 55

연습 문제 56

CHAPTER · 2

함수를 기반으로 한 기본 구조 59

01 주석과 문장 60
- 기본 구성요소들을 갖는 예제 60
- 주석 61
- 빈 줄 63
- 문장 63

02 함수 개요 66
- 책임 분할의 필요성 및 함수 개념 66
- 함수 사용의 이점 67
- 함수 호출의 개념 69
- 함수 호출문 71

03 데이터와 자료형 73
- 데이터의 표현 73

자료형 73

04 리터럴 **75**
정수 리터럴 75
실수 리터럴 76
복소수 리터럴 76
논리 리터럴 77
문자열 리터럴 77

05 기본 출력문 **78**
인수로 하나의 문자열을 갖는 출력문 78
하나의 리터럴을 인수로 갖는 출력문 79
두 개 이상의 인수를 갖는 출력문 79

06 인수와 반환값을 갖지 않는 사용자 정의 함수 **82**
식별자 82
키워드 84
함수의 정의 85
함수 호출 인터페이스 85
함수의 몸체 86
사용자 정의 함수의 실행 과정 86
첫 번째 유형의 사용자 정의 함수가 지닌 특징 88
이번 단원을 정리하며 89
연습 문제 90

CHAPTER · 3
데이터와 함수 93

01 변수의 개념 **94**
변하는 데이터는 어떻게? 94
변수 선언문 95
= 기호의 의미 96
여러 변수의 동시 선언 96
변수값의 참조 97
변수값의 수정 98
변수의 실체 99

02 인수를 갖는 함수 **101**
매개변수란? 101
두 개 이상의 매개변수 103
키워드 인수 104
매개변수의 기본값 106
print()의 키워드 인수 109

03 반환값을 갖는 함수 **112**
복귀와 반환처리 112

04 입력문 **115**
입력문의 반환값 115
입력문의 인수 116

05 함수의 일반적 형태 **119**
매개변수와 반환값을 갖지 않는 함수 119
매개변수만 갖는 함수 121

반환값만을 갖는 함수 122
매개변수와 반환값을 모두 갖는 함수 124
이번 단원을 정리하며 127
연습 문제 128

CHAPTER · 4
표현식과 연산자 133

01 표현식 **134**
표현식과 항 134
연산자 136
02 부호 연산자 **138**
03 산술 연산자 **140**
산술 연산자의 종류 140
연산의 결과값 141
산술 연산자의 활용 예제: 몫과 나머지 구하기 142
04 대입 연산자 **148**
다양한 대입 처리 149
다중 대입문 151
05 비트 연산자 **152**
비트 논리 연산 152
비트 시프트 연산 154
06 축약 대입 연산자 **155**
축약 대입 연산자의 활용 예제: 거스름돈 계산 156
07 연산자 우선순위와 결합규칙 **159**
연산자 우선순위 159
연산자 결합규칙 160
연산자들의 우선순위와 결합 방향 160
이번 단원을 정리하며 162
연습 문제 163

CHAPTER · 5
함수의 구성 이해 167

01 함수 호출 매커니즘 **168**
되돌아보기 168
함수 호출 매커니즘에 대한 비유 169
함수 정의 내에서 선언된 변수의 가시 범위 173
02 다양한 영역에서 선언된 변수 **177**
지역변수 177
전역변수 177
전역변수를 주로 사용하나? 179
03 지역변수와 전역변수의 사용 예 **180**
첫 번째 구현 안: 지역변수의 부적절한 사용 181
두 번째 구현 안: 전역변수의 값 참조 182
세 번째 구현 안: 전역변수 값 수정 184
네 번째 구현 안: 전역변수와 이름이 같은 지역변수 186

04 모듈 구성 및 사용 188
모듈이란? 188
모듈의 종류 189
사용자 정의 모듈의 구성과 사용 예제: 도형의 넓이 구하기 189
모듈 구성요소 확인 195
표준 모듈의 사용 예: random 198
모듈 내의 문장 200
이번 단원을 정리하며 202
연습 문제 203

CHAPTER · 6
문자열
205

01 문자열의 표현 206
문자열 데이터 206
한 줄로 표현된 문자열 리터럴 207
이스케이프 문자 208
여러 줄로 확장된 문자열 리터럴 211
삼중 따옴표 212

02 문자열 기본 조작 214
문자열 인덱싱 214
문자열 슬라이싱 215
두 문자열의 연결 216
문자열의 반복 연결 218
실습 예: 문자열의 기본 조작 219

03 f-문자열 리터럴 222
형식화된 문자열 리터럴(f-문자열) 222
f-문자열 구성 시 사용되는 형식 코드 224
변환 명세 226

04 다양한 문자열 처리 함수들 229
문자열 내용 검사 229
문자열 길이 구하기 230
주요 문자열 메서드 231
이번 단원을 정리하며 236
연습 문제 237

CHAPTER · 7
비교 연산과 조건문
239

01 제어문이란? 240
제어문의 역할 240
제어문의 구조 241

02 조건평가식 242
비교(관계) 연산자 242
비-수치 데이터의 비교 245
논리 연산자 246
논리 연산자의 활용 예제: 나이의 유효성 검사 247

03 조건문 249
if 문 249

if ~ else 문 253
실습예제 #1: 짝수 홀수 판별하기 255
실습예제 #2: 정수의 부호 판별하기 260

04 중첩된 조건문 263
else 절에 중첩된 if 문 263
if ~ elif ~ else 문 264
실습예제 #3: 성적 급간 판별 265
if 절에서의 중첩 268
실습예제 #4: 윤년 판별하기 269
이번 단원을 정리하며 272
연습 문제 273

CHAPTER · 8
반복문
277

01 반복문이란? 278
제어문의 종류 278
반복 처리의 필요성 279
반복 루프는 반복문으로 기술하자 279
반복문으로 작성하기 쉽고 유지보수하기 쉬운 코드를 작성하자 280
파이썬에서 제공하는 반복문의 종류 282

02 while 문 283
반복 나열된 if 문으로 구성한 루프가 갖는 한계 283
조건을 만족하는 한 반복하는 while 문 285
중복된 구문은 줄이자 289
주로 while 문을 사용하기 좋은 경우 290
while 문으로 구성하기 번거로운 경우 291

03 for 문 295
한계가 있는 반복 295
문자열을 구성하는 각 요소 문자에 대한 반복 296
지정된 범위를 반복 297
지정된 횟수만큼 반복 298

04 중첩된 for 문 300
중첩 구조 300
함수를 통한 중첩 반복 301
중첩된 루프 302

05 반복문의 활용 예제: 구구단 출력 304
주 프로그램부 304
사용자로부터 양의 정수를 입력받는 함수 306
특정 단의 구구단 결과를 출력하는 함수 308
전체 프로그램으로 통합 구현 310

06 break 문 311
반복문의 강제 종료 311
break 문의 활용 312
이번 단원을 정리하며 316
연습 문제 317

CHAPTER · 9
복합 자료형 소개 321

01 복합 자료형이란? 322
02 리스트 323
리스트란? 323
리스트의 생성 324
리스트의 내부 구조 326
파이썬 튜터 사이트 328
리스트 인덱싱 331
리스트 슬라이싱 332
리스트의 요소 수정 334
리스트의 대입 연산 336
리스트의 비교 연산 339
리스트의 연결 연산 341
03 리스트의 동작 342
리스트의 길이 확인 342
리스트에 요소 추가 342
리스트의 요소 삭제 344
리스트의 요소 위치 반환 346
리스트 내용 검사 346
04 튜플 348
튜플의 생성 348
튜플의 사용 349
05 딕셔너리 352
딕셔너리의 생성 및 구성 352
딕셔너리의 요소 접근 354
딕셔너리의 요소 추가 357
딕셔너리의 요소 수정 358
딕셔너리의 요소 삭제 359
문자열, 튜플, 리스트, 딕셔너리 비교 360
이번 단원을 정리하며 361
연습 문제 362

CHAPTER · 10
복합 자료형 활용 367

01 리스트와 함수 368
리스트를 매개변수로 받는 함수 368
리스트를 반환하는 함수 372
02 리스트와 반복문 376
리스트의 각 요소값에 대한 반복적인 처리 376
03 리스트의 반복적 접근 예제: 인구조사 379
1단계: 주 프로그램부 380
2단계: 각 층의 거주인원수를 입력받는 함수 381
3단계: 각 층의 거주인원수를 출력하는 함수 385
4단계: 각 층의 거주인원수의 총합을 구하는 함수 386
전체 프로그램으로 통합 구현 389
04 이중 리스트 392
이중 리스트의 선언 392

이중 리스트의 요소 선택 393
이중 리스트와 반복문 393

05 딕셔너리와 반복문 395

06 딕셔너리와 함수 397
복합 자료형과 함수 397
딕셔너리를 안전하게 처리하는 함수 구성 예제 397
이번 단원을 정리하며 401
연습 문제 402

CHAPTER • 11
클래스와 객체 407

01 객체지향 언어의 개념 408
프로그래밍 언어의 유형 408
절차지향적 문제해결과 객체지향적 문제해결 방법의 비교 409
객체란 무엇인가? 413

02 클래스 정의 415
객체지향적으로 접근하기 415
객체의 구성요소 416
클래스의 개념 418
클래스의 정의 420

03 객체의 생성 422
정의한 클래스로 객체를 만들자 422
객체의 속성은? 423
객체의 속성에 접근하기 423
메서드는 자신의 속성에 어떻게 접근할 수 있을까? 424
메서드 구현을 완성하자 425

04 생성자 428
객체 생성과 동시에 초기화 428

05 정보 은닉: 비공개 속성과 액세스 메서드 430
비공개 속성 430
액세스 메서드 431

06 클래스 단위 멤버 434
클래스 변수 434
정적 메서드와 클래스 메서드 437
이번 단원을 정리하며 440
연습 문제 441

CHAPTER • 12
데이터 파일 입출력 445

01 파일이란? 446
정보를 저장하고 불러오기 446
창고 역할을 하는 보조저장장치 447
보조저장장치에 저장되는 파일 449
파일의 종류 450
데이터 파일에는 무엇을 저장할까? 450

02 데이터 파일의 두 가지 구성 방법 452
이진 데이터 파일 452

텍스트 파일 453

03 파일 열고 닫기 **455**

글을 쓰거나 읽기 위해서는 455

파일에 쓰거나 읽기 위해서는 455

파일을 열어 보자 456

파일 사용을 마치면 바로 닫자 459

실습: 파일 열고 닫기 460

with 키워드로 안전하게 파일 닫기 464

04 텍스트 파일에 쓰고 읽기 **466**

텍스트 파일에 쓰기 466

텍스트 파일로부터 읽기 469

05 이진 파일에 쓰고 읽기 **475**

텍스트 파일 입출력의 한계 475

pickle 모듈을 이용한 피클링 476

이번 단원을 정리하며 482

연습 문제 483

CHAPTER · 13

GUI 프로그래밍 기초 485

01 GUI 프로그래밍이란? **486**

사용자 인터페이스 486

사용자 인터페이스의 구분 487

02 루트 윈도우의 기본 구성 **493**

tkinter 모듈 493

나만의 윈도우를 만들어 보자 494

루트 윈도우를 꾸며보자 495

03 기본 위젯 **498**

위젯이란? 498

ttk.Widget 클래스 500

라벨(Label) 위젯 502

ttk 스타일링 506

버튼(Button) 위젯 510

엔트리(Entry) 위젯 512

텍스트(Text) 위젯 514

체크버튼(Checkbutton) 위젯 517

라디오버튼(Radiobutton) 위젯 519

04 위젯의 배치 **523**

pack() 메서드를 이용한 배치 523

grid() 메서드를 이용한 배치 527

프레임(Frame) 위젯을 이용한 화면 구성 532

05 객체지향적으로 구성하기 **535**

절차지향적으로 구성된 GUI 535

객체지향적으로 구성된 GUI 536

좀 더 복잡한 화면 구성을 갖는 GUI 538

이번 단원을 정리하며 541

연습 문제 542

CHAPTER

01

파이썬을 만나는 설렘

이 단원을 마치고 나면

- 컴퓨터의 사용 목적에 대해 설명할 수 있다.
- 컴퓨터 구성요소와 그 역할에 대해 이해한다.
- 컴퓨터 프로그래밍에 대한 개념을 이해한다.
- 파이썬 프로그램 개발환경을 구축할 수 있다.
- 대화식 모드로 주어진 파이썬 명령을 실행할 수 있다.
- 주어진 코드를 가지고 스크립트 모드로 파이썬 프로그램을 입력하여 실행할 수 있다.

01 컴퓨터란 무엇인가?
02 컴퓨터의 구성을 알아보자
03 컴퓨터 프로그래밍 개요
04 파이썬의 소개
05 파이썬 개발환경 구축하기
06 파이썬 프로그램 실행하기

01 컴퓨터란 무엇인가?

왜 사용하는 것일까?

오늘날 우리는 삶의 여정 중 특정 순간에 컴퓨터를 처음 접하게 된 '디지털 이주민 세대'와, 태어나면서부터 자연스럽게 컴퓨터와 함께 하고 있는 '디지털 원주민 세대'[1]가 함께 살아가고 있다. 그 시작은 서로 다르지만 우리는 일상에서 알게 모르게 다양한 컴퓨터 시스템을 이용하고 있다.

컴퓨터를 사용하는 목적

그런데 우리는 왜 컴퓨터를 사용하는 것일까? 그저 다른 사람들이 사용하니까, 혹은 언제부턴가 우리 곁에 컴퓨터가 있었기 때문에 사용하는 것은 아닐 것이다. 우리는 컴퓨터를 이용해 자신이 원하는 작업을 수행하기 위해 사용한다.

컴퓨터를 통해 처리하는 다양한 작업들은 무궁무진하다.

여기서 '원하는 작업'이란 간단한 수치 계산이나 특정 정보에 대한 검색일 수 있다. 어쩌면 보고서와 같은 문서를 작성하는 것이나 물건을 구매하기 위한 처리일 수도 있다. 혹은 여가를 즐기기 위해 음악이나 영화를 감상하는 것일 수도 있고 흥미진진한 게임을 하는 것일 수도 있다. 뿐만 아니라 냉난방기의 온도 조절이나 스마트폰의 조작과 같은 다양한 활동들이 모두 해당된다.

과연 무엇일까?

궁금한 것을 미루지 말고 찾아보는 습관을 갖자. 휴대전화만 들면 검색할 수 있지 않은가!

냉난방기의 제어 시스템이나, 자동차나 항공기의 제어 컴퓨터, 데스크탑이나 노트북 그리고 태블릿이나 휴대전화까지 어느덧 컴퓨터는 우리 삶에 다양한 모습으로 제공되는 생활필수품이 되었다. 그런데 과연 컴퓨터란 무엇일까? 웹 검색으로 국립국어원에서 제공하는 표준국어대사전 사이트[2]에 방문하여 검색해 보자.

---

[1] 미국의 교육학자 Marc Prensky의 논문 'Digital Native, Digital Immigrants', 2001
[2] https://stdict.korean.go.kr

컴퓨터(computer)

「명사」

「정보·통신」 전자 회로를 이용한 고속의 자동 계산기. 숫자 계산, 자동 제어, 데이터 처리, 사무 관리, 언어나 영상 정보 처리 따위에 광범위하게 이용된다. ≒일렉트로닉컴퓨터, 전자계산기.

'컴퓨터'의 사전적 의미

그림 1.1 국립국어원 표준국어대사전에서 검색한 '컴퓨터'

전자 회로를 이용한 고속의 자동 계산기! 그렇다, **컴퓨터란 그저 계산기인 것이다.** 우리가 일상에서 말하는 [그림 1.2(1)]과 같은 탁상용 계산기 말이다. 외래어인 컴퓨터(computer)는 '계산하다'의 의미를 지닌 영어 동사 'compute'에 무엇을 하는 사람이나 도구, 기계 등을 나타낼 때 붙는 접미사 '–er'이 붙어 만들어졌다.

컴퓨터는 전자식 자동 계산 기계이다.

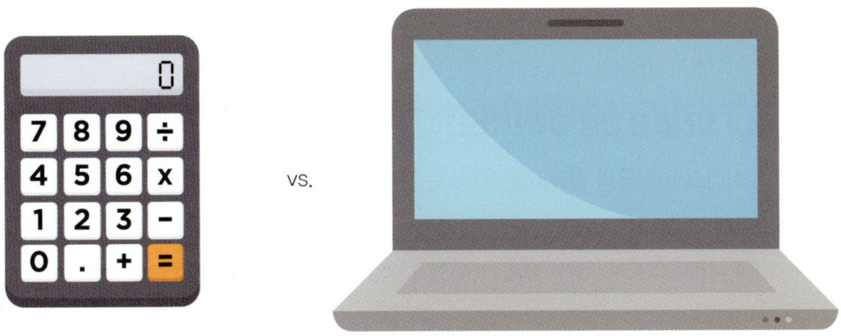

(1) (2)

그림 1.2 탁상용 계산기(왼쪽)와 노트북 컴퓨터(오른쪽)

다만 일반 탁상용 계산기는 사용자가 입력한 숫자와 연산의 종류를 기반으로 주어진 수치 계산을 위해 만들어진 전자 계산기인 반면, 컴퓨터는 다양한 형태의 데이터를 가지고 다양한 종류의 계산을 수행할 수 있고 그 결과를 문자열, 그림, 소리, 영상, 제어 행위 등의 형태로 내줄 수 있는 **범용 계산기**인 것이다.

컴퓨터는 범용 계산기일뿐이다.

이런 범용성을 갖는 컴퓨터는 사용자가 필요로 하는 처리를 효율적으로 수행하기 위해 **미리 제공된 명령어들의 목록인 컴퓨터 프로그램**에 따라 주어진 데이터를 각기 필요한 절차대로 처리하게 된다.

컴퓨터 프로그램

누가 더 똑똑한가?

여러분은 자신과 컴퓨터 중 누가 더 똑똑하다고 생각하는가? 잠시 시간을 갖고 생각해 보았으면 한다. 필자는 과학 교사이셨던 아버지의 소개로 중학교 1학년 때 처음으로 컴퓨터를 접했다. 아버지께서는 "컴퓨터는 바보상자이다"라고 소개해주시면서 "내가 올바른 명령을 내려주면 바른 결과를 낼 수 있지만 잘못된 명령을 주면 틀린 결과를 내기도 한다"면서 청소년기 필자의 호기심을 사로잡으셨다.

컴퓨터는 명령에 따라 데이터를 처리하는 계산기이다.

무엇을 해야 하고 무엇을 하지 말아야 할지 스스로 판단하여 결정하고 그에 대한 책임을 질 수 있는 하나의 고유한 인격체인 우리와 달리 **컴퓨터는 그저 주어진 명령들을 반복적으로 처리해 주는 계산 기계**에 불과하다. 아무리 우수한 성능의 컴퓨터보다도 여러분들이 훨씬 더 똑똑한 존재라고 감히 단정하여 말할 수 있다. 여러분들 각자의 삶에 대해 자신감을 갖고 스스로의 삶을 가꿔 나아가기 바란다.

궁금합니다

컴퓨터가 처리하면 항상 정확한가요?

우리 사회에서 이따금씩 컴퓨터를 맹신하는 이들을 자주 보게 됩니다. 하지만 **컴퓨터는 인간의 의도와 그에 따른 명령에 따라 결과를 내주는 기계장치에 불과하다는 것을 명심**하기 바랍니다. 컴퓨터가 처리하면 무조건 옳고 정확하다고 믿는 것은 아주 위험하고 크게 잘못된 생각입니다!

그런데도 우리는 왜 컴퓨터를 사용하나?

컴퓨터를 왜 사용하느냐는 질문에 많은 이들이 "효율적으로 일을 처리하기 위해서"라고 답한다. 하지만 우리는 단지 일주일 뒤의 날짜나 요일을 계산하기 위해 스마트폰에서 계산기 앱을 실행하지는 않는다. 그저 암산으로, 조금 헷갈릴 것 같으면 손가락으로 꼽아보면서 계산해도 스마트폰이라는 휴대용 컴퓨터를 통해 처리하는 것보다 훨씬 더 빨리 계산할 수 있다. 다시 말해 컴퓨터를 이용해 처리하는 것이 항상 효율적이지만은 않다는 것이다.

다만, 일주일 뒤의 날짜가 아니라 1,000일 뒤나 9,876일 뒤의 날짜를 계산하고자 한다면 암산이나 수기로 계산하는 것보다는 계산기나 스프레드시트 프로그램 또는 D-day를 계산해주는 프로그램을 이용하는 것이 훨씬 수월할 것이고 정확한 답을 좀 더 빠르게 얻을 가능성을 높여 준다. 이렇듯 우리는 해야 할 작업 중 **많은 양의**

데이터를, 상대적으로 빠르게 그리고 **상대적으로 정확히 처리하기 위해 컴퓨터를 사용**한다. 여기서 오해하지 말아야 할 것은 앞서 언급했듯이 컴퓨터를 사용하면 항상 빠르고 정확하게 처리할 수 있다는 것이 아니다. 그저 일반적인 상황에서 인간이 직접 처리하는 것에 비해 상대적으로 그렇다는 것이다.

정리

컴퓨터란?

- ✓ 다양한 데이터를 가지고 사용자가 원하는 작업을 수행하기 위해 개발된 범용 전자식 자동 계산기이다.
- ✓ 주어진 명령들을 가지고 대량의 데이터에 대해 반복적으로 처리할 때 상대적으로 유용하다.
- ✓ 일반적으로 대량의 데이터를 상대적으로 빠르고, 상대적으로 정확하게 처리하기 위해 사용된다.
- ✓ 올바르지 않은 명령을 기반으로 수행된 프로그램은 올바른 결과를 내지 않는다.
- ✓ 컴퓨터는 그저 인간 활동을 보조하는 도구일 뿐이라는 점을 기억하자.

! 이제는 할 수 있어요!

우리 생활에서 사용되는 다양한 형태의 컴퓨터 시스템을 찾아보자.

1. 우리 주변에서 접하는 각각의 컴퓨터에게 할당된 역할은 무엇인지 생각해 보자.
2. 만일 그 역할을 담당한 컴퓨터가 없다면 어떻게 처리하겠는가? 또 이때 어떤 불편한 점이 있을지 생각해 보자.
3. 그 컴퓨터에게 할당된 역할을 좀 더 다르게 바꿀 필요가 있을지 생각해 보자. 바꿀 필요가 있다면 어떻게 바꾸면 좋겠는가?

02 컴퓨터의 구성을 알아보자

모방은 창조의 어머니

컴퓨터의 구성요소
= 하드웨어 + 소프트웨어

컴퓨터는 기본적으로 하드웨어(hardware)와 소프트웨어(software)로 구성된다. 고대 철학자 아리스토텔레스는 자신의 저서 [시학]에서 "모방은 창조의 어머니"라며 모방과 창조의 관계를 언급하였다. 이렇듯 우리 인간은 기존의 사물이나 현상에 대한 모방을 통해 새로운 것을 만들기도 한다. 인간의 필요에 의해 개발된 컴퓨터나 다양한 컴퓨터 관련 기술들도 많은 부분에서 인간과 인간 사회에서 그 구조나 기본 동작 메커니즘을 본떠서 개발되었다고 볼 수 있다. 때때로 이런 관점으로 컴퓨터 관련 기술을 살펴보면 보다 쉽게 이해할 수 있다. 따라서 이 절에서는 컴퓨터의 구성에 대한 좀 더 수월한 이해를 위해 '컴퓨터'를 '사람'에 비유해 보고자 한다.

그림 1.3 하드웨어와 소프트웨어

컴퓨터 하드웨어

물리적인 기계장치인
하드웨어

하드웨어란 컴퓨터를 구성하고 있는 모든 물리적인 기계장치를 가리킨다. 실제로 만질 수 있는 '딱딱한 제품'이라는 점에서 하드(hard)-웨어(ware)라 부른다. 컴퓨터 시스템에서 겉으로 드러나는 모니터, 키보드, 마우스뿐만 아니라 컴퓨터 본체 안의 CPU, 메모리, 보조저장장치 등이 모두 하드웨어에 해당된다.

인간의 하드웨어는 육체

인간에 있어 하드웨어는 물질로 구성된 육체가 될 것이다. 겉으로 드러나는 눈, 코, 입, 귀, 손, 발뿐만 아니라 우리 몸 안의 뇌와 오장육부 등 모든 장기 조직을 가리킬 것이다. 인간은 이 신체 조직을 적절히 움직여 가며 각종 행위를 할 것이다. 다만 소설 프랑켄슈타인[3]에서와 같이 여러 장기를 빠짐없이 모아 연결해놓았다 해서 살아 움직이는 인간존재가 되지는 못한다. 육체를 적절히 움직이게 할 명령 체계가 없기 때문이다. 컴퓨터 시스템도 마찬가지로 이 장치들만 연결했다고 해서 컴퓨터가 바로 동작해 사용자의 문제를 처리하지는 못한다.

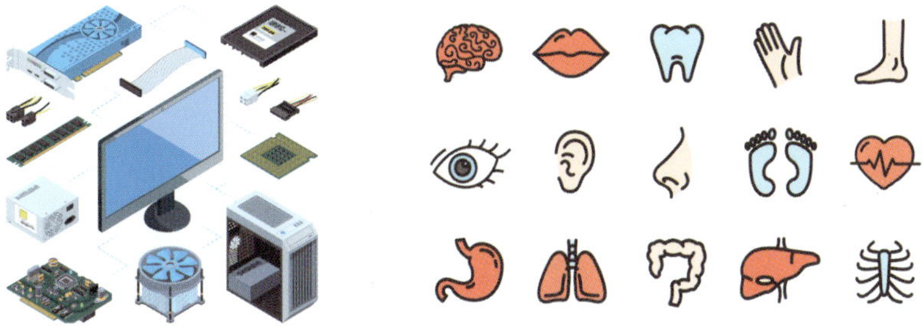

그림 1.4 컴퓨터 부품(왼쪽)과 인간의 신체 조직(오른쪽)의 예

○ 컴퓨터 소프트웨어

소프트웨어는 하드웨어를 동작시키는 명령들과 그에 필요한 데이터들의 집합을 가리킨다. 구체적으로 말해 소프트웨어란 프로그램(program) 혹은 앱(app, 응용 프로그램이란 단어 application program의 줄임말)으로 표현되는 실행파일과, 이것이 실행되면서 참조하는 각종 데이터 파일 등을 포괄하는 개념이다. 소프트(soft)-웨어(ware)라는 단어가 가진 의미는 '부드러운 제품'이란 뜻으로 하드웨어라는 단어가 가진 의미에 반대되는 단어로 구성한 것이다.

명령들의 집합인 소프트웨어

인간 역시 육체를 적절히 움직이게 하기 위해서는 정신 혹은 영혼이라 불리는 부분이 필요하듯이 컴퓨터를 이용해 사용자가 원하는 작업을 수행하려면 하드웨어 장치들을 적절히 제어할 수 있는 명령어들의 집합인 소프트웨어가 필요하다.

인간의 소프트웨어는 영혼

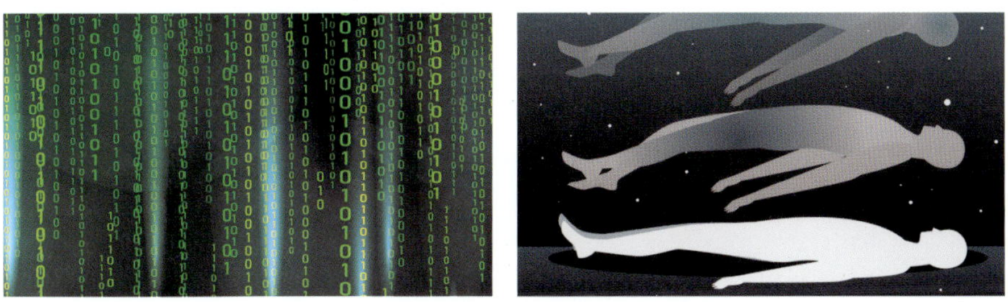

그림 1.5 프로그램(왼쪽)과 영혼(오른쪽)의 형상화

[3] 메리 셸리의 소설, 1818년 영국

정리

컴퓨터의 구성요소

하드웨어	+	소프트웨어
컴퓨터를 구성하고 있는 물리적인 기계 장치들의 총칭	+	하드웨어를 동작시킬 수 있는 명령어들과 데이터들의 복합체
(인간의 **육체**에 비유)		(인간의 **영혼**에 비유)

이제는 할 수 있어요!

컴퓨터 구성요소인 하드웨어와 소프트웨어는 그 역할에 따라 몇 가지 세부 부분으로 다시 나뉜다. 인터넷 검색을 통해 어떤 부분들로 나뉠 수 있는지 찾아보자.

궁금합니다

'뇌'는 소프트웨어 부분일까요?

의외로 인간의 뇌를 소프트웨어라고 생각하는 경우를 많이 접합니다. 그런데 생각해 보면, 뇌수술을 시행하는 의사는 환자의 뇌를 직접 볼 수도 만질 수도 있을 것입니다. 즉, **뇌 역시 인간의 신체 조직의 하나일 뿐**이므로 뇌는 하드웨어 부분에 해당합니다. 프로그램을 하드 디스크와 같은 보조저장장치에 저장했다고 해서 하드 디스크가 소프트웨어가 아닌 것과 같은 이유일 것입니다.

인간에 있어 소프트웨어가 부재한 하드웨어를 '시신'이라고 하고, 하드웨어가 부재한 소프트웨어는 '귀신' 혹은 '유령'에 비유할 수 있습니다. 영화나 소설과 달리 현실 세계에서는 시신도 귀신도 모두 인간존재는 아니기에 소설이나 영화에서와 달리 인간과 상호 작용해 가며 일을 수행할 수 있는 존재는 아닙니다. 컴퓨터 역시 **하드웨어를 적절히 구동할 수 있는 소프트웨어가 없다면 제대로 일을 수행할 수 없습니다.**

03 컴퓨터 프로그래밍 개요

컴퓨터 프로그래밍 언어란?

컴퓨터 프로그램을 작성하는 과정을 컴퓨터 프로그래밍(programming)이라 하고, 그 과정에서 컴퓨터 프로그램을 작성하는 사람을 컴퓨터 프로그래머(programmer)라 한다. 또 프로그래머가 프로그래밍 시 컴퓨터에게 작업을 지시할 명령어를 기술하기 위해 만들어진 명령어 규칙을 컴퓨터 프로그래밍 언어(programming language)라 한다. 다시 말해 프로그래밍 언어는 프로그래머가 임의의 프로그램을 작성하기 위해 사용하는 명령어들의 집합이다.

컴퓨터 프로그래밍

컴퓨터 프로그래머

컴퓨터 프로그래밍 언어

인간 사회에서도 다양한 언어가 존재하듯이 컴퓨터 프로그래밍 언어도 여러 가지가 있다. 대표적인 프로그래밍 언어로 C, C++, Java, Javascript, Python, C#, Swift, Go 등이 있다. 최근 관심을 받는 언어들과 그 추이를 살펴보기 위해서 프로그래머와 인기 검색엔진 검색어 등을 집계해 매달 인기 언어 순위를 발표하는 TIOBE[4]의 통계를 참고해 보자. 우리가 학습할 파이썬 언어는 2019년 상반기 이후 급성장하여 현재 많은 관심을 받는 3대 언어 중 하나의 자리를 굳혀가고 있다.

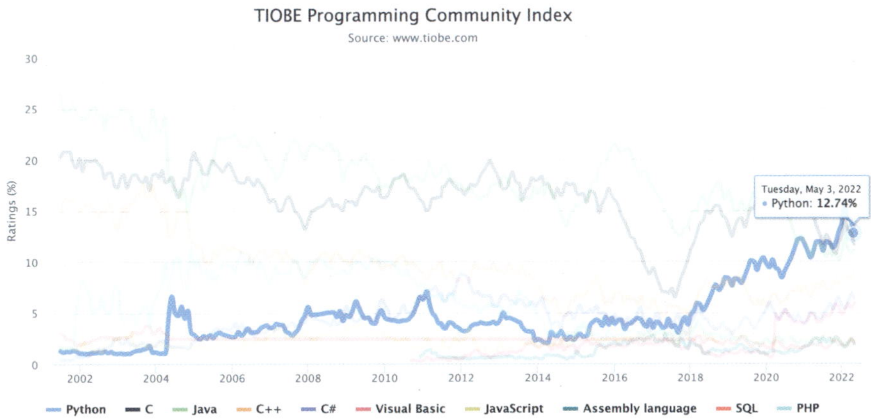

그림 1.6 2022년 5월 기준 프로그래밍 언어의 점유율

[4] https://www.tiobe.com/tiobe-index/

정리

컴퓨터 프로그래밍 관련 용어

- ✓ **컴퓨터 프로그램 :** 컴퓨터를 통해 정보를 어떤 절차로 처리할 것인지를 기술해 놓은 것
- ✓ **컴퓨터 프로그래밍 :** 컴퓨터 프로그램을 작성하는 일련의 작성 과정
- ✓ **컴퓨터 프로그래머 :** 컴퓨터 프로그램을 작성하는 사람
- ✓ **컴퓨터 프로그래밍 언어 :** 컴퓨터 프로그래밍시 사용할 명령어들에 대한 체계화된 규칙이나 문법 체계

소스 코드와 실행 방식

오늘날 사용되는 대부분의 프로그래밍 언어들은 인간이 쉽게 편집할 수 있도록 영문자를 기반으로 각 언어에서 지정한 문법에 따라 코드화(약속된)된 표현으로 작성한다. 이렇게 작성된 것은 프로그램의 근원이 된다는 의미로 **소스 코드(source code)**라고 한다. 이것은 보조저장장치에 파일 형태로 저장되기에 **소스 파일(source file)**이라고도 한다. 소스 코드를 기반으로 최종적으로는 실행 가능한 파일인 프로그램을 생성하게 되므로 이 모두를 넓은 의미로 **프로그램**이라고 부르기도 한다.

소스 코드

소스 파일

프로그램

그런데 컴퓨터 하드웨어는 단순한 기계 덩어리에 불과하기에 주로 영문자로 기술된 소스 코드를 직접 해석해서 처리할 수 있는 능력이 없다. 따라서 프로그램의 실행을 위해서는 **인간이 작성한 소스 코드를 기계가 알아들을 수 있는 형태의 기계어 코드로 변환해주는 작업이 필요**하다.

변환 작업은 다소 단순한 작업에 불과해 변환을 담당하는 프로그램을 통해 처리하게 되는데 그 처리 방식에 따라 크게 두 가지로 나뉜다. 프로그래머가 작성한 소스 코드를 **컴파일러(compiler)**라는 프로그램에 의해 실행 파일(기계어 코드)로 일괄 변환한 뒤, 이후 실행 파일을 사용자가 원하는 시점에 바로 실행하는 컴파일 언어(compiled language)와 소스 코드를 실행할 때마다 매번 **인터프리터(interpreter)**라는 프로그램에 의해 직접 해석해가면서 실행하는 인터프리트 언어(interpreted language)로 구분된다.

컴파일러와 컴파일 언어

인터프리터와 인터프리트 언어

정리

프로그램 실행 방식

- ✓ **컴파일 언어 :** 소스 코드를 컴파일러가 기계어로 일괄 변환한 후 실행하는 방식
- ✓ **인터프리트 언어 :** 소스 코드가 실행될 때마다 인터프리터에 의해 기계어로 변환하여 실행하는 방식

궁금합니다

코드화란 무엇입니까?

코드화(encoding)란 부호화라고도 하며, 일반적으로 미리 약속된 일정한 규칙에 따라 문자나 메시지 또는 신호를 부호로 변환하는 것을 말합니다. 어렵게 생각할 것 없이 실생활의 예를 살펴보면, 건널목 신호등에서 빨간불은 보행자 정지 신호, 초록불은 보행자 횡단 신호로 표현하는 것도 일종의 코드화입니다.

앞서 살펴본 것처럼 컴퓨터는 단순한 연산 장치에 불과하기 때문에 컴퓨터 내에서 사용되는 모든 데이터 명령은 모두 2진 비트열로 변환되어 표현되어야 합니다. 이렇게 **컴퓨터를 통해 사용자가 원하는 작업을 처리하기 위해 데이터나 명령어를 일정한 양식으로 기술하는 작업을 코딩(coding)**, 즉 코드화하는 작업으로 부릅니다.

다만 프로그래밍 과정 중에 코딩이 필요하지만 코딩이 프로그래밍의 전부는 아니라는 점에 유의하기 바랍니다.

왜 프로그래밍을 배우나?

우리는 프로그래밍을 배움으로써 **각자가 원하는 작업을 처리하는 프로그램을 작성**할 수 있게 될 것이다. 물론 당장은 복잡한 요구사항을 갖는 프로그램을 작성하는 데에는 한계가 있겠지만, 프로그래밍한다는 것에 대한 윤곽을 잡고 꾸준한 관심과 노력을 이어간다면 자신이 원하는 결과를 얻을 수 있다.

내 아이디어를 구체화하여 구현할 수 있다.

뿐만 아니라 우리는 프로그래밍 과정에 대한 학습을 통해서 우리 삶에서 마주하는 여러 가지 상황과 당면한 문제를 구체적으로 식별하고 논리적으로 사고하여 효율적으로 해결하기 위해 필요한 컴퓨팅 사고력[5]도 키워갈 수 있다. 지금은 고인이 된 애플사의 스티브 잡스[6]는, 우리가 **프로그래밍을 배워야 하는 이유는 생각하는 법을 가르쳐주기 때문**이라 하였다.

프로그래밍을 학습하는 과정을 통해 사고력을 키울 있다.

이 책을 보는 독자들은 아마도 컴퓨터 프로그래밍에 대해 아직은 익숙하지 않을 것이다. 이 책의 과정을 통해 파이썬 프로그래밍 언어의 기본 문법을 체계적으로 이해하고, 이를 바탕으로 컴퓨터공학에서 필요한 또 다른 프로그래밍 언어를 이해할 수 있는 기반을 마련하기 바란다. 더불어 각자 삶의 매 순간에서 좀 더 구체적이고 논리적으로 사고하는 **의식의 명료화**를 익혀갈 수 있기를 바란다.

[5] 인간의 사고 능력과 컴퓨터의 능력을 통합한 의미
[6] 애플 사의 전 CEO이자 공동 창립자. 1955~2011

정리

우리가 프로그래밍을 배우면

- 내가 원하는 처리를 수행하는 프로그램을 작성할 수 있다.
- 프로그래밍 과정을 통해 구체적이고 논리적이며 체계적으로 사고하는 방법을 익힐 수 있다.

이제는 할 수 있어요!

1. 아래 링크에 소개한 Josh Darnit 채널의 영상(7분 22초) “Exact Instructions Challenge”를 시청 해보자.

   https://youtu.be/cDA3_5982h8

2. 우리는 어떤 작업을 컴퓨터에게 지시해야 할 때 무엇을 주의해야 할까?

궁금합니다

이 책에서 목표로 하는 수준은 무엇입니까?

이 책은 파이썬 전문가를 양성하는 것을 목표로 하고 있지 않습니다. 대신 **프로그래밍을 처음 접하는 이들이 프로그래밍에 대한 윤곽을 잡아갈 수 있도록 도와주는 것을 목표**로 하고 있습니다. 궁극적으로 여러분들은 프로그래밍을 학습하여 사물인터넷이나 인공지능, 혹은 빅데이터 처리 등 다양한 최신 기술을 적용하는 프로그램을 작성하고자 할 것입니다. 다만 이 책은 그런 프로그래밍을 위한 **기초를 잡아주는 역할**을 하고자 합니다.

지구에서 화성 탐사선을 발사하는 경우를 생각해 봅시다. 탐사선은 여러 단으로 분리되는 로켓에 탑재되어 우주 공간으로 쏘아 올려질 것입니다. 아무리 최신 기술이 탑재된 화성 탐사선이라 하더라도 쏘아 올려지는 과정에서 문제가 발생되면 그 기능을 수행하기는커녕 목적지에 도달할 수도 없을 것입니다.

궁극적으로 여러분들이 작성하게 될 프로그램은 화성 탐사선과 같은 역할을 하게 되겠지만, **이 책에서 다루는 내용은 로켓 발사대, 혹은 로켓 1단 추진체 같은 기본적이고 기초적인 역할**을 지향합니다. 이후 좀 더 최신 기술, 고급 응용 기술을 학습하기 위한 기초를 다져가는데 도움되기 바랍니다.

04 파이썬의 소개

이 책을 보기 시작했다면 아마도 파이썬 언어에 대해 어느 정도 관심을 갖고 있을 것이다. 혹 아직 잘 모른다면 지금 바로 구글[7]과 같은 검색 사이트를 통해 찾아보자. 파이썬의 역사나 철학 등의 자세한 내용을 쉽게 찾을 수 있다. 따라서 이 책에서는 파이썬에 대한 개괄적 특징만 간단히 정리한다.

"Life is too short, You need Python."

"인생은 너무 짧다, 따라서 당신은 파이썬이 필요하다"

귀도 반 로섬

파이썬(Python)은 1991년 귀도 반 로섬(Guido Van Rossum)[8]이 개발한 대화식 프로그래밍 언어이다. 귀도는 좀 더 쉽고 빠르게 프로그램을 작성하고자 파이썬 언어를 개발했다고 한다.

파이썬은 사람이 생각하는 방식을 그대로 표현하고자 하는 문법 구조를 취하고 있다. 그만큼 파이썬 언어는 기본 문법이 쉬워 빠르게 배울 수 있을 뿐 아니라 요구사항을 만족하는 프로그램을 상대적으로 짧은 길이의 코드로 작성할 수 있다. 이런 특징은 프로그래머가 공동작업을 하거나 유지 보수하기 쉽고 편리하게 한다.

더욱이 파이썬은 컴퓨터 비전공자들을 위한 프로그래밍 교육뿐만 아니라 실무에서도 많이 사용된다. 한때 구글에서 만든 소프트웨어의 약 50% 이상이 파이썬으로 만들었다고 할 만큼 강력한 실무 언어이다.

또한 내부적으로 C 언어로 구현된 파이썬은 C 언어나 C++ 언어 기반의 다양한 라이브러리와 쉽게 연동할 수 있어 그래픽 처리나 수치 연산 처리, 웹 프로그래밍과 데이터베이스, 인공지능 처리 등 다양한 분야의 프로그램을 작성할 수 있는 범용 프로그래밍 언어이다. 다만 파이썬 프로그램의 실행 특성상 하드웨어를 직접 조작하는 운영체제나 모바일 프로그래밍은 파이썬으로 개발하지 않는다.

이제는 할 수 있어요!

인터넷 검색을 통해 파이썬의 핵심 철학 다섯 가지를 찾아보자.

[7] https://google.com
[8] https://gvanrossum.github.io

05 파이썬 개발환경 구축하기

설치 파일 다운로드

파이썬 공식 사이트에는 파이썬 설치 파일과 더불어 많은 개발 문서/정보들이 무료로 제공된다.

파이썬 프로그램을 작성하고 실행하기 위해서 먼저 개발환경을 구축해보자. 파이썬 개발환경은 **파이썬 공식 사이트에서 설치 실행파일을 다운로드하여 무료로 구축**할 수 있다. 아래 URL을 참고하여 접속한 공식 웹 사이트 상단의 내비게이션 메뉴 링크 중 [Downloads] 부분에 마우스를 위치시키면 자신이 사용하는 운영체제에 적합한 설치 실행파일에 대한 다운로드 링크가 나온다. 물론 원하는 다른 환경의 설치 실행파일도 다운로드할 수 있다. 자신이 파이썬 프로그래밍을 실습하고자 하는 운영체제의 설치 실행파일을 다운로드하자.

URL 끝이 .com 이 아니라 .org 임에 유의하자.

https://www.python.org

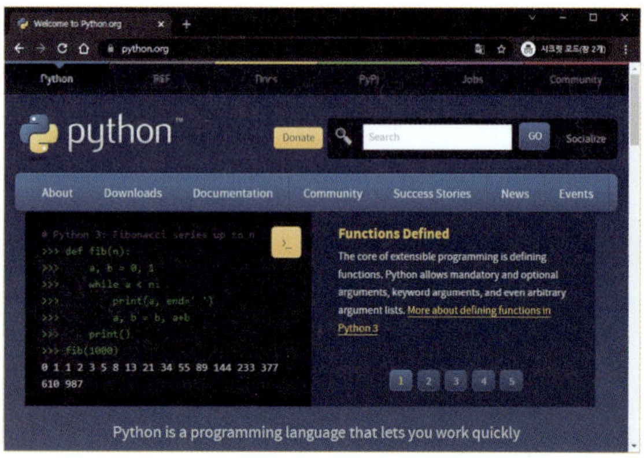

(1) 메인 페이지

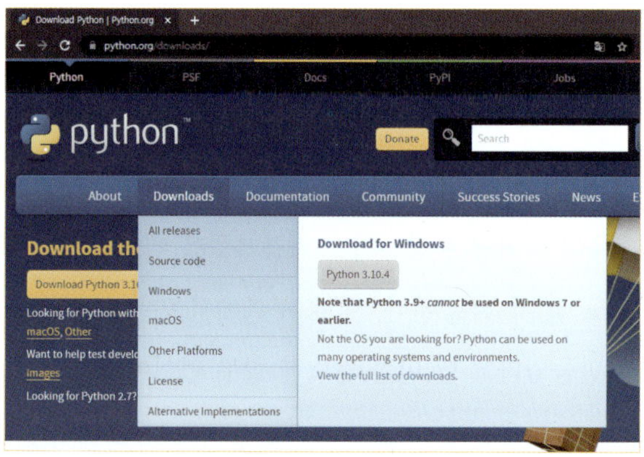

(2) [Downloads] 메뉴 선택 및 다운로드 링크

그림 1.7 파이썬 공식 사이트에서 설치 실행파일 다운로드

파이썬 개발/실행 환경의 구축 과정

설치 과정

이 책의 편집 시점(2021년 12월 기준)으로 파이썬 3.10.0 버전이 최신 버전이다. 다만 이 책에서 다루는 대부분의 파이썬 문법 내용과 예제는 **3.6 이후 버전을 사용**한다면 대부분 문제없이 실행할 수 있다. 설치 과정은 다음과 같다.

❶ 공식 사이트에서 설치 실행파일을 다운로드 한다.

❷ 웹브라우저의 다운로드 폴더를 열어 다운로드된 설치 실행파일을 더블클릭해서 실행한다. [그림 1.7(2)]와 같이 웹 브라우저 화면 하단의 다운로드 된 실행파일명을 클릭해서 바로 실행할 수도 있다.

❸ MS Windows(이하 윈도우10이라 칭함)의 경우 보안 설정을 묻는 대화상자가 나오면 [확인] 버튼을 선택한다.

❹ 설치 실행파일이 실행되면 [그림 1.8(1)]과 같은 화면을 볼 수 있다. 운영체제의 명령 셸에서도 파이썬 프로그램을 실행하기 위해 [그림 1.8(2)]와 같이 화면 하단의 **[Add Python 3.10 to PATH] 앞의 체크박스를 체크**한다. 이 부분의 체크 여부는 이 책의 예제를 다루는 동안에는 전혀 영향을 미치지 않으니 혹 체크하지 않고 설치를 진행했다 해서 걱정할 필요는 없다.

이 체크 박스로 인한 PATH 설정은 추후 윈도우10의 환경설정 파일을 수정해서 변경할 수도 있다.

❺ **[Install Now]를 누르자.** 설치 과정이 진행될 것이다.

(1) 설치 프로그램 시작 화면

(2) 설치 옵션 설정

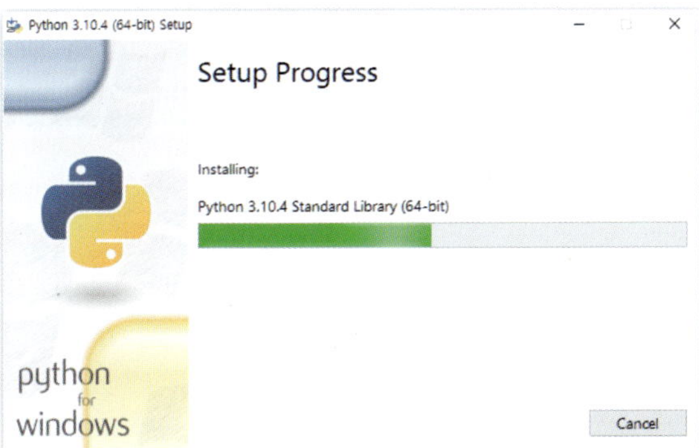

(3) 설치 중 화면

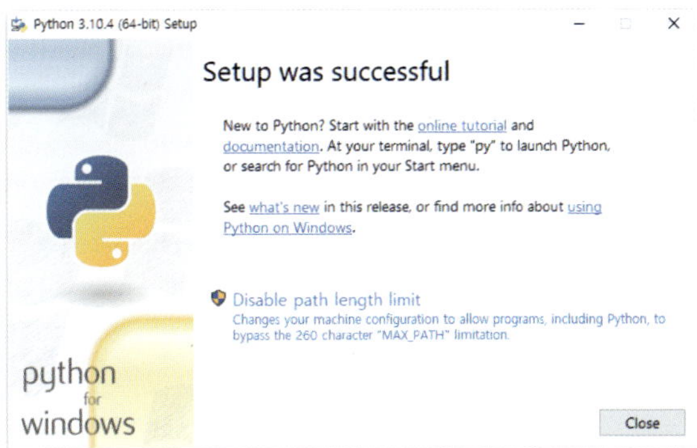

(4) 설치 완료 화면

그림 1.8 파이썬 개발환경 설치 과정

궁금합니다

파이썬 개발환경은 유일한가요?

최근에는 기계 학습이나 데이터 분석 등을 위한 주요 인기 라이브러리가 많이 포함된 **아나콘다**(https://www.anaconda.com) 등과 같은 더 강력하고 편리한 개발환경들이 많이 존재하고 또 널리 사용되기도 합니다.

하지만 처음 프로그램을 시작하는 우리에게는 당장 사용하지도 않을 많은 요소를 포함하고 있는 개발환경을 구축하는 것은 컴퓨터의 저장 용량면이나 실행 속도 측면에서 다소 과한 면이 있다 생각됩니다.

따라서 이 책에서는 파이썬 공식 사이트에서 제공하는 **기본적인 개발 환경을** 구축하고 이를 기반으로 설명하도록 하겠습니다. 파이썬에 어느 정도 익숙해졌을 때 자신의 필요에 따라 더 확장성 있는 개발환경으로 옮겨가기 바랍니다.

06 파이썬 프로그램 실행하기

개발환경을 시작해 보자

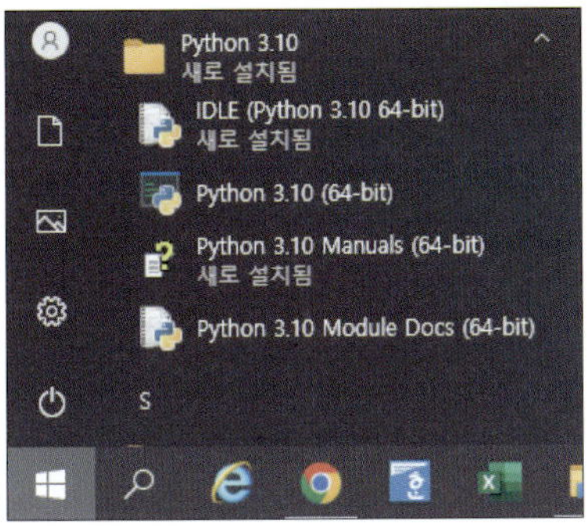

그림 1.9 시작메뉴

우리나라 대다수 대학교의 전산 실습환경으로 주로 사용하는 윈도우10 기준으로 파이썬 개발환경의 실행 과정을 살펴보자. macOS 등 다른 운영체제에서의 실행 과정 역시 비슷하니 구체적인 방법은 인터넷을 통해 검색하기 바란다.

사실 필자도 macOS를 주로 사용한다.

설치한 파이썬 버전과 연관된 시작폴더를 윈도우10의 시작메뉴에서 찾아 열면 [그림 1.9]와 같이 바로가기 아이콘들이 보일 것이다. 이 중 "IDLE (Python 3.10 64-bit)"를 실행해 사용할 것이다.

여기서 IDLE('아이들'로 발음하자)이란 이름은 Integrated DeveLopment Environment의 약자로 통합개발환경을 뜻한다. 즉, 파이썬 프로그램을 작성하거나 실행할 수 있는 프로그램들을 통합한 개발환경을 일컫는다. IDLE은 두 가지 프로그램으로 구성된다. 대화하듯 명령을 입력하면 즉각적으로 실행되어 결과가 출력되는 IDLE 쉘과, 입력된 명령어를 한 번에 실행하기 위한 코드를 작성할 때 사용하는 스크립트 코드 편집기를 포함하고 있다. IDLE을 클릭해 실행해 보자.

통합개발환경(IDLE)

IDLE 쉘

스크립트 코드 편집기

따라서 IDLE에서 파이썬을 프로그래밍하는 방법은 두 가지가 있다. 파이썬 명령어를 한 문장씩 입력해 그 결과를 확인하는 대화식 모드와 여러 문장을 입력해 저장한 후 일괄 수행하는 스크립트 모드로 나뉜다.

대화식 모드

스크립트 모드

궁금합니다

파이썬 언어는 어떤 실행 방식의 언어인가요?

이 단원 3절에서 프로그래밍 언어를 소개하면서 프로그래머가 작성한 소스 코드를 실행하는 방식은 크게 두 가지로 나뉜다고 소개한 바 있습니다. 파이썬 내부 동작 구조에 따라 다소 이견이 있지만, 우리 수준에서는 IDLE 쉘에 의해 파이썬 프로그램을 실행할 때마다 해석해 처리해주는 **인터프리터 언어 중 하나**라고 생각합시다.

대화식 모드로 명령어를 하나씩 실행해 보자

간단한 테스트는 대화식 모드가 편하다.

입력 프롬프트

대화식 모드는 매번 명령어를 다시 입력해야 하므로 다소 번거로워 기본 동작에 대해 간단한 확인을 하고자 할 때에만 제한적으로 사용된다. IDLE이 실행되면 [그림 1.10]과 같이 IDLE 쉘 프로그램 상에 간단한 프로그램 정보가 출력되고 왼편에 〉〉〉 표식이 보일 것이다. 이 표식을 '입력 프롬프트'라 부르는데, IDLE 쉘 프로그램이 사용자로부터 명령어 입력을 기다리고 있다는 표식이다.

파이썬 3.10부터는 대화식 모드에서 프롬프트 영역이 왼편에 분리되어 표시된다.

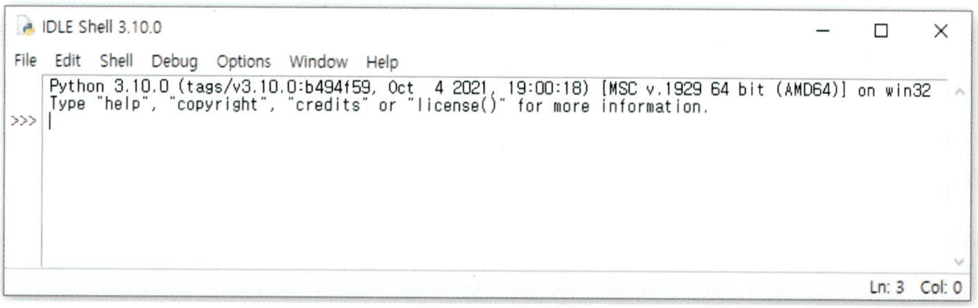

그림 1.10 IDLE 실행시 첫 화면

아래 코드 1-1의 파이썬 명령어를 IDLE 쉘 프로그램의 입력 프롬프트 〉〉〉 오른쪽에 입력해 보자. 문법적인 의미는 뒤에 가서 알아보도록 하고 일단은 알파벳 대소문자에 주의하여 똑같이 입력하자. 입력을 마치고 엔터키를 눌러주면 [그림 1.11]에서와 같이 사용자가 입력한 문장에 대한 처리 결과가 나타난다.

코드 1-1 대화식 모드로 파이썬 명령어를 실행해보자

```
print('hello world')
```

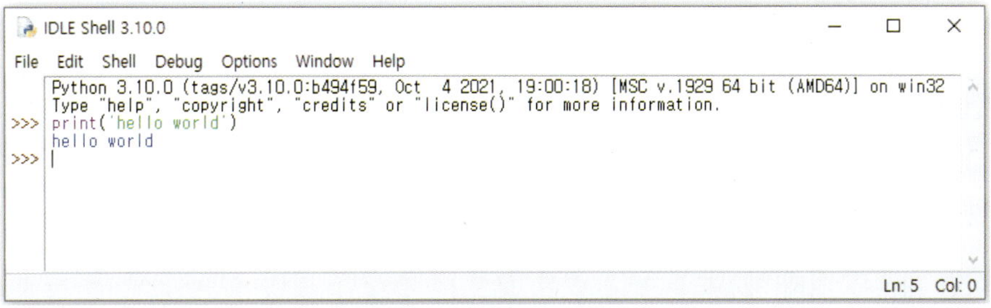

그림 1.11 대화식 모드에서 실행하는 첫 번째 파이썬 명령어

print('hello world')라는 명령에 대한 처리 결과는 파란색 글씨로 표시된 hello world이다. 축하한다! 여러분의 첫 번째 파이썬 프로그램의 실행이 성공되었다. 만일 빨간색 글씨로 SyntaxError나 NameError와 같은 오류가 발생했다면 코드 1-1의 명령어 철자들을 주의 깊게 확인해가며 다시 입력해 보기 바란다.

코드 1-2의 명령어들을 한 줄에 하나씩 몇 개를 더 수행해 보자. 그리고 [그림 1.12]에 그 수행 결과를 나타내었으니 자신의 수행 결과와 비교해 보자.

 # 코드 1-2 대화식 모드에서 명령어를 좀 더 실행해 보자

```
print('반가워요')

print('2 + 3')
```

'2 + 3'의 따옴표를 제거하고도 실행해보라.

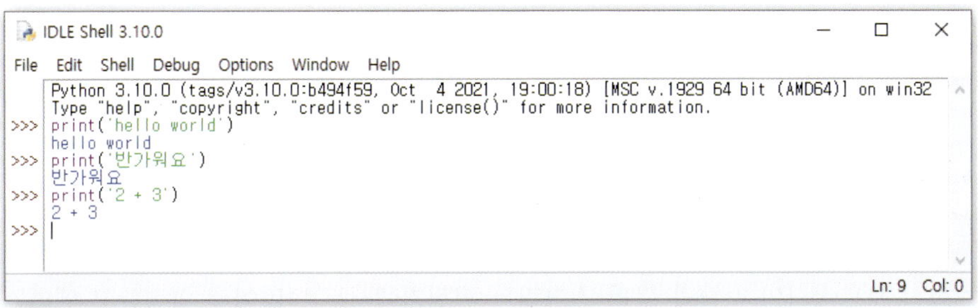

그림 1.12 대화식 모드에서의 명령어 실행 결과

아직 파이썬 명령어의 문법에 대해 다루지 않았지만, print('...')와 같은 표현을 실행하게 되면 따옴표 안의 ... 부분이 그대로 화면에 출력되는 것을 확인할 수 있을 것이다.

스크립트 모드로 일괄 실행하기

매번 프로그램을 실행할 때마다 명령어를 일일이 입력하는 과정은 무척 귀찮고 번거롭다. 또 여러 명령어로 구성된 복잡한 프로그램이 한 번에 원하는 대로 동작하지 않을 때에는 일부 명령을 수정한 후 다시 실행하는 과정이 필요할 수도 있다.

우리는 주로 스크립트 모드를 이용해 연습할 것이다.

이런 경우를 위해 제공되는 **스크립트 모드는 수행할 명령어들을 스크립트 편집기를 통해 일괄 입력하여 파일에 저장한 후, 필요할 때마다 불러내서 일괄 실행**하는 방식이다.

• 소스 코드 입력하기

스크립트 모드로 프로그래밍하기 위해서는 [그림 1.13]에서처럼 IDLE 쉘 프로그램의 상단 [FIle]–[New File] 메뉴를 클릭해 스크립트 편집기를 실행한다.

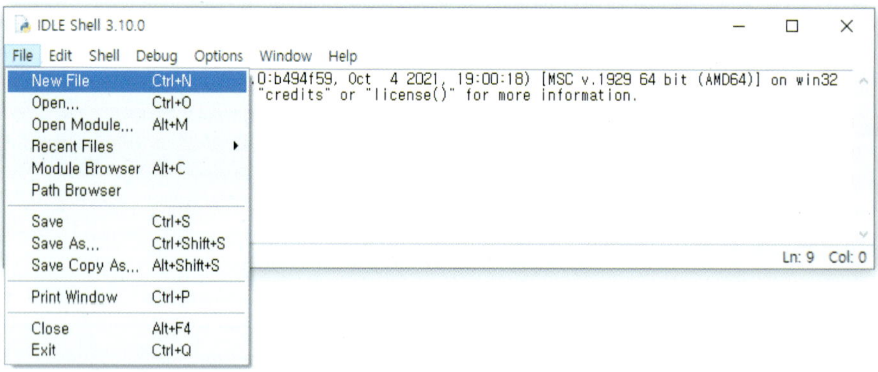

그림 1.13 스크립트 모드 시작하기

이 스크립트 편집기는 윈도우10의 메모장과 비슷한 프로그램이다. 다만 메모장보다는 좀 더 가시적으로 파이썬 명령들을 명확히 확인해가며 입력하고 수정할 수 있다. 대화식 모드에서의 수행과 달리 스크립트 편집기에서는 명령어를 입력하고 엔터키를 입력하면 그저 줄바꿈 처리만 되고 바로 실행되지 않는다. 이런 특징에 유의해가며 편집기에 코드 1-3의 내용을 [그림 1.14]와 같이 작성하자.

 # 코드 1-3 첫 번째 스크립트 코드 내용

```
반가워요
```

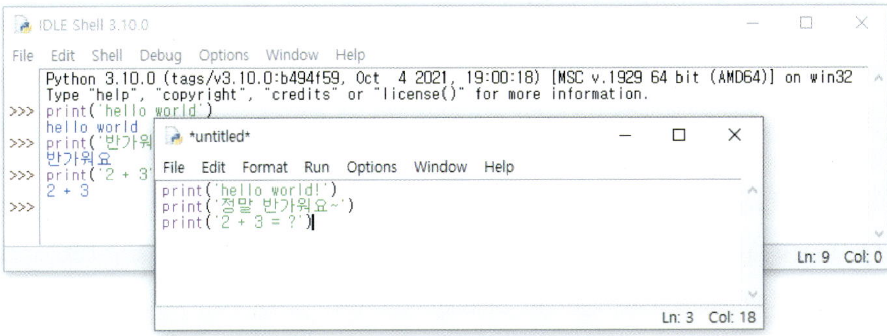

그림 1.14 소스 코드 편집기에 코드 일괄 입력

• 작업 폴더 만들기

스크립트 편집기에 입력한 명령어들을 실행하기 위해서는 우선 작성한 소스 코드를 저장해야 한다. 아무 곳에나 저장하면 추후 관리에 어려움이 생길 수 있으니 다음과 같이 자신만의 작업 폴더를 생성하자. 자신이 직접 관리할 수 있는 어떤 폴더라도 상관없다. 아래 [그림 1.15]의 예에서는 C:드라이브의 최상위 폴더로 pyWork라는 폴더를 만들었다. 폴더의 개념이나 생성하는 방법은 25쪽의 궁금합니다를 참고하고 좀 더 자세한 내용은 인터넷에서 검색해 확인하자.

작업 폴더

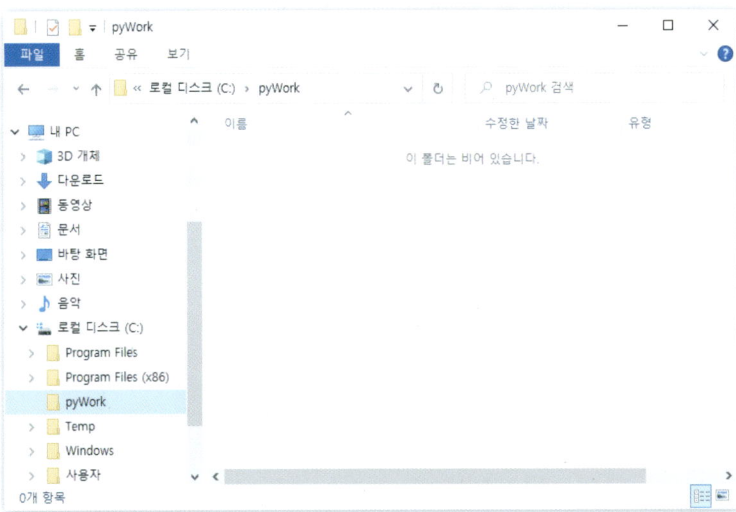

그림 1.15 생성된 작업 폴더

• 소스 코드 저장하기

작업 폴더가 준비되었다면, [그림 1.16]과 같이 편집기 창의 메뉴 [File]-[Save As...]를 선택해 앞서 생성한 작업 폴더에 원하는 이름으로 저장하자. [그림 1.17]

[그림 1.15]에서는 C:\pyWork

의 예에서는 first.py라고 이름 붙였다.

파일 이름은 작성한 소스 코드의 내용과 연관시켜 이름 붙이는 것이 추후 관리하기에 편할 것이다. 처음 작성했다는 의미로 first라는 이름을 부여했다. 파일 이름에 확장자를 따로 지정하지 않으면 기본적으로 파이썬 소스 파일이라는 것을 나타내도록 .py가 자동으로 지정된다. 파일 이름은 자유롭게 지정해도 되나, **파일 이름의 확장자는 반드시 .py로 끝나야 한다는 점을 기억하자.**

파이썬 소스 파일의 확장자는 반드시 .py으로 끝나야 한다.

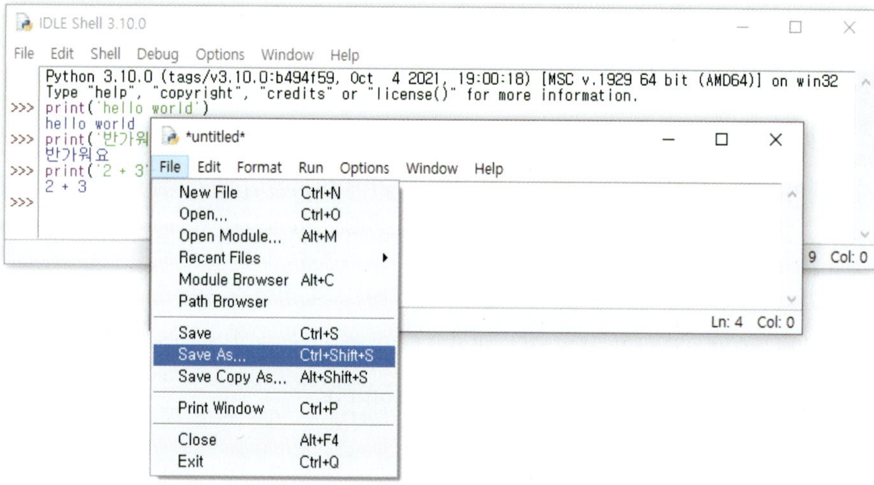

그림 1.16 코드 편집기의 저장 메뉴

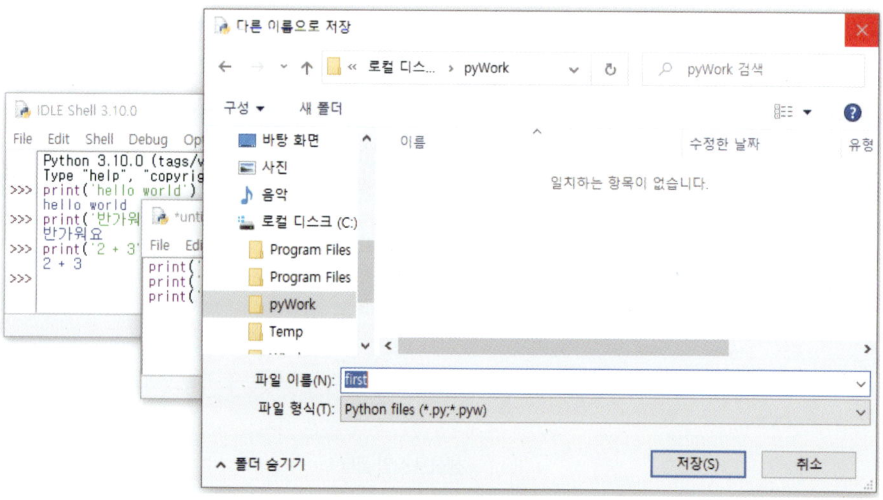

그림 1.17 작업 폴더에 저장하기

궁금합니다

윈도우10에서 새 폴더는 어떻게 만드나요?

컴퓨터 프로그래밍을 하면서 우리는 많은 파일들을 관리해야 하기에 파일과 폴더를 관리하는 기본적인 방법은 알아두기 바랍니다. 다만 이 책의 범위를 넘어서는 부분이기에 새 폴더 생성 방법만 간단히 살펴보고 자세한 설명은 생략합니다.

파일 탐색기 실행하기

윈도우10에서는 파일과 디렉터리를 관리하는 파일 탐색기라는 프로그램을 제공합니다. 어느 순간이든 간에 '윈도키 + e'를 눌러주면 파일 탐색기를 바로 실행시킬 수 있습니다.

C:\에 pkWork라는 새 폴더 만들기

파일 탐색기는 기본적으로 좌우 두 영역으로 분할되어 있습니다. 우선 왼쪽 영역에서 [내 PC]라는 항목을 선택하면 하위 요소들이 펼쳐집니다. 이 아래 '로컬 디스크(C:)'라는 항목이 존재할 것입니다. 이 부분을 마우스 오른쪽 버튼으로 클릭하여 팝업되어 나타난 메뉴에서 [새로 만들기]-[폴더] 항목을 선택합니다. 그리고 나타난 '새 폴더'라는 부분에 pyWork라고 입력하고 엔터키를 입력하면 됩니다.

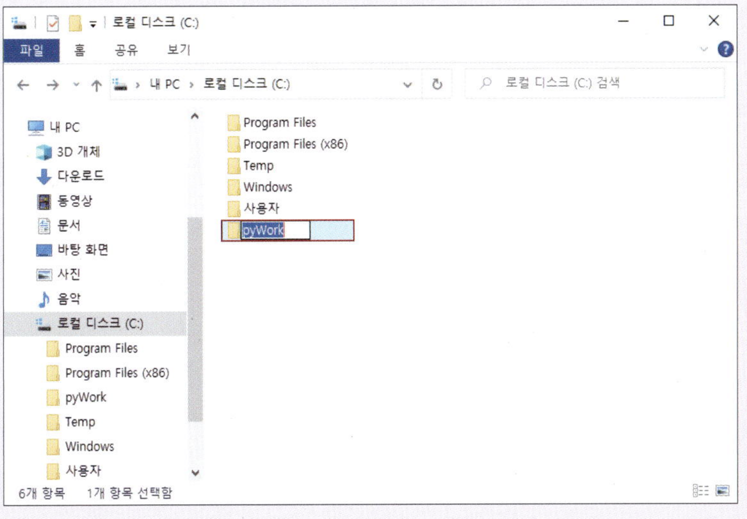

• 실행하기

[그림 1.18]과 같이 저장된 프로그램을 **실행하기 위해선 [Run]-[Run Module] 메뉴를 선택**(단축키 F5)한다. 그러면 프로그램이 실행되어 [그림 1.19]와 같이 IDLE 쉘 상에 일괄 실행된 결과가 파란색 글씨로 출력된다. 이 과정은 앞으로 계속 반복해서 사용하게 되니 잘 기억하자.

스크립트 모드로 작성한 소스 코드의 실행

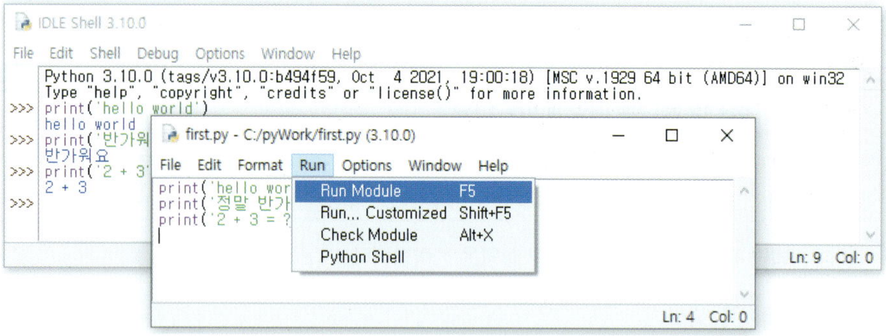

그림 1.18 스크립트 모드로 작성한 프로그램의 실행

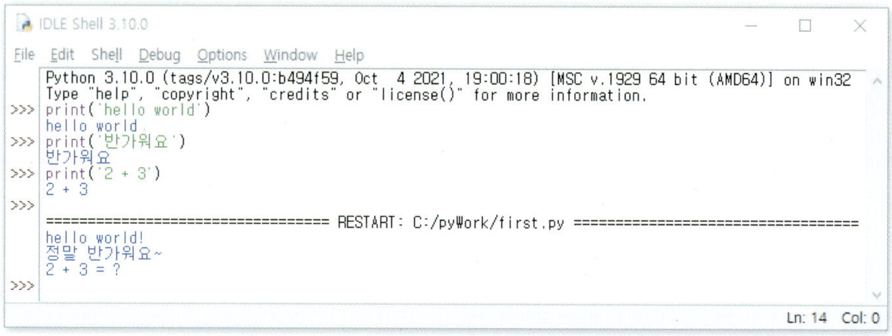

그림 1.19 스크립트 모드로 작성한 프로그램의 실행 결과

• 종료하기

스크립트 모드 종료하기

IDLE의 스크립트 편집창에서 [File]-[Close] 메뉴를 선택하면 편집창이 닫힌다. 혹은 IDLE 쉘에서 [File]-[Exit] 메뉴를 선택하면 IDLE 쉘이 종료된다.

○ 이전에 작성한 코드의 수정 및 재실행하기

소스 파일 불러오기

이전에 작성했던 코드를 수정하거나 그대로 다시 실행하려 불러오기 위해선 IDLE을 실행하면 나오는 IDLE 쉘의 메뉴 [File]-[Open]을 클릭해 작업 폴더에서 다시 열고자 하는 파이썬 소스 파일(.py로 끝나는 파일)을 선택하면 된다.

조금 더 간단하게는 윈도우10의 파일 탐색기에서 소스 파일을 마우스 오른쪽 버튼으로 클릭하면 나오는 팝업 메뉴에서 [Edit with IDLE] 항목을 선택해도 된다.

궁금합니다

저장된 파일의 확장자 .py가 보이지 않습니다?

윈도우10의 파일 탐색기는 기본적으로 잘 알려진 파일의 파일 이름 확장자를 생략해 표시하는 기능을 갖고 있습니다. 각 파일의 아이콘을 통해 다양한 종류의 파일들을 구별할 수는 있으나 좀 더 명료하게 하기 위해 파일 확장자까지 포함하는 온전한 이름으로 표시하고자 한다면 다음과 같이 설정하기 바랍니다.

파일 탐색기의 상단 메뉴 [보기]를 선택한 후 **'파일 확장명' 앞에 체크 박스**를 클릭하여 아래 그림과 같이 체크 표시를 하기 바랍니다.

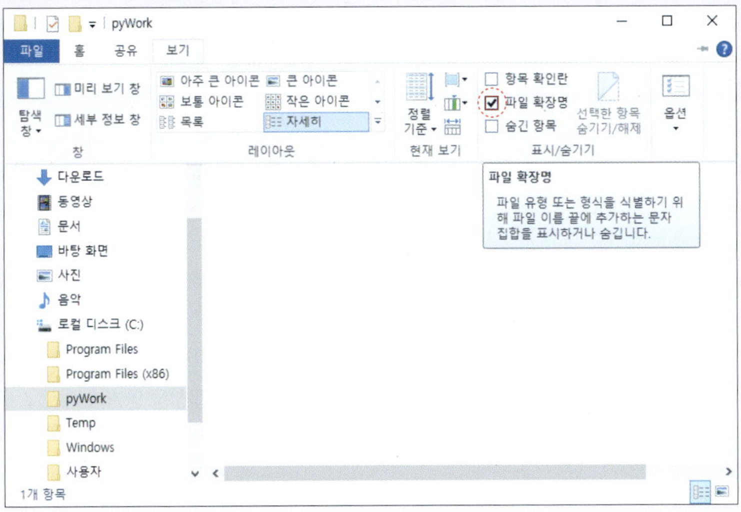

정리

스크립트 모드로 프로그램을 작성하고 실행하는 과정

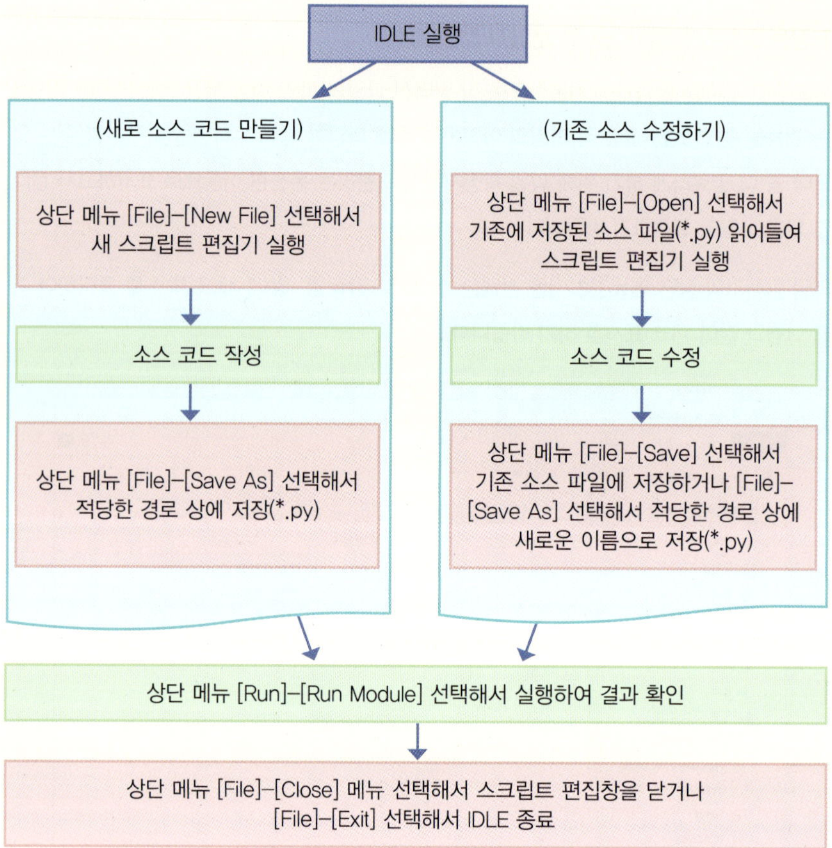

이제는 할 수 있어요!

1. 코드 1–1을 참고하여 IDLE의 대화식 모드로 자신의 이름을 화면에 출력하라.
2. 코드 1–2를 참고하여 IDLE의 대화식 모드로 1부터 5까지의 합을 계산해 그 결과를 화면에 출력하라.
3. 코드 1–3를 참고하여 스크립트 모드로 1부터 5까지의 합을 계산해 화면에 나타내는 프로그램 add_1to5.py를 작성하고 실행해 그 결과를 확인하라.
4. IDLE을 모두 종료한 후, 앞서 작성한 add_1to5.py를 다시 실행하여 그 결과를 확인하라.

이번 단원을 정리하며

이번 단원에서는 본격적인 파이썬 프로그래밍에 앞서 컴퓨터 시스템이 갖는 기본적인 특징과 컴퓨터 프로그래밍에 대한 기본 개념에 대해 간단히 살펴보았다. 더불어 파이썬 프로그램을 개발하기 위한 개발환경을 직접 구축하고, 설치된 통합개발환경 프로그램을 통해 파이썬 프로그램을 작성하여 실행하는 방법에 대해 살펴보았다.

- 컴퓨터는 사용자가 원하는 작업을 수행하기 위해 다양한 데이터를 처리할 수 있는 **전자식 범용 자동 계산기**이다.
- 컴퓨터는 대량의 데이터를 **상대적으로 빠르고 정확하게 처리**할 수 있다.
- 컴퓨터는 하드웨어와 소프트웨어로 구성된다. **하드웨어**는 컴퓨터를 구성하고 있는 물리적인 기계장치들을, **소프트웨어**는 컴퓨터 하드웨어를 동작시킬 수 있는 명령어들과 데이터들의 복합체를 가리킨다.
- **컴퓨터 프로그램**이란 컴퓨터를 통해 정보를 어떤 절차로 처리할지 기술해 놓은 것을 가리킨다.
- 프로그램을 작성하는 일련의 작성 과정을 **프로그래밍**이라 하고, 프로그래밍 시 사용할 명령어들에 대한 체계화된 규칙들을 **프로그래밍 언어**라 한다.
- 프로그래머에 의해 프로그래밍 언어로 직접 작성된 문서를 **소스 코드** 혹은 **소스 파일**이라 하는데, 이는 실행을 위해 기계어 코드로 변환되어야 한다.
- 프로그래밍에 대해 학습함으로써 구체적이고 논리적이며 체계적으로 **사고하는 방법**을 익힐 수 있다.
- 파이썬은 좀 더 쉽고 빠르게 프로그램을 작성하고자 개발된 **대화식 프로그래밍 언어**이다.
- 파이썬은 교육뿐만 아니라 다양한 실무에서 사용되는 **범용 프로그래밍 언어**이다.
- **파이썬 공식 사이트**에서 파이썬 개발환경을 구축할 수 있는 설치 실행파일과 다양한 개발 관련 문서를 제공받을 수 있다.
- 이 책의 예제들을 실행하기 위해서는 **파이썬 3.6 이후 버전**이 필요하다.
- 통합개발환경 IDLE에서 **대화식 모드**로 명령어 하나씩 실행하며 바로 처리 결과를 확인할 수 있고, **스크립트 모드**로는 다수의 명령어를 소스 파일에 저장해 놓고 일괄 실행할 수 있다.

연습 문제

01 컴퓨터 구성요소 중 하드웨어는 중앙처리장치, 주기억장치, 보조기억장치, 입출력장치로 구분된다. 인터넷 검색을 통해 개인용 컴퓨터에서 사용되는 각 장치들의 특징을 찾아보자.

02 우리 사회에서 '컴퓨터는 언제나 정확하다', '컴퓨터는 절대 틀리지 않는다'라는 거짓 믿음을 쉽게 찾아볼 수 있다. 이에 대해 우리 주변의 구체적인 사례를 찾아보자.

03 컴퓨터를 사용하지 않고 사람이 직접 처리하는 경우가 더 효율적인 일들이 존재한다. 그렇다면 어떤 작업을 처리할 때 컴퓨터를 사용하는 게 더 효율적일까?

04 인간의 언어도 그렇듯 컴퓨터 프로그래밍 언어도 다양한 종류가 있다. 다음의 각 프로그래밍 언어에 대해 인터넷 검색을 통해 그 특징을 찾아보자.

C, C++, Java, HTML, Javascript

05 컴퓨터 구성요소 중 소프트웨어는 운영체제 같은 시스템 소프트웨어와 워드프로세서 같은 응용 소프트웨어로 나뉠 수 있다. 검색을 통해 시스템 소프트웨어와 응용 소프트웨어가 담당하는 역할을 찾아보자.

06 [그림 1.12]를 참고해 파이썬 IDLE의 대화식 모드로 자신의 좌우명을 화면에 나타내보자.

07 파이썬 IDLE의 대화식 모드는 계산기처럼 사용할 수 있다. 1부터 10까지 자연수들의 합을 구해보자.

08 검색을 통해 파이썬의 핵심 철학 다섯 가지를 검색해 보자. 그리고 이 핵심 철학들을 한 번에 화면에 나타내주는 프로그램을 스크립트 모드로 작성하라. 이때 소스 파일의 이름은 core_philosophy.py로 지정해 보자.

09 여러분들은 프로그래밍을 학습하고 나서 어떤 프로그램을 작성하고 싶은가? 자신이 작성하고자 하는 그 프로그램의 요구사항은 무엇이 있는지 가능한 구체적으로 기술해 보자.

CHAPTER

02

함수를 기반으로 한 기본 구조

이 단원을 마치고 나면

- 파이썬 코드에 주석을 작성하거나 식별할 수 있다.
- 소스 코드에서 문장과 함수의 역할을 이해할 수 있다.
- 파이썬에서 제공하는 각종 유형의 리터럴을 식별할 수 있다.
- 출력문을 통해 숫자 리터럴의 간단한 연산 결과를 화면에 출력할 수 있다.
- 사용자 정의 함수의 역할과 그 필요성을 이해할 수 있다.
- 매개변수와 반환값을 갖지 않는 사용자 정의 함수를 작성하고 호출할 수 있다.

01 주석과 문장
02 함수 개요
03 데이터와 자료형
04 리터럴
05 기본 출력문
06 인수와 반환값을 갖지 않는 사용자 정의 함수

01 주석과 문장

기본 구성요소들을 갖는 예제

먼저 간단한 예제를 통해 프로그램 소스 코드의 기본 구성요소를 살펴보고자 한다. 전체적인 구조를 쉽게 파악하도록 스크립트 모드로 코드 2-1을 작성하자.

그림 2.1 기본 구성요소를 식별하는 건 중요하다

앞 절에서 설명한 것처럼 IDLE 프로그램을 실행한 후(이미 실행했나면 다시 실행하지 않아도 된다) 상단 메뉴에서 [File]-[New File]를 선택해 스크립트 편집기를 실행하자. 편집기 상에 다음의 코드 2-1을 철자에 주의해가며 똑같이 입력하자.

보다 자세한 과정은 1단원 6절을 다시 참고하라.

코드 2-1 주석과 문장

```
# 파이썬 프로그램의 기본 구조를 파악하기 위한 예제
print('hello world!')
print('good job!')
```

입력을 마쳤으면 IDLE의 메뉴 [File]-[Save As...]를 선택해서 작성한 소스 코드를 자신의 작업 폴더에 저장하자. 코드에 대한 구체적인 문법을 알아보기 전에 먼저 실행하여 수행 결과를 확인하자. 실행하려면 메뉴 [Run]-[Run Module]을 선택해야 한다는 것을 떠올리자.

스크립트 편집창에 작성한 코드와 실행 결과를 화면상에 같이 펼쳐놓고 소스 코드의 각 부분이 어떻게 처리되었는지 살펴보자.

작성한 소스 코드와 그 실행 결과를 꼼꼼히 비교해 보자.

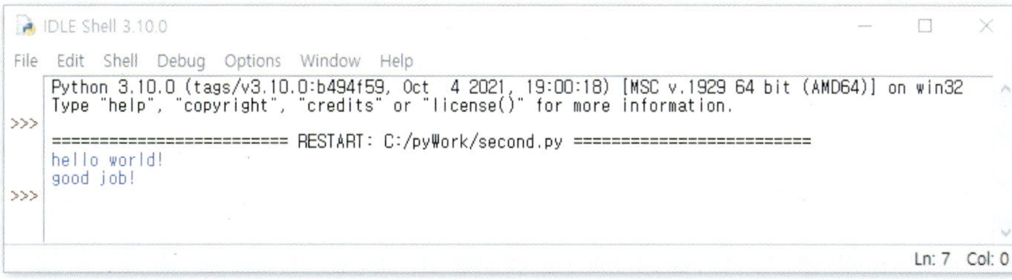

그림 2.2 코드 2-1의 실행 결과

주석

주석(comment)이란 프로그래머를 위해 소스 코드에 기술된 일종의 설명글로 프로그램 수행에 전혀 영향을 미치지 않는다. 보통은 ① 소스 코드 맨 앞쪽에 사용되어 소스 코드를 작성한 날짜나, 작성한 프로그래머의 이름 혹은 소스 코드에 대한 개략적인 설명 등을 적어 놓아 소스 코드를 개략적으로 이해하고 관리하기 위해 사용된다. 물론 ② 소스 코드 중간중간마다 삽입되어 각 코드 블록이 수행하는 기능에 대해 간단히 설명하기 위해서 사용되기도 한다. 때로는 ③ 작성한 코드 중 일부의 동작을 임시로 제거하는 효과를 갖고자 할 때에도 사용할 수 있다.

주석

주석의 용례

그림 2.3 프로그래머를 위해 남겨진 주석

파이썬에서의 주석은 # 기호로 시작하며, 특별한 끝 표시 없이 자동으로 그 행 끝까지 주석으로 처리된다. 즉, 파이썬 인터프리터가 코드를 해석해가며 실행 시 # 기호를 만나면 그 행 끝까지는 실행하지 않고 무시하고 넘어간다.

파이썬의 주석은 #부터 그 행 끝까지

기호는 행의 시작에서 시작될 수 있고, 행의 중간에서 시작될 수도 있다. 어디에서 시작해도 효력의 범위와 효과는 마찬가지로 # 기호부터 그 행 끝까지 주석으로 처리된다. 코드 2-1을 코드 2-2와 같이 수정해 보자. 마지막 두 줄에 # 부분을 추가했다. 앞에서와 마찬가지 방법으로 수정이 끝나면 저장하고 실행한다. 실행 전에 결과를 예측해 보고, 실행 결과와 비교해 보기 바란다.

코드 2-1을 수정

코드 2-2 주석에 대한 이해

```python
# 파이썬 프로그램의 기본 구조를 파악하기 위한 예제
#print('hello world!')
print('good job!') # 이 줄에 대한 내용만 처리됨
```

실행 결과

```
good job!
```

주석 — 정리

- ✓ 소스 코드의 이해를 위해 프로그래머가 소스 코드 상에 기술한 설명글
- ✓ #부터 그 행 끝까지 주석으로 처리되며, 실행에 전혀 영향을 미치지 않는다.
- ✓ 소스 코드 상단에 소스 파일 관리를 위한 요약 정보를 기술할 수 있다.
- ✓ 소스 코드 중간에 해당 코드에 대한 설명 정보를 기술할 수 있다.

궁금합니다

파이썬의 주석은 한 종류뿐인가요?

C 언어와 같은 일부 프로그래밍 언어에서는 라인 주석과 블록 주석이라는 두 종류의 주석을 제공하기도 합니다. 다만 파이썬에서는 공식적으로 # 기호를 이용한 라인 주석만 제공합니다. 그러다 보니 여러 행에 대해 주석 처리하기 위해서는 살짝 번거로울 수 있습니다. 이를 위해

삼중 따옴표

파이썬에서는 문자열을 표현하는 한 방법인 **세 따옴표를 이용하여 소스 코드의 특정 영역을 감쌈으로써 블록 주석처럼 사용하기도** 합니다.

```python
# 이 소스 코드는 실행했을 때 아무것도 출력되지 않습니다
'''
print('hello world!')
print('good job!')
'''
```

빈 줄

소스 코드를 좀 더 알아보기 쉽게 구성하기 위해서 코드 작성 시 어느 정도의 빈 줄 삽입은 권장된다. 실행 시 빈 줄 부분은 인터프리터에 의해 무시되기에 빈 줄을 넣어서 생기는 차이는 오직 프로그래머만이 의식할 수 있다. 따라서 빈 줄은 우리가 소스 코드를 읽기 좋게 구분하기 위해 적절한 수준에서 넣어주면 된다.

소스 코드의 가독성 향상을 위해 빈 줄을 적당히 삽입하자.

다만 빈 줄을 지나치게 많이 삽입하면 오히려 코드의 가독성을 떨어뜨리니 남용하지는 말자. 보통은 앞부분과 구분되는 처리가 시작될 때마다 빈 줄을 삽입해 주면 가독성 있는 코드가 될 수 있다. 코드 2-3과 같이 빈 줄의 위치나 개수를 바꿔도 실행 결과에는 영향을 미치지 않는다.

 # 코드 2-3 소스 코드 상의 빈 줄은 실행에 영향을 주지 않는다

코드 2-1을 수정

```
# 파이썬 프로그램의 기본 구조를 파악하기 위한 예제
print('hello world!')


print('good job!')
```

실행 결과

```
hello world!
good job!
```

문장

프로그램 실행 시 인터프리터에 의해 해석되어 사용자가 원하는 처리가 일어날 수 있도록 작성된 하나의 명령어를 문장(statement)이라 한다.

문장

그림 2.4 문장

세미콜론은 문장의 끝을 명시적으로 나타낸다.

한글 맞춤법에서는 문장의 끝에서 마침표(.)를 찍어준다. 이와 마찬가지로 파이썬을 비롯한 많은 프로그래밍 언어에서는 **세미콜론(;)**으로 각 문장의 끝을 명시적으로 나타낸다.

다만 파이썬에서는 편의상 **한 행에 하나의 문장만 작성하는 경우 세미콜론을 생략**할 수 있다. 대신 한 행에 여러 문장을 작성하는 경우엔 한 문장이 끝난 지점에 반드시 세미콜론을 입력해 주어야 한다. 앞선 예제는 다음과 같이 수정해도 동일한 결과를 낸다.

코드 2-1을 수정

 # 코드 2-4 문장 끝에 대한 식별 예1

세미콜론 추가
세미콜론 추가

```
# 파이썬 프로그램의 기본 구조를 파악하기 위한 예제
print('hello world!');
print('good job!');
```

코드 2-1을 수정

 # 코드 2-5 문장 끝에 대한 식별 예2

세미콜론 추가하고 한 줄에

```
# 파이썬 프로그램의 기본 구조를 파악하기 위한 예제
print('hello world!'); print('good job!');
```

여러분들이 컴퓨터보다 더 낫다!

우리 사람은 다음의 코드 2-6도 앞선 코드 2-5와 같은 의미로 이해할 수 있다. 그러나 컴퓨터는 코드 2-6과 같이 한 줄에 작성된 여러 문장을 세미콜론으로 명시적으로 구분하지 않은 경우엔 오류를 발생한다. 이처럼 우리는 프로그래밍 시에 **정확한 문법에 따라 분명하게 컴퓨터에게 작업을 지시하도록 표현**해야 한다.

코드 2-5와 비교

 # 코드 2-6 오류: 잘못된 문장 구성

```
# 파이썬 프로그램의 기본 구조를 파악하기 위한 예제
print('hello world!') print('good job!')     # 오류 발생
```

실행 결과

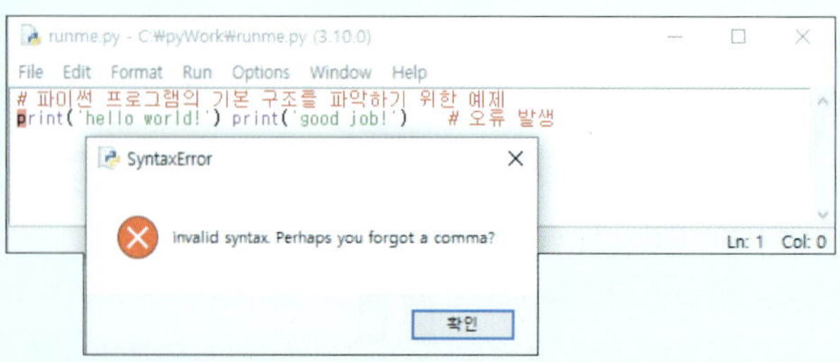

더불어 기본적으로 문장은 각 행의 맨 앞(1열)부터 기술해야 한다. 뒤에서 다시 다루겠지만 파이썬에서의 들여쓰기는 특별한 의미를 갖는다.

💡 꼭 주의하자!

 # 코드 2-7 문장 시작에 대한 식별 예: 오류

코드 2-1에서 수정

```
# 파이썬 프로그램의 기본 구조를 파악하기 위한 예제
print('hello world!')
    print('good job!')
```

실행 결과

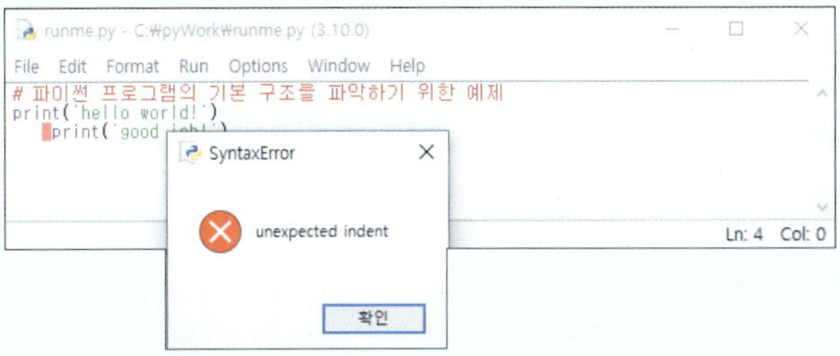

정리

문장

- ✓ 실행 시 지정된 처리를 나타내기 위해 소스 코드 상에 기술된 표현을 가리킨다.
- ✓ 프로그램 실행 시 기계어로 번역되어 실제 처리가 일어나게 한다.
- ✓ 기본적으로 각 문장의 끝은 세미콜론(;)으로 끝난다. 다만 한 줄에 한 문장만 기술하는 경우 생략될 수 있다.
- ✓ 공백 혹은 빈 줄은 문장이 아니다. 따라서 소스 코드의 가독성을 높이기 위해 빈 줄이나 공백(한 행의 시작을 제외한)은 원하는 곳에 원하는 만큼 삽입할 수 있다.
- ✓ 파이썬에서 각 행의 시작 위치는 기본적으로 맨 앞에 맞춰 시작해야 한다.

이제는 할 수 있어요!

다음은 스크립트 모드로 잘못 작성된 소스 코드이다. 이 코드는 제대로 실행되지 못한다. 어떤 문제가 왜 발생하는지, 그리고 어떻게 수정해야 하는지 찾아보자.

```
    print('hello world!')
print(
        'good job!'
)
```

02 함수 개요

책임 분할의 필요성 및 함수 개념

열의에 찬 청년 홍길동이 소규모 자본금으로 작은 규모의 구멍가게를 개업했다고 가정해 보자. 사업 초반기에는 다른 직원을 고용할 여유가 없어 사장인 길동이 혼자서 가게를 운영하며 모든 작업을 도맡아 해나갈 것이다. 그러다 사업이 번창하게 되어 대형마트로 사업을 확장 운영하게 되었다 할 때, 이때에도 길동이 혼자서 대형마트의 모든 운영 사항을 담당할 수 있을까? 아마도 가능하지 않을 것이다. 가능하다 하더라도 아마도 효율적이지 못하게 운영될 것이다.

효율적인 운영을 위해 각 직원/부서에 책임을 분할해 할당한다.

구멍가게일 때와 달리 대형마트를 운영할 때에는 여러 직원을 고용하고 각 직원들에게 책임을 할당해 줄 것이다. 좀 더 효율적으로 운영하고자 한다면 사업장 운영에 필요한 각종 업무를 여러 부서로 나누고, 각 부서에 할당된 책임을 수행할 직원들을 배정할 것이다. 사장인 길동이는 사업장 운영 전반에 대한 비전에 따라 각 부서 간에 원만한 업무 분담과 상호작용만 조율하면 될 것이다. 다시 말해 더 이상 사장인 길동이는 세부 업무에 대한 책임을 고민하지 않아도 될 것이다.

그림 2.5 구멍가게(왼쪽)와 대형마트(오른쪽)

프로그래밍에서도 마찬가지이다. 작은 규모의 프로그래밍은 단순 문장들의 나열을 통해 작성할 수 있다. 하지만 처리할 요구사항이 많아 프로그램의 규모가 커진다면,

관련된 문장들의 단순 나열로는 요구하는 프로그램을 작성하는 과정이 복잡하고 전체적으로 효율적이지 않은 코드가 되기 쉽다. 따라서 어느 정도 규모가 있는 프로그램의 경우, 실행되면서 담당하게 될 책임과 처리할 기능에 따라 몇 부분으로 나누고, 이렇게 분할된 부분 코드들을 각각 함수로 구성한다.

효율적인 구성을 위해 각 함수에 책임을 분할해 할당한다.

프로그래밍에서 특정 작업을 수행하도록 설계된 독립적인 문장들의 집합을 함수(function)라 한다. 따라서 함수는 보통 여러 문장들로 구성된 하나의 연관된 절차로 구조화된다.

함수

앞서 앞 단원의 예제에서 암묵적으로 사용한 print()가 파이썬에서 기본적으로 제공하는 내장 함수이다. 이미 경험해 보았듯이 이 함수는 주어진 정보를 화면에 출력할 때 사용된다. 즉, 주어진 정보를 화면에서 출력하는데 필요한 세부 동작들이 print()라는 함수로 모듈화되어 제공되는 것이다.

내장 함수 print()

결국 하나의 프로그램은 독립된 책임을 가진 함수들의 집합으로 볼 수 있다. 한 프로그램을 하나의 회사에 비유한다면, 프로그램에서 사용된 각 함수들은 특정 기업이 이루고자 하는 사업을 위해 필요한 부분 책임을 담당하는 각 부서 혹은 직원들이나 협력 업체에 비유할 수 있다.

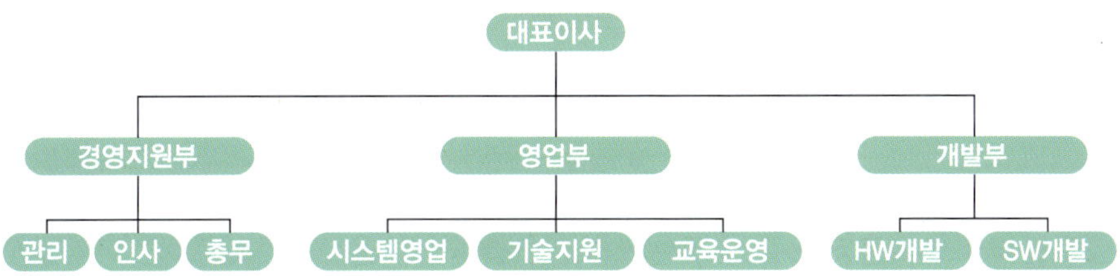

그림 2.6 회사 조직도

정리

함수

- ✓ 특정 작업을 수행할 수 있도록 설계된 독립된 문장들의 집합을 일컫는다.
- ✓ 일반적으로 각 함수는 고유한 책임을 담당한다.
- ✓ 하나의 프로그램에서 처리할 전체 문제는 부분 문제로 분해하고, 각 부분 문제는 특정 책임을 담당하는 함수를 이용해 처리하도록 구성하자.

함수 사용의 이점

소프트웨어 설계 기본 원리 중 단계별 세분화(stepwise refinement)는 주어진 문제를 상위의 개념으로부터 하위의 개념으로 구체화하는데 사용되는 분할 기법

단계별 세분화

으로, 복잡한 요구사항을 갖는 전체 문제를 한 번에 해결하려 하기보다는 주어진 문제가 충분히 작아질 때까지 더 작은 크기의 문제들로 여러 단계에 걸쳐 분해해가며 처리하는 방식을 가리킨다.

분해

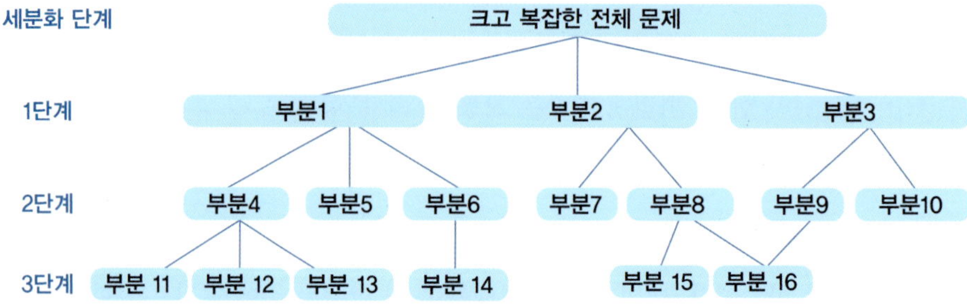

그림 2.7 단계별 세분화의 예

한 번에 분해하거나 모든 부분을 동일한 단계로 분해하는 건 아니다.

이렇게 분해된 부분 문제들은 함수를 이용해 구조화한다. 함수를 이용하면 다음과 같은 장점이 있다.

함수 사용의 이점들

1. 특정 연산을 위한 절차들을 하나의 고유한 이름으로 나타내어 소스 코드의 가독성을 향상시킨다.
2. 책임이나 기능별로 문장들을 묶어주어 소스 코드를 모듈화하는데 기여한다.
3. 복잡한 프로그램 코드를 상대적으로 간결하게 구성할 수 있게 해주어 유지보수하기 쉬운 코드가 될 수 있게 한다.
4. 검증된 코드를 손쉽게 다시 사용할 수 있기에 반복되는 명령을 기술하는데 용이하다.

함수를 이용한 프로그래밍은 다른 직원(혹은 비서)과의 업무처리에 비유할 수 있다. 회사를 운영하면서 필요한 모든 일을 내가 직접 손수 처리할 것인지, 아니면 부분 책임을 담당하는 직원들과 협력하는 관계로 일할 것인지를 생각해 본다면 함수를 사용하지 않을 이유가 없을 것이다.

함수는 비서에 비유할 수 있다.

그림 2.8 업무분담을 통한 복사 수행 과정

문자열을 어떻게 화면에 나타나게 할지에 대한 구체적인 방법은 모르지만 우리는 print() 함수를 이용해 문자열을 화면에 출력할 수 있었다. 즉, 어떻게 화면에 문자열을 출력하는지에 대한 구체적인 방법에 대해 고민하지 않아도 파이썬 내장 함수인 print()의 도움을 받아 손쉽게 처리할 수 있다.

이렇듯 특정 업무에 대해 익숙한 직원을 고용할 수 있다면 원하는 결과를 쉽게 얻을 수 있다. 하지만 그런 숙련된 직원을 고용할 수 없다면 직원을 새로 고용해 처리해야 할 일을 구체적으로 지시해야 할 것이다.

문제를 분해하고 책임을 분할하자.

마찬가지로 내가 필요로 하는 책임을 수행할 수 있는 함수가 있다면 그것을 이용해 쉽게 프로그램을 작성할 수 있겠지만, 그렇지 않다면 그 책임을 수행할 함수를 직접 만들면서 구체적으로 처리할 문장들을 기술해야 한다. 그러다 보니 프로그래밍 학습 초기엔 함수를 이용하는 것이 오히려 더 복잡하게 느껴질 수 있다. 하지만 어느 정도 익숙해지면 좀 더 규모 있는 프로그램도 쉽고 명확하게 작성할 수 있게 될 것이다.

반드시 익숙해져야 한다!

정리

함수의 사용

- ✓ 함수를 통해 일을 처리하는 것은 일상생활에서 업무를 분담하고 있는 다른 직원과 협업하며 일하는 것에 비유할 수 있다.
- ✓ 많은 요구사항을 갖고 있는 큰 덩어리의 문제는 좀 더 작은 책임을 갖는 함수들로 분해하자.
- ✓ 작은 함수들을 조합해 전체 문제를 구성하려 하기보다는, 전체 문제를 분해해가며 해결하기 쉬운 크기의 좀 더 작은 함수들로 나누자.
- ✓ 각 함수는 호출되기 전에 미리 어떻게 동작하는지 명확히 정의되어 있어야 한다(무엇을 받고, 어떤 처리를 수행하고, 무엇을 반환하는지).

함수 호출의 개념

함수를 이용하는 것과 관련해서 비유를 들어보자. 문서 복사를 담당하는 직원으로 홍길동을 고용했다고 가정하자. 내가 복사할 일이 생기면 어떻게 하면 되겠는가? 그렇다, ❶ 홍길동을 호출해서 복사를 의뢰하면 될 것이다. 그러면 ❷ 홍길동은 내가 ❸ 넘겨준 문서를 받아가 복사한 후 ❹ 그 결과를 내게 되돌려 줄 것이다.

그림 2.9 업무 분담을 통한 복사 수행 과정

함수 호출

이렇듯 부분 책임을 갖는 **함수를 수행시키는 것을 '함수를 호출(call)'한다고 표현**한다. 즉, 나는 홍길동을 호출해 복사된 결과를 얻을 수 있다. 같은 원리로 함수 f가 있다면 내가 함수 f를 호출했을 때, 함수 f를 구성하는 문장들이 처리되고, 함수 f를 호출한 나는 필요에 따라 그 수행 결과를 전달받을 수 있을 것이다. 앞선 실습 예에서 우리는 내장 함수 'print()를 호출'해서 원하는 정보를 화면에 나타낼 수 있었다.

복사하려는 '나'는 '함수 호출측'에 비유하고, '복사를 수행하는 직원 홍길동'은 '함수 f'에 비유해 보자.

함수를 이용한 프로그래밍 코드	역할 분담에 기반한 현실 세계의 비유 사례
함수 f의 호출측	복사가 필요한 나 = 홍길동을 호출할 사람
함수 f	복사 업무를 담당한 직원 홍길동
함수 f에 할당된 책임 = 함수 f를 구성하는 문장들	홍길동이 담당한 일 = 전달받은 문서를 복사하는 작업 과정
함수 f에 할당된 책임의 수행이 필요한 시점에 함수 호출측에서는 함수 f를 호출	복사가 필요한 시점에 나는 홍길동을 호출
함수 호출측에서 함수에게 전달한 값 = 인수	내가 홍길동에게 전달한 문서 = 홍길동이 나에게서 전달받은 것(복사할 문서)
함수 f는 수행을 마치고 호출측으로 복귀	홍길동이 일을 끝마치고 그 결과를 나에게 가져옴
함수 복귀 시 호출측에 전달하는 값 = 반환값	홍길동이 일을 마치고 나에게 전달한 결과물 = 내가 홍길동에게서 전달받은 것(복사 결과)

그림 2.10 호출과 반환시 주고 받는 데이터

함수 호출문

미리 정의된 함수를 호출하는 문장을 함수 호출문이라 한다. 함수 호출문은 다음 같은 형태를 갖는다. 함수 호출문

```
함수이름(인수1, 인수2, ..., 인수n)
```

앞의 복사 작업의 예에서 복사가 필요한 나는 비서 홍길동을 호출하면서 복사할 문서를 넘겨주듯이, 함수 호출측에서는 함수를 호출하면서 그 동작에 필요에 정보를 넘겨줄 수 있는데 이를 인수(argument)라고 한다. 인수

인수는 함수에 따라 여러 개를 전달할 수도 있는데, 각 인수는 함수 호출문의 함수 이름 옆의 괄호 안에 콤마로 구분해 순서대로 나열해준다. 물론 인수를 하나도 전달하지 않을 수도 있는데 이 경우엔 함수 이름 옆의 괄호 안을 비워두면 된다. 다만 인수의 개수와 순서는 함수를 정의할 때 결정된다. 비유적으로 말해서 직원을 고용하면서 업무 분담을 하는 순간에 주고받을 정보의 순서와 개수를 정하는 것이다.

그림 2.11 함수 호출과 복귀

호출된 함수가 일을 끝마치고 호출측으로 돌아오는 것을 복귀한다(return)라고 한다. 함수 호출 시와 달리 함수 호출측으로 복귀할 때에는 단 하나의 값을 호출측으로 전달할 수 있는데 이를 함수의 반환값(return value)이라 한다. 복귀 반환값

물론 호출된 함수에서 호출측으로 아무 것도 전달하지 않을 수도 있고, 이 역시 함수를 정의할 때 정해진다. 앞의 복사 작업의 예에서 홍길동이 복사를 끝마치고 나에게 전달하는 복사 결과물이 반환값에 해당된다. 반환값에 대해서는 3.3절에서 살펴보기로 하고 일단은 신경쓰지 말자.

내장 함수 print()

이 단원의 시작에서 우리는 `print('hello world')`와 같은 표현을 사용했는데, 이것이 바로 `print`라는 함수를 호출하는 문장이다. 2.5절에서 자세히 다루겠지만, 이 함수는 파이썬에서 기본적으로 제공되는데, 호출 시 인수로 전달받은 데이터를 화면에 문자열로 출력하는 책임을 담당한다. 이 함수는 출력만 할 뿐 반환값을 갖지 않는다. 따라서 우리는 화면에 무엇인가 출력하고자 할 때 그저 `print()`를 호출하면 된다.

정리

함수 호출과 복귀

- ✓ 함수가 갖는 문장들을 실행시키는 것을 '함수를 호출한다'라고 표현한다.
- ✓ 함수 호출측은 호출되는 함수에게 미리 지정된 개수의 인수를 전달해야 한다.
- ✓ 호출된 함수가 처리를 마치고 호출측으로 돌아오는 것을 '복귀한다'라고 한다.
- ✓ 함수는 복귀할 때 하나의 '반환값'을 호출측으로 전달할 수 있다.
- ✓ 인수의 개수나 반환값 유무는 함수 정의 시 미리 결정된다.

이제는 할 수 있어요!

미래의 어느 날, 여러분은 개인 비서 로봇 10대를 구매한다고 가정하자. 구매 요청 시 각 로봇은 사용자가 요청하는 하나의 작업만을 처리할 수 있도록 프로그램 되어 배달된다고 가정해 보자. 여러분들은 하루를 생활하면서 로봇에게 어떤 일들을 부여할지 생각해 보라. 또 어떻게 해야 좀 더 다양한, 혹은 여러 작업으로 구성된 복잡한 일을 효율적으로 로봇을 통해 처리할 수 있을지 고민해 보자.

궁금합니다

처음부터 함수를 다루면 너무 어려운 건 아닌가요?

다른 프로그래밍 서적과 달리 이 책이 갖는 **가장 큰 특징은 바로 함수부터 시작**한다는 것입니다. 물론 다른 서적에서는 초반에 함수에 대해 간략한 소개만 하고 넘어가고, 함수를 제대로 배울 즈음에는 정작 중요한 부분임에도 불구하고 학사일정상 충분히 다뤄지지 못해 제대로 이해하지 못하고 넘어가는 경우를 자주 접합니다.

따라서 이 책에서는 시작에서부터 가능하면 모든 부분을 함수로 구현하면서 프로그래밍의 기본 문법들을 적용해 갈 것입니다. 이런 접근이 초반에는 다소 복잡해 보일 수는 있으나 궁극적으로는 프로그래밍에 대한 전반적인 시각을 정립하는데 도움이 된다고 확신합니다.

나의 업무를 도와줄 비서가 있다면 상대적으로 쉽게 일할 수 있을 것입니다!

Python Programming

03 데이터와 자료형

데이터의 표현

대량의 데이터를 상대적으로 빠르고 정확하게 처리하기 위해 컴퓨터는 데이터를 고정된 길이의 2진 비트열로 코드화하여 표현한다. 얼마의 길이로, 또 어떤 방식으로 코드화할지는 각 데이터 유형마다 다르다.

코드화

특히 대다수의 다른 프로그래밍 언어와 달리 파이썬에서는 내부적으로 모든 데이터를 객체로 표현한다. 다만 학습 초기에 데이터를 객체의 관점에서 접근하면 복잡만 할 뿐 얻는 이득이 많지 않다. 따라서 일단은 [그림 2.12]와 같이 객체라는 것은 데이터를 감싸고 있는 구조 정도로만 여기고 차근차근 알아가도록 하자.

객체에 대한 개념은 11장에서 소개한다

프로그래머가 사용하는 데이터	파이썬 내부적으로 객체로 표현된 데이터
123	123

그림 2.12 파이썬의 데이터

각 데이터의 구체적인 표현 방법에 대한 논의는 이 책의 범위를 넘어서므로 다루지 않는다. 아마도 컴퓨터 개론 과목에서 기본적인 표현 방식들에 대해 다뤘을 텐데 아직 접해본 적이 없다면 인터넷 검색을 통해 개략적으로 살펴보기 바란다. 다만 이 책을 학습하는 데 있어서 구체적인 표현 방법을 모른다고 해서 문제될 것은 없다.

파이썬 프로그래밍에서 사용하는 데이터는 크게 두 유형으로 구분된다. 프로그램 진행 중에 값이 변할 수 없는 데이터인 '리터럴(literal)'과 필요에 따라 값이 변할 수 있는 데이터인 '변수'가 있다.

리터럴
변수

자료형

자료형(data type)이란 하나의 값을 나타내는 데이터의 유형을 가리킨다. 이 책에서는 파이썬의 자료형을 다음과 같이 크게 두 부류로 나누어 설명하고자 한다. 한 덩어리로 취급되는 데이터를 기본 자료형으로, 다수 데이터들의 묶음으로 취급

자료형
기본 자료형

복합 자료형

되는 데이터는 **복합 자료형**으로 구분하자. 다만 문자열은 그것을 구성하는 문자들로 나뉠 수 있어 복합 자료형에 더 가까워 보이나, 그저 한 덩어리로 하나의 문자열을 나타낸다는 측면에서 기본 자료형으로 구분한다. 복합 자료형은 9단원과 10단원에서 다룰 것이고 그전까지는 다소 간단한 유형인 기본 자료형의 데이터만 다루자.

기본 자료형	복합 자료형
정수형 실수형 복소수형 논리형 문자열	리스트 튜플 딕셔너리 집합

정리

데이터의 표현

- 컴퓨터 내부에서 모든 데이터는 2진 비트열의 형태로 코드화하여 표현한다.
- 파이썬의 데이터는 객체로 표현된다. 다만 뒤에서 복합자료형을 다룰 때까지는 이 사실을 잊고 있어도 된다.
- 각 데이터는 표현하고자 하는 정보의 특성에 따라 일정한 길이를 갖는 고유한 코드화 방법을 갖는다. 즉, 서로 다른 유형의 데이터는 표현된 비트열의 길이나 코드화 방법이 다르다.
- 각 데이터를 표현하는 데이터의 유형을 자료형이라 한다. 즉 자료형마다 사용되는 비트열의 길이가 달라질 수 있고, 코드화 방법이 달라진다.

이제는 할 수 있어요!

각 데이터를 고정된 길이의 비트열로 표현해서 생기는 문제는 어떤 것이 있을지 생각해 보자.

04 리터럴

'문자 그대로의'라는 뜻을 갖는 영단어 **리터럴(literal)은 값 그 자체로 표현**되며, 프로그램이 수행되는 과정 중에 **그 값이 변하지 않는 하나의 데이터**를 일컫는다. 즉, 소스 코드 상에 표현된 문자 그 자체로 하나의 변하지 않는 값을 나타내는 데이터를 표현한다. 우선 기본 자료형의 리터럴을 살펴보자.

리터럴

그림 2.13 문자 그대로 특정 데이터를 나타내는 리터럴

정수 리터럴

정수형 리터럴은 0을 포함한 양의 정수와 음의 정수에 대한 데이터이다. 일상에서와 마찬가지로 기본적으로 10진수로 표현된다. 다만 리터럴 앞에 숫자가 `0`으로 시작하는 접두사, 즉 `0b`가 붙으면 2진수 표현으로, `0o`가 붙으면 8진수 표현으로, `0x`가 붙으면 16진수 표현으로 간주된다.

binary
octal
hexademical

종류	표현 사례
10진수 리터럴	`-12345`
2진수 리터럴	`0b1101`
8진수 리터럴	`0o17`
16진수 리터럴	`0x1F`

binary
octal
hexadecimal

실행 결과

```
>>> print(-1 + 1)
    0
>>> print(0b1010 + 1)
    11
>>> print(0xF + 1)
    16
```

실수 리터럴

소수점 표기법

지수 표기법
(과학적 표기법)

소수점을 포함하는 수 혹은 아주 큰 수를 표현할 때 사용된다. 일반적으로 정수 부분과 소수 부분을 분리해 표기하는 소수점 표기법과 유효 숫자 부분과 지수 부분을 이용해 아주 크거나 반대로 아주 작은 숫자들을 상대적으로 간결하게 표현하는 지수 표기법(과학적 표기법)을 지원한다.

종류	사용 예	의미
소수점 표기법	3.14, −3.14, 0.123, −15.0	
지수 표기법	3.14e−12	3.14×10^{-12}
	3.14e12	$3.14 \times 10^{+12}$

실행 결과

```
>>> print(15. + .12345)
    15.12345
>>> print(3.14e-5 + 1)
    1.0000314
```

복소수 리터럴

다른 프로그래밍 언어와 달리 파이썬에서는 복소수를 기본 데이터로 사용할 수 있다. 보통 하나의 복소수는 실수부와 허수부로 나뉘는데, 파이썬의 복소수 리터럴에서는 j가 붙은 항목을 허수부로 취급한다. 즉, 실수부 2와 허수부 3을 갖는 복소수는 (2+3j)와 같이 나타낼 수 있다.

실행 결과

```
>>> print(2+3j + 10)
    (12+3j)
```

이제는 할 수 있어요!

10진수 10과 2진수 0b1010 그리고 16진수 0xa는 수학적으로 모두 같은 값을 갖는다. 이 세 리터럴 표현은 컴퓨터 내부적으로 서로 같은 코드값을 가질까? 그렇게 생각한 이유는 무엇인가?

논리 리터럴

참의 논리와 거짓의 논리를 나타내는 부울형 리터럴로 각각 True와 False가 있다. 첫 자만 대문자이고 따옴표로 둘러싸지 않는다는 점에 유의하자.

실행 결과

```
>>> print(not False)
    True
```

문자열 리터럴

문자열은 'hello'나 "hello"처럼 같은 종류의 따옴표로 감싼 문자들의 묶음을 나타낸다. 주의할 점은 반드시 문자열의 시작과 끝은 같은 종류의 따옴표로 감싸야 한다는 것이다.

반드시 같은 종류의 따옴표로 둘러싸야 한다

문자열은 프로그램이 사용자에게 입출력하는 기본 데이터 형태이므로 많이 사용하게 될 것인데, 파이썬에서의 문자열은 앞서 소개한 리터럴과 달리 몇 가지 행위들을 갖는다. 그러다 보니 파이썬의 문자열은 스스로 간결한 조작을 지원한다. 문자열의 세부 특징과 조작에 대해서는 6단원에서 좀 더 자세히 다룬다.

문자열에 대해서는 6단원에서, 객체의 개념은 11단원에서 자세히 소개한다

실행 결과

```
>>> print('hello' + '!')
    hello!
```

Python Programming

05 기본 출력문

인수로 하나의 문자열을 갖는 출력문

앞선 예제들에서 살펴보았듯이 내장 함수 print()는 다음과 같이 호출되어 인수로 전달된 문자열을 화면에 출력하는 책임을 담당한다.

내장 함수 print()

```
print('출력할_문자열')
```

좀 더 정확히 표현하자면 인수로 전달된 문자열을 ❶ 화면에 출력한 후 ❷ 줄바꿈 처리한다. 즉, 하나의 출력문 이후에 오는 또 다른 출력문은 첫 번째 출력 결과 다음 줄 시작에 출력된다. 이 함수는 파이썬에서 기본적으로 사용할 수 있도록 그 정의가 내부적으로 제공되는 내장 함수이기에 출력이 필요할 때 언제든지 호출해 사용할 수 있다.

그림 2.14 출력문

이 단원의 시작에서 살펴보았던 코드 2-1을 다시 살펴보자. 첫 번째 출력문의 결과로 hello world!를 화면에 출력한 후, 다음 줄 시작에서 good job!을 출력한다.

재인용 주석과 문장에 대한 이해를 위한 기본 코드(코드 2-1)

```
# 파이썬 프로그램의 기본 구조를 파악하기 위한 예제
print('hello world!')
print('good job!')
```

하나의 리터럴을 인수로 갖는 출력문

함수 print()의 인수로 문자열만 사용할 수 있는 건 아니다. 다음의 코드 2-8을 입력해 그 결과를 확인해 보자.

 # 코드 2-8 하나의 정수를 인수로 갖는 출력문

```
01 print(1004)
02 print(2 + 3)
```

인수를 따옴표로 감싸지 않았다는 점에 유의하라.

실행 결과

```
1004
5
```

코드 2-8의 01행 문장은 정수 리터럴을 직접 인수로 갖는 출력문으로 print() 함수 내부에서 인수로 전달된 1004를 문자열 '1004'로 변환해 출력한다. 실행 결과로는 정수 1004가 직접 출력된 것처럼 보이나 컴퓨터에서의 모든 출력은 문자들의 나열로 처리되기에 출력할 정수를 문자열로 변환해 처리한다. 다만 앞으로 우리는 간단하게 '1004가 출력되었다'고 표현하자.

print()는 모든 데이터를 문자열로 변환해서 출력한다.

반면에 코드 2-8의 02행 문장이 실행되면 2 + 3이 아니라 5가 출력된다. 여기서 주의할 점은 인수로 사용된 표현식은 '2 + 3'과 같이 따옴표로 둘러싸여 있지 않다는 점이다. 다시 말해 print()의 인수로 하나의 문자열이 전달되는 것이 아니라 2 + 3이라는 연산식의 결과값이 전달되기에 5가 출력되는 것이다. 연산문의 의미에 대해서는 4단원에서 좀 더 자세히 살펴보자. 일단은 일상에서 사용하는 덧셈 연산 수준에서만 이해하고 넘어가자.

'2 + 3'과 2 + 3은 전혀 다른 표현이다.

두 개 이상의 인수를 갖는 출력문

2.2절에서 함수 호출에 대해 설명하면서 하나의 함수는 호출 시 정해진 개수의 인수를 전달받아야 한다고 소개한 바가 있다. 그런데 특이하게도 함수 print()는 가변 인수[1]를 가질 수 있도록 설계되어 있다. 다음의 코드 2-9를 살펴보자.

[1] 가변 인수를 갖는 함수의 구성은 이 책의 범위를 넘어서기에 다루지 않는다. 다만 5단원에서 매개변수의 기본값 부분에서 함수 호출 시 인수의 개수가 달라질 수 있는 가능성에 대해 소개한다.

 # 코드 2-9 인수를 갖지 않는 출력문

```
01 print('start')
02 print()           # 인수를 갖지 않는 출력문
03 print('end')
```

실행 결과

```
start

end
```

코드 2-9의 02행에서 인수 없이 호출된 출력문은 어떤 처리 결과를 만들어 내는가? 이 절의 시작에서 내장 함수 print()는 전달된 인수를 출력하고, 줄바꿈 처리를 한다고 했던 점을 떠올리자. 함수 호출문에 인수를 지정하지 않았으니 아무것도 출력된 것 없이 그저 다음 줄로 줄바꿈 처리만 일어난 것이다.

다음의 코드 2-10도 살펴보자.

 # 코드 2-10 두 개의 인수를 갖는 출력문

```
print('2 + 3 =', 2 + 3)        # 각 인수는 콤마로 구분된다
```

실행 결과

```
2 + 3 = 5
```

함수 호출시 전달되는 각 인수는 콤마로 구분된다.

각 함수가 몇 개의 인수를 필요로 하는 지는 그 함수를 정의할 때 결정된다.

이 예제는 print()에 두 개의 인수를 전달하고 있는데, 첫 번째는 '2 + 3 ='이라는 인수이고, 두 번째는 2 + 3의 결과값인 5라는 인수이다. 이렇게 **하나의 출력문에 인수들을 여러 개 콤마로 구분해서 전달하면, 각 인수들의 자료형과 상관없이 가장 왼쪽의 인수값부터 차례로 문자열로 변환되어 출력**된다. 그리고 **문자열로 변환된 각 인수값들은 기본적으로 공백으로 한 칸씩 띄어져 출력**된다. print()는 인수의 자료형이 서로 달라도 적절히 동작된다는 점을 기억해두자.

이렇듯 print()는 출력할 인수들을 콤마로 구분해 몇 개든지 나열할 수 있다. 따라서 다음의 코드 2-11과 같은 형태의 출력문도 가능하다. 다만 모든 함수가 이렇게 인수의 개수를 가변적으로 허용하지는 않는다. 추후 3.2절에서 매개변수의 기본

값에 대해 배울 때까지는 print()는 예외적으로 가변 인수를 갖는다고 기억해두자.

 # 코드 2-11 다섯 개의 인수를 갖는 출력문

```
print(2, '+', 3, '=', 2 + 3) # 콤마로 구분된 5개의 인수
```

실행 결과

```
2 + 3 = 5
```

정리

출력문

- ✓ 내장 함수 print()는 0개 이상의 인수를 갖으며, 각 인수들을 순서대로 한 칸씩 띄어가며 화면에 출력해 준다.
- ✓ print() 호출로 출력이 이뤄지면 자동으로 줄바꿈 처리가 일어난다.

이제는 할 수 있어요!

이제까지 학습한 내용을 바탕으로 다음과 같이 출력해 보자.

```
* ----------- *
| 안녕하세요 |
* ----------- *
```

궁금합니다

매번 스크립트 모드로 작성하기가 번거로워요!

각 예제를 매번 새로운 스크립트 모드에서 작성해 실행하는 것이 번거롭게 느껴진다면, **대화식 모드로 각 문장들을 한 라인에 하나씩 입력해 실행**해봐도 되고, 혹은 한 예제에 속하는 각 문장들을 세미콜론으로 구분해서 하나의 행에 입력하여 그 실행 결과를 확인해도 됩니다.

다만 **스크립트 모드로 작성해 가며 각 소스의 차이점을 좀 더 분명하게 비교해 가길 추천합니다.**

단원이 거듭될수록 조금씩 더 복잡해지는 느낌이 들겠지만 이루고자 하는 꿈을 향해 꾸준히 한 발자국씩 나아갑시다!

Python Programming

06 인수와 반환값을 갖지 않는 사용자 정의 함수

이제까지는 파이썬에서 기본적으로 제공되는 내장 함수 print()를 기반으로 함수를 호출하는 기본 문법에 대해 살펴보았다. 그러나 내가 하고자 하는 일을 수행하는 함수가 모두 파이썬에서 기본적으로 제공되는 건 아니다. 따라서 프로그래머는 자신이 원하는 작업을 수행하기 위해 필요한 함수를 만들 수도 있어야 한다.

식별자

식별자

각 함수는 고유한 이름을 가짐으로써 다른 함수들과 구별된다. 일련의 연관된 문장들의 묶음에 이름을 부여함으로써 그 문장들을 실행하고자 할 때 해당 함수를 식별해 호출할 수 있다. 여기서, 함수 이름처럼 다른 것들 사이에서 어느 하나를 식별하기 위해 프로그래머가 지정한 유일한 이름을 식별자(identifier)라 한다.

그림 2.15 식별자

• 식별자 작성 규칙

식별자는 기본적으로 영문자 알파벳과 숫자 문자 그리고 언더스코어(underscore)라 불리는 _ 문자만 사용한다. 다만 알파벳은 대소문자를 다르게 식별하고, 숫자 문자는 식별자의 첫 자에 올 수 없다. _ 문자를 제외한 다른 기호 문자와 공백 문자는 모두 식별자에 사용할 수 없다. 식별자는 구별을 위한 것이니만큼 의미없는 알파벳의 나열보다는 의미를 쉽게 유추할 수 있는 단어나 축약어를 사용하는 것이 바람직하다. 다만 이 조건을 모두 만족한다 하더라도 다음 절에서 소개하는 키워드는 식별자로 사용할 수 없다.

식별자로 가능
apple
apple2
_apple
set_message
setMessage

식별자로 불가능	
2apple	숫자로 시작 불가
apple 2	공백 포함 불가
apple+	_ 이외의 기호 포함 불가
set-message	_ 이외의 기호 포함 불가
def	키워드라 사용 불가

정리

식별자 작성 규칙

- ✔ 식별자는 각각을 식별하기 위해 사용되므로 유일해야 한다.
- ✔ 용이한 식별을 위해 가급적 의미있는 단어 조합을 사용하는 것이 바람직하다.
- ✔ 1개 이상의 문자로 구성된다.
- ✔ 기본적으로 영문자 알파벳(대소문자 구분)과 숫자 문자, _ 문자만 사용할 수 있다.
- ✔ 키워드는 사용할 수 없다.
- ✔ 숫자 문자는 첫 번째 문자로 사용할 수 없다.
- ✔ _ 문자를 제외하고 공백을 포함한 모든 기호 문자는 사용할 수 없다.

궁금합니다

식별자를 한글로 사용해도 되나요?

사실 파이썬에서 식별자를 한글로 작성하는 것은 허용됩니다. 하지만 가독성 측면에서 보면 **한글로 된 식별자는 바람직하지 않습니다.** 이것은 저자가 영어 사대주의에 빠져 한글을 비하하는 것이 아닙니다. 소스 코드는 인간이 식별할 수 있어야 한다는 측면에서 볼 때 한글을 인식할 수 있는 비율이 작기 때문에 그런 것입니다.

내가 작성한 소스 코드를 한글을 아는 이들만 이해할 수 있다면 고급 언어로의 특징이 반감되는 것이나 다를 바 없을 것입니다. 특히 최근에는 공개적으로 접근할 수 있게 설계되어 누구나 자유롭게 확인, 수정, 배포할 수 있도록 코드를 작성하는 오픈 소스 소프트웨어(Open Source Software)가 하나의 큰 흐름을 자리 잡고 있기도 합니다.

세계 최대 오픈 소스 사이트인 깃허브는 기후변화, 전쟁 등 불안정한 국제정세로 인한 데이터 유실에 대비해 오픈 소스 소프트웨어를 향후 1천 년간 안전하게 보관하기 위해 북극 세계기록보관소에 보관하는 '깃허브 아카이브 프로그램(https://archiveprogram.github.com)'을 시행하기도 했습니다.

이렇듯 **내가 작성한 소스 코드를 한글을 아는 프로그래머들만 이해할 수 있게 제한하는 것은 그리 현명한 선택이 아닙니다.**

키워드

키워드(예약어)

그림 2.16 예약석이 갖는 의미는 종업원과 손님 모두 이해할 수 있다

키워드(keyword)란 종종 예약어(reserved word)라고도 불리며 **문법적으로 이미 특별한 의미가 부여되어 있는 단어**를 가리킨다. 특별히 정의하지 않아도 이미 파이썬 내에서 문법적 의미가 부여되어 있기에 키워드는 식별자로 사용할 수 없다. 파이썬의 키워드는 다음과 같은 것들이 있다. 당장은 문법적 의미보다는 어떤 단어가 키워드인지 눈에 익혀두어 식별자로 사용하지 않도록 주의하자.

실행 결과

```
>>> help('keywords')

Here is a list of the Python keywords.  Enter any keyword to get more help.

False               class               from                or
None                continue            global              pass
True                def                 if                  raise
and                 del                 import              return
as                  elif                in                  try
assert              else                is                  while
async               except              lambda              with
await               finally             nonlocal            yield
break               for                 not
```

정리

키워드와 식별자

키워드(예약어):

- 파이썬 해석기에 의해 처리될 수 있는 문법적 의미가 부여되어 있는 단어
- 파이썬 문법적으로 미리 정해져 있어 식별자로 사용할 수 없다.

식별자:

- 프로그래머에 의해 다른 것과 구별하기 위하여 지정된 이름
- 프로그래밍 시 작성 규칙에 따라 새로운 식별자를 부여할 수 있다.

함수의 정의

모든 함수는 호출되기 전에 미리 호출 형태와 동작 내용이 정의되어 있어야 한다. 이는 고용된 직원이 업무를 시작하기 전에 먼저 어떤 일을 담당하게 될 것인지에 대한 업무 범위를 정하는 것에 비유할 수 있다. 함수의 정의

앞서 언급했듯이 print()와 같은 파이썬 내장 함수는 파이썬 내부에서 이미 그 정의가 제공된다. 다만 우리가 새롭게 만들고자 하는 함수는 구체적으로 어떤 동작을 해야 할지에 대해 정의해주어야 사용할 수 있다. 파이썬에서는 다음과 같은 형태로 기초적인 함수를 정의한다.

그림 2.17 함수는 연관된 행위들의 집합

함수 호출 인터페이스

'정의하다'란 뜻을 가진 영어 단어 'define'에서 유래된 키워드 def은 새로운 함수를 정의할 때 사용된다. def 다음에 새로 정의할 함수의 이름을 기술한다. def 키워드

```
def 함수이름() :
    수행할_문장1
    수행할_문장2
    ...
    수행할_문장n
```

함수는 연관된 문장들의 집합으로 보통 함수가 호출되면 일련의 작업들이 일어나므로 함수 이름은 그 동작을 쉽게 유추할 수 있는 동사구로 이름 짓는 것이 좋다. 함수 이름을 나타내는 식별자 다음에는 ()를 붙여주어 그 식별자가 함수 이름임을 명료하게 나타낸다. 그리고 괄호 다음에는 콜론(:)을 기술하여 이후에 함수가 동작할 때 수행할 문장들이 나올 것임을 파이썬 인터프리터에게 알린다.

함수의 몸체

함수 몸체

함수 정의에서 콜론 다음의 부분을 함수 몸체라 부른다. **함수 몸체에 속한 문장들은 함수가 호출되었을 때에만 수행되는 부분**이다. 함수 정의에서 함수 몸체에 속한 각 문장들은 함수에 속해 있다는 의미로 **반드시 한 단계 들여 써주어야 한다.** 스페이스바 키로 들여 쓸 수도 있지만 파이썬에선 각 행의 시작에서 단 한 칸이라도 들여쓰기 정도가 다르면 오류가 발생하므로 일관된 들여쓰기를 위해 키보드 좌측 상단의 **탭(Tab) 키를 이용**하자.

함수 정의 시 함수에 속한 문장은 반드시 일관되게 한 단계 들여 써야 한다.

사용자 정의 함수의 실행 과정

각자가 원하는 함수를 작성할 기본 준비를 모두 마쳤다. 스크립트 모드로 다음 코드 2-12를 작성해 보자. 그리고 실행해서 자신의 예상과 비교해 보자.

 # 코드 2-12 사용자 정의 함수의 기본 구조를 파악하기 위한 예제

```
01  # 사용자 정의 함수의 기본 구조를 파악하기 위한 예제
02
03  # 사용자 정의 함수부
04  def show_message() :
05      print('hello world!')
06      print('good job!')
07
08  # 주 프로그램부
09  print('시작')
10  show_message()
11  print('마침')
```

실행 결과

```
시작
hello world!
good job!
마침
```

소스 코드 상의 첫 번째로 나타나는 출력문은 05행이다. 그런데 실행 결과를 보면 이 코드에서 첫 번째로 수행되는 출력문은 05행이 아니라 09행이다. 왜일까?

앞서 설명했듯이 04행에서 06행까지의 함수의 정의는 그저 함수가 호출되었을 때

무슨 일을 수행할 것인지에 대한 예약 과정일 뿐이다. 다시 말해 05~06행의 출력문은 비록 소스 코드 앞쪽에 배치되어 있으나 show_message() **함수가 호출되기 전까지는 실행되지 않는다.** 따라서 위 예제에서 첫 번째로 실행되는 문장은 주석과 함수 정의를 뺀 09행이 된다. 그리고 10행에서 함수 호출문이 실행될 때 비로소 04~06행이 실행되는 것이다.

함수는 호출되어야 동작한다.

그림 2.18 정의된 함수는 호출되어야 실행된다

또한 **함수는 그 안에 포함된 모든 문장을 실행하고 나면 호출측으로 복귀**한다. 즉, 11행으로 복귀해서 나머지 작업을 이어 수행하게 된다. 내가 홍길동을 호출해 복사를 의뢰했다면, 홍길동은 복사를 수행하고 작업이 끝나면 나에게 돌아와 작업이 끝났음을 알리고, 나는 그것을 가지고 나머지 작업을 수행해 가는 것에 비유할 수 있다.

호출된 함수는 모든 작업을 마치고 복귀한다.

더불어서 05~06행에서 기술한 출력문을 실행하려면, 작성한 소스 코드에서 함수 정의가 끝난 07행 이후 어디에서든, 또 몇 번이든 간에 04행에서 정의된 함수 show_message()를 호출하면 된다. 코드 2-12의 11행 다음에 함수 show_message()를 호출하는 문장을 하나 더 추가한 후 다시 실행해 보자.

정리

함수 정의와 호출

- 함수는 호출되기 전에 미리 호출 형태와 동작 내용이 정의되어 있어야 한다.
- 함수를 정의하기 위해서는 키워드 def를 이용해 함수 이름에 대한 식별자를 지정해야 하며, 함수의 몸체에 속한 문장들은 반드시 한 단계 들여 써서 기술해야 한다.
- 함수를 정의했더라도 함수가 호출되기 전에는 그에 속한 문장들은 실행되지 않는다.

첫 번째 유형의 사용자 정의 함수가 지닌 특징

함수를 구성할 수 있는 네 가지 형태 중 첫 번째 구조에 대해 살펴보았다. 함수 호출 시 아무런 인수도 전달하지 않고, 또 함수 복귀 시 함수 내부에서 아무런 값도 반환받지 않는 가장 단순한 형태이다.

다만 이런 유형의 함수는 앞선 예제에서와 같이 매번 호출할 때마다 똑같은 작업만 수행할 수밖에 없는 한계가 있다. 이 같은 함수는 같은 출력을 반복하게 되는 경우라면 유용하지만 상대적으로 나머지 함수 유형들에 비해서는 쓰임이 덜하다.

다른 유형의 함수들은 이후 단원에서 학습하도록 하고, 지금은 함수를 어떻게 구성하고, 호출 시 어떤 식으로 처리되는지에 대한 기본 함수 호출 동작 방식을 이해하는 데 초점을 맞추자.

이제는 할 수 있어요!

다음과 같이 자신의 이름을 화면에 출력하는 my_name_is()를 작성해 보자. 그리고 이 함수를 호출하여 자신의 이름을 화면에 출력해 보자.

```
=======
홍길동
=======
```

이번 단원을 정리하며

» 프로그래머가 소스 코드를 쉽게 이해할 수 있도록 하기 위해 소스 코드 상에 #으로 시작해서 그 행 끝까지 **주석**으로 설명을 기술할 수 있다.

» 프로그램 실행 시 사용자가 원하는 처리는 소스 코드 상에 **문장**으로 기술한다. 기본적으로 각 문장은 세미콜론(;)으로 끝나지만 한 줄에 하나의 문장만 기술하는 경우 세미콜론은 생략될 수 있다.

» **빈 줄**은 문장이 아니기에 소스 코드의 가독성을 높이기 위해 적절히 추가될 수 있다.

» 일반적으로 하나 이상의 공백은 프로그램에 영향을 미치지 않는다. 다만 기본적으로 **각 행은 반드시 맨 앞(1열)에서 시작**해야 한다.

» 고유한 책임을 담당하여 특정 작업을 수행할 수 있도록 설계된 문장들의 집합을 **함수**라 한다. 하나의 프로그램은 하나 이상의 함수들을 이용해 주어진 문제를 처리한다.

» 각 함수는 호출되기 전에 무엇을 받고, 어떤 처리를 수행하며, 무엇을 반환할 것인지가 **명확히 정의**되어 있어야 한다.

» 많은 요구사항을 갖고 있는 전체 문제는 단계별 세분화 전략에 따라 좀 더 작은 책임을 갖는 **함수들로 분해**하여 구성할 수 있다.

» 정의된 함수를 동작시키는 행위를 **함수를 호출한다**라고 표현한다. 이때 호출되는 함수는 미리 지정된 개수의 **인수**를 전달할 수 있다.

» 호출된 함수는 처리를 마치면 자신을 호출한 호출측으로 **복귀**한다. 이때 하나의 **반환값**을 호출측으로 전달할 수 있다.

» 모든 데이터는 일정 길이의 2진 비트열로 표현되며, 각 데이터의 특성에 따라 고유한 방식으로 **코드화**된다.

» 값 그 자체로 표현되며 변하지 않는 데이터를 **리터럴**이라 한다.

» 내장 함수 **print()**를 이용해 사용자가 원하는 정보를 화면에 출력할 수 있다.

» 문법적으로 이미 어떤 의미가 부여되어 있어 파이썬 해석기에 의해 처리될 수 있는 단어를 **키워드**라 한다.

» 프로그래머에 의해 지정되며, 다른 것과 구별하기 위해 작성 규칙에 따라 부여된 이름을 **식별자**라 한다.

» **def 키워드**로 새 함수를 정의할 수 있다. 정의된 함수에 속한 문장들은 그 함수가 호출되기 전에는 실행되지 않는다.

연습 문제

이번 단원에서는 **인수와 반환값을 갖지 않는 가장 기본적인 형태의 함수를 정의하는 방법**에 대해 다뤘다. 학습한 내용을 바탕으로 각 문제에서 요구하는 프로그램을 스크립트 모드로 작성하고 그 결과를 확인하자.

01 다음과 같은 형식으로 인사말을 출력하는 **함수 say_hello()를 정의**하라. 그리고 이 함수를 호출하여 그 결과를 확인하자.

의사 코드와 실행 결과

```
# 사용자 정의 함수부
# say_hello() 정의:
    # * ---------- * 출력
    # |  안녕하세요   | 출력
    # * ---------- * 출력

# 주 프로그램부
# say_hello() 호출
```

```
* ---------- *
| 안녕하세요 |
* ---------- *
```

02 위 1번 문제에서 '* ---------- *'는 똑같은 내용이 두 번 출력된다. 이처럼 프로그램 소스 코드 내에 반복적으로 사용되는 부분은 때때로 추가의 함수로 정의해 반복적으로 사용할 수 있다. **함수 separator()를 추가로 정의**하여 이 부분을 출력하도록 작성하고, 기존의 **say_hello()** 함수에서 separator() 함수를 호출하도록 수정하라.

의사 코드와 실행 결과

```
# 사용자 정의 함수부
# say_hello() 정의:
    # separator() 호출
    # | 안녕하세요 | 출력
    # separator() 호출

# separator() 정의:
    # * ---------- * 출력

# 주 프로그램부
# say_hello() 호출
```

```
* ---------- *
| 안녕하세요 |
* ---------- *
```

03

다음과 같은 형식으로 **이번 달 달력을 출력하는 프로그램**을 작성하고자 한다. 달력을 출력하기 위해 함수 **show_calendar()를 정의**하자. 이 함수는 다음과 같이 9개의 출력문으로 구성되고, 각 출력문은 다음과 같이 출력하고자 하는 하나의 문자열 리터럴을 인수로 갖는다.

의사 코드와 실행 결과

```
# 사용자 정의 함수부
# show_calendar() 정의:
    # 표시할 연도와 월을 출력
    # 요일 목록을 출력
    # 구분선 출력('-' 20개)
    # 공백 19개 뒤에 '1' 출력
    # 2~8까지 출력
    # 9~15까지 출력
    # 16~22까지 출력
    # 23~29까지 출력
    # 30, 31 출력

# 주 프로그램부
# show_calendar() 호출
```

```
2022년 1월
일 월 화 수 목 금 토
--------------------
                   1
 2  3  4  5  6  7  8
 9 10 11 12 13 14 15
16 17 18 19 20 21 22
23 24 25 26 27 28 29
30 31
```

04

다음과 같이 **구구단 2단을 출력**하는 함수 gugudan2()를 정의한 후 호출하여 그 결과를 확인하는 프로그램을 작성하라. 이 함수는 9개의 출력문으로 구성한다.

의사 코드와 실행 결과

```
# 사용자 정의 함수부
# gugudan2() 정의:
    # 2 x 1 출력
    # 2 x 2 출력
    # 2 x 3 출력
    # 2 x 4 출력
    # 2 x 5 출력
    # 2 x 6 출력
    # 2 x 7 출력
    # 2 x 8 출력
    # 2 x 9 출력

# 주 프로그램부
# gugudan2() 호출
```

```
2 x 1 = 2
2 x 2 = 4
2 x 3 = 6
2 x 4 = 8
2 x 5 = 10
2 x 6 = 12
2 x 7 = 14
2 x 8 = 16
2 x 9 = 18
```

CHAPTER

03

데이터와 함수

이 단원을 마치고 나면

- 변수의 개념을 이해하고 변수를 사용할 수 있다.
- 인수와 매개변수 그리고 반환값의 개념을 설명할 수 있다.
- 인수를 전달받기 위한 매개변수를 갖는 함수를 작성할 수 있다.
- 함수의 반환값을 변수에 전달받아 이용할 수 있다.
- 프로그램 실행 시 사용자로부터 문자열을 입력받을 수 있다.
- 매개변수와 반환값의 유무에 따라 다양한 형태의 함수를 정의하고 호출할 수 있다.

01 변수의 개념
02 인수를 갖는 함수
03 반환값을 갖는 함수
04 입력문
05 함수의 일반적 형태

01 변수의 개념

변하는 데이터는 어떻게?

앞 장에서는 사용자 정의 함수를 이용해 임의의 리터럴을 출력하는 프로그램을 작성해 보았다. 그런데 일반적인 컴퓨터 프로그램들은 이제까지 작성한 예제들처럼 프로그래머가 소스 코드 상에 직접 기술한 데이터만 출력하지는 않는다. 컴퓨터란 사용자가 입력한 데이터에 대해 지정된 연산을 수행하고, 그 결과를 출력할 수 있는 일종의 범용 계산기 아니었던가? 앞 장에서 다룬 예제들은 프로그램이 진행되는 과정 중에 처리된 값을 유지하지 않았었다.[1] 이를 해결하기 위해 프로그래밍 언어에서는 '변수'라는 개념이 제공된다.

변수

앞 장에서 다루었던 리터럴은 프로그램이 진행되는 내내 변하지 않는 데이터를 나타내었다면, **변수(variable)는 프로그램이 진행되는 동안 변할 수 있는 데이터**를 일컫는다. 사실 변수는 **어떤 데이터를 저장할 수 있는 메모리 공간**을 가리킨다. 비유적으로 본다면 변수는 일상생활에서 그릇과 같다.

그림 3.1 리터럴과 변수

[1] 코드 2-8의 02행에서 2 + 3을 연산한 결과 5를 출력할 수는 있었으나, 그 결과값 5를 어딘가 저장해서 다른 처리에 사용할 수는 없었다.

변수 선언문

파이썬의 변수는 자료형과 상관없이 다양한 데이터를 담을 수 있다. 다른 프로그래밍 언어에서와 마찬가지로 파이썬에서도 변수를 사용하기 위해서는 **반드시 변수의 값을 참조하기 전에 먼저 변수를 선언**해야 한다. 파이썬에서 변수 선언문의 형식은 다음과 같다.

변수의 선언

```
변수_이름 = 초기값
```

위 문장 형식은 '*초기값*'으로 표현된 데이터를 저장하기 위해 '*변수_이름*'으로 지정된 식별자를 사용하겠다는 선언문이다. 즉, 각 그릇을 식별할 이름이 '*변수_이름*'이고, 그 그릇에 담긴 데이터가 '*초기값*'인 셈이다. 변수 역시 함수와 마찬가지로 여러 개가 존재할 수 있으니 서로를 식별할 수 있기 위해 이름을 갖는다. 변수 이름은 함수 이름과 마찬가지의 식별자 작성 규칙을 따르면 된다. 다만 동사구와 연관된 식별자를 가졌던 함수와 달리 **변수 이름은 그것에 저장될 데이터를 나타내는 명사나 명사구를 이용한 이름을 주로 사용**한다. 다음의 코드 3-1을 살펴보자.

변수에 대한 식별자

코드 3-1 변수 선언문의 예

```
num_of_people = 9            # 9명의 인원수를 나타내는 변수의 선언 예
```

그림 3.2 변수는 하나의 값을 갖는 그릇에 비유할 수 있다

사실 파이썬 변수를 이렇게 비유하는 것은 정확한 표현은 아니다. 다만 당분간은 그냥 이렇게 단순하게 생각하자.

C 언어 등의 프로그래밍 언어와 달리 파이썬에서는 변수 선언 시 그것에 담길 데이터의 자료형을 따로 기술하지는 않는다. 저장되는 데이터에 따라 변수의 자료형은 동적으로 결정된다. 단, 기본적으로 하나의 **변수에는 임의의 자료형으로 표현되는 하나의 데이터만을 유지**할 수 있다.

변수에는 마지막에 저장한 데이터 하나가 저장된다.

= 기호의 의미

=은 대입의 의미를 갖는다.

변수 선언문에 사용된 = 기호는 수학에서처럼 '같다'라는 의미가 아니다. 이 기호는 대부분의 프로그래밍 언어에서 '대입'의 의미를 지닌다. 다시 말해 **오른쪽 표현식의 결과값을 왼쪽 변수에 넣으라는 의미**이다. 4단원에서 다시 다루겠지만 = 기호는 대입 연산자라고 부른다. 따라서 코드 3-1은 num_of_people이라는 이름의 그릇을 준비하고 그 안에 9라는 정수 리터럴을 대입하라는 의미가 된다. 이 문장이 실행되기 전에는 식별자 num_of_people은 존재하지 않았지만 이 문장으로 새로운 변수 num_of_people이 생성되어 9의 값을 유지하게 된다.

여러 변수의 동시 선언

간단한 확인을 위해 이 절의 예제는 대화식 모드로 한 문장씩 실행하면서 그 결과를 바로 확인하자.

여러 변수를 하나의 문장으로 선언하고자 한다면 아래 예제와 같이 콤마(,)로 구분하여 각 변수 이름과 그에 대응하는 변수의 초기값을 순서대로 기술한다. 즉, 이 문장은 `nStud = 9; nProg = 3;`과 같은 의미를 지닌다.

실행 결과

```
>>> nStud, nProf = 9, 3
>>> print(nStud)
    9
>>> print(nProf)
    3
```

그림 3.3 여러 변수의 선언 예

● 변수값의 참조

프로그래머는 **변수 이름을 통해 그 변수와 연관된 메모리에서 데이터를 읽어 오거나 데이터를 저장**할 수 있다. 앞서 변수를 일상생활 속의 그릇에 비유하였다. 다만 실생활의 그릇과 달리 변수라는 그릇은 ❶ 한 번에 하나의 데이터만 담을 수 있는 그릇이다. 또, 변수는 실생활의 그릇과 달리 ❷ 그 안에 담긴 데이터를 무한히 꺼내어 쓸 수 있다. 즉, **변수에 저장된 데이터는 새로운 데이터가 담기기 전까지 유지되며 몇 번이든 간에 참조되어 사용**될 수 있다. 다음의 예제를 살펴보자.

변수 이름을 통해 변수 값에 접근한다.

변수에 새 값이 할당되기 전에는 그 값이 없어지지 않는다.

실행 결과

```
>>> print(num)     # 오류: 선언되지 않은 변수의 값을 출력
    Traceback (most recent call last):
      File "<pyshell#0>", line 1, in <module>
        print(num)
    NameError: name 'num' is not defined
```

오류 메시지 제일 마지막 줄을 보면 'num이라는 이름이 정의되지 않았다'는 것을 알 수 있다. 앞서 언급했듯이 모든 **변수는 사용되기 전에 반드시 선언되어 있어야** 한다. 위의 예제는 변수 num을 출력하라는 문장이지만, 정작 num이란 이름의 변수가 선언된 적이 없기에 오류가 발생한 것이다.

다음과 같이 실행해 보자. 앞선 예제와 달리 출력문 전에 먼저 num이라는 이름의 변수를 선언하고 1004라는 정수 리터럴을 변수에 담았다. 이제 변수 num에는 1004라는 값이 담겨 있는 것이다. 따라서 이후 변수 num을 출력하게 되면 그 변수가 갖고 있는 값이 출력된다. 더불어 변수의 값을 한 번 참조하여 사용했다 해서 없어지는 것이 아니기에 몇 번이든 다시 접근해 사용할 수 있다.

실행 결과

```
>>> num = 1004
>>> print(num)
    1004
>>> print(num)
    1004
```

변수값의 수정

변수에 새로운 값을 대입함으로써 그 값을 수정하는 효과를 갖는다.

변수는 프로그램이 실행되면서 그 값이 변할 수 있는 데이터라고 하였다. 그러면 변수의 값은 어떻게 바꿀 수 있을까? 앞서 = 기호는 대입 연산자로 변수 선언 시 값을 대입할 때 사용한다고 하였다. 이미 **선언된 변수의 값을 변경하고자 할 때에도 = 연산자를 사용**한다. 대화식 모드로 다음의 문장들을 입력하여 실행해보자.

실행 결과

```
>>> num = 1004
>>> print(num)
    1004
>>> num = '천사'
>>> print(num)
    천사
```

앞선 실행에서 변수 num은 정수 리터럴 1004를 갖고 있음을 살펴보았다. 이어 num이라는 변수에 '천사'라는 문자열 리터럴을 "대입"하였다. 이후 다시 변수 num을 출력해 보면 1004가 아닌 천사라고 출력되는 것을 볼 수 있다. 이 예를 통해 우리는 변수의 두 가지 중요한 특징을 확인할 수 있다.

파이썬의 변수는 자료형이 고정되어 있지 않다.

1. 기본적으로 변수는 **마지막으로 대입한 값 하나만 유지**한다.
2. 변수의 자료형은 고정되어 있지 않고 **대입된 값에 따라 자동으로 변경**된다.

정리

변수

- ✓ 프로그램이 진행되는 동안 변하는 데이터를 변수라 한다. 소위 변수는 하나의 데이터를 담는 그릇에 비유할 수 있다.
- ✓ 변수는 사용되기 전에 먼저 선언되어야 하는데 파이썬에서는 식별자에 값을 할당함으로써 변수를 선언한다.
- ✓ 프로그래밍에서 =은 오른쪽 표현식의 값을 왼쪽에 대입하라는 의미를 지닌다.
- ✓ 선언된 변수는 그 식별자를 통해 저장된 값을 참조하거나 새로운 값을 넣을 수 있다.
- ✓ 변수의 자료형은 마지막으로 저장된 데이터의 자료형에 따라 달라진다.

이제는 할 수 있어요!

name이라는 변수에 자신의 이름을 저장하고, 이 변수의 값을 다음과 같이 출력하는 문장을 작성해보자.

```
=======
홍길동
=======
```

변수의 실체

이제까지 변수는 무엇인지, 또 변수를 어떻게 생성해서 사용하는지에 대해 살펴보았다. 다소 낯선 개념을 익히느라 고생이 많다. 그런데 미안하다. 지금까지 파이썬의 변수에 대해 틀리게 설명하였다.

2.3절에서 파이썬의 모든 데이터는 내부적으로 객체로 표현된다고 했던 것을 떠올려 보자. 따라서 코드 3-1의 `num_of_people = 9`라는 변수 선언은 아래의 [그림 3.4(1)]과 같이 변수 자체에 데이터 객체가 저장된다고 이해했을 것이다. 하지만 파이썬 내부적으로는 [그림 3.4(2)]와 같이 처리된다.

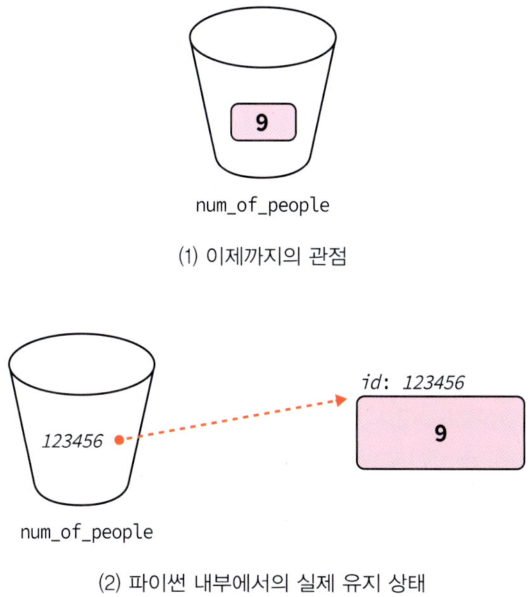

그림 3.4 변수의 내부 저장 구조

즉, 파이썬의 변수는 데이터를 직접 갖지 않는다. 그저 각 데이터에 대한 참조값으로 데이터 객체의 아이디를 가질 뿐이다. [그림 3.4(2)]에서 보듯이, 9라는 값을 갖는 정수 리터럴 객체의 아이디가 123456이라 가정할 때, num_of_people이라는 변수에는 그 객체의 아이디 123456이 저장된다. 물론 이 변수에 다른 데이터를 넣게 되면 새롭게 지정된 데이터 객체의 아이디가 변수에 저장되면서 변수는 기존의 값 대신 새로운 값을 유지하는 것처럼 보이는 것이다.

내장 함수 id()

파이썬의 내장 함수 id()는 각 데이터의 참조값인 아이디를 반환해준다. 대화식 모드로 다음과 같이 실행해 보자.

우리 환경에서는 -5~256 사이의 숫자와 알파벳, 숫자 문자를 나타내는 객체는 재활용한다. 이런 객체의 재활용은 파이썬 내부 구현에 따라 다를 수 있다.

실행 결과

```
>>> id(123)
    1708699472

>>> n = 123
>>> id(n)
    1708699472

>>> n = 'hi'
>>> id(n)
    3770848

>>> id('hi')
    3770848
```

각 객체의 아이디값은 프로그램 실행 때마다 달라질 수 있다. 따라서 여러분들의 실행 결과는 위와 똑같지 않을 수 있다. 다만 정수 리터럴 123과 그 값을 갖는 변수 n의 아이디가 일치한다는 사실을 확인하자. 또, 변수 n에 문자열 'hi'가 할당된 이후에는 변수 n의 아이디는 문자열 리터럴 'hi'의 아이디와 같아진다.

불변 객체

파이썬에서 **기본 자료형 데이터의 객체들은 불변 객체로 만들어진다.** 즉, 불변 객체는 한 번 만들어지고 나서는 그 내용이 바뀔 수 없는 특징을 갖는다. 따라서 변수에 새로운 값을 대입하면, 기존 객체가 수정되는 것이 아니라 **새로운 수를 갖는 리터럴 객체가 준비되고, 이 객체의 아이디가 변수에 저장**된다.

하지만 이런 접근은 프로그래밍 초기 학습에서 다소 복잡하고 어렵게 생각될 수 있기에, 일단은 이런 특징이 있다는 점 정도만 기억해두고 당분간은 이제까지 그래왔듯이 **굳이 의식하지 말자.** 다만 이 특징은 9단원에서 복합 자료형을 다룰 때에는 구분해서 살펴볼 것이다.

이 책의 나머지 부분에서도 구분하지 않을 것이다.

Python Programming

02 인수를 갖는 함수

매개변수란?

변수는 자주 함수와도 함께 사용된다. 2단원에서 함수 호출 시 함수 호출측에서 함수에게 전달하는 정보를 인수라 하였다. 다만 2단원에서는 데이터를 저장하는 방법을 소개하지 않았기에 인수를 갖지 않는 사용자 정의 함수에 대해서만 다뤘다.

2.2절 참고

이제 변수의 개념을 알아보았으니 인수를 갖는, 즉 호출측으로부터 데이터를 전달받을 수 있는 함수를 정의해 보자. 2.6절에서 소개한 함수의 정의는 인수를 갖는 좀 더 일반적인 형태로 확장하여 다음과 같이 기술한다.

```
def 함수이름(매개변수_목록) :
    수행할_문장1
    수행할_문장2
    ...
    수행할_문장n
```

2.6절에서와 달리 첫 번째 줄의 함수이름 다음에 오는 괄호 안에 매개변수 목록이 추가되었다. 여기서 매개변수란 호출된 함수 내에 선언된 변수로, 함수 호출 시 전달되는 인수를 전달받는 목적으로 사용되는 변수를 가리킨다.

매개변수

2.2절에서 함수 호출에 대한 개념을 설명하면서 문서 복사를 담당하는 직원으로 홍길동을 고용했다 가정했었다. 이때 복사 작업이 필요한 나는, 복사를 담당한 홍길동을 호출하면서 복사할 문서를 넘겨줘야 하는데 이를 인수라 하였다.

반대로 복사 업무를 담당한 홍길동 입장에서 보면, 자신을 호출한 이가 자신에게 복사할 문서를 전달하면 그것들을 ① 전달받아서 자신에게 맡겨진 일인 복사를 수행할 때 ② 전달받은 문서를 이용해야 할 것이다. 이렇듯 길동이 입장에서 복사할 문서를 전달받을 변수를 매개변수에 비유할 수 있다.

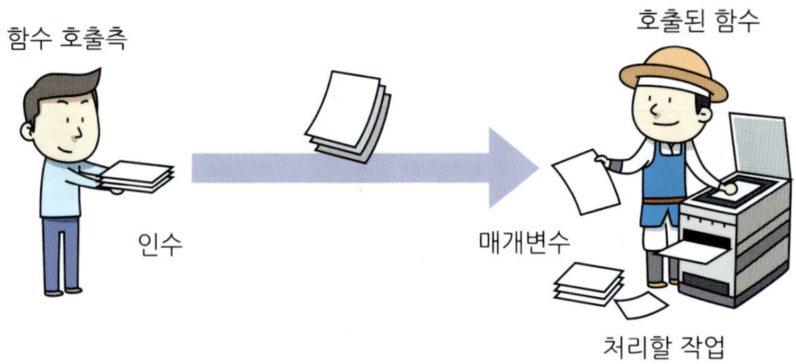

그림 3.5 매개변수의 개념

다음의 코드 3-2를 살펴보자. 이 예제에서는 show_message()라는 함수를 정의해 사용한다. 이 함수는 호출 시 하나의 이름을 전달("아무개"라 가정한다면)받아, 전달받은 이름을 이용해 "hello 아무개 님"이라고 출력하는 일을 담당한다. 이번 예제는 스크립트 모드로 작성하자.

코드 3-2 매개변수를 갖는 사용자 정의 함수의 호출 예

```
01 # 사용자 정의 함수부
02 def show_message(name) :
03     print('hello', name, '님')
04
05 # 주 프로그램부
06 print('시작')
07 show_message('이찬수')
08 show_message('홍길동')
09 print('마침')
```

각자 자기 이름을 넣어 보자.

실행 결과

```
시작
hello 이찬수 님
hello 홍길동 님
마침
```

앞서 살펴본 것처럼 이 코드를 실행하면 06행의 문장이 가장 먼저 처리되어 '시작'이라는 문자열이 출력된다. 그 다음에 수행될 07행과 08행의 함수 호출문을 보면 각각 인수를 갖고 있다. 함수 호출문이 처리될 때 인수는 함수 정의에서 기술한 매개변수 name으로 전달(02행)된다. 즉, 07행의 함수 호출문이 실행될 때에는 '이찬수'라는 문자열이 매개변수 name으로 전달되어 03행의 출력문에서 이 매개변수를 사용한다. 반면에 08행의 함수 호출문이 실행될 때에는 '홍길동'이라는 문자열이 show_message()의 매개변수로 전달되어 사용된다. 즉, **함수 호출 시 전달되는 인수는 함수의 매개변수로 전달되고, 함수의 몸체를 실행할 때 사용**된다. 이제까지의 예제들과 달리 이 예제는 같은 함수를 호출하였지만, 호출 시 서로 다른 인수를 전달함으로써 각기 서로 다른 출력 결과를 만들어 낸다.

정리해보면, 사용자 정의 함수는 자신에게 맡겨진 책임을 수행할 때 필요한 데이터인 인수를 전달받기 위해 매개변수를 두는 것이다.

매개변수로 무엇인가를 전달받았다면 반드시 함수 안에서 사용하자. 사용되지 않는 데이터는 전달받을 필요도 없다!

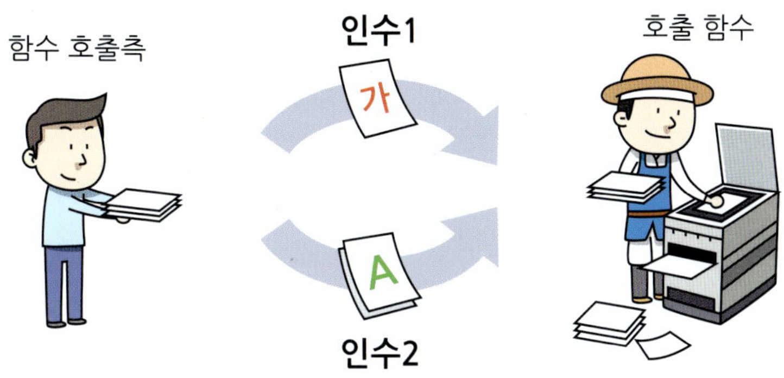

그림 3.6 다른 인수를 갖는 함수 호출의 예

두 개 이상의 매개변수

코드 3-3과 같이 함수 호출 시 두 개 이상의 인수를 전달하는 경우 함수 정의에 기술된 매개변수 역시 콤마로 구분하여 각 인수를 전달받을 변수 이름을 나열해주면 된다. 첫 번째 인수는 첫 번째 매개변수로 전달되며, 이후 **차례대로 각 인수는 해당하는 순서의 매개변수에 전달**된다.

기본적으로 각 인수는 순서대로 매개변수에 전달된다.

 # 코드 3-3 두 개의 매개변수를 갖는 사용자 정의 함수의 호출 예

코드 3-2에서 수정

```
01  # 사용자 정의 함수부
02  def show_message(msg, name) :
03      print(msg, name, '님')
04
05  # 주 프로그램부
06  print('시작')
07  show_message('안녕', '이찬수')
08  show_message('반가워', '홍길동')
09  print('마침')
```

각자의 자기 이름을 넣어 보자.

실행 결과

```
시작
안녕 이찬수 님
반가워 홍길동 님
마침
```

정리

매개변수

- ✓ 호출된 함수 내에서 인수를 전달받기 위해 선언된 변수를 가리킨다.
- ✓ 호출된 함수에서는 매개변수를 가지고 그 자신이 수행할 일을 처리한다.
- ✓ 같은 함수라도 인수로 전달된 다른 데이터에 대해 주어진 일을 처리할 수 있다.
- ✓ 각 인수는 순서대로 매개변수로 전달된다.

키워드 인수

앞선 예제에서 함수 호출 시 인수로 지정한 데이터들은 순서대로 각 매개변수로 전달되는 것을 살펴보았다. 그런데 이런 점은 인수의 순서를 명확히 구분해서 호출해야 하는 함수의 경우 프로그래머는 함수의 매개변수 순서를 정확히 기억하고 있어야만 함수를 올바르게 호출할 수 있다는 점에서 다소 번거롭기도 하다.

키워드 인수

파이썬에서는 함수 호출문의 인수를 좀 더 유연하게 기술하기 위해 키워드 인수를 제공한다. **키워드 인수란 함수 호출 시 매개변수의 이름을 명시적으로 지정하여 인수를 전달하는 방법**이다. 코드 3-4에서는 다음과 같은 형식으로 키워드 인수를 이용해 함수를 호출하였다.

함수이름(매개변수명=인수값)

그림 3.7 키워드 인수

코드 3-4 키워드 인수를 이용한 함수의 다양한 호출 방식의 예

코드 3-3에서 수정

이후는 앞선 예제에서 수정된 예제의 경우 앞선 코드와 동일한 부분은 회색으로 표시하고, 현재 코드에서 수정된 부분만을 IDLE 편집기에서의 색상으로 강조한다.

```
01 # 사용자 정의 함수부
02 def show_message(msg, name) :
03     print(msg, name, '님')
04
05 # 주 프로그램부
06 print('시작')
07 show_message(msg='안녕', name='이찬수')
08 show_message(name='이찬수', msg='안녕')
09 print('마침')
```

실행 결과

```
시작
안녕 이찬수 님
안녕 이찬수 님
마침
```

매개변수를 하나만 가지는 함수의 경우에는 굳이 키워드 인수를 사용할 필요는 없다. 오히려 함수 호출 시 매개변수 이름을 기술하는 것은 더 복잡할 뿐이다. 다만 코드 3-4와 같이 서로 다른 용도의 두 개 이상의 매개변수를 갖는 경우에는 그 진가가 발휘된다.

코드 3-4를 실행해보면 07행과 08행의 실행 결과는 정확히 일치하는 것을 확인할 수 있다. 이 두 문장은 함수 호출 시 서로 다른 순서로 문자열들을 전달했지만, 키워드 인수를 이용해 각 인수를 받을 매개변수를 지정했다. 따라서 **호출문의 괄호 안에 기술한 인수들의 나열 순서와 무관하게 각 인수들은 지정된 매개변수에 전달**된다. 다시 말해 07행의 호출문에서도 08행의 호출문에서도 '안녕'은 첫 번째 매개변수 msg에, '이찬수'는 두 번째 매개변수 name에 전달된다.

이렇게 키워드 인수를 사용하면 매개변수의 순서를 정확히 기억하지 않아도 되므로 **함수 호출문을 좀 더 유연하게 작성할** 수 있다. 반면 호출할 함수의 매개변수의 이름을 기억해야 하는 번거로움은 있다. 다만 전달받고자 하는 데이터와 연관시켜 매개변수 이름을 짓는다면, 매개변수의 이름을 기억해야 하는 단점보다는 좀 더 유연한 호출이라는 장점이 더 크게 부각된다. 물론 함수 호출 시 키워드 인수를 사용할지 말지에 대한 선택은 전적으로 함수 호출문을 작성하는 프로그래머의 몫이다.

코드 3-4의 02행 참고

정리

키워드 인수

- ✓ 함수 호출문에서 매개변수의 이름을 명시적으로 지정해 인수를 전달하는 것을 말한다.
- ✓ 키워드 인수를 사용하면 인수의 순서를 매개변수의 순서와 일치시키지 않아도 된다.

○ 매개변수의 기본값

매개변수 기본값

파이썬에서는 좀 더 함수 호출문을 간단히 하기 위해 **함수 정의 시 매개변수에 기본값을 지정**할 수 있다. 매개변수의 기본값은 함수 호출 시 인수가 명시적으로 지정되면 무시되며, 오로지 **해당 매개변수에 전달되는 인수가 생략되었을 때에만 매개변수에 기본값이 설정**된다.

그림 3.8 매개변수의 기본값

• 모든 매개변수가 기본값을 갖는 경우

코드 3-4에서 수정

 # 코드 3-5 매개변수에 기본값을 갖는 함수

```
# 사용자 정의 함수부
def show_message(msg='안녕하세요', name='여러분') :
    print(msg, name, '님')

# 주 프로그램부
print('시작')
show_message('안녕', '이찬수')
show_message('안녕')
show_message()
show_message(name='이찬수')
show_message(msg='안녕')
print('마침')
```

실행 결과

```
시작
안녕 이찬수 님
안녕 여러분 님
안녕하세요 여러분 님
안녕하세요 이찬수 님
안녕 여러분 님
마침
```

매개변수들이 기본값을 갖더라도 코드 3-5의 07행의 호출문처럼 모든 인수를 명시적으로 지정하면 매개변수의 기본값은 무시되고 전달된 인수를 기반으로 함수가 동작해 '안녕 이찬수 님'이라고 출력된다.

08~11행에서는 show_message() 호출 시 인수를 매개변수 개수보다 적게 부여하였다. 08행의 호출문은 **'안녕'**이라는 인수를 첫 번째 매개변수 msg로 전달한다. 반면 두 번째 인수가 생략되었기에 매개변수 name은 기본값인 **'여러분'**이 적용되어 '안녕 여러분 님'이라 출력된다.

코드상에 기술한 화살표 선 참고

09행의 호출문은 두 인수가 모두 생략되었기에 모든 매개변수에 기본값이 적용되어 '안녕하세요 여러분 님'이라 출력된다. 10행과 11행에서는 키워드 인수를 이용해 하나의 매개변수에만 인수를 전달하였다. 이 경우에도 인수가 지정되지 않은 매개변수에는 기본값이 사용된다.

• 일부 매개변수만 기본값을 갖는 경우

매개변수에 기본값을 갖는 함수를 사용하면서 주의할 것은 **일부 매개변수만 기본값을 갖도록 작성된 경우에는 반드시 맨 뒤쪽 매개변수부터 기본값이** 지정되어야 한다. 지정된 인수는 각 매개변수로 순서대로 전달되고, 인수를 전달받지 않은 매개변수에 대해서만 기본값이 의미를 갖기 때문이다.

순서에 주의하자!

다음의 코드 3-6은 첫 번째 매개변수만 기본값을 지정한 잘못된 구성이다. 이유를 살펴보자. 07행의 호출문에서 첫 번째 매개변수는 기본값이 적용될 수 있으나 두 번째 매개변수는 어떠한 값도 가질 수 없다. 또 08행의 호출문에서는 명시적으로 사용된 하나의 인수 문자열 **'안녕'**은 첫 번째 매개변수로 전달되는데 반해 두 번째 매개변수는 어떠한 값도 가질 수 없는 문제가 발생된다.

따라서 어떤 함수가 매개변수를 여러 개 가질 경우, 오른쪽 끝 쪽 매개변수부터 기본값을 가질 수 있다. 다시 말해 **기본값을 갖는 매개변수 이후에는 기본값을 갖지 않는 매개변수가 올 수 없다.**

코드 3-5에서 수정

 # 코드 3-6 일부 매개변수의 기본값 : 오류

```
01 # 사용자 정의 함수부
02 def show_message(msg='안녕하세요', name) :     # 잘못된 구성
03     print(msg, name, '님')
04 
05 # 주 프로그램부
06 print('시작')
07 show_message()              # 두 번째 매개변수가 받는 값이 없음
08 show_message('안녕')        # 두 번째 매개변수가 받는 값이 없음
09 print('마침')
```

실행 결과

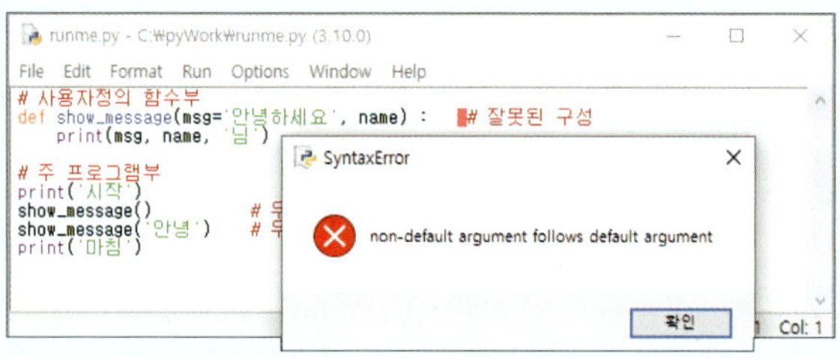

매개변수의 기본값 정리

- ✓ 함수 정의 시 오른쪽 끝 매개변수부터 기본값을 지정할 수 있다.
- ✓ 기본값을 갖는 매개변수 이후에는 기본값을 갖지 않는 매개변수가 올 수 없다.
- ✓ 기본값을 갖는 매개변수의 경우 함수 호출 시 인수 전달이 생략될 수 있다.

다음의 코드 3-7은 코드 3-6과 달리 두 번째 매개변수에 기본값을 지정하였다. 따라서 08행처럼 호출되면 유일한 인수인 '안녕'이란 문자열은 매개변수 msg에 전달되고, 두 번째 매개변수 name은 명시적으로 전달된 인수가 없기에 기본값이 사용된다.

코드상에 기술한 화살표 선 참고

다만 09행과 같이 호출되는 경우에는 키워드 인수를 통해 유일한 인수가 두 번째 매개변수로 전달되고 정작 기본값을 갖지 않는 첫 번째 매개변수 msg는 아무런 값

도 가질 수 없게 되어 [실행 결과]와 같이 오류가 발생한다. 이렇듯 함수의 일부 매개변수만 기본값을 갖는 경우에는 기본값을 갖지 않는 매개변수는 반드시 인수가 전달될 수 있도록 유의하자.

 # 코드 3-7 일부 매개변수의 기본값

```
# 사용자 정의 함수부
def show_message(msg, name='여러분') :
    print(msg, name, '님')

# 주 프로그램부
print('시작')
show_message('안녕', '이찬수')
show_message('안녕')
show_message(name='이찬수')      # 오류
print('마침')
```

실행 결과

```
시작
안녕 이찬수 님
안녕 여러분 님
Traceback (most recent call last):
  File "C:\pyWork\runme.py", line 9, in <module>
    show_message(name='이찬수')     # 오류
TypeError: show_message() missing 1 required positional
argument: 'msg'
```

print()의 키워드 인수

출력을 담당하는 내장 함수 print()도 몇 가지 키워드 인수를 사용할 수 있고, 또 몇몇 매개변수들은 기본값이 지정되어 있다. 그중 대표적인 키워드 인수들을 살펴보자.

```
print(value, ..., sep=' ', end='\n')
```

print()는 출력할 데이터들을 콤마로 구분해서 여러 개 전달할 수 있는데, 기본적으로 함수 호출 시 이 데이터들을 '공백'으로 구분해 출력한다. 모든 인수를 화면에

코드 2-10 참고

출력한 후에는 기본적으로 '줄바꿈 처리'를 해서 그다음 출력문의 내용은 다음 행에 나타난다.

이런 기본적인 처리를 다르게 하기 위해 `print()`에는 키워드 인수 sep와 end가 제공된다. 이 키워드 인수들은 기본값을 갖고 있어, 이제까지 우리는 신경쓰지 않았었는데, sep는 공백 문자인 `' '`을, end는 개행문자인 `'\n'`이 기본값이다.

'\n'는 글꼴 설정에 따라 '₩n'로 표시되기도 한다.

print()의 키워드 인수 sep

print()의 키워드 인수 end

이미 눈치챘겠지만 키워드 인수 sep는 **하나의 출력문 내에서 인수로 지정되어 출력되는 각 데이터들을 구분하는 구분 문자를 지정**한다. 또 키워드 인수 end는 하나의 출력문이 갖는 모든 데이터 **출력을 마친 후 마지막으로 출력할 문자를 지정**한다. 따라서 하나의 출력문의 인수로 지정된 각 데이터는 공백으로 띄어져 출력되었고, 하나의 출력문이 끝나면 줄바꿈 처리가 일어났던 것이다.

정리

print()의 인수

- ✓ 출력할 데이터의 표현식을 다수 개의 인수로 나열해 지정할 수 있다.
- ✓ 기본값으로 ' '을 갖는 키워드 인수 sep는 출력 시 각 인수로 전달된 데이터 사이의 구분자를 지정한다.
- ✓ 기본값으로 '\n'을 갖는 키워드 인수 end는 모든 출력을 마치고 출력될 문자를 지정한다.

코드 3-8의 01행과 02행은 같은 출력 결과를 갖는다. 다만 01행처럼 출력문마다 sep와 end 키워드 인수를 전달하는 것은 무척 번거롭기에 02행과 같이 매개변수의 기본값을 이용해 간단하게 호출할 수 있는 것이다.

 # 코드 3-8 print()의 키워드 인수와 기본값

```
01  print('안녕', '여러분', sep=' ', end='\n')
02  print('안녕', '여러분')
03
04  print('안녕', '여러분', sep=',')
05  print('안녕', '여러분', end='!')
06  print('끝')
```

실행 결과

```
안녕 여러분
안녕 여러분
안녕,여러분
안녕 여러분!끝
```

04행처럼 sep 키워드 인수에 콤마(,)를 지정해주면 이젠 print() 두 인수를 공백이 아닌 ,로 구분해 출력한다. 05행처럼 end 키워드 인수를 지정하면 하나의 출력문을 끝내고 개행처리하는 대신 !를 출력한다. 따라서 05행의 출력결과 다음에 줄바꿈처리 없이 06행 출력문의 '끝'이란 문자열이 이어서 출력된다. 물론 sep와 end를 한 번에 다르게 지정하는 것도 가능하다.

이제는 할 수 있어요!

함수 호출 시 name이라는 매개변수에 하나의 이름을 전달받고, 그 변수를 이용해 다음과 같은 형식으로 전달된 이름을 출력하는 함수 my_name_is()를 작성해 보자. 다음 예는 my_name_is('홍길동')과 같이 호출된 경우의 출력 결과이다. 이 함수를 이용해 각자 자신의 이름을 출력해보자.

```
======
홍길동
======
```

03 반환값을 갖는 함수

2.2절 참고

3.2절 참고

전체 문제는 부분 책임을 갖는 좀 더 작은 문제들로 분해될 수 있고, 또 부분 책임을 담당하는 각 부분들은 함수로 모듈화하여 구성한다. 또, 함수 호출시 호출측에서는 함수가 주어진 책임을 수행할 때 참조해야 할 데이터인 인수를 매개변수에 전달할 수 있다고 했다.

함수의 반환값

이와 반대로 전체 문제에 대한 부분 책임을 수행하기 위해 **호출된 함수는 주어진 책임에 따라 처리한 결과값을 함수 호출측에 전달할 필요**가 있다. 따라서 호출된 함수는 호출측으로 **복귀 시 하나의 반환값을 전달**할 수 있다. 이번 절에서는 이 부분에 대해 좀 더 자세히 살펴보자.

그림 3.9 함수는 일을 마치면 호출측으로 복귀한다

복귀와 반환처리

일반적으로 함수를 구성하고 있는 마지막 문장의 처리가 끝나면 호출측으로 자동 복귀한다. 이와 별개로 호출측으로 **복귀를 강제할 수 있는 문장**은 다음과 같다.

return 문을 이용한 복귀

```
return
```

위의 문장이 수행되면 즉각적으로 이 문장을 포함하고 있는 함수는 그 자신을 호출한 측으로 복귀하게 된다. 이때 함수 몸체 측에서 함수 호출 측으로 **반환값을 전달하고자 한다면 다음과 같이 하나의 데이터를 지정**할 수 있다.

```
return 반환값
```

return 문을 이용한 데이터의 반환처리

다음의 코드 3-9를 살펴보자.

코드 3-9 반환값만 갖는 함수와 미흡한 호출의 예

```
01 # 사용자 정의 함수부
02 def show_message() :
03     print('hello')
04     return 'good bye'
05                         반환됨
06 # 주 프로그램부
07 print('시작')
08 show_message()     # 미흡한 호출: 전달받은 값은 어디에?
09 print('마침')
```

실행 결과

```
시작
hello
마침
```

이 코드의 02~04행에서 정의한 함수 show_message()는 호출 시 hello라 출력(03행)한 뒤 'good bye'라는 문자열을 호출측으로 반환(04행)한다. 그러나 이 예제의 실행결과를 살펴보면 'good bye'라는 문자열은 어디서도 출력되지 않는다.

그 이유는 08행에서 show_message() 호출의 결과로 'good bye'라는 문자열이 함수로부터 전달되었으나 호출측인 주 프로그램부에서는 그 값을 전달받아 어디에도 저장하지 않았다. 즉, 반환값 'good bye'는 버려진 것이다. 따라서 다음의 코드 3-10과 같이 **반환값을 갖는 함수는 함수 호출문의 결과값인 반환값을 유지할 필요**가 있다.

함수가 반환값을 갖는다면 호출측에서 그 값을 전달받아 이용하자.

코드 3-9를 수정

코드 3-10 반환값만 갖는 함수의 올바른 호출 예

```
01 # 사용자 정의 함수부
02 def show_message() :
03     print('hello')
04     return 'good bye'
05
06 # 주 프로그램부
07 print('시작')
08 result = show_message()
09 print(result)
10 print('마침')
```

반환됨

실행 결과

```
시작
hello
good bye
마침
```

코드 3-10의 08행에서 함수 show_message()가 호출되면, 03행의 출력문을 처리한 후 04행의 반환문이 처리되면서 그 결과로 문자열 'good bye'가 호출측으로 전달되고, 호출측에서는 이 반환된 문자열을 초깃값으로 하여 변수 result를 초기화 하고, 그 변수를 09행에서 출력한다. 다시 말해 08행의 result라는 변수는 show_message() 함수로부터 반환값을 전달받는다.

그런데 이런 유형의 함수는 항상 똑같은 결과만을 반환하므로 쓰임새가 별로 없을 것이다. 다만 파일이나 키보드로부터 입력 받은 값이나 게임 등에서 사용할 수 있는 난수를 반환하는 등 함수의 반환값이 달라질 수 있는 경우에 주로 사용되는 함수 형태이다. 다음 절에서 이에 대한 경우를 살펴보자.

함수로부터 복귀와 반환값 정리

- ✓ 호출된 함수는 마지막 문장을 처리하고는 함수 호출측으로 자동 복귀한다.
- ✓ return 문은 명시적으로 호출측으로 복귀를 강제한다.
- ✓ 함수는 복귀 시 하나의 반환값을 호출측에 전달할 수 있다.
- ✓ 반환값을 갖는 함수는 호출문의 결과값을 대입문 등의 표현식에 전달한다.

04 입력문

입력문의 반환값

2.5절에서 프로그램 수행 시 화면에 데이터를 출력하는 기본 방법에 대해 살펴보았다. 다만 대부분의 프로그램들은 실행 시 단지 소스 코드 내에 기술된 데이터만을 처리하기보다 프로그램 실행 과정 중에 사용자로부터 다양한 형태의 명령과 데이터를 입력받아 처리한다.

그림 3.10 프로그램 실행 시 데이터를 입력받을 수 있다

이를 위해 파이썬에서는 input()이라는 내장 함수를 제공한다. **input() 함수는 사용자가 키보드를 통해 입력한 문자들을 순서대로 조합해 하나의 문자열로 만들어 반환**한다. 따라서 이 함수의 사용은 보통 다음과 같이 사용자로부터 입력받은 값을 변수에 저장한 후 사용하는 형태가 될 것이다.

내장 함수 input()

```
변수 = input()
```

input()의 기본 호출 형태

코드 3-11은 사용자로부터 문자열을 입력받아 하나의 메시지를 만들어 주는 프로그램이다. 스크립트 모드로 작성해 여러 번 수행해 보면서 서로 다른 이름을 입력해 보자.

코드 3-11 입력문의 기본 사용

```
01 print('당신의 이름은? ', end='')
02 name = input()
03 print('반가워요', name)
```

실행 결과

```
당신의 이름은? 이찬수 Enter↵
반가워요 이찬수
```

입력문의 인수

코드 3-11의 01행은 뒤이어 나오는 입력문을 위해 먼저 출력된 부분이다. 01행이 없다면 프로그램 시작 시 다짜고짜 사용자로부터 값을 입력받는 입력 프롬프트가 깜빡일텐데, 이는 프로그램을 실행시킨 사용자에게 무엇인가를 좀 더 대기해야 하는지 혹은 무엇인가를 입력해야 하는지를 명확히 알려주지 못한다.

그림 3.11 명료한 입력 프롬프트

따라서 보통 입력받기 위해서는 무엇을 입력해야 하는지를 먼저 출력해주어 프로그램을 실행시킨 사용자에게 무엇을 해야 하는 지를 명확히 알려줘야 한다. 이런 목적으로 출력된 문자열을 **프롬프트 메시지**라 한다. 대부분의 입력문은 코드 3-11의 01행과 같이 프롬프트 메시지의 출력이 선행되고, 뒤이어 실제 입력을 처리하는 문장이 수행된다. 이를 위해 `input()` 함수는 좀 더 단순한 입력 처리를 위해 다음과 같이 프롬프트 메시지로 사용할 문자열을 인수로 전달할 수 있다.

프롬프트 메시지

input()의 일반적 호출형태

```
변수 = input('프롬프트_메시지')
```

따라서 코드 3-11은 코드 3-12와 같이 좀 더 단순하게 작성할 수 있다.

 # 코드 3-12 입력문에서 인수 사용 예

코드 3-11 수정

```
01  name = input('당신의 이름은? ')
02  print('반가워요', name)
```

▶ 실행 결과

```
당신의 이름은? 이찬수 Enter↵
반가워요 이찬수
```

비로소 코드 3-12의 01행은 사용자 입력을 처리하는 일반적인 문장이 된다. 출력된 프롬프트 메시지 옆에 입력 시 사용자가 키보드에서 누른 문자들의 키값들이 순서대로 나열된다. 물론 백스페이스키(←)로 삭제하거나 좌우 화살표키 등을 이용해 특정 위치로 이동하여 입력된 문자들을 수정할 수 있다. 실제 **입력이 완료되는 시점은 엔터키가 눌리는 시점**으로 이때 프롬프트에 나열된 문자들을 `input()` 함수는 하나의 문자열로 만들어 호출측에 반환한다. 따라서 01행은 `input()`에서 반환되는 문자열을 변수 name에 저장하게 되고, 02행의 출력문에서 사용자로부터 입력받은 값을 적절한 형식으로 출력하게 된다.

(1) 호출 (2) 복귀

그림 3.12 input()의 처리

앞선 코드 3-12의 01행의 문장을 좀 더 자세히 살펴보자. 사실 이 문장은 함수 호출문과 변수 선언문이라는 두 개의 구문이 하나로 합쳐 기술된 것이다. 3.1절에서 = 기호는 대입 연산자로 오른쪽 표현의 결과값을 왼쪽에 대입한다 하였다. 그러다

= 연산자는 4.4절에서 좀 더 자세히 다룬다.

보니 일반적으로 = 기호의 오른쪽에 기술된 표현이 리터럴이나 단순 변수가 아닌 경우에는 먼저 그것을 처리하고 나서 그 결과를 왼쪽 변수에 대입한다. 따라서 01행에서는 함수 input()에 대한 호출이 먼저 처리되고, 이 호출의 결과값인 반환값을 name에 대입하는 대입문이 그 다음으로 처리된다는 사실을 기억해두자. 이후 보통 **대입 처리는 제일 마지막에 수행**된다.

연산자 우선순위는 4.7절에서 다룬다.

내장 함수 input()

정리

- ✓ 사용자가 키보드로 입력한 문자들을 기반으로 하나의 문자열을 반환한다.
- ✓ 인수로 프롬프트 메시지 문자열을 가질 수 있다.
- ✓ 입력은 엔터키가 눌리는 시점에 완료된다. 엔터키 입력 전에는 입력하는 문자열의 수정/삭제가 허용된다.

이제는 할 수 있어요!

다음과 같이 호출되어 사용자로부터 다음과 같은 형식으로 이름을 입력받아 반환하는 함수 what_is_your_name()을 작성해 보자.

```
my_name = what_is_your_name()
print('반가워요', my_name, '님!')
```

실행 결과

```
당신의 이름은? 이찬수 Enter
반가워요 이찬수 님!
```

05 함수의 일반적 형태

사용자 정의 함수는 매개변수와 반환값을 갖는지의 여부에 따라 네 가지 다른 유형으로 구성될 수 있다. 각 유형에 따라 함수 호출문의 형태가 달라지고, 그에 따라 함수의 활용과 전체 프로그램의 구성이 달라질 수 있다.

다음의 간단한 요구사항을 갖는 프로그램을 구현하기 위해 네 가지 서로 다른 형태의 함수를 작성해 적용해 보고 그에 따른 특징들을 살펴보자. 당장의 주어진 문제를 어떻게 해결할 것인가보다 한 번 작성한 코드의 재사용성을 좀 더 높일 수 있는 구조가 무엇일까라는 관점에서 예제들을 비교해 보라.

코드의 재사용 가능성은 중요한 관심사 중 하나이다.

문제

사용자로부터 이름을 입력받아 임의 형식의 환영 메시지를 만들어 출력하는 프로그램을 책임 분할 측면에서 다양한 형태의 사용자 정의 함수로 구성해 작성해보자.

○ 매개변수와 반환값을 갖지 않는 함수

함수를 이용한 가장 간단한 구성으로는 문제에서 요구하는 대부분의 책임을 하나의 함수에게 할당하는 방법이다. 비유하자면 내가 고용한 한 명의 비서에서 모든 일을 다 맡기는 방식이다. 비서를 호출해 일을 위임하는 입장에서는 다소 간단해 보일 수 있으나 몇 가지 측면에서 그리 바람직한 방법은 아니다. 우선, 코드 3-13을 스크립트 모드로 작성해 보자.

그림 3.13 매개변수와 반환값을 갖지 않는 경우

코드 3-13 매개변수와 반환값을 모두 갖지 않는 단순한 구조

```
01 # 사용자 정의 함수부
02 def make_message() :
03     name = input('당신의 이름은? ')
04     msg = '반가워요 ' + name      # 두 문자열을 하나로 연결해줌
05     print(msg)
06
07 # 주 프로그램부
08 print('시작')
09 make_message()
10 print('마침')
```

실행 결과

```
시작
당신의 이름은? 이찬수 Enter↵
반가워요 이찬수
마침
```

• 동작 과정 설명

전체적인 프로그램의 흐름을 살펴보자. 02~05행은 함수에 대한 정의로 일종의 업무협약일 뿐이라 이 문장들은 함수 make_message()가 호출돼야 실행된다. 따라서 제일 먼저 실행되는 문장은 08행이다.

09행의 함수 호출문이 수행되면 비로소 02행 이후의 make_message()의 몸체 부분이 처리된다. 03행은 키보드 입력을 통해 사용자로부터 이름을 입력받아 변수 name에 저장한다. 04행에서는 변수 name에 저장된 문자열을 '반가워요'라는 문자열과 연결한 새로운 문자열로 만들어 변수 msg에 저장한다. 05행에서는 연결된 문자열을 갖는 변수 msg를 출력하고 나서는 함수 호출측으로 복귀한다. 이후 10행의 출력문을 처리한다.

두 문자열은 +로 연결할 수 있다. 6.2절에서 다룬다.

• 이 구성이 갖는 한계

앞선 코드 3-13의 주 프로그램 부분은 다소 간단한 구성을 하고 있다. 다만 함수 make_message()는 이 문제에서 처리해야 할 대부분의 작업인 문자열의 입력-처리-출력의 문장들을 모두 갖고 있다. 따라서 프로그램 실행 시 사용자 이름을 키보드로 입력받지 않고 소스 코드 상에서 문자열 리터럴을 직접 이용하거나 데이터 파

일로부터 읽어들여 처리하고 싶다면 이 함수는 그대로 재사용될 수 없다. 더불어 출력 형태도 다르게 하고 싶다면 함수를 수정하거나 별도의 처리를 위한 함수를 다시 작성해야만 한다. 다시 말해 **매개변수와 반환값을 갖지 않는 함수는 매 호출 시마다 똑같은 일만 할 수 있다는 제약**이 생긴다. 이따금씩 이런 단순한 구조의 함수가 필요할 수도 있지만 좀 더 일반적인 구성을 위해 이 한계들을 하나씩 해결해 가보자.

그림 3.14 매개변수와 반환값을 갖지 않는 경우의 한계

매개변수만 갖는 함수

보통 함수는 전체 문제에서 분할된 책임을 나눠 갖는다는 측면에서, 사용자로부터 이름을 입력받는 과정을 함수 make_message() 내부에서가 아니라 함수 호출 전인 주 프로그램 측에서 수행하도록 수정하자. 그런 후, 입력받은 이름을 함수 호출 시 인수로 넘겨주도록 구성을 바꾸자. 즉, 함수 호출 시 이름을 전달받아 처리할 수 있도록 함수에 매개변수를 추가하자. 앞선 코드를 코드 3-14와 같이 수정한다.

매개변수로 받았다면 반드시 함수 내에서 그것을 사용해야 할 것이다.

그림 3.15 매개변수를 갖는 경우

코드 3-14 매개변수만 갖는 구조

```
01  # 사용자 정의 함수부
02  def make_message(name) :
03      msg = '반가워요 ' + name
04      print(msg)
05
06  # 주 프로그램부
07  print('시작')
08  input_name = input('당신의 이름은? ')
09  make_message(input_name)
10  print('마침')
```

실행 결과

```
시작
당신의 이름은? 이찬수 Enter↵
반가워요 이찬수
마침
```

코드 3-14에서는 사용자로부터 이름을 입력받는 과정을 make_message() 함수 내부에서가 아니라 함수 호출 전(08행)에 먼저 수행하고, 함수 호출 시 이 입력값을 인수로 전달(09행)한다. 코드 3-13에 비해 상대적으로 주 프로그램 부분이 복잡해 보인다. 다만 make_message()가 만들 환영 메시지에 사용될 **이름을 사용자로부터 직접 입력받지 않고 문자열 리터럴이나 데이터 파일로부터 얻어오게 되는 경우에도 이 함수를 그대로 다시 사용**할 수 있게 된다.

전체적으로 봐서는 그저 각 부분의 책임이 달라졌을 뿐이다.

반환값만을 갖는 함수

코드 3-13과 3-14는 모두 함수 내에서 직접 출력을 하고 있기에 함수 내부에서 만든 문자열을 다양한 다른 형식으로 출력하고 싶거나, 함수 내부가 아니라 **함수 호출측에서 다른 용도로 사용할 수는 없는 제약이 발생**한다. 이를 위해서는 여전히 기존 함수를 수정하거나 비슷한 다른 함수의 작성이 필요하게 된다.

그림 3.16 반환값을 갖는 경우

일단 코드 3-13으로 돌아가 이번에는 함수가 반환값만을 갖도록 코드 3-15와 같이 수정해 보자. 함수의 마지막 문장에서 직접 변수 **msg**를 출력하는 대신 호출측으로 반환(05행)하자. 따라서 09행은 대입 연산자 =의 오른쪽 부분의 함수 호출이 먼저 처리되고 그 반환값을 변수 result에 저장하게 된다. 이후 함수 호출측인 주 프로그램에서는 함수로부터 반환받은 문자열을 원하는 방식대로 사용할 수 있게 된다.

함수가 값을 반환하면 호출측에서 사용해야 할 것이다

 # 코드 3-15 반환값만을 갖는 구조

코드 3-13에서 수정

```
01 # 사용자 정의 함수부
02 def make_message() :
03     name = input('당신의 이름은? ')
04     msg = '반가워요 ' + name
05     return msg
06
07 # 주 프로그램부
08 print('시작')
09 result = make_message()
10 print(result)
11 print('마침')
```

실행 결과

```
시작
당신의 이름은? 이찬수 Enter↵
반가워요 이찬수
마침
```

다음의 코드 3-16은 **make_message()**의 반환값을 호출측에서 각기 다르게 이용한 사례이다. 이와 같은 처리를 코드 3-13에서 작성한 **make_message()**로 처리하려면 비슷한 출력을 내는 새로운 함수를 추가하지 않는 한 10행과 11행 등과 같이 다른 출력을 얻는 것은 가능하지 않다. 일반적으로 **한 번 작성한 함수는 수정 없이 다른 부분에서도 다시 사용할 수 있도록 작성하는 것이 바람직 하다.**

 # 코드 3-16 함수 호출 결과의 활용 예

코드 3-15의 09행 이후 주 프로그램부 수정

```
09 result = make_message()
10 print('만나게 되어', result)
11 print(result, '좋은 인연 만들어가요')
```

실행 결과

```
시작
당신의 이름은? 이찬수 Enter↵
만나게 되어 반가워요 이찬수
반가워요 이찬수 좋은 인연 만들어가요
마침
```

매개변수와 반환값을 모두 갖는 함수

앞서 사용한 input() 함수처럼 일반적으로 전체 문제에 대해 부분 책임을 담당하게 되는 임의의 함수는 ❶ **호출될 때마다 다양한 데이터를 매개변수로 전달받아 처리**하고, ❷ **수행을 마치면 그 결과를 호출측으로 반환**한다.

그림 3.17 매개변수와 반환값을 모두 갖는 경우

앞서 비유로 들었던 복사하는 책임을 담당한 홍길동은 매번 같은 자료만을 복사하는 것이 아니라 호출 시 다양한 문서를 전달받아 복사할 수 있어야 하고, 또 복사가 끝나면 매번 그 결과를 자신을 호출한 이에게 되돌려 주어야 하는 것과 비슷한 이치일 것이다.

코드 3-14와 3-15 조합

코드 3-17 일반적인 함수의 구성 예: 매개변수와 반환값을 모두 가짐

```
# 사용자 정의 함수부
def make_message(name) :
    msg = '반가워요 ' + name
    return msg

# 주 프로그램부
print('시작')
input_name = input('당신의 이름은? ')
result = make_message(input_name)
print(result)
print('마침')
```

실행 결과

```
시작
당신의 이름은? 이찬수 Enter↵
반가워요 이찬수
마침
```

코드 3-17은 매개변수를 갖는 코드 3-14의 구조와 반환값을 갖는 코드 3-15의 구조를 합친 좀 더 일반적인 함수 형태가 된다. 전체적인 흐름을 다시 정리해 보자. 02~04행은 함수에 대한 정의이므로 이 문장들은 함수가 호출되어야 실행된다. 따라서 이 예제에서는 07행의 문장이 제일 먼저 실행된다. 08행에서 키보드 입력을 통해 사용자로부터 이름을 입력받아 `input_name`에 저장한다. 그리고 그 입력값은 09행의 `make_message()` 호출문의 인수로 전달된다.

붉은색 화살표 참고

이때 인수로 사용된 변수 `input_name`의 값은 02행의 매개변수 `name`으로 전달된다. 03행에서는 '반가워요'라는 문자열과 매개변수 `name`의 문자열이 연결되어 새로운 문자열을 만들어 변수 msg에 저장한다. 그리고는 04행에서 변수 `msg`에 저장된 문자열을 반환하고, 그 결과 09행에서는 함수의 반환값이 `result`에 저장되고, 10행에서 출력된다.

가급적 한 번 작성된 함수를 수정 없이 다시 사용할 수 있도록 구성해가자.

푸른색 화살표 참고

함수의 재사용을 높이기 위해 책임 분할의 측면에서 살펴보자. 코드 3-13의 `make_message()`는 1)문자열을 입력받아, 2)환영 문자열을 구성하고, 3)구성된 문자열을 출력하는 세 개의 책임을 맡고 있다. 그러나 코드 3-17에서는 환영 메시지를 구성하는 단일 책임만 갖고 있다. 일반적으로 **하나의 함수에는 하나의 책임만 할당하도록 작성해야 함수의 재사용성을 높일 수** 있다. 다만 프로그래머는 어느 정도의 책임을 각 함수에 할당할지 함수의 재사용성과 복잡도 등의 상황을 고려해서 적절한 수준으로 정해야 한다.

이 책에서는 조금은 과도해 보일 정도로 책임을 분할해 구성하는 연습을 해 갈 것이다.

정리

다양한 함수의 형태

- ✔ 매개변수와 반환값을 갖지 않는 함수는 항상 같은 작업만 수행한다.
- ✔ 매개변수를 갖는 함수는 호출 시 서로 다른 데이터를 전달받을 수 있다.
- ✔ 반환값을 갖는 함수는 함수 내부에서 생성된 데이터를 호출측으로 반환한다.
- ✔ 가장 일반적인 형태인 매개변수와 반환값을 모두 갖는 함수는 서로 다른 데이터에 대해 주어진 작업을 처리하고 그 결과를 반환함으로써 호출측에서 그 값을 활용할 수 있게 한다.

1. 다음과 같이 호출되어 인수들의 합을 계산해 반환하는 함수 add2()를 작성해 보자.

```
res = add2(11, 22)
print(res)
```

실행 결과

```
33
```

2. add2() 함수가 인수나 반환값을 갖지 않게 구성된 경우와 비교했을 때 어떤 특징이 있는지 비교하여 설명하라.

궁금합니다

일반화된 함수를 사용하니 더 복잡한 것 같은데요?

앞선 네 유형의 함수 중 어떤 형태를 갖게 할 것인지는 온전히 프로그래머의 선택입니다. 각 상황에 따라, 그리고 함수가 담당하게 될 책임의 범위와 재사용 가능성에 따라 다양한 선택이 존재하고, 의미를 지닙니다. 사실 이 절에서 다룬 예제를 함수 정의 없이 구성하면 다음처럼 간단히 나타낼 수도 있습니다.

```
print('시작')
name = input('당신의 이름은?')
print('반가워요 ' + name)
print('마침')
```

이렇듯 이 책에서 다루고 있는 예제 대부분은 코드 3-17의 일반적 형태보다는 인수나 반환값을 갖지 않는 형태가 더 간단하거나, 심지어 사용자 정의 함수를 사용해야 할 필요는 없어 보일 만큼 간단합니다.

우리가 집을 짓는다고 할 때 애완동물의 집은 건축공학적인 지식이 없더라도 지을 수 있을 것입니다. 다만 사람이 거주할 수 있는 집을 지을 때에는 전문 지식이 필요할 것입니다. 다만 "세 살 버릇이 여든 간다"는 속담도 있듯이 뻔한 동작을 하는 **간단한 구성도 함수를 정의해 충분히 연습해두면 좀 더 복잡한 일을 처리하는 프로그램을 작성하게 되는 경우에도 수월하게 코드를 작성할 수 있도록 도와줄 것**입니다.

따라서 이 책의 나머지 부분에서도 지속적으로 사용자 정의 함수를 작성할 것이며, 함수 내에서 꼭 입출력해야 하는 상황이 아니라면 가급적 입출력은 함수 호출측에서 처리하도록 구성할 것입니다. 이런 접근 방식은 여러분이 그저 입출력 결과에만 급급하기보다는 **좀 더 구조적으로 프로그래밍할 수 있는 안목**을 키우는데 도움이 될 것입니다.

이번 단원을 정리하며

» 변수는 프로그램이 진행되는 동안 변할 수 있는 데이터를 저장한다.

» 모든 변수는 그 값이 참조되기 전에 변수 이름을 나타내는 식별자에 특정 초기값 할당을 통해 먼저 선언되어야 한다.

» 변수 이름을 통해 변수에 저장된 값을 참조하거나 새로운 값을 저장할 수 있는데, 이때 변수에는 마지막으로 저장한 하나의 데이터만 유지된다.

» 파이썬의 변수의 자료형은 마지막으로 저장된 데이터의 자료형과 같다.

» 파이썬의 변수는 내부적으로 데이터 객체에 대한 아이디를 저장한다.

» 매개변수는 호출된 함수 내에서 인수를 전달받기 위해 선언된 변수로, 그 함수가 처리할 일을 수행할 때 참조한다.

» 함수 호출 시 매개변수 이름을 명시적으로 지정해 인수를 전달할 수 있는데 이를 키워드 인수라 한다. 이를 통해 함수 호출 시 매개변수의 순서와 무관하게 인수를 전달할 수 있다.

» 함수 정의 시 오른쪽 끝 매개변수부터 기본값을 지정할 수 있다. 기본값을 갖는 매개변수에 전달될 인수는 생략될 수 있어 좀 더 간단하게 함수를 호출할 수 있도록 도와준다.

» 매개변수와 반환값의 유무에 따라 함수의 형태를 네 가지로 구분할 수 있는데, 어떻게 함수를 호출해 사용할 것인지에 따라 함수 정의 시 적절한 형태를 선택한다.

- 매개변수도 반환값도 없는 함수
- 매개변수만 갖는 함수
- 반환값만 갖는 함수
- 매개변수와 반환값을 모두 갖는 함수

» 내장 함수 input()은 프로그램 실행 시 사용자로부터 하나의 문자열을 입력받아 반환해 준다.

연습 문제

이번 단원에서는 프로그램에서 데이터를 저장하고 사용하는 방법에 대해 살펴보았다. 특히 데이터를 함수와 같이 사용하기 위해 **어떻게 함수를 작성해야 하는지를 연습**해 보자.

이에 대한 연습을 위해, **반지름 1인 원과 반지름 10인 원의 넓이를 구하는 프로그램**을 다음과 같이 몇 가지 다른 유형으로 작성해 보자. 앞서 학습한 내용을 기반으로 하여 다음의 각 요구조건을 만족하는 프로그램을 작성하자.

실행 결과

```
반지름 1인 원의 넓이는 3.14
반지름 10인 원의 넓이는 314.0
```

01 [1단계] 다음과 같이 **미리 지정된 '하나의 반지름'을 가지고 원의 넓이를 계산하는 함수들**을 작성해 프로그램을 완성하자. 각 함수에서는 제시된 반지름에 대한 원의 넓이를 구하기 위해 "3.14 * 반지름 * 반지름"과 같이 연산을 수행하면 된다.

(1) **반지름 1인 원의 넓이를 구해서 출력하는 책임**을 갖는 사용자 정의 함수 show_circle_area_1()을 정의하라. 구한 넓이는 함수 내에서 선언된 변수 area에 저장하라. 그리고 변수 area에 저장된 계산된 넓이를 적당한 형식으로 출력하라.

```
# show_circle_area_1() 함수의 정의:
    # area = 반지름 1인 원의 넓이를 구함
    # 구한 넓이(area)를 출력
```

(2) (1)의 요구사항을 참고하여 **반지름 10인 원의 넓이를 구해서 출력하는 책임**을 갖는 사용자 정의 함수 show_circle_area_10()을 정의하라. 서로 다른 함수 안에서는 같은 이름의 변수를 선언해도 독립적으로 사용될 수 있다(이 부분은 5단원에서 좀 더 자세히 설명할 것이다).

```
# show_circle_area_10() 함수의 정의:
    # area = 반지름 10인 원의 넓이를 구함
    # 구한 넓이(area)를 출력
```

(3) **주 프로그램부**에서는 반지름 1인 원의 넓이와, 반지름 10인 원의 넓이를 각각 구하기 위해서 앞서 작성한 함수를 호출한다.

```
# 주 프로그램부
# 반지름 1인 원의 넓이를 구하기 위해 show_circle_area_1() 호출
# 반지름 10인 원의 넓이를 구하기 위해 show_circle_area_10() 호출
```

02

[2단계] 문제1에서는 서로 다른 반지름을 갖는 원의 넓이를 구하는 함수를 따로 작성하였다. 다만 각 함수는 반지름값을 제외하면 동일한 처리를 수행한다. 따라서 다음과 같이 **임의의 반지름을 가지고 원의 넓이를 계산하는 함수**를 작성해 프로그램을 완성하자.

(1) 사용자 정의 함수 show_circle_area()는 **호출 시 넓이를 구하고자 하는 원의 반지름을 전달받아** 이를 이용해 원의 넓이를 구한다.

```
# 반지름을 radius에 전달받는 show_circle_area() 함수의 정의 :
    # area = 전달받은 반지름 radius을 가지고 원의 넓이를 구함
    # 구한 넓이(area)를 출력
```

- 함수 show_circle_area()는 호출 시 "반지름을 함수의 인수"로 갖는다.
- 함수 show_circle_area()는 매개변수 radius로 전달받은 반지름을 기반으로 원의 넓이를 구해서 함수 내에서 선언된 변수 area에 저장한다.
- 함수 show_circle_area()는 계산된 넓이(변수 area에 저장된 값)를 적당한 형식으로 출력한다.

(2) **주 프로그램부**에서 이 함수를 두 번 호출하여 각각 반지름 1인 원의 넓이와 반지름 10인 원의 넓이를 각각 구해 출력한다.

```
# 주 프로그램부
# 반지름 1인 원의 넓이를 구하기 위해 show_circle_area() 호출
# 반지름 10인 원의 넓이를 구하기 위해 show_circle_area() 호출
```

연습 문제

03 [3단계] 다음과 같이 **임의의 한 반지름을 가지고 원의 넓이를 구해 호출측으로 반환하는** 함수를 작성해 프로그램을 완성하라.

(1) 사용자 정의 함수 `get_circle_area()`는 호출시 넓이를 구하고자 하는 원의 반지름을 전달받아 이용하되, **구한 원의 넓이를 호출측으로 반환**하도록 정의하자.

```
# 반지름을 radius에 전달받는 get_circle_area() 함수의 정의:
    # area = 전달받은 반지름 radius을 가지고 원의 넓이를 구함
    # 구한 넓이(area)를 호출측으로 반환
```

- 함수 `get_circle_area()`는 호출시 "반지름을 함수의 인수"로 갖는다.
- 함수 `get_circle_area()`는 매개변수 `radius`로 전달받은 반지름을 기반으로 원의 넓이를 구하고 함수 내에서 선언된 변수 area에 저장한다.
- 함수 `get_circle_area()`는 계산된 넓이(변수 area에 저장된 값)를 함수 호출측으로 "반환"한다.

(2) **주 프로그램부**에서는 이 함수를 두 번 호출하여 반지름 1인 원의 넓이와 반지름 10인 원의 넓이를 각각 구해 변수 `res1`과 `res10`에 저장한 후 이 변수들을 이용해 원의 넓이를 적절한 형식으로 출력한다.

```
# 주 프로그램부
# res1 = 반지름 1인 원의 넓이를 구하기 위해 get_circle_area() 호출
# res10 = 반지름 10인 원의 넓이를 구하기 위해 get_circle_area() 호출

# 반지름 1인인 원의 넓이(res1) 출력
# 반지름 10인인 원의 넓이(res10) 출력
```

04 다음의 관점에서 문제 1~3에서 작성한 세 가지 사용자 정의 함수의 유형을 각각 비교해 보자.

(1) 다양한 반지름에 대해 원의 넓이를 구할 수 있는 함수는 어떤 유형인가?

(2) 함수를 통해 계산된 원의 넓이를 다양한 형식으로 출력하는 데 사용할 수 있는 함수는 어떤 유형인가? (예를 들어 반지름 1인 원의 넓이는 '단위원의 넓이는 3.14 이다'와 같이 출력하고, 반지름 10인 원의 넓이는 '반지름 10인 원의 넓이는 314.0 이다'와 같이 다른 형식으로 출력한다 가정했을 때)

위 질문에 대한 답변을 바탕으로 "한 번 작성한 함수를 수정 없이 다양한 요구를 만족"시킬 수 있기 위해서는 어떻게 함수를 작성하고 호출해야 하는가에 대한 자신의 의견을 기술해 보자.

05 다음의 함수 get_radius()는 매개변수 prompt로 전달받은 메시지를 화면에 출력하고 입력된 값을 정수로 변환해 호출측으로 반환해준다. 여기서 숫자 입력을 처리하기 위해 사용된 내장 함수 int()는 다음 단원에서 소개하니 일단은 아래에 제시한 것처럼 사용하자.

```
def get_radius(prompt):
    r = int(input(prompt))
    return r;     # 입력된 정수값을 반환
```

위 함수를 이용해 **사용자로부터 원의 반지름을 입력받아 그 원의 넓이를 구하는 프로그램**을 완성하라. 이때 문제 1~3에서 작성한 함수 중 하나를 이용해 원의 넓이를 구하라. 어떤 함수를 이용하는 것이 가장 적합할지 생각해 보자. 그렇게 생각한 이유는 무엇인가?

실행 결과 1을 입력한 경우

```
넓이를 구하고자 하는 원의 반지름은? 1 Enter
반지름 1인 원의 넓이: 3.14 x 1 x 1 = 3.14
```

실행 결과 5를 입력한 경우

```
넓이를 구하고자 하는 원의 반지름은? 5 Enter
반지름 5인 원의 넓이: 3.14 x 5 x 5 = 78.5
```

CHAPTER

04

표현식과 연산자

이 단원을 마치고 나면

- 표현식의 의미를 알고 기술할 수 있다.
- 연산자가 지니는 특징을 이해할 수 있다.
- 부호, 산술, 대입, 비트, 축약 대입 연산자를 사용해 표현식을 구성할 수 있다.
- 연산자 우선순위와 결합규칙에 대해 이해할 수 있다.

01 표현식
02 부호 연산자
03 산술 연산자
04 대입 연산자
05 비트 연산자
06 축약 대입 연산자
07 연산자 우선순위와 결합규칙

01 표현식

이제까지 파이썬 프로그램을 위한 소스 코드가 어떻게 구조화될 수 있는지에 대해 살펴보았다. 다만 컴퓨터는 범용 계산기라는 측면에서, 또 컴퓨터 프로그램이란 범용 계산기인 컴퓨터를 구동해서 특정 작업을 수행하기 위해 미리 약속된 문법에 따라 코드화된 명령들의 묶음이라는 점을 다시 생각해 보자.

이제까지는 숫자나 문자열 등 그저 리터럴에 대한 단순 출력만 다루었다. 하지만, 실제 프로그램에서는 데이터에 대해 다양한 연산을 수행할 필요가 있고 그 결과를 출력하게 될 것이다. 이번 단원에서는 기초 프로그래밍 과정에서 사용하게 될 기본 연산의 종류와 그것을 표현하는 방법에 대해 살펴보고자 한다.

그림 4.1 컴퓨터는 결국 계산기이다

표현식과 항

프로그래밍에서 특정 연산은 수학에서 사용하는 것과 비슷한 표현을 사용한다. 예를 들어 두 정수 리터럴 12와 34를 더하는 연산은 다음과 같다.

코드 4-1 기본적인 표현식의 예

```
12 + 34
```

위 표현은 두 피연산자를 더한 결과값으로 46을 갖는다. 이와 같이 ❶ 연산의 과정을 기술하면서 ❷ 그 결과로 하나의 결과값을 갖는 문장을 표현식(expression)이라 한다. 표현식은 문장의 일부 혹은 전체를 구성하는데 사용된다.

표현식

항 연산자 항

이항 연산자는 두 개의 피연산자 항을 갖는다.

단일 리터럴이나 변수도 그 자체로 하나의 값을 갖는 표현식이다. 하지만 보통 표현식은 연산자와 항으로 구성된다. 연산자(operator)는 +와 같이 한 개 이상의 기호로 표현하며 어떤 연산을 수행할지를 나타낸다. 항(term)은 이 연산에 참여하는 피연산자로 단일 데이터 값을 나타내는 또 다른 표현식들이 올 수 있다.

연산자

항

그림 4.2 연산 표현식의 구성

 # 코드 4-2 다른 표현식을 항으로 갖는 표현식의 예

```
2 * (12 + 34)
```

피연산자 항은 또 다른 표현식이 될 수 있다.

코드 4-2의 표현식은 + 연산자와 * 연산자를 갖는다. 수학에서와 마찬가지로 프로그래밍에서도 가장 먼저 처리할 연산을 괄호로 묶어준다. 따라서 + 연산자가 먼저 처리되어서 12 + 34의 결과값 46을 얻고, 그 결과값에 2를 곱하는 연산이 두 번째로 처리된다. 다시 말해서 + 연산의 항은 12와 34가, * 연산의 항은 2와 46이 된다. 따라서 최종적으로 92라는 결과값을 갖는다.

()만 사용할 수 있다.

표현식의 항은 보통 다음과 같은 것들이 될 수 있다.

표현식의 항의 종류

- 리터럴
- 변수
- 반환값을 갖는 함수 호출문
- (괄호로 구성된) 또다른 표현식

표현식은 주어진 연산을 처리하고 하나의 결과값을 갖는다. 따라서 코드 4-1과 코드 4-2의 표현식은 유효한 표현식이다. 다만 그 결과값을 다른 표현식에 사용하지 않고 있어 의미없는 문장이 되고 만다. 컴퓨터를 통해 열심히 계산을 시켰으나 그 결과값을 아무 데도 사용하지 않고 버리고 말았기 때문이다. 물론 대화식 모드로 실행하면 그 결과값이 자동으로 출력될 것이나 스크립트 모드로 실행하게 되면 아무 일도 일어나지 않는 것을 확인할 수 있다.

이렇듯 보통 하나의 표현식은 그 결과값을 다른 변수에 대입하거나 다른 표현식의 부분 항으로 사용 되었을 때 의미를 지닌다. 표현식은 다음의 경우에 사용된다.

표현식의 쓰임

- 다른 표현식의 부분 항
- 대입문의 오른쪽 항
- 함수의 인수
- 제어문에서 조건 평가식 기술

연산자

연산자의 특징

앞서 살펴보았던 +와 같이 어떤 연산을 나타내기 위해 한 개 혹은 그 이상의 문자들로 구성된 **연산자는 ❶ 피연산자로 지정된 개수의 항**을 가지며, **❷ 연산의 행위를 수행**하고, **❸ 그에 대한 결과값**을 갖는다. 다시 말해 이항 연산자인 + 연산자는 피연산자인 두 항을 산술적으로 더하고, 더한 결과를 연산의 결과값으로 갖는다. 따라서 다음의 문장은 덧셈 연산의 결과값 46이 출력한다.

12 + 34라는 표현식이 print()의 인수로 사용되고 있다.

코드 4-3 유효한 표현식의 사용 예

```
print(12 + 34)     # 연산의 결과값인 46이 출력
```

그림 4.3 연산자와 함수

함수와 연산자는 내부적으로 비슷하게 동작한다.

정리

표현식

- ✓ 소스 코드에서 연산의 과정을 기술한 것을 가리킨다.
- ✓ 하나의 결과값을 갖는 표현식은 문장을 구성하는데 사용된다.
- ✓ 연산 표현식을 구성하는 연산자는 연산의 행위와 그에 대한 결과값을 갖는다. 더불어 피연산자로 지정된 개수의 항을 갖는다.

연산자는 어떤 연산을 수행하는지에 따라 다양한 종류로 구분된다. 특히 숫자 연산을 위해 다음과 같은 연산자가 제공된다. 이 중 비교 연산자와 논리 연산자는 7단원에서 조건문과 함께 다루도록 하고 우선은 기본적인 산술 연산 표현식을 위해 자주 사용되는 연산자들에 대해서만 알아보자.

일반적으로 다른 프로그래밍 언어에서도 비슷하다.

- 부호 연산자
- 산술 연산자
- 대입(할당) 연산자
- 축약 대입 연산자
- 비트 연산자
- 비교(관계) 연산자
- 논리 연산자

더불어 하나의 문장에 여러 연산자가 나열되는 경우 **다른 우선순위의 연산자들은 우선순위가 높은 연산자가 먼저 처리**되고, **같은 우선순위의 연산자들은 결합규칙에 따라 먼저 결합된 연산자가 처리**된다.

연산자 우선순위

연산자 결합규칙

결합규칙과 연산자 우선순위에 대해서는 이 단원의 마지막에서 정리하기로 하고 우선 기본 연산자들의 종류와 그 특징에 대해 먼저 살펴보자.

02 부호 연산자

부호 연산자는 데이터의 부호를 유지 혹은 반전시키기 위해 제공되는 단항 연산자로 + 기호와 - 기호가 사용된다. 단항 연산자는 아래와 같이 연산 기호를 먼저 기술하고 뒤이어 피연산자 항을 기술한다.

부호연산자 피연산자항

다만 + 부호 연산자는 피연산자 항의 값이 그대로 연산의 결과값이 되기에 의미가 없어 일반적으로 사용하지 않는다. **- 부호 연산자는 피연산자 항의 부호를 반대로 바꾼 결과값**을 갖는다.

그림 4.4 거울의 상은 왜곡되더라도 피사체는 바뀌지 않는다

이때 주의할 점은 '피연산자의 부호'를 바꿔주는 것이 아니라, 피연산자의 '부호를 바꾼 결과값'을 갖는다는 점이다. 즉, 피연산자의 부호는 연산 후에도 바뀌지 않는다. 대화식 모드에서 다음의 코드 4-4를 한 문장씩 실행해 보며 결과를 확인해 보자.

 # 코드 4-4 부호 연산자의 사용 예1

```
n = -10
print('+n =', +n)
print('-n =', -n)
print('n =', n)
```

실행 결과

```
>>> n = -10
>>> print('+n =', +n)
    +n = -10
>>> print('-n =', -n)
    -n = 10
>>> print('n =', n)
    n = -10
```

01행에서 선언한 변수의 값이 02행에서는 그대로 출력된다. 03행에서는 -(-10)의 연산으로 10이 출력된다. 다만 04행의 출력결과를 확인해 보면 변수 n의 값은 바뀌지 않는다.

코드 4-5와 같이 부호 연산자의 피연산자 항은 단일 리터럴뿐만 아니라 또 다른 표현식일 수도 있고, 이 역시 그 표현식이 갖는 결과값의 부호를 바꾼 결과값을 갖는다.

코드 4-5 부호 연산자의 사용 예2

```
print('|-2 + -3| =', -(-2 + -3))     # 괄호로 묶인 표현식이 피연산자
```

실행 결과

```
>>> print('|-2 + -3| =', -(-2 + -3))
    |-2 + -3| = 5
```

정리

부호 연산자

부호 연산자 -는 피연산자 항의 부호를 반대로 바꾼 '결과값'을 갖는다. 따라서 연산 수행 후 절대로 피연산자 항의 부호가 바뀌지 않는다.

03 산술 연산자

산술 연산자의 종류

산술 연산자는 수학의 덧셈, 뺄셈 연산처럼 산술적인 연산을 수행하고, 그에 대한 결과값을 갖는다. 산술 연산자는 모두 이항 연산자이다. 다만 파이썬에서는 일반적인 다른 프로그래밍 언어에서와 달리, 거듭제곱 연산자와 다양한 나눗셈 연산과 관련된 연산자들이 제공되니 그 종류와 특징을 잘 기억해두자.

산술 연산자의 종류

실수는 오차가 존재할 수 있다!

연산자 기호	연산의 의미	사용 예	예시 출력 결과
+	덧셈	print(10 + 3)	13
−	뺄셈	print(10 − 3)	7
*	곱셈	print(10 * 3)	30
/	나눗셈	print(10 / 3)	3.3333333333333335
//	나눗셈 연산의 몫	print(10 // 3)	3
%	나눗셈 연산의 나머지	print(10 % 3)	1
**	거듭제곱	print(10 ** 3)	1000

산술 연산자의 표기

여기서 주의할 것은, 수학에서 곱셈 연산 기호 ×는 알파벳 x와 혼동되기 쉬우므로 프로그래밍에서는 * 기호를 곱셈 연산자로 사용한다. 그리고 어떤 경우라도 곱셈 연산자는 생략되지 않는다. 또 나눗셈 연산 기호 ÷는 +와 혼동의 여지가 있어 / 기호를 사용한다.

그림 4.5 가능하다면 간단한 표현을 할 수 있는 연산자를 사용하자

더불어 파이썬의 **나눗셈 연산은 기본적으로 그 결과를 실수로** 나타낸다. 따라서 10 / 2 연산의 결과는 5가 아니라 5.0이 된다. 더불어 위의 표에서 보면 10 / 3의 연산의 결과가 일반 수학에서의 결과값과 다르다. 수학적으로 보면 제일 마지막에 5라는 숫자는 절대 나올 수 없다! 컴퓨터에 이상이 있나? 파이썬 언어에 문제가 있는 것일까?

대화식 모드에서 print(1.2 - 0.1)을 해보자!

연산의 결과값

앞서 2.3절에서 컴퓨터는 모든 데이터를 고정된 길이의 2진 비트열로 코드화하여 표현한다고 하였다. 그런데 실수의 경우엔 무한 개의 수가 존재하다보니 제한된 길이의 비트열을 가지고 좀 더 다양한 실수를 효율적으로 나타내기 위해 유효 자릿수와 지수값을 기반으로 **근사화된 값으로 저장**한다. 그러다보니 **실제 나타내고자 하는 실수와 그 수를 비트열로 표현한 수 사이에는 오차가 발생**한다.

오차를 줄이면서 수를 표현하기 위해선 decimal 모듈을 이용할 수 있으나 우리 범위를 넘어서기에 다루지 않는다.

이는 제한된 길이로 수를 표현하게 되는 모든 프로그래밍 언어의 공통된 한계이기도 하다. 10 / 3의 결과는 수학적으로 무한소수이다. 하지만 컴퓨터 내부에서는 고정된 길이의 비트열로 무한 소수를 표현할 수 없다. 그러다보니 아주 작지만(소수점 16번째 자리에) 표현상의 오차를 포함한 채로 표현되기도 한다.

그림 4.6 전부를 표현할 수 없다면 근사화하여 오차를 줄이자

물론 실수를 표현하는데 사용되는 유효 자릿수가 일반적으로 우리가 필요로 하는 자릿수보다 많기에 우리가 사용하는 실수 표현에는 큰 문제가 없을 것이다. 앞서 다뤘던 10 / 3의 경우에는 필요한 수준의 소수점 자릿수까지만 출력함으로써 표현상의 오차로 생기는 문제를 줄일 수 있다. 파이썬에서 다양한 형태로 출력을 제한하는 방법은 6단원에서 다룰 것이다. 그전까지는 이런 **표현상의 한계가 존재한다는 점을 감안**하면서 프로그램을 작성하고, 그 결과를 해석하자.

6단원에서 다룰 때까지는 출력시 오차는 무시하자!

정리

표현식

- ✓ 산술 연산자는 산술적인 연산을 수행하고 그에 대한 결과값을 갖는다. 파이썬에서는 +, -, *, /, //, %, **가 제공된다.
- ✓ 수학에서와 달리 곱셈 연산자를 포함해 어떤 연산자도 생략할 수 없다.
- ✓ 컴퓨터 내부에서의 데이터 표현 방법에 따른 한계로 실수 데이터는 약간의 오차를 가질 수 있다.

산술 연산자의 활용 예제: 몫과 나머지 구하기

문제

사용자로부터 나뉘는 값(dividend, 피젯수)과 나누는 값(divisor, 젯수)을 정수로 입력받아 나눗셈의 몫과 나머지를 출력하는 프로그램을 작성하라. 단, 나누는 값에 0은 입력되지는 않는다고 가정하고 이에 대한 처리는 생략한다.

• 전체 프로그램에 대한 설계

일반적으로 프로그램 개발과정은 다음과 같이 몇 가지 단계를 거친다.

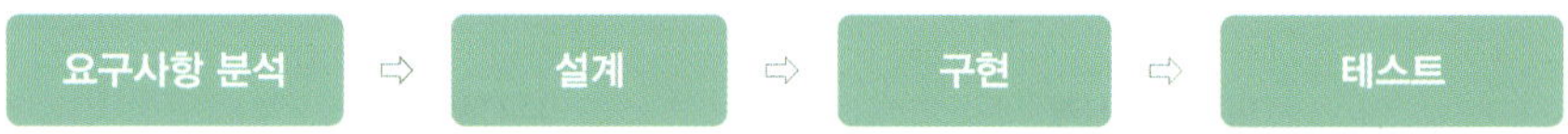

그림 4.7 기본적인 프로그램 개발 단계

이 과정 중에 가장 핵심적인 부분은 설계 과정으로 주로 의사 코드를 이용해 작성한다. 이 설계를 기반으로 구현 과정에서 실제 프로그래밍 문법에 따라 코드로 작성한다.

여기서 의사 코드(pseudocode)는 프로그램 설계 방법 중 하나로 일반 자연어로 코드를 흉내내어 알고리즘을 작성한 것을 말한다. 특별한 양식이 정해져 있지 않고 각 요구사항을 간결하고 명확한 문장으로 작성하면 된다.

이 프로그램에 대한 설계는 코드 4-6과 같이 의사 코드를 이용하여 작성해 볼 수 있다. 우선 스크립트 모드로 작성하되, 부분적으로 작성해가며 테스트할 수 있도록 의사 코드는 소스 코드 상에 주석으로 기술해 놓자.

코드 4-6 전체 문제에 대한 설계

```
# 주 프로그램부
# n1 = 사용자로부터 나뉘는 값(피젯수)을 입력받음
# n2 = 사용자로부터 나누는 값(젯수)을 입력받음

# 나눗셈 연산의 몫과 나머지를 구해 출력
```

• 숫자로 입력받기

프로그램이 시작되면 사용자로부터 피젯수와 젯수를 입력받아야 한다. 사용자로부터 데이터를 입력받기 위해서는 `input()` 함수를 이용한다. 다만 이 함수는 입력된 값을 문자열로 반환하기 때문에, 입력된 문자열은 산술 연산의 피연산자로는 직접 사용할 수 없다. 이를 위해 파이썬에서는 다음과 같이 **숫자 문자로 구성된 문자열을 해당 숫자로 변환해주는 내장 함수**를 제공한다.

```
변수 = int('숫자로구성된문자열')    # 인수를 정수로 변환
변수 = float('숫자로구성된문자열')  # 인수를 실수로 변환
```

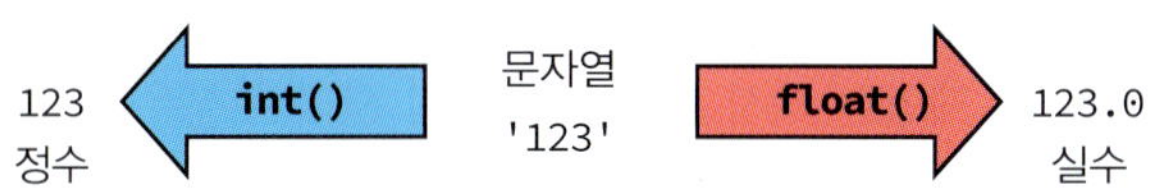

그림 4.8 숫자로 구성된 문자열을 숫자 데이터로 변환

문제에서 젯수와 피젯수를 정수로 입력받으라 요구했으니 `int()` 함수를 사용하자. 정수 하나를 입력받는 문장은 코드 4-7과 같다.

코드 4-7 정수 입력문에 대한 예시1

```
01  n1 = input('정수를 입력하세요: ')
02  n1 = int(n1)
```

숫자 문자가 아닌 문자가 입력되면 예외가 발생한다.

코드 4-7의 01행에서 `input()` 함수 호출 시 사용자가 1234를 입력했다면 변수 n1에는 문자열 '1234'가 대입된다. 이 변수의 값을 02행에서 `int()` 함수를 이용해 정수로 변환하면 정수 1234가 변수 `n1`에 대입된다. 변수는 자료형과 무관하게 마지막에 대입된 데이터만을 유지한다 하였다.

다만 결과값을 갖는 함수 호출문은 하나의 표현식으로서 다른 표현식의 일부를 구성할 수 있다 하였으니, 위의 예시는 간단하게 코드 4-8과 같이 작성할 수 있다. 이 표현은 이후 숫자를 입력받는 구문에서 즐겨 사용할 것이니 잘 기억해두자.

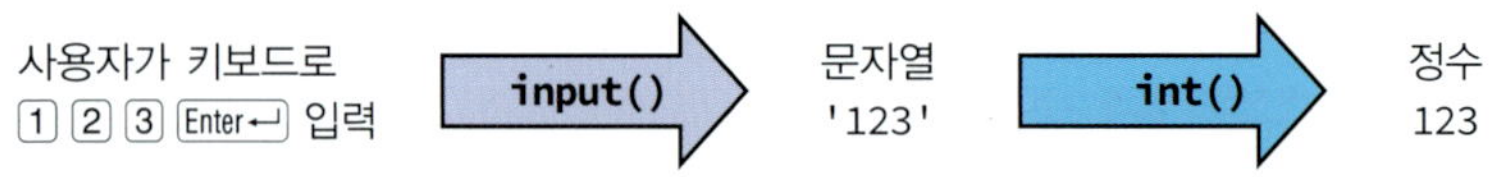

그림 4.9 숫자 데이터의 입력 과정

코드 4-8 정수 입력문에 대한 예시 2

```
n1 = int(input('정수를 입력하세요: '))      # 정수를 입력받는 관용적 표현
```

위의 문장은 input() 함수의 반환값을 int() 함수의 인수로 직접 전달하고 있는 문장이다. 앞선 코드 4-7에서처럼 변수를 통해 간접적으로 전달할 수도 있지만 이 문장처럼 input() 함수의 반환값을 직접 int() 함수의 인수로 전달해 처리하는 것도 가능하다. 함수의 인수 역시 다른 표현식이 사용될 수 있다 한 점을 기억하기 바란다. 다만 이 문장 끝에는 각 함수 호출문의 온전한 형태를 구성하기 위해 반드시 닫는 괄호)가 2개 와야 한다는 점에 유의하기 바란다.

가독성을 해치지 않는 범위 내에서 이런 구성으로 함수 호출을 사용하기도 한다.

따라서 코드 4-6에서 제안한 의사 코드에서 입력 처리 부분은 코드 4-9와 같이 구현할 수 있다.

코드 4-6 참고

코드 4-9 코드 4-6에서 입력 부분 구현

```
# 주 프로그램부
# n1 = 사용자로부터 나뉘는 값(피젯수)을 입력받음
n1 = int(input('피젯수를 정수로 입력하세요: '))

# n2 = 사용자로부터 나누는 값(젯수)를 입력받음
n2 = int(input('젯수를 정수로 입력하세요: '))

# 나눗셈 연산의 몫과 나머지를 구해 출력
```

정리

숫자로의 변환 함수

내장 함수 int()와 float()은 숫자 문자로 구성된 문자열을 해당하는 유형의 숫자 데이터로 변환해 반환한다.

• 몫과 나머지를 구해 출력하기

코드 4-9의 08행에서 나눗셈 연산의 몫과 나머지를 구해 출력하는 부분은 연산에 참여할 값을 입력받는 부분에 비해 상대적으로 복잡하므로 이에 대한 책임을 코드 4-10에서와 같이 사용자 정의 함수 show_division()에 할당하자.

이 함수는 인수로 피젯수와 젯수를 가져 다양한 수에 대해 연산할 수 있도록 하자. 더불어 기본적으로 하나의 함수는 하나의 결과값만을 호출측으로 반환할 수 있기에 함수 안에서 구한 몫과 나머지는 이 함수 내부에서 직접 출력하도록 설계하자. 이를 기반으로 함수 호출문을 13행과 같이 작성하자.

뒤에서 다룰 복합 자료형은 여러 값을 반환하는 효과를 가질 수 있다.

 # 코드 4-10 연산과 출력을 위한 함수 추가

코드 4-9에서 수정

```
01 # 사용자 정의 함수부
02 def show_division(dividend, divisor) :
03     # 나눗셈 연산의 몫(quotient)과 나머지(remainder)를 출력
04 
05 # 주 프로그램부
06 # n1 = 사용자로부터 나뉘는 값(피젯수)을 입력받음
07 n1 = int(input('피젯수를 정수로 입력하세요: '))
08 
09 # n2 = 사용자로부터 나누는 값(젯수)를 입력받음
10 n2 = int(input('젯수를 정수로 입력하세요: '))
11 
12 # 나눗셈 연산의 몫과 나머지를 구해 출력
13 show_division(n1, n2)
```

함수 호출 형태에 기반하여 코드 4-11과 같이 사용자 정의 함수 show_division()을 위한 의사 코드를 작성하자. 인수로 전달된 피젯수와 젯수를 받기 위해 함수의 매개변수로 dividend와 divisor를 두고, 이 매개변수로 전달된 인수값을 가지고 몫과 나머지를 구하자.

참고로 06행의 pass 문은 아무 것도 하지 않는 문장이다. 아직 구현되지 않은 함수의 몸체 때문에 실행 시 오류가 발생하는 것을 방지하기 위해 임시로 사용했다. 추후 함수의 몸체 부분을 구현하고 삭제할 것이다.

pass 문

코드 4-10의 01~03행을 대체

코드 4-11 사용자 정의 함수의 설계

```python
# 사용자 정의 함수부
def show_division(dividend, divisor) :
    # quotient = 나눗셈 연산의 몫을 구함
    # remainder = 나눗셈 연산의 나머지를 구함
    # 나눗셈 연산의 몫(quotient)과 나머지(remainder)를 출력
    pass
```

궁금합니다

굳이 사용자 정의 함수를 이용해야 하나요?

지금 작성하고 있는 예제에서 나눗셈의 몫과 나머지를 구하기 위해서 꼭 사용자 정의 함수를 사용해야 할까요? 그렇지 않습니다. 오히려 이 문제만 본다면 함수 정의 없이 주 프로그램에서 직접 작성하는 것이 훨씬 간단합니다.

다만 우리는 간단한 요구사항을 갖는 기본적인 예제를 가지고 **전체 문제에 대한 책임 분할이라는 측면에서 함수를 정의해 구성하는 연습**을 하고 있는 것입니다.

만일 이 예제에서 입력받은 두 정수에 대한 제곱승을 구하는 문제로 변경한다면 전체 코드를 다시 분석할 필요 없이 그저 입력문의 프롬프트 메시지를 수정하고, 작성한 함수만 원하는 연산을 처리하는 다른 함수로 교체하면 될 것입니다.

함수 show_division()에서 요구되는 연산 중 나눗셈의 몫을 구하기 위해선 연산자 //를, 나머지를 구하기 위해선 연산자 %를 사용하면 쉽게 구할 수 있다. 이를 적용하면 코드 4-12와 같이 완성할 수 있다.

코드 4-12 사용자 정의 함수의 최종 구현

코드 4-11의 구현 및 코드 4-10과 통합한 최종 코드

```python
# 사용자 정의 함수부
def show_division(dividend, divisor) :
    # quotient = 나눗셈 연산의 몫을 구함
    quotient = dividend // divisor

    # remainder = 나눗셈 연산의 나머지를 구함
    remainder = dividend % divisor

    # 나눗셈 연산의 몫(quotient)과 나머지(remainder)를 출력
    print('몫 =', quotient)
    print('나머지 =', remainder)
```

```
12
13  # 주 프로그램부
14  # n1 = 사용자로부터 나뉘는 값(피젯수)을 입력받음
15  n1 = int(input('피젯수를 정수로 입력하세요: '))
16
17  # n2 = 사용자로부터 나누는 값(젯수)를 입력받음
18  n2 = int(input('젯수를 정수로 입력하세요: '))
19
20  # 나눗셈 연산의 몫과 나머지를 구해 출력
21  show_division(n1, n2)
```

실행 결과 10을 3으로 나눈 몫과 나머지를 구한 예

```
피젯수를 정수로 입력하세요: 10 Enter↵
젯수를 정수로 입력하세요: 3 Enter↵
몫 = 3
나머지 = 1
```

축하한다. 사용자 입력값을 가지고 간단한 연산을 수행하는 프로그램을 완성하였다. 연산의 종류와 그에 따라 필요한 입출력 데이터만 바꿔준다면 다양한 예제로 수정해가며 활용할 수 있을 것이다.

더불어 코드 4-12의 21행은 앞서 배운 키워드 인수를 이용해 아래 코드 4-13과 같이 다양한 형태로 호출할 수도 있다.

 # 코드 4-13 다양한 형태로 호출된 함수

```
# show_division(dividend = n1, divisor = n2)
show_division(divisor = n2, dividend = n1)
```

인수의 순서를 기억하지 않아도 된다.

04 대입 연산자

대입 연산자

할당 연산자

프로그래밍에서 = 기호는 대입 연산자로 사용된다. 대입 연산자 역시 이항 연산자로 **오른쪽 표현식의 결과값을 왼쪽 변수에 대입**하라는 의미이다. 왼쪽 변수에 오른쪽 표현식의 결과값을 할당하라는 의미로 할당 연산자라고도 불린다.

```
변수 = 표현식
```

코드 4-4를 참고하라.

대입 연산자의 특징

대입 연산자는 앞서 다룬 산술 연산자들과 다른 네 가지 특징이 있다. 일반적으로 연산자들은 피연산자 역할을 하는 항의 값을 참조만 할 뿐 바꾸지는 않는다. 그러나 ❶ **대입 연산자는 왼쪽 항의 값을 바꾼다.** 따라서 대입 연산자는 ❷ **두 피연산자 항의 순서를 바꿀 수 없다.** 즉 a = b와 b = a는 전혀 다른 의미가 된다. 그리고 대입 연산자는 일반적으로 ❸ **다른 연산자들보다 낮은 우선순위**를 가지고 있다. 즉, = 연산자의 오른쪽 항이 아무리 많은 연산자들로 이뤄져 있다 하더라도 굳이 ( )로 묶지 않아도 그 결과값이 최종적으로 왼쪽 변수에 대입된다.

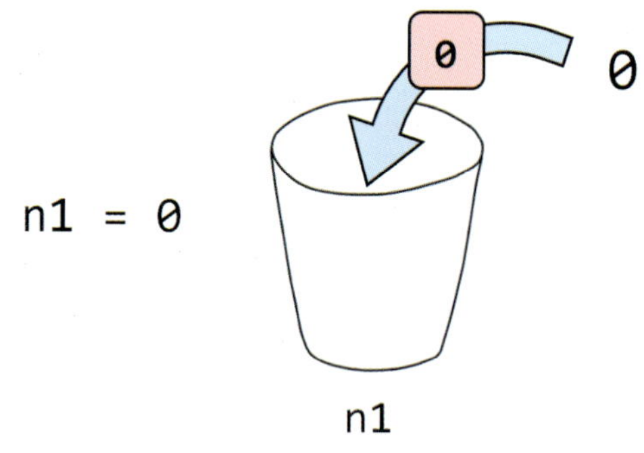

그림 4.10 대입 연산

L-값

따라서 ❹ **대입 연산자의 왼쪽 항에는 새로운 값을 대입받을 수 있는 성질의 표현식만 올 수** 있다. 이 표현식들을 통틀어 L-값(left-value)라 부르기도 한다. 이제까지 배운 내용 중에는 단순 변수만이 올 수 있고, 아래의 예시와 같이 리터럴이나 결과값을 갖는 연산식, 함수 호출문들은 L-값이 될 수 없다.

실행 결과

```
>>> 1 = 10
SyntaxError: cannot assign to literal
>>> 2 + 3 = 10
SyntaxError: cannot assign to operator
>>> print('2 + 3') = 10
SyntaxError: cannot assign to function call
```

정리

대입 연산자

- ✓ 대입 연산자는 오른쪽 항의 결과값으로 왼쪽 항의 값을 바꾼다.
- ✓ 왼쪽 항에는 L-값만 가질 수 있고 두 피연산자 항의 순서를 바꿀 수 없다.
- ✓ 일반적으로 다른 연산자들보다 낮은 우선순위를 갖는다.

다양한 대입 처리

변수에 값을 대입하는 다양한 사례를 살펴보자. 코드 4-14의 01행은 이제까지 사용한 것처럼 리터럴을 변수에 대입한 것이다. 이 문장이 수행되면 변수는 다른 값이 대입되기 전까지 1의 값을 갖게 된다. 같은 관점으로 02행은 변수 n1의 값을 변수 n2에 대입하게 되고, 이 문장으로 두 변수는 모두 1의 값을 갖게 된다.

코드 4-14 대입 연산의 예1

```
01  n1 = 1
02  n2 = n1
```

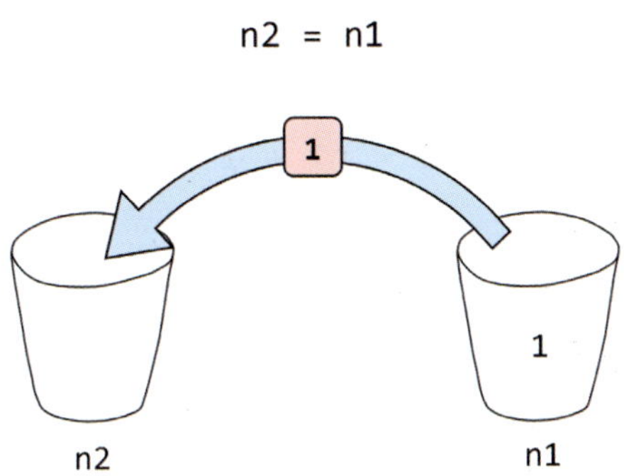

그림 4.11 다른 변수의 값을 대입

변수 n1이 갖고 있는 값이 n2에 대입된다.
다만, 엄밀히 말해서는 n1에도 n2에도 정수 리터럴 객체 1에 대한 아이디가 저장된다.

코드 4-15의 01행은 대입 연산자와 산술 연산자 +가 하나의 문장에 같이 사용되었다. 앞서 언급했듯이 일반적으로 대입 연산자는 연산의 우선순위가 낮기 때문에 오른

[그림 4.12(1)] 참고

[그림 4.12(2)] 참고

쪽 표현식인 1 + 2가 먼저 계산되어 결과값 3을 갖고, 이 값을 변수 **n1**에 대입하게 된다. 같은 관점에서 02행은 변수 **n1**의 값에 4를 더한 결과값이 **n2**에 대입된다.

= 연산자의 오른쪽 항을 ( )로 묶어주지 않아도 된다.

 # 코드 4-15 대입 연산의 예2

```
01  n1 = 1 + 2
02  n2 = n1 + 4
```

연산의 결과는 내부적으로 임시변수에 저장된다.

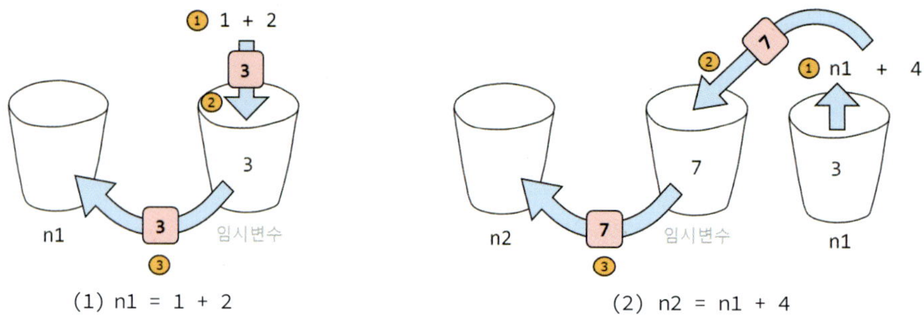

그림 4.12 표현식의 값을 대입

= 연산자는 대입의 의미를 지니고, 연산의 우선순위가 낮기에 다른 연산이 먼저 처리된 후 마지막에 처리된다

좀 더 일반화하여 변수 간에 연산의 결과를 대입할 수 있다. 코드 4-16의 01행은 변수 n1과 n2의 값을 더한 결과값을 변수 **res**에 대입하는 문장이다. 다만 02행의 문장은 변수 **n1**이 대입 연산자의 양변에 모두 사용되었다. 따라서 이 문장은 변수 **n1**의 값에 1을 더한 값을 다시 변수 **n1**에 대입하란 뜻이다. 결과적으로 02행의 문장은 변수 **n1**의 값을 1 증가한다. 자신을 포함한 연산의 결과를 다시 자기 자신에 할당하는 **자기 대입(할당)문**으로 프로그래밍에서 많이 사용되니 눈여겨봐두자.

자기 대입(할당)문

스크립트 모드로 실행 시 코드 4-15 하단에 추가

 # 코드 4-16 대입 연산의 예3

```
01  res = n1 + n2
02  n1 = n1 + 1
```

내부적으로 덧셈 연산의 결과가 임시 변수에 저장되고, 그 임시 변수가 할당 연산자의 피연산자 항이 된다.

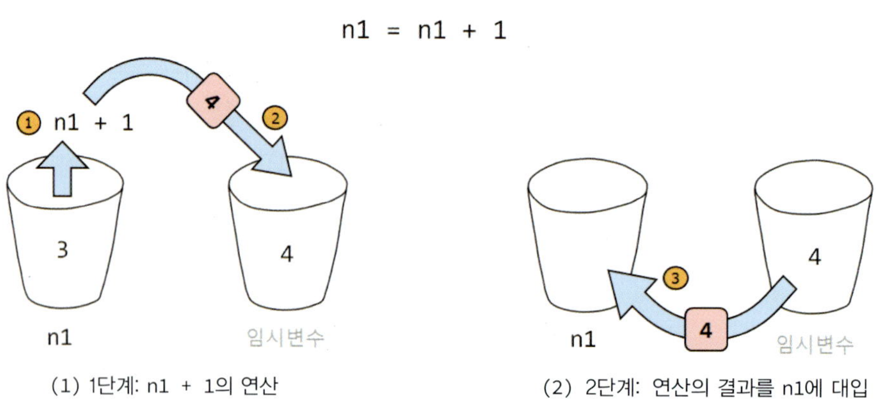

그림 4.13 자기 대입(할당)문

다중 대입문

대입 연산자도 연산자이므로 연산의 행위와 더불어 연산의 결과값을 갖는다. **대입 연산자의 결과값은 왼쪽 항인 L-값이 갖는 값**이다. 따라서 다음과 같이 하나의 문장에 여러 개의 대입 연산이 연속적으로 기술된 경우도 유효한 문장이 된다. 다만 대입 연산자는 오른쪽 표현식의 결과를 왼쪽 L-값에 대입하는 동작을 처리하므로 오른쪽부터 결합되어 순차적으로 연산된다. 따라서 다음 코드 4-17의 두 문장은 정확히 같은 처리를 수행한다.

대입 연산자는 결합방향은 오른쪽에서 왼쪽 방향이다.

 # 코드 4-17 다중 대입의 예1

```
x = y = z = 1
z = 1; y = z; x = y;
```

특이하게도 파이썬에서는 다음 코드 4-18과 같이 대입 연산자의 좌변에 변수 이름들을 콤마로 나열할 수 있다. 이 경우 대입 연산자의 우변에는 각 변수에 대입될 값들을 좌변의 변수 개수만큼 역시 콤마로 나열해주면 된다.

 # 코드 4-18 다중 대입의 예2

```
x, y = 1, 2     # x = 1; y = 2;
```

코드 4-19과 같이 사용한 경우에는 두 변수의 값을 서로 맞바꾼 결과를 얻을 수 있다. 물론 (1)의 경우에 실행 시 내부적으로 생성된 임시변수를 통해 (2)와 같은 처리가 일어나는 것이다.

 # 코드 4-19 두 변수 값의 맞교환

```
# (1)
x, y = y, x
```

```
# (2)
tmp = x
x = y
y = tmp
```

보통 다른 프로그래밍 언어에서는 오른쪽 (2)와 같이 추가의 변수를 이용해 두 변수의 값을 맞바꾸는 처리를 해야 한다.

Python Programming

05 비트 연산자

비트 연산자는 피연산자 항으로 정수만을 가진다. 또한 앞서 다룬 모든 연산자는 각 항을 구성하는 데이터 단위로 연산을 수행했던 것과 달리 비트 연산자는 **각 항을 구성하는 데이터의 비트들 간에 연산을 수행**한다.

피연산자 항 개수	연산자 기호	연산의 의미	설명	분류
단항	~	비트 부정(NOT)	각 비트의 값을 반전한 결과값	논리 연산
이항	&	비트 논리곱(AND)	두 비트가 모두 1일 때만 1	
	|	비트 논리합(OR)	두 비트가 모두 0일 때만 0	
	^	비트 배타적 논리합(XOR)	두 비트의 값이 다를 때만 1	
	≪	비트 왼쪽 이동(SHL)	각 비트를 왼쪽으로 이동	시프트 연산
	≫	비트 오른쪽 이동(SHR)	각 비트를 오른쪽으로 이동	

○ 비트 논리 연산

비트 논리 연산자는 **피연산자 항을 구성하는 비트열에 대해 논리 연산**을 수행한다. 즉, 단항 연산은 개별 비트들에 대해, **이항 연산의 경우는 같은 자리의 비트 간에 논리 연산을 수행**한다. 코드 4-20에서는 비트 연산에 대한 이해를 좀 더 명확히 하기 위해 두 변수 n1과 n2에 2진 리터럴을 대입했다. 10진 리터럴이나 2진 리터럴이나 수를 표현하는 방법만 다를 뿐이므로 변수에는 똑같은 값이 비트열로 저장된다. 03~06행에 사용된 함수 **bin()은 해당 정수를 2진 비트열로 변환**해 주는 함수이다. 지면제약상 하위 8비트에 대해서만 살펴보자.

2진 정수 리터럴은 0b로 시작한다.

내장 함수 bin()

 # 코드 4-20 비트 논리 연산자의 사용 예

```
01  n1 = 0b10101101    # n1 = 173
02  n2 = 0b00001111    # n2 = 15
03  print(bin(n1 & n2))
04  print(bin(n1 | n2))
05  print(bin(n1 ^ n2))
06  print(bin(~n2))
```

코드 4-20에서 03행의 **비트 논리곱 연산**은 두 피연산자 항을 이루는 비트열의 같은 자리의 비트 중 **어느 하나라도 0이 있으면 결과가 0**인, 즉 모두 다 1인 경우에만 1의 결과를 갖는다.

비트 논리곱 연산자 &

```
       n1              10101101           173
&)     n2          &)  00001111       &)   15
   ─────────          ─────────          ─────
    n1 & n2            00001101            13
```

04행의 **비트 논리합 연산**은 두 피연산자 항을 이루는 비트열의 같은 자리의 비트 중 **어느 하나라도 1이 있으면 결과가 1**인, 즉 모두 다 0인 경우에만 0의 결과를 갖는다.

비트 논리합 연산자 | 시프트 키를 누른 상태에서 엔터 키 바로 위쪽의 ₩ 키를 누르면 | 가 입력된다.

```
       n1              10101101           173
|)     n2          |)  00001111       |)   15
   ─────────          ─────────          ─────
    n1 | n2            10101111           175
```

05행의 **비트 배타적 논리합 연산**은 두 피연산자 항을 이루는 비트열의 같은 자리의 비트 중 **어느 하나에만 1이 있을 때 결과가 1**인, 즉 모두 다 0이거나 모두다 1인 경우에는 0의 결과를 갖는다.

비트 배타적 논리합 연산자 ^

```
       n1              10101101           173
^)     n2          ^)  00001111       ^)   15
   ─────────          ─────────          ─────
    n1 ^ n2            10100010           162
```

단항 연산자인 06행의 **비트 부정 연산**은 하나의 피연산자 항을 이루는 **모든 비트의 값을 반전**하여 0이면 1, 1이면 0으로 바꿔준 결과값을 갖는다.

비트 부정 연산자 ~

```
~)     n2          ~)  00001111       ~)   15
   ─────────          ─────────          ─────
      ~n2              11110000           -16
```

음의 정수는 양의 정수에 대한 코드를 비트 반전한 후 1을 더한 코드값으로 표현된다.

궁금합니다

비트 연산자는 잘 이해가 되지 않아요!

그럴 수 있습니다. 사실 비트 연산자는 굉장히 유용하게 사용되는 중요한 연산자이나 프로그래밍을 처음 배우는 이들에게는 다소 낯설고 어렵게 느껴질 수 있습니다. 다만, 조급해하지 말고 이런 것도 있구나 하는 정도로만 봐두고 좀 더 프로그래밍에 익숙해진 다음에 다시 살펴보기 바랍니다.

비트 시프트 연산 ≪, ≫

비트 시프트 연산

이항 연산자인 비트 시프트 연산자는 **첫 번째 피연산자 항을 구성하는 비트열을 두 번째 정수가 나타내는 수만큼 자리를 이동**하는 연산이다.

• 비트 채우기와 버리기

시프트 연산은 정수만 피연산자로 가지며, 첫 번째 피연산자 정수를 구성하는 비트들의 자리가 이동된 결과를 갖는다. 즉, 좌측 시프트에서는 최하위 비트는 0으로 채워지고, 우측 시프트에서는 최하위 비트는 버려지고, 최상위 비트는 0으로 채운다.

n비트 우측 비트 시프트 연산은 2^n으로 나눈 몫의 결과를, 좌측 비트 시프트 연산은 2^n을 곱한 산술적 의미를 갖는다.

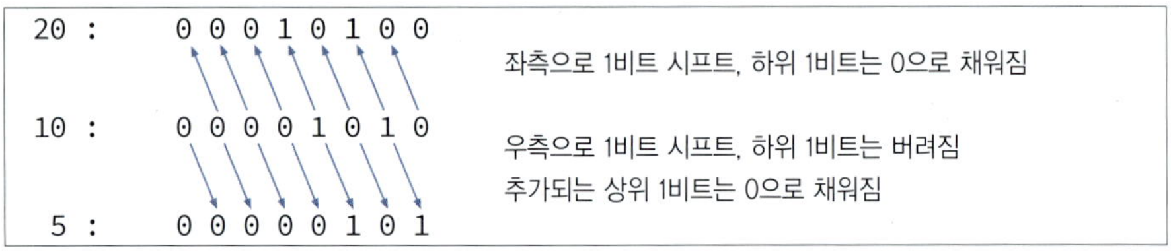

그림 4.14 비트 시프트 연산

코드 4-21의 02행에서는 모든 비트가 오른쪽으로 2비트 이동하므로 하위 2비트는 버려지고 상위 2비트는 최상위 비트인 부호 비트로 채워진다. 03행에서는 모든 비트가 왼쪽으로 이동하므로 상위 2비트는 밀려나고 하위 2비트에 0이 채워진다.

코드 4-21 비트 시프트 연산의 예

```
01  n2 = 0b00001111          # n2 = 15
02  print(bin(n2 >> 2))      # 00000011, 3(= 15 // (2 ** 2))
03  print(bin(n2 << 2))      # 00111100, 60(= 15 * (2 ** 2))
```

정리

비트 연산자

✓ 피연산자 항을 이루는 정수 데이터의 비트열에 대해 지정된 논리 연산을 수행한다.

✓ 시프트 연산 시 하위 비트는 0으로 채워지고, 상위 비트는 부호 비트로 채워진다.

06 축약 대입 연산자

앞서 소개한 자기 할당문은 자신을 포함한 연산의 결과를 다시 자기 자신에 할당하는 문장으로 산술 연산이나 비트 연산의 결과를 대입하는 문장에 자주 사용된다. 이런 자기 할당문을 좀 더 간략하게 표현하기 위해 축약 대입 연산자가 제공된다. 다시 말해 축약 대입 연산자는 산술 혹은 비트 연산자의 의미와 대입 연산자의 의미가 하나로 결합된 독립된 연산자이다.

코드 4-16의 02행 참고

축약 대입 연산자

대입 연산자와 마찬가지로 이항 연산자인 축약 대입 연산자의 왼쪽 항은 반드시 L-값이어야 하며, 두 피연산자 항을 연산한 결과값을 다시 왼쪽 항에 대입하는 연산을 처리한다. 이는 산술 연산자(혹은 비트 연산자)와 대입 연산자를 따로 기술한 경우와 동일한 처리가 일어나나 소스 코드를 좀 더 간결하게 기술하는 데 도움을 준다.

축약 대입 연산자의 연산 기호는 두 종류의 연산 기호를 붙여 표시한다. 이때 유의할 점은 ❶ 모든 기호를 반드시 붙여 기술해야 하며, ❷ 대입 연산 기호인 =가 항상 마지막에 기술된다는 점이다.

축약 대입 연산자의 특징

축약 대입 연산자의 종류

연산자 기호	사용 예	같은 의미의 문장	연산자 기호	사용 예	같은 의미의 문장
+=	n += 2	n = n + 2	&=	n1 &= n2	n1 = n1 & n2
-=	n -= 2	n = n - 2	|=	n1 |= n2	n1 = n1 | n2
*=	n *= 2	n = n * 2	^=	n1 ^= n2	n1 = n1 ^ n2
/=	n /= 2	n = n / 2	<<=	n <<= 2	n = n << 2
//=	n //= 2	n = n // 2	>>=	n >>= 2	n = n >> 2
%=	n %= 2	n = n % 2			
**=	n **= 2	n = n ** 2			

축약 대입 연산자는 단순한 자기 할당문뿐만 아니라 좀 더 복잡한 문장도 간단하게 기술한다. 코드 4-22의 두 문장은 동일한 처리가 일어난다.

코드 4-22 축약대입 연산자의 사용 예

```
# (1)
result += (n1 - n2) / 2
```

```
# (2)
result = result + (n1 - n2) / 2
```

굳이 (2)처럼 번거롭게 작성할 필요가 없다!

정리

축약 대입 연산자

✓ 산술/비트 연산과 대입 연산을 한 번에 처리하여 좀 더 간단하게 표현식을 기술하고자 할 때 사용한다.

✓ 반드시 모든 연산 기호는 공백없이 붙여서 작성해야 하고 = 기호가 마지막에 나타난다.

축약 대입 연산자의 활용 예제: 거스름돈 계산

문제

매장에서 물건을 구매한 고객에게 물건값을 받고 잔돈이 발생하는 경우 최소한의 지폐를 이용해 거슬러 줄 수 있는 **거스름돈 계산 프로그램**을 작성해 보자. 문제를 간단히 하기 위해 물건값과 잔돈은 모두 1,000원권과 5,000원권 지폐만 사용하는 경우로 제한하고, 고객으로부터 지불받은 금액은 항상 총 구매금액 이상이라고 가정한다.

실행 결과

```
구매한 물건의 총구매 금액은? 37000 Enter↵
고객으로부터 지불받은 금액은? 50000 Enter↵
잔돈: 13000 원
> 5000원권 2 장
> 1000원권 3 장
```

그림 4.15 잔돈을 어떻게?

• 전체 프로그램에 대한 설계

프로그램이 시작되면 코드 4-23의 의사 코드와 같이 고객이 구매한 물건들에 대한 총 구매금액을 입력받고(02행), 그에 대해 고객이 지불한 금액을 입력받은 후(03행), 이 값을 기반으로 잔돈을 계산(04행)한다. 그리고 잔돈을 고객에게 지불하기 위해 필요한 최소 지폐 개수를 계산해 출력(05행)하자.

코드 4-23 전체 문제에 대한 설계

```
01 # 주 프로그램부
02 # total_cost = 고객에게 요청할 총 구매금액을 입력받음
03 # payment = 고객으로부터 지불받은 금액을 입력받음
04 # change = 고객에게 지불해야할 잔돈을 계산
05 # 잔돈 change를 가장 효율적으로 지불할 수 있는 지폐 수 출력
```

• 잔돈 지불 처리 함수의 설계

총구매 금액과 지불받은 금액을 입력받아 잔돈을 계산하는 것은 쉽게 처리할 수 있는데 반해, 지불할 수 있는 지폐 수를 계산해 출력하는 과정은 상대적으로 복잡하다. 따라서 코드 4-23의 05행은 코드 4-24의 16행과 같이 사용자 정의 함수 show_change()를 이용하도록 구성하자. 일단 사용자 정의 함수의 구현부에서는 매개변수로 전달된 값을 출력하는 것으로 임시로 구현하고 전체 동작을 확인해 보자.

작성이 끝난 후 한 번에 테스트하기 보다는 중간 중간 확인하는 습관을 갖자.

코드 4-24 프로그램의 구현 – 단계1: 전체 프로그램

코드 4-23을 구현

```
01 # 사용자 정의 함수부
02 def show_change(amount) :     # 임시 구현
03     print('잔돈:', amount, '원')
04 
05 # 주 프로그램
06 # total_cost = 고객에게 요청할 총구매금액을 입력받음
07 total_cost = int(input('구매한 물건의 총구매 금액은? '))
08 
09 # payment = 고객으로부터 지불받은 금액을 입력받음
10 payment = int(input('고객으로부터 지불받은 금액은? '))
11 
12 # change = 고객에게 지불해야할 잔돈을 계산
13 change = payment - total_cost
14 
15 # 잔돈 change를 가장 효율적으로 지불할 수 있는 지폐수 출력
16 show_change(change)
```

사용자 정의 함수 show_change()에 할당된 책임은 매개변수를 통해 전달받은 잔돈을 거슬러주기 위해 사용되는 지폐의 최적 수를 출력하는 것이다. 이 문제를 일상에서 내가 직접 해결하기 위해서는 어떻게 처리해야 하는지 구체적으로 생각해 보자.

앞서 강조했듯이 뭐든지 컴퓨터가 알아서 저절로 해주는 것이 아니라 우리는 컴퓨터에게 어떻게 일을 처리할 것인지 구체적으로 알려주어야 한다.

예를 들어 거슬러줘야 할 잔돈이 13,000원이라면 우리는 어떻게 해야 할까? 1,000원권과 5,000원권만 사용한다 했으니 우선은 상대적으로 큰 액수인 5,000원권으로 최대한 거슬러주고 나서, 나머지 금액에 대해 1,000원권으로 액수를 맞출 것이다. 다시 말해 5,000원권 2장과 1,000원권 3장을 주면 될 것이다. 이는 수학적으로 다음과 같은 연산으로 결과를 얻어낼 수 있다.

1. 5000원권 지불 개수를 구하기 위해 13000을 5000으로 나눈 몫을 구함
2. 5000원권을 거슬러주고 난 나머지 잔돈을 계산하기 위해 13000을 5000으로 나눈 나머지를 구함
3. 1000원권 지불 개수를 구하기 위해 ②에서 구한 나머지에 대해 1000으로 나눈 몫을 구함
4. (문제에서 주어진 가정에 따라) 더 이상 남은 잔돈이 없으므로 종료

이 예제에서는 두 종류의 지폐만 사용하기로 하였으니 여기서 끝난다. 만약 거스름돈으로 모든 종류의 지폐와 동전을 다 사용한다면 단순히 위 과정을 모든 화폐에 대해 확장하면 될 것이다. 다시 말해 가장 큰 금액부터 시작해서 몫과 나머지를 구해가는 과정을 제일 작은 금액까지 반복하면 된다. 이 부분은 연습 문제로 남겨두니 일반화한 경우를 직접 작성해 보기 바란다.

9단원 반복문을 배우면 좀 더 효율적으로 처리할 수도 있다.

코드 4-25는 코드 4-24의 사용자 정의 함수 구현부만 수정한 것이다. 전체 프로그램을 완성하고 그 동작을 확인해 보기 바란다.

코드 4-24와 통합

 # 코드 4-25 프로그램의 구현 – 단계2: 사용자 정의 함수의 구현

```
# 사용자 정의 함수부
def show_change(amount) :
    print('잔돈:', amount, '원')

    n5000 = amount // 5000      # 잔돈 중 5000원권 지불 개수
    amount %= 5000              # 5000원권을 지불하고 남은 잔돈

    n1000 = amount // 1000      # 잔돈 중 1000원권 지불 개수

    print('> 5000원권', n5000, '장')
    print('> 1000원권', n1000, '장')
```

07 연산자 우선순위와 결합규칙

연산자 우선순위

문장이 하나 이상의 연산자를 포함하고 있는 경우 어떤 연산자를 먼저 적용해야 하는 지에 대한 문제는 중요하다. 물론 **먼저 처리하고자 하는 연산자를 갖는 표현식을 괄호로 감싸주면 연산 순서를 명료하게 표현**할 수 있긴 하다. 다만 **연산의 순위를 높이기 위한 괄호는 둥근 괄호 ( )만 사용**된다는 점을 유의하라. 한 종류의 괄호만 사용되다 보니 다소 표현식이 복잡해 보인다.

 # 코드 4-26 여러 연산자를 갖는 문장1

```
res = ((2 * 3) + (4 * 5))      # res에 26이 저장됨
```

중첩된 괄호의 경우 안쪽에 있는 괄호 안의 표현식이 먼저 처리되며, 같은 단계의 여러 괄호가 나열된 경우에는 보통 왼쪽 괄호를 먼저 처리한다. 따라서 코드 4-26의 문장은 먼저 2 * 3의 곱셈과 4 * 5의 곱셈이 연산된다. 이후 2 * 3의 곱셈 결과에 4 * 5의 곱셈 결과를 더하는 덧셈 연산이 처리된 후, 최종적으로 그 결과를 변수 res에 대입하게 된다.

코드 4-26의 문장에서 괄호를 모두 제거하면 어떻게 처리될까? 수학에서와 비슷하게 프로그래밍 언어에서 **각 연산자는 연산자 우선순위라는 규칙에 따라 연산의 순서를 결정**한다. 코드 4-26과 코드 4-27은 똑같은 결과를 낸다. 괄호가 없어도 각 곱셈 연산이 제일 먼저 처리되고, 이후 덧셈 연산이 그리고 마지막으로 대입 연산이 처리된다.

하나의 표현식에서 다양한 연산자가 혼재되어 있는 경우의 연산 순서 결정

 # 코드 4-27 여러 연산자를 갖는 문장2

```
res = 2 * 3 + 4 * 5      # res에 26이 저장됨
```

어느 연산자가 먼저 처리되어 결과값을 낼 것인가에 대한 선택

연산자 우선순위 규칙은 서로 다른 연산자가 피연산자 항을 선점하기 위해 경쟁할 때 사용된다. 즉, 코드 4-27에서 * 연산자와 + 연산자는 정수 리터럴 3을 피연산자 항으로 선점하기 위해 경쟁한다. * 연산자가 + 연산자보다 우선순위가 높기 때문에 곱셈 연산이 먼저 수행되는 것이다.

만일 위 문장에서 덧셈 연산을 먼저 처리하고자 한다면 코드 4-28에서처럼 반드시 괄호로 감싸주어야 한다.

 # 코드 4-28 여러 연산자를 갖는 문장3

```
res = 2 * (3 + 4) * 5      # res에 70이 저장됨
```

연산자 결합규칙

같은 우선순위 연산자 중 어느 것을 먼저 처리할 것인가에 대한 선택

같은 우선순위의 연산자가 나열되어 있을 때 어느 쪽부터 먼저 계산되는지는 연산자 결합규칙을 통해 지정된다. 코드 4-29를 살펴보자.

 # 코드 4-29 같은 종류의 연산자를 여러 개 갖는 문장1

```
res = 5 - 2 - 1    # res에 2가 저장됨
```

위 코드의 문장을 보면 - 연산자가 2개 사용되었다. 일반적으로 같은 산술 연산자가 나열된 경우 왼쪽에서 오른쪽으로 먼저 결합된다. 따라서 코드 4-29는 코드 4-30과 같이 처리된다.

 # 코드 4-30 같은 종류의 연산자를 여러 개 갖는 문장2

```
res = ((5 - 2) - 1)    # res에 2가 저장됨
```

연산자들의 우선순위와 결합 방향

기본적인 연산자들의 우선순위와 결합 방향은 아래 표와 같다. '산술' 연산과 '비트' 연산의 결과를 '비교'한 후 그 '논리'를 '대입'한다는 식으로 대략적인 흐름만 기억해두고, 모호할 때에는 괄호를 통해 명료하게 표현하자.

우선순위	연산자	구분	결합 방향
	( ) [ ] { }	표현식을 묶어줌 복합자료형의 요소 나열	→
높음 ↑	**	거듭제곱 연산자	→
	+ -	부호 연산자	⇦
	* / % //	산술 연산자(곱셈 계열)	→
	+ -	산술 연산자(덧셈 계열)	→
	<< >>	비트 시프트 연산자	→
	&	비트 논리곱 연산자	→
	^	비트 배타적 논리합 연산자	→
	|	비트 논리합 연산자	→
↓ 낮음	< > <= >= == !=	비교(관계) 연산자	→
	not and or	논리 연산자	→
	=	(축약) 대입 연산자	⇦

산술 연산에서는 단항 연산이 이항 연산보다 우선순위가 높고, 곱셈 계열이 덧셈 계열의 산술 연산보다 우선순위가 높다는 것을 눈여겨 보자.

표에서 회색으로 표시한 것은 이번 단원에서 다루지 않았다. 복합자료형의 괄호들은 9단원에서, 비교 연산자와 논리 연산자는 7단원에서 다룰 것이다.

정리

연산자 우선순위와 결합 규칙

- ✓ 각 연산자는 지정된 우선순위 규칙에 따라 연산의 순서를 결정한다. 이 규칙은 서로 다른 연산자가 피연산자 항을 선점하기 위해 경쟁할 때 사용된다.
- ✓ 한 표현식 내에서 괄호 ( )로 묶인 부분의 연산의 우선순위가 가장 높다.
- ✓ 같은 우선순위의 연산자가 나열되어 있을 때 어느 쪽부터 먼저 계산되어지는 연산자 결합 규칙에 따른다.
- ✓ 우선순위: '산술' 연산과 '비트' 연산의 결과를 '비교'한 후 그 '논리'를 '대입'한다.
- ✓ 결합 규칙: 부호 연산자와 (축약)대입 연산자를 제외하고는 모두 왼쪽에서 오른쪽 방향으로 결합한다.

이번 단원을 정리하며

- 소스 코드에서 연산의 과정을 기술하면서 그 결과로 하나의 결과값을 갖는 것을 **표현식**이라 한다.

- 연산자는 지정된 개수의 피연산자 항을 가지고 주어진 **연산의 행위**를 수행하며 그에 대한 **결과값**을 갖는다.

- **부호 연산자 -**는 피연산자 항의 부호를 반대로 바꾼 결과값을 갖는다.

- **산술 연산자**는 산술적인 연산을 수행하고 그에 대한 결과값을 갖는다. 파이썬에서는 +, -, *, /, //, %, **가 제공된다.

- **내장 함수 int()와 float()**는 숫자 문자로 구성된 문자열을 해당하는 숫자 데이터로 변환해 준다.

- **대입 연산자 =**는 오른쪽 표현식의 결과값을 왼쪽 표현식에 대입한다. 따라서 왼쪽 표현식에는 새로운 값을 받을 수 있는 성질의 표현식만 사용할 수 있다.

- **비트 연산자**는 피연산자 항을 이루는 데이터의 비트열에 대해 연산을 수행한다.

- **축약 대입 연산자**는 산술/비트 연산자와 대입 연산자를 한 번에 처리하는 자기 할당문을 간단하게 기술하기 위해서 사용된다.

- 각 연산자는 지정된 **연산자 우선순위 규칙**에 따라 연산의 순서를 결정한다. 이 규칙은 서로 다른 연산자가 피연산자 항을 선점하기 위해 경쟁할 때 기준으로 사용된다.

- 같은 우선순위의 연산자가 나열되어 있을 때 어느 쪽부터 먼저 계산되어지는 **연산자 결합규칙**에 따른다.

연습 문제

이번 단원에서는 표현식을 구성하는데 사용되는 다양한 기본 연산자에 대해 살펴보았다. **각 연산자가 갖는 기본적인 특징과 더불어 특정 연산을 제공하는 함수를 구성하는 방법**에 대해서 익혀두자.

다음의 각 문제의 요구사항을 만족하기 위해 입력받은 정보에 대해 주어진 연산을 수행하는 사용자 정의 함수를 작성해서 해결해 보자.

01 다음과 같이 호출하여 **사용자로부터 임의의 정수 하나를 입력**받는데 사용할 수 있는 **함수 `get_integer()`를 작성**하라. 이 함수는 프롬프트로 사용할 문자열을 매개변수로 전달받고, 복귀시 정수를 반환한다. 마찬가지로 **임의의 실수 하나를 입력받는데 사용**할 수 있는 함수 **`get_real()`도 작성**하고 그 동작을 확인해보자.

```
i = get_interger('정수는? ')
r = get_real('실수는? ')
```

02 사용자로부터 **화씨온도(F)를 입력받아 그에 해당하는 섭씨온도(C)로 변환하는 프로그램**을 작성하라. 화씨온도는 정수로 입력받으며 다음 식을 통해 섭씨온도로 변환할 수 있다.

$$C = \frac{5}{9}(F - 32)$$

(1) 임의의 화씨온도를 인수로 전달받아 섭씨온도로 변환해서 반환하는 책임을 갖는 사용자 정의 함수 `fahrenheit_to_celsius()`를 작성하라. 함수 안에서 위 수식의 숫자들을 표현식에 그대로 나타내어 사용하자.

(2) 문제1에서 정의한 입력 함수를 이용해 정수로 화씨온도를 입력받아 (1)에서 작성한 함수를 이용해 변환된 섭씨온도를 다음과 같이 출력하는 프로그램을 완성하라.

실행 결과

```
변환하고자 하는 화씨온도는? 100 Enter↵
화씨 100 도는 섭씨 37.77777777777778 도
```

연습 문제

03 사용자로부터 초 단위의 시간을 입력받아 그에 대해 1분은 60초, 1시간은 60분이라는 원리를 이용해 **시-분-초의 형태로 변환하는 프로그램을 작성**하라. 이 변환을 위해 `convert_time()`이라는 함수를 정의해 사용하라.

실행 결과

```
변환하고자 하는 시간(초)? 3700 Enter↵
3700 초는 1 시간 1 분 40 초이다.
```

04 사용자로부터 원기둥의 높이와 밑면 원의 반지름을 입력받아 **원기둥의 부피를 구하는 프로그램**을 작성하자.

(1) **원기둥의 부피를 구하는 사용자정의 함수 `get_volume_of_cylinder()`를 작성**하자. 이 함수는 호출 시 원기둥의 높이와 밑면 원의 반지름을 인수로 전달받아 원기둥의 부피를 구한다. 원기둥의 부피를 구하는 식은 다음과 같다.

원기둥의 부피 = 밑면 원의 넓이 × 원기둥의 높이

이때 원기둥의 밑면 원의 넓이를 구할 때 3단원의 연습 문제3에서 작성한 사용자 정의 함수 **`get_circle_area()`를 이용**해 보자. 하나의 사용자 정의 함수 내에서 다른 사용자 정의 함수를 호출해 일을 처리할 수 있다는 것을 기억하라.

(2) 문제1에서 정의한 입력 함수를 이용해 **사용자로부터 밑면 원의 반지름과 원기둥의 높이를 입력**받고 `get_volume_of_cylinder()`를 이용해 다음의 실행 결과와 같이 출력하는 프로그램을 작성하라.

실행 결과

```
원기둥 밑면 원의 반지름은? 2.5 Enter↵
원기둥의 높이는? 10 Enter↵
원기둥의 부피는 196.25
```

05

우리나라에서 면적을 나타내는 표준 단위는 제곱미터(m^2)이다. 다만 여전히 건물이나 땅의 면적을 나타내기 위해 비공식적으로 평이라는 단위를 자주 사용한다. 1평은 약 3.305785m^2이라는 것을 기반으로 **평을 제곱미터로 변환하는 프로그램**을 작성하라.

(1) 임의의 **평을 인수로 전달받아 제곱미터로 변환해서 반환**하는 책임을 갖는 사용자 정의 함수 **`convert_to_squaremeter()`**를 작성하라.

(2) 문제1에서 정의한 함수를 이용하여 실수로 입력받은 평의 값을 `convert_to_squaremeter()`를 이용해 제곱미터로 변환해 다음과 같이 출력하는 프로그램을 완성하라(출력 시 소수점자리를 제한하는 것은 6.3절에서 다룬다).

실행 결과

```
변환하고자 하는 평수는? 67.8 Enter↵
67.8 평은 224.132223 제곱미터
```

06

십진 정수 100 - 1은 99이고, 1000 - 1은 999인 것처럼, n 자리 첫 정수 값에서 1을 빼면 (n - 1) 자리 최대 정수를 얻을 수 있다. 따라서 2진 정수의 경우도 0b1000에서 1을 빼면 0b111을 얻을 수 있다.

이 성질을 이용해 매개변수로 전달받은 임의의 정수 n에 대해 그 수만큼의 모든 비트를 1로 설정한 정수를 반환하는 함수 `set_all_bits()`를 정의하라. 즉, n이 4인 경우인 0b1111을 얻기 위해서는 0b10000 - 1을 수행하면 된다. 이때 0b10000은 1을 왼쪽으로 4만큼 비트 이동하면 얻을 수 있다는 점을 이용해 일반화된 동작을 수행하는 함수를 작성하라.

실행 결과 1

```
설정할 비트 수는? 4 Enter↵
4 비트를 모두 1로 설정한 수는 15 ( 0b1111 ) 이다.
```

실행 결과 2

```
설정할 비트 수는? 8 Enter↵
8 비트를 모두 1로 설정한 수는 255 ( 0b11111111 ) 이다.
```

연습 문제

07 사용자로부터 입력된 금액을 **동전으로 교환하고자 할 때 가장 적은 개수의 동전을 제안하는 프로그램**을 작성하라.

(1) 1단계: 입력된 금액을 **100원짜리로만 교환**한 결과를 출력하는 exchange() 함수를 정의하자. 구현을 간단히 하기 위해 교환하고자 하는 금액은 100원 단위의 금액이라 가정하며, 교환 후 잔액이 발생되지 않는다 가정하라.(가급적 간단한 연산식이 될 수 있도록 하자)

실행 결과

```
동전으로 교환하고자 하는 금액은? 2500 Enter↵
100 원짜리 25 개
```

```
# 입력받은 금액을 전달받는 exchange() 함수의 정의:
    # 입력받은 금액 중
    # n100 = 100원짜리가 몇 개 필요한지 찾기

    # 100짜리 동전의 개수 n100의 값 출력
```

(2) 2단계: 입력된 금액을 500원, 100원, 50원, 10원짜리 **동전을 모두 이용해 교환**하고자 한다. 각 동전별 교환 개수를 출력하도록 사용자 정의 함수 exchange()를 다음을 참고하여 수정하라.

```
# 입력받은 금액을 전달받는 exchange() 함수의 정의:
    # 입력받은 금액 중
    # n500 = 500원짜리가 몇 개 필요한지 찾기

    # 나머지 금액 중
    # n100 = 100원짜리가 몇 개 필요한지 찾기

    # 나머지 금액 중
    # n50 = 50원짜리가 몇 개 필요한지 찾기

    # 나머지 금액 중
    # n10 = 10원짜리가 몇 개 필요한지 찾기

    # 각 동전의 개수 출력
```

CHAPTER

05

함수의 구성 이해

이 단원을 마치고 나면

- 함수 호출 시 데이터를 주고받아야 할 필요성을 이해한다.
- 지역변수와 전역변수의 생존 시기와 가시 범위에 대해 이해한다.
- 함수 안에서 전역변수의 값을 참조하고 수정할 수 있다.
- 사용자 정의 모듈을 구성할 수 있다.
- 다양한 방법으로 모듈 내의 구성요소를 가져와 이용할 수 있다.
- 의사 난수를 발생하기 위해 random 모듈을 사용할 수 있다.
- 메인 모듈 여부를 판별할 수 있다.

01 함수 호출 매커니즘

02 다양한 영역에서 선언된 변수

03 지역변수와 전역변수의 사용 예

04 모듈 구성 및 사용

01 함수 호출 매커니즘

되돌아보기

한 번에 세분화 하는 것이 아님에 유의하자.

우리는 전체 문제에서 처리해야 할 책임들을 **단계별 세분화 전략에 근거해 상대적으로 작은 책임을 갖는 함수들로 분해**해가며 구성했다. 이때 각 함수가 좀 더 일반화된 형태를 가지며 범용적으로 사용될 수 있도록 하기 위해 3.5절에서 매개변수와 반환값을 갖는 사용자 정의 함수에 대해서 살펴보았다.

전체 문제에서 부분 책임을 할당받은 함수는 호출 시 인수를 매개변수로 전달받아 주어진 일을 수행하고, 함수 내에서 연산한 결과값은 반환처리 과정을 통해 호출측으로 전달할 수 있었다. 이에 대한 예제로 3.5절의 코드 3-17을 다시 살펴보자.

3.5절의 예제 재인용

 # 재인용 일반적인 함수의 구성 예: 매개변수와 반환값을 모두 가짐(코드 3-17)

```
01 # 사용자 정의 함수부
02 def make_message(name) :
03     msg = '반가워요 ' + name
04     return msg
05
06 # 주 프로그램부
07 print('시작')
08 input_name = input('당신의 이름은? ')
09 result = make_message(input_name)
10 print(result)
11 print('마침')
```

그런데 위와 같은 사용자 정의 함수를 작성하면서 한 가지 의문점이 들 수 있다. 함수 make_message() 호출 시 인수로 사용된 input_name을 통해 사용자 이름을 매개변수로 전달하지 않으면 어떨까? 즉, 03행에서 매개변수 name 대신 08행의 변수 input_name에 직접 접근하면 더 간단하지 않을까? 또 함수가 일을 마치고 호출측으로 복귀한 후 10행에서처럼 함수의 반환값을 전달받은 변수 result를 출력하는 대신 03행의 변수 msg에 직접 접근해 출력한다면 04행의 반환처리를 없애고,

09행의 반환값을 전달받는 번거로움을 줄일 수 있지 않을까? 이 질문에 대해 그 이유를 명확히 답할 수 있는가?

혹시 명확한 이유가 생각나지 않는다해도 괜찮다. 이제까지는 다소 막연하게 함수를 정의하여 사용해왔을 것이다. 하지만 함수 호출 시 인수 전달과 반환값의 전달에 대해 좀 더 명확한 이해를 도모하기 위해 함수 호출 과정에 대해 다음과 같이 비유를 들어 설명해 보고자 한다.

함수 호출 매커니즘에 대한 비유

• 함수 정의와 함수 호출

3.1절에서는 프로그램 코드를 좀 더 쉽게 이해할 수 있도록 돕기 위해 변수를 데이터들을 담는 '그릇'에 비유했다. 이와 비슷하게 **함수는 주어진 일을 처리하기 위해 필요한 도구(문장)들과 그릇(변수)들을 모아놓은 '쟁반'에 비유**해 보고자 한다. 하나의 그릇에는 하나의 데이터를 담을 수 있고, 연관된 처리를 위해 필요한 데이터를 담은 그릇들은 같은 쟁반 위에 올려놓고 작업하게 된다고 가정하자.

변수 ⇔ 그릇
함수 ⇔ 쟁반

(1) 그릇과 같은 변수 (2) 쟁반과 같은 함수

그림 5.1 변수와 함수의 비유

따라서 **함수를 정의한다는 것**은 [그림 5.2(1)]과 같이 어떤 데이터를 처리하기 위해 **필요한 도구(문장)들과 그 도구로 처리할 그릇(변수)들을 어느 쟁반(함수) 위에 모아 올려놓을 것인지를 계획**하는 것에 비유할 수 있다.

또 **함수를 호출한다는 것은** [그림 5.2(2)]와 같이 실제 작업을 수행하기 위해 **그 쟁반을 내 작업대(메모리) 위에 올려놓고, 쟁반(함수) 위에 있는 도구(문장)로 그릇(변수)에 담겨있는 재료(데이터)를 적절히 처리하는 것에 비유**할 수 있다. 이때 작업대 위에 올린 쟁반(함수)은 그것을 통해 처리할 모든 작업이 끝난 경우에만 작업대에서 내려놓는다고 가정하자.

호출된 함수
= 작업대 위에 있는 쟁반

작업대 ⇔ 메모리
함수 호출 ⇔ 작업대 위에 쟁반 올리기
함수 복귀 ⇔ 작업대 위의 쟁반 치우기

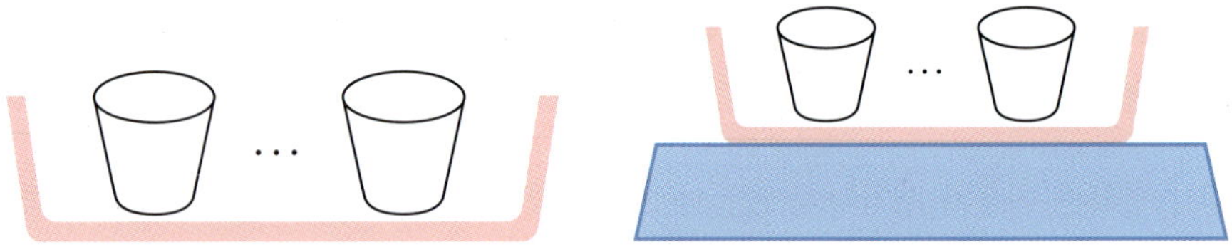

그림 5.2 함수의 정의와 호출

정리

함수와 함수 호출에 대한 비유

- ✓ 변수는 그릇, 함수는 쟁반에 비유한다. 따라서 주어진 처리를 위해 변수들을 갖는 함수는 그릇들이 올려진 쟁반에 비유할 수 있다.
- ✓ 메모리에 탑재된 프로그램이 CPU에 의해 실행된다는 것은 작업자가 작업대 위에서 작업을 처리하는 것에 비유한다.
- ✓ 프로그램 실행 시 함수가 호출된다는 것은 작업대 위에 쟁반을 올려놓고 작업하는 것에 비유할 수 있다.
- ✓ 작업대 위에 올려진 쟁반은 모든 처리가 끝났을 때에만 작업대에서 치워진다.

• 함수 호출과 복귀

코드 5-1의 주 프로그램에서 first() 함수가 호출되기 전의 상태를 [그림 5.3(1)]과 같이 나타내자. 어떤 함수도 호출되지 않았기에 빈 작업대만 나타낸다. first() 함수 호출 시에는 [그림 5.3(2)]와 같이 작업대 위에 특정 작업을 수행하는 쟁반을 올려놓은 것에 비유한다. [그림 5.3(3)]과 같이 해당 함수가 처리를 끝마치고 호출측으로 복귀하면 작업대는 [그림 5.3(4)]와 같이 다시 빈 상태가 될 것이다.

 # 코드 5-1 함수 호출 매커니즘에 대한 이해1

```
# 사용자 정의 함수부
def first() :
    print('안녕')

# 주 프로그램부
first()
```

실행 결과

```
안녕
```

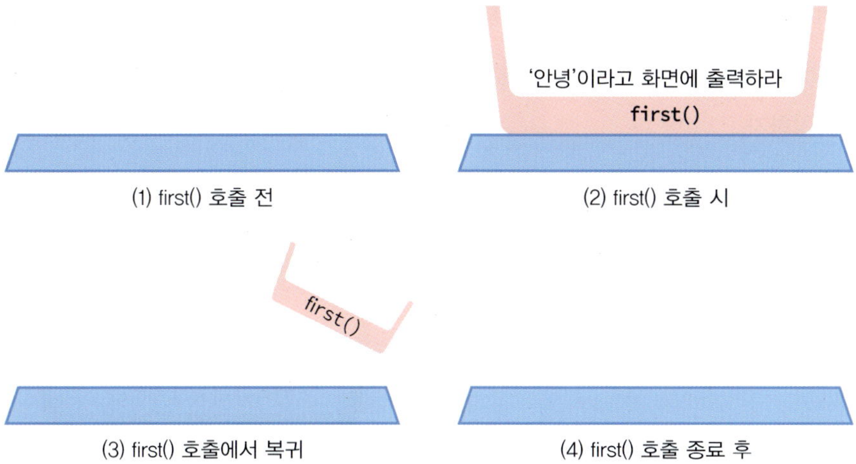

그림 5.3 비유적으로 살펴본 코드 5.1의 함수 호출 전후 상태

• 좀 더 일반화 한 함수 호출 구조

함수 호출을 좀 더 일반화한 코드 5-2를 보자. 앞선 예제와 달리 주 프로그램부에서 호출된 함수가 또 다른 사용자 정의 함수를 호출하고 있다. 사실 앞선 예에서도 first()에서 print()를 호출하고 있음을 살펴보면 새삼스러운 일도 아니다.

코드 5-2 함수 호출 매커니즘에 대한 이해2

코드 5-1 수정

```
# 사용자 정의 함수부
def first() :
    print('안녕')
    second()

def second() :
    print('반가워')

# 주 프로그램부
first()
```

실행 결과

```
안녕
반가워
```

[그림 5.4]와 같이 first()라는 쟁반(함수)을 작업대에 올려놓고 작업을 처리하는 도중에, 이 함수 내의 어떤 부분 작업을 second()라는 함수를 통해 처리하려 한다고 가정하자.

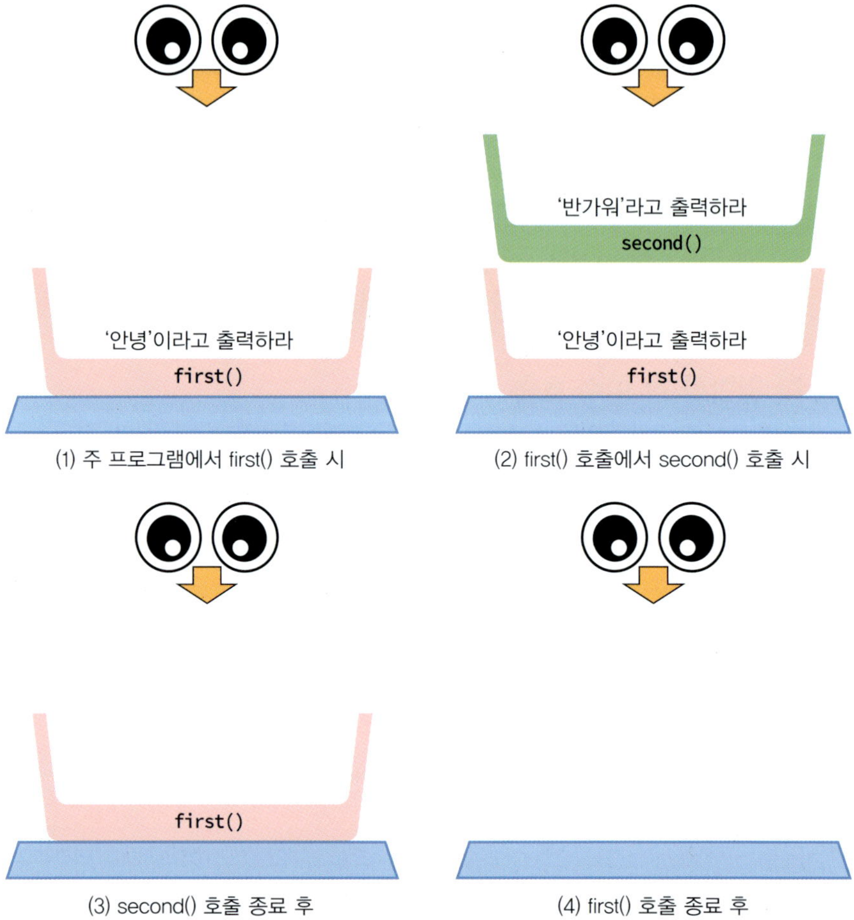

그림 5.4 코드 5.2의 함수 호출 전후

앞선 예와 마찬가지로 코드 5-2의 주 프로그램부인 10행에서의 함수 호출은 [그림 5.4(1)]과 같이 표현하자. first() 함수가 호출되어 일을 처리하는 도중 04행에서와 같이 second() 함수 호출문을 만난다. 이때 first()는 아직 모든 처리가 완전히 끝나지 않았으므로 first() 쟁반은 작업대에서 내리지 않는다. 대신 [그림 5.4(2)]와 같이 first() 쟁반 위에 second() 쟁반을 포개 올려놓고 작업을 계속한다.

물론 second() 쟁반에서 처리할 일이 모두 끝나면 작업대에서 second() 쟁반을 내려놓아 다시 [그림 5.4(3)]과 같은 상태가 되고, 이후 first() 쟁반에서 second() 쟁반을 호출한 이후의 나머지 일을 처리하면 된다. 그리고 first() 쟁반에서의 처리할 일이 모두 끝나면 이 쟁반도 작업대에서 치우고 [그림 5.4(4)]와 같은 상태가 된다. 추후 first()나 second() 함수가 다시 호출되면 얼마든지 작업대 위에 다시 올려 놓을 수 있을 것이다.

정리

호출된 함수에서 다른 함수를 호출하는 것에 대한 비유

- ✔ 작업대 위의 그 쟁반은 그 쟁반 위에서의 처리가 모두 끝났을 때에만 작업대에서 치운다.
- ✔ 작업 중에 다른 쟁반이 필요한 경우 기존 쟁반 위에 새 쟁반을 포개 놓는 것에 비유한다.
- ✔ 모든 작업을 마치기 위해선 제일 위에 올려진 쟁반부터 작업대에서 순차적으로 치워야 한다.

함수 정의 내에서 선언된 변수의 가시 범위

• 변수의 가시 범위에 대한 비유

각 함수는 자신에게 부여된 책임을 수행하기 위해 필요한 변수들을 자기 자신 안에서 선언하여 사용한다. 다시 말해 어떤 주어진 일을 처리하기 위해 준비된 쟁반(함수)에는 필요한 도구(문장)와 그릇(변수)들이 올려 있다고 비유하자. 그렇다면 일을 처리할 때마다 그 일과 연관된 쟁반만 작업대 위에 올려놓으면 필요한 도구(문장)와 그릇(변수)을 한 번에 얻을 수 있을 것이다.

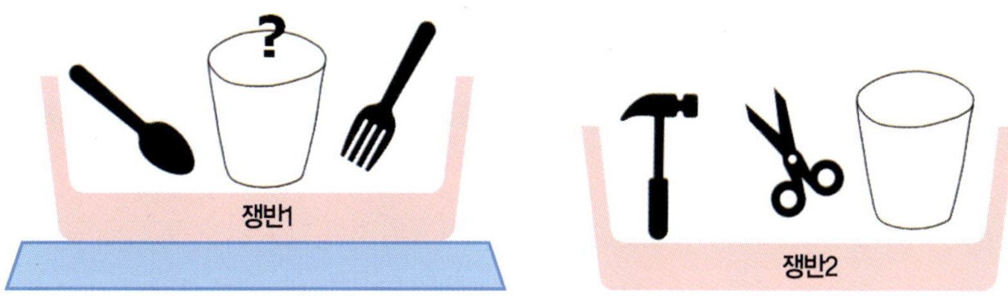

그림 5.5 호출된 함수의 수행 시 변수에 어떤 데이터가 있어야 할까?

문제는 도구(문장)와 그릇(변수)들은 각 쟁반(함수)마다 따로 준비할 수 있다 하더라도, 일관된 작업을 수행하기 위해 필요한 **재료(데이터)는 각 쟁반 사이에 적절히 전달되어야 전체 문제를 해결**할 수 있을 것이다. 예를 들어 밥을 짓기 위해서는, 1)쌀을 잘 씻고, 2)그 씻은 쌀에 열과 압력을 가해야지 밥을 얻을 수 있을 것이다. 즉, 씻는 과정과 밥 짓는 과정의 쌀은 동일한 쌀이어야 하며 각 일을 담당하는 부분으로 순서대로 전달되어야 한다.

단순히 같은 이름의 변수에 접근하느냐의 문제가 아니라, 이름은 다르더라도 같은 데이터를 갖는 변수인지를 확인해야 한다!

• 코드를 통해 확인해 본 변수의 가시 범위

주 프로그램부에서 호출된 함수에서 또 다른 함수를 호출하는 경우 각 함수에서 마련한 변수들의 가시 범위에 대한 예로 코드 5-3을 살펴보자.

코드 5-2에서 수정

코드 5-3 함수 내에서 선언된 변수의 가시 범위

```
01  # 사용자 정의 함수부
02  def first() :
03      msg = '안녕'
04      print(msg)
05      second()
06      print(msg)
07
08  def second() :
09      msg = '반가워'
10      print(msg)
11
12  # 주 프로그램부
13  first()
```

실행 결과

```
안녕
반가워
안녕
```

프로그램이 실행되면 먼저 주 프로그램부인 13행의 first() 함수가 호출된다. 그러면 02행으로 제어의 흐름이 넘어간다. 이때 함수의 시작(03행)에서는 msg란 변수를 선언되었는데 이는 [그림 5.6(2)]와 같이 쟁반 위에 그릇을 하나 준비해 놓는 것에 비유할 수 있다. 따라서 04행의 출력문은 '안녕'을 출력한다.

이후 05행에서 second() 함수를 호출한다. 아직 first() 함수가 끝나지 않은 상태이니 [그림 5.6(3)]처럼 first() 함수를 나타내는 쟁반 위에 second() 함수에 대한 쟁반이 올라갈 것이다. 그런데 09행에서와 같이 second() 함수 역시 msg란 변수를 선언한다. 이 변수는 03행에서 선언한 **변수와 이름이 같다**는 점을 눈여겨 보자.

이때 second()에 속한 문장인 10행이 처리될 때 print()에게 전달되는 변수 msg는 어떤 값을 가지고 있게 될까? 그렇다! 작업대의 최상단에는 second() 쟁반이 올

라가 있기에 현재 순간에 msg란 변수는 09행에서 선언한 '반가워'란 문자열을 가지고 있는 변수만이 보일 것이다. 03행에서 선언한 '안녕'이란 문자열을 가지고 있는 변수는 작업대 위에 **존재하고 있으나, 가려져 보이지 않는다.**

이를 '가시적이지 않다'라고 표현한다.

물론 10행의 처리가 끝나고 호출측인 first()의 06행으로 복귀하게 되면 [그림 5.6(4)]과 같이 second()라는 쟁반이 치워지면서 09행에서 선언한 변수는 보이지 않는 대신 first() 함수에서 선언한 '안녕'이라는 문자열을 담고 있는 변수가 보일 것이다. 따라서 06행의 print()에서 msg를 출력하면 '안녕'이라는 문자열이 출력된다.

그림 5.6 코드 5.3의 함수 호출 전후

궁금합니다

주 프로그램의 모든 책임을 다 떠넘기고 있네요?

사실 이 단원에서 다루고 있는 예제들처럼 주 프로그램부에서 **전체 책임을 특정 함수에게 한 번에 모두 일임하는 것은 단계별 세분화 전략의 책임분할이라는 측면에서 올바르지 않은 구성**입니다.

다만 이 단원에서는 간단한 요구사항을 갖는 예제를 기반으로 **함수 호출 과정에서 생성되고 접근되는 각 변수들의 특징을 살펴보기 위한 목적으로 의도적으로 구성**한 것이니 감안하기 바랍니다.

정리

함수 안에서 선언된 변수에 대한 비유

- 쟁반(함수)에 올려진 그릇(변수)은 쟁반과 함께 이동한다.
- 쟁반에 올려진 그릇은 그 쟁반이 작업대의 최상위에 있을 때에만 가시적이다.
- 쟁반이 치워지면 쟁반 위의 그릇도 함께 치워진다.
- 현재 쟁반 위의 그릇의 내용을 다른 쟁반에서 이용하기 위해선 함수 호출 매커니즘을 통해 주고 받는 과정이 필요하다.

이제는 할 수 있어요!

함수 안에서 선언된 변수의 가시 범위를 그 함수 안으로 제한하지 않으면 다음의 두 가지 측면에서 어떤 문제가 발생할지 생각해 보자.

1) 식별자 충돌

2) 메모리 할당

Python Programming

02 다양한 영역에서 선언된 변수

지역변수

앞선 예제 코드 5-3의 각 함수에서 선언된 변수 msg처럼, 어떤 함수 정의 안에서 선언된 변수를 지역변수(local variable)라 한다. 지역변수는 해당 함수가 호출되었을 때 메모리를 할당받아 생성되고, 함수가 종료되면 자동으로 할당된 메모리를 반납하여 소멸되는 변수이다. 따라서 해당 함수가 처리되는 동안에만 변수 이름이 가시적이며 그 함수 안에서만 직접 접근할 수 있다. 즉, 함수 같은 특정 블록 안에서만 의미를 지니며 사용될 수 있기에 지역변수라 불린다. 지역변수

이제까지 사용자 정의 함수 내에서 선언된 변수들은 모두 지역변수였다. 특정 함수 내에서 작업을 처리할 때 필요에 따라 선언해서 사용하며, 그 함수가 수행되는 동안만 가시적으로 사용된다는 측면에서 상대적으로 효율적으로 사용된다.

정리

지역변수

- ✓ 함수 정의(지역) 안에서 선언된 변수이다.
- ✓ 해당 함수가 호출되었을 때 생성되며, 함수가 종료되면 소멸된다.
- ✓ 해당 함수가 동작 중일 때에 변수이름을 통해 직접 접근 가능하다.
- ✓ 가장 일반적으로 사용되는 변수 형태이다.

전역변수

하지만 변수 선언을 함수 정의 안에서 할 수 있는 건 아니었다. 이 단원의 시작에서 재인용한 코드 3-17에서 변수 input_name과 result를 살펴보자. 이렇게 어떤 블록에도 속하지 않게 선언된 변수를 전역변수(global variable)라 한다. 전역변수 전역변수는 지역변수와 달리 특정 함수에 포함되지 않게 선언되었기에 프로그램이 시작할 때 생성되어, 프로그램 전체에서 사용 가능하며, 프로그램이 종료될 때 소멸되는 전역적인 특징을 갖는다.

다음의 코드 5-4를 살펴보자. 03행에서 선언된 변수 l_msg는 first() 함수의 지역변수이다. 반면에 주 프로그램부인 07행에서 선언된 변수 g_msg는 어느 함수 정의에도 속하지 않게 선언된 전역변수이다.

앞서서 변수는 그릇에, 함수는 쟁반에 비유했다. 다만 전역변수는 어떤 함수에도 속하지 않게 선언된 변수라 했다. 따라서 전역변수는 [그림 5.7(1)]에서와 같이 어떤 쟁반에도 속하지 않은, 즉 작업대 위에 직접 올려져 있는 그릇에 비유할 수 있다. 따라서 전역변수는 프로그램 수행 중 어느 함수가 호출되던지 상관없이 항상 접근될 수 있다는 것을 알 수 있다.

이 책에서는 이제까지 이런 접근을 지양해왔기에 낯설게 생각될 수 있다.

코드 5-4 지역변수와 전역변수

```
01 # 사용자 정의 함수부
02 def first() :
03     l_msg = '안녕'      # 지역변수
04     print(l_msg)
05
06 # 주 프로그램부
07 g_msg = 'hello'       # 전역변수
08 first()
```

실행 결과

```
안녕
```

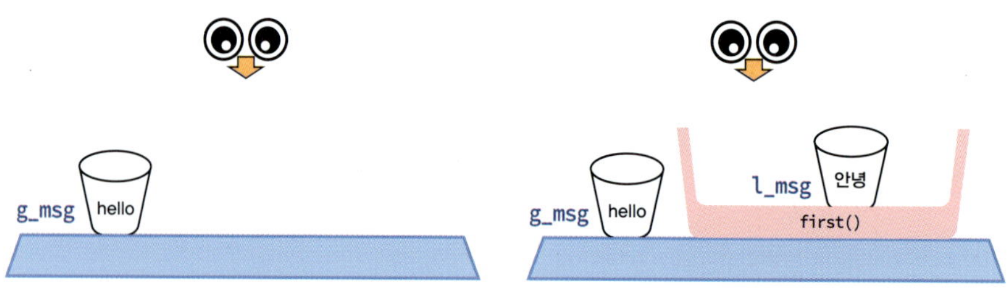

(1) first() 호출 전 (2) first() 호출 시

그림 5.7 지역변수와 전역변수의 가시 범위

전역변수의 이런 다소 유연해 보이는 접근 특징을 프로그래밍을 처음 배우는 단계에서는 자주 사용하는 경향이 있다. 하지만 프로그램의 규모가 되면 몇 가지 측면에서 다소 제한적으로만 사용해야 한다. 이 부분에 대해서는 다음 절에서 간단히 소개한다.

전역변수를 주로 사용하나?

전역변수는 [그림 5.7]에서 비유적으로 나타냈듯이 특정 함수가 호출되었든 되지 않았든 상관없이 **프로그램의 모든 부분에서 항상 접근**할 수 있다. 이 특징만 본다면 굳이 지역변수를 사용할 필요가 있을까 하는 의문이 들 수 있다. 다만 [그림 5.7]에서 볼 수 있듯이 전역변수는 프로그램 시작부터 프로그램 종료 때까지 내 작업대, 즉 내가 프로그램을 실행시킬 수 있는 메모리 공간을 항상 차지하고 있다. 따라서 프로그램 실행중 자주 사용되면서 프로그램의 각 부분에 의해 공유되어지는 데이터가 아닌 이상 **전역변수는 메모리 활용 측면에서 바람직하지 않다.**

전역변수는 꼭 필요한 경우에만 사용하자.

더불어 전역변수는 프로그램 어디서든지 접근할 수 있기에 전역변수를 사용하는 함수가 많아진다면 함수 간에 종속성이 발생되고, 어느 시점에서 전역변수가 갖는 값이 무엇이 될지 파악하기가 어려워 **코드의 가독성이 상대적으로 떨어진다.**

따라서 전역변수는 꼭 필요한 경우에만 사용하고, **기본적으로 단위 작업을 처리하는 각 함수 내에 지역적으로 변수를 선언해 사용**하자. 다만 함수 간의 데이터 전달이 필요하다면 이제까지 그래왔던 것처럼 인수와 반환값을 이용하면 된다.

일반적으로 지역변수가 가장 효율적으로 사용할 수 있다.

정리

전역변수

- ✓ 함수 정의와 같은 블록 밖에서 선언된 변수를 가리킨다. 즉, 어느 블록에도 속하지 않게 선언된 변수이다.
- ✓ 프로그램이 시작될 때 생성되며, 프로그램이 종료될 때 소멸된다.
- ✓ 프로그램을 구성하는 어느 부분, 어느 함수에서도 접근 가능하다.
- ✓ 메모리 활용성과 소스 가독성 측면에서 꼭 필요한 경우에 한해 제한적으로 사용하는 것이 바람직하다.

! 이제는 할 수 있어요!

어떤 경우에 지역변수보다 전역변수의 사용이 더 나은 선택이 될 수 있을지 생각해 보자.

03 지역변수와 전역변수의 사용 예

문제

사용자로부터 입력받은 원의 반지름(실수)을 가지고 원의 넓이를 구해 출력하는 프로그램을 작성하라. 단, 다양한 형태의 사용자 정의 함수를 이용해 구성하면서 지역변수와 전역변수의 정확한 접근 방법과 그 특징을 확인해 보라.

그림 5.8 원의 넓이를 구하는 프로그램을 다양한 방식으로 구성해 보자.

• 전체 프로그램에 대한 설계

전체 문제를 좀 더 작은 크기의 문제로 분해하자. 상황에 따라 그 과정은 몇 단계에 거쳐 진행될 수 있다.

단계별 세분화 전략에 따라 이 프로그램을 위한 요구사항을 코드 5-5와 같이 의사 코드를 이용해 설계해 보자. 설계는 구현에 대한 기초가 되므로 의사 코드 역시 스크립트 편집기를 이용해 소스 코드 상에 다음과 같이 주석으로 기술하자.

코드 5-5 전체 문제에 대한 설계

```
# 주 프로그램부
# r = 넓이를 구할 원의 반지름을 실수값으로 입력받음
# area = 반지름 r인 원의 넓이를 구함
# 계산된 원의 넓이 area를 출력
```

○ 첫 번째 구현 안: 지역변수의 부적절한 사용

원의 넓이를 구하는 과정은 반지름을 입력받거나, 넓이를 출력하는 부분에 비해 상대적으로 복잡하며 다시 사용될 가능성이 높다. 따라서 원의 넓이를 구하는 부분은 코드 5-6의 07행에서와 같이 사용자 정의 함수를 통해 처리하자. 다시 말해서 주 프로그램 부분에서 원의 반지름을 입력받아 사용자 정의 함수 get_circle_area()에게 넘겨 원의 넓이를 구하고 그 결과를 출력하도록 구성하자. 다만 이 코드는 몇 가지 측면에서 오류를 포함하고 있다. 어디서 왜 오류가 발생하는지를 살펴보자.

물론 우리는 원의 넓이 정도는 따로 함수를 작성하지 않고서도 간단하게 연산할 수 있다. 다만 책임 분해 및 할당 연습을 위해 해보자.

 # 코드 5-6 원의 넓이 구하기 – 방법1: 부적절한 지역변수 접근으로 오류 발생

코드 5-5의 의사 코드 참고

```
01  # 사용자 정의 함수부
02  def get_circle_area(radius) :
03      result = 3.14 * radius ** 2
04
05  # 주 프로그램부
06  r = float(input('넓이를 구할 원의 반지름은? '))
07  get_circle_area(r)
08  print(result)
```

실행 결과

```
넓이를 구할 원의 반지름은? 10 Enter↵
Traceback (most recent call last):
  File "C:\pyWork\calc_area.py", line 8, in <module>
    print(result)
NameError: name 'result' is not defined
```

먼저 변수들을 분류해 보자. 02행의 매개변수 radius와 03행의 변수 result는 모두 함수 get_circle_area() 안에서 선언된 지역변수이다. 06행의 변수 r은 어느 함수에도 속하지 않게 선언되었기에 전역변수이다.

여기서 08행의 출력문은 함수 내에서 계산된 넓이를 저장하고 있는 03행의 지역변수 result에 접근하고자 한다. 하지만 지역변수는 그 자신이 선언된 함수 내에서만 가시적이고, 함수 종료 시 자동으로 소멸된다 하였다. 따라서 07행의 함수 호출에서 복귀하는 즉시 변수 result는 보이지도 않고, 사용할 수도 없게 되어 08행에서는 실행 결과와 같이 NameError 오류가 발생한다.

함수 복귀 시 그 함수의 지역변수는 모두 할당해제된다.

그림 5.9 지역변수는 그 지역 안에서만 유효하다

따라서 앞선 코드는 다음의 코드 5-7과 같이 수정해야 한다. 즉, 04행에서처럼 함수가 호출측으로 복귀하면서 함수 내부에서 계산된 원의 넓이를 저장하고 있는 지역변수가 소멸되기 전에 그 값을 호출측으로 반환해야 한다. 따라서 함수 get_circle_area()는 반환값을 가지므로 08행에서와 같이 함수 호출의 결과를 변수에 저장하여 사용하도록 수정한다.

함수의 지역변수값을 호출 측으로 전달하기 위해서는 return 문을 사용해야 한다.

코드 5-6을 수정

 # 코드 5-7 원의 넓이 구하기 - 방법1 수정

```
01  # 사용자 정의 함수부
02  def get_circle_area(radius) :
03      result = 3.14 * radius ** 2
04      return result
05
06  # 주 프로그램부
07  r = float(input('넓이를 구할 원의 반지름은? '))
08  area = get_circle_area(r)
09  print(area)
```

실행 결과

```
넓이를 구할 원의 반지름은? 10 Enter↵
314.0
```

○ 두 번째 구현 안: 전역변수의 값 참조

코드 5-7의 07행에서 선언된 변수 r은 어느 함수 정의 내에도 속해있지 않은 전역변수이다. 따라서 이 변수에 저장된 반지름을 굳이 함수 호출 시 인수로 전달하지 않더라도 함수 구현부에서 전역변수 r의 값을 직접 참조할 수 있다.

따라서 코드 5-8은 코드 5-7의 함수 호출문(08행)에서 인수를 없애고, 이에 따라 이 인수를 전달받을 함수 구현부(02행)의 매개변수를 없앴다. 그리고 함수 내에서 원의 넓이를 구할 때(03행) 필요한 반지름은 전역변수를 직접 참조하도록 수정하였다.

이런 접근이 바람직한가의 여부는 일단 뒤에서 다시 논의하자.

그림 5.10 전역변수는 어디서든 접근할 수 있다

 # 코드 5-8 원의 넓이 구하기 - 방법2: 전역변수의 값을 직접 참조하기

코드 5-7에서 수정

```
01  # 사용자 정의 함수부
02  def get_circle_area() :
03      result = 3.14 * r ** 2
04      return result
05
06  # 주 프로그램부
07  r = float(input('넓이를 구할 원의 반지름은? '))
08  area = get_circle_area()
09  print(area)
```

**의 우선순위가 *보다 더 높다.

실행 결과

```
넓이를 구할 원의 반지름은? 10 Enter↵
314.0
```

이 코드는 문제의 요구사항을 잘 만족시키며, 코드 5-7보다 좀 더 간단하게 함수 호출이 일어나는 것처럼 보인다. 다만 코드 5-7과 달리 함수 get_circle_area()와 전역변수 r 사이에 종속성이 발생해 함수의 모듈성이 깨진다. 다시 말해 반지름을 저장하는 전역변수 r의 이름이 바뀌게 된다면 03행의 문장도 수정해야 한다.

만일 서로 다른 두 원의 반지름이 각기 다른 이름의 전역변수에 저장되어 있다면 이 함수를 이용해 원의 넓이를 구할 수 없거나, 번거로운 처리가 발생하는 문제가 생긴다. 따라서 전역변수를 이용해 반지름을 전달하는 이 구성보다는 코드 5-7의 구성이 더 바람직하다. 다만 **함수 내에서는 전역변수의 값을 자유롭게 참조할 수 있다는 것은 기억**해 두자.

함수 내에서 전역변수의 값은 쉽게 참조될 수 있다.

세 번째 구현 안: 전역변수 값 수정

• 함수 내에서 전역변수에 값 대입

코드 5-7의 08행에서 선언된 변수 area 역시 전역변수이다. 앞서 함수 내에서 전역변수의 접근은 함수의 모듈성을 깨뜨리는 단점이 있다고 하였으나 이 부분을 감안하고 이번에는 코드 5-9와 같이 수정해 보자. 즉, 함수 호출 시 반지름을 인수로 전달(08행)하고 매개변수로 받는다(02행). 다만 함수에서 구한 원의 넓이는 함수 내의 지역변수 대신 07행에서 선언한 전역변수 area에 직접 넣도록 작성하였다. 일단 프로그램을 실행해 보고 결과를 확인해 보자.

일단 그렇게 처리했다고 믿자!

코드 5-7에서 수정

 # 코드 5-9 원의 넓이 구하기 - 방법3: 전역변수에 값을 직접 넣기

```
01  # 사용자 정의 함수부
02  def get_circle_area(radius) :
03      area = 3.14 * radius ** 2
04
05  # 주 프로그램부
06  r = float(input('넓이를 구할 원의 반지름은? '))
07  area = 0
08  get_circle_area(r)
09  print(area)
```

07행은 함수 안에서 넓이를 저장하기 위해 함수 호출 전에 전역변수 area를 미리 준비한 것이다.

실행 결과

```
넓이를 구할 원의 반지름은? 10 Enter↵
0
```

프로그램은 오류 없이 잘 실행되는 듯하다. 그러나 어떤 반지름 입력값에 대해서도 넓이는 항상 0이 출력되는 논리적인 오류가 발생한다. 07행에서 전역변수 area의 초기값을 0에서 -1로 수정한 뒤 프로그램을 실행해 보자. 이번에는 어떤 반지름 입력값에 대해서도 항상 넓이가 -1이 출력될 것이다. 즉, 03행에서 전역변수 area에 값을 대입하는 처리가 제대로 수행되지 않아 전역변수의 초기값이 그대로 유지되는 현상을 확인할 수 있다.

• 원인과 해결책

왜 그럴까? 사실 03행은 파이썬 인터프리터에 의해 전역변수 area에 값을 대입하는 문장으로 해석되는 것이 아니라 함수 get_circle_area()의 지역변수 area를 새로 선언하는 문장으로 처리된다. 따라서 함수 내에서는 전역변수에 접근하지 못하고, 전역변수 area는 함수 호출과 무관하게 초기값이 그대로 유지되는 것이다.

파이썬에서의 변수 선언은 '식별자 = 값'의 형태였음을 상기하자.

코드 5-8의 03행의 식별자 r처럼 임의의 함수에서 전역변수의 값을 참조하는 구문은 전혀 문제가 없다. 다만 코드 5-9의 03행처럼 변수에 값을 **대입하는 문장은 전역변수에 대입하는 것이 아니라 새로운 지역변수를 선언하라는 문장으로 처리**된다.

따라서 이 경우, 함수 내에서 새로운 지역변수 area를 생성해 대입하는 대신 전역변수 area에 대입하도록 처리하기 위해서는 코드 5-10과 같이 전역변수의 값을 수정할 함수 내에서 **global 키워드로 해당 식별자가 전역변수 이름이라는 점을 명료하게 선언**해야 한다. 그러면 해당 식별자에 대한 대입문으로 새로운 지역변수가 생성되는 대신 전역변수에 값을 대입할 수 있게 된다.

global 키워드

 # 코드 5-10 원의 넓이 구하기 – 방법3 수정

코드 5-9에서 수정

```
# 사용자 정의 함수부
def get_circle_area(radius) :
    global area
    area = 3.14 * radius ** 2

# 주 프로그램부
r = float(input('넓이를 구할 원의 반지름은? '))
area = 0
get_circle_area(r)
print(area)
```

실행 결과

```
넓이를 구할 원의 반지름은? 10 Enter↵
314.0
```

네 번째 구현 안: 전역변수와 이름이 같은 지역변수

만일 지역변수 영역과 전역변수 영역에 같은 이름의 변수가 선언되면 어떻게 될까? 코드 5-7을 코드 5-11과 같이 수정하자. 함수 get_circle_area()에서 넓이를 저장할 변수 이름을 area로 수정(03, 04행)했으며, 주 프로그램에서는 입력받은 반지름을 저장할 변수 이름을 radius로 수정(07행)하였다. 즉, 사용자 정의 함수 내에서 선언한 지역변수 이름(02, 03행)과 주 프로그램부에서 선언한 전역변수(07, 08행) 이름을 의도적으로 같게 지었다.

코드 5-7에서 수정

 # 코드 5-11 코드 5-7에서 일부 변수 이름을 수정

radius는 지역변수
area는 지역변수

radius는 전역변수
area는 전역변수

```
01 # 사용자 정의 함수부
02 def get_circle_area(radius) :       # radius는 지역변수
03     area = 3.14 * radius ** 2       # area는 지역변수
04     return area
05
06 # 주 프로그램부
07 radius = float(input('넓이를 구할 원의 반지름은? '))
08 area = get_circle_area(radius)
09 print(area)
```

실행 결과

```
넓이를 구할 원의 반지름은? 10 Enter↵
314.0
```

이 예제에서는 global 키워드를 사용하고 있지 않다. 따라서 03~04행에서 식별되는 변수들은 모두 지역변수들이다. 이렇게 서로 다른 영역(전역-지역)에 선언된 변수는 서로 독립적인 별개의 변수로 존재하게 된다. 그저 우연히(?) 이름이 같을 뿐이다. [그림 5.11]을 참고하라. 다만 함수가 호출되어 두 종류의 변수가 모두 가시적일 수 있는 동안 식별자 radius와 area는 각각 어떤 변수에 접근할까?

한 지역 내에서는 최근에 선언된 식별자가 더 우선해서 사용된다.

서로 다른 영역에 같은 이름으로 변수 선언을 할 수 있는데, 이때에는 나중에 생성된 지역 변수가 더 가시적이 된다. 전역변수의 생성 시점은 프로그램이 시작될 때이고, 지역변수의 생성 시점은 해당 함수가 호출되었을 때이니, 함수 안에서는 무조건 지역변수가 우선적으로 식별된다. 반면에 함수 바깥쪽인 주 프로그램

부에서는 함수 내에서 선언된 지역변수는 함수 복귀와 더불어 모두 자동으로 소멸되었기에 전역변수만 보이게 될 것이다.

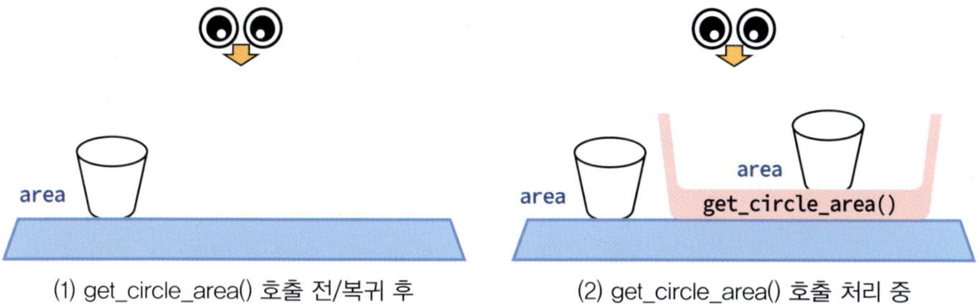

그림 5.11 전역변수와 이름이 같은 지역변수

> **이제는 할 수 있어요!**
>
> 임의의 함수 내에서 전역변수와 지역변수에 대한 식별자가 동일할 때 전역변수를 더 우선시하게 되면 어떤 문제가 발생할지 생각해 보자.

04 모듈 구성 및 사용

모듈이란?

모듈

잘 작성된 함수는 다른 프로그램 작성 시에도 쉽게 재사용할 수 있도록 제공될 필요가 있을 것이다. 따라서 파이썬에서는 **연관된 함수의 정의나 실행 가능한 문장들을 모듈(module)이라 불리는 독립적인 파일로 분리**해 놓고 다른 코드에서 필요 시 가져다 사용할 수 있는 방법을 제공한다.

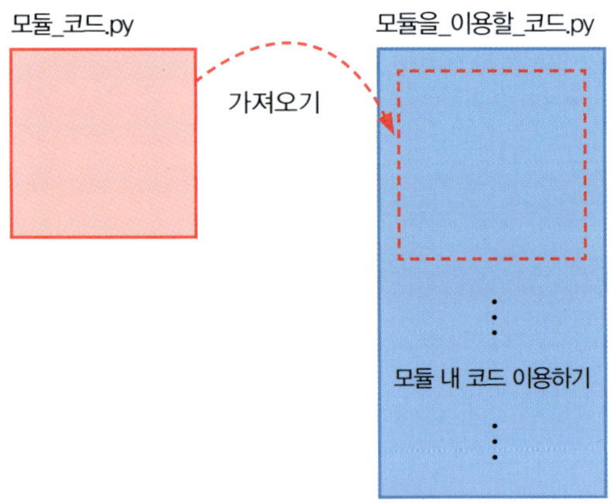

그림 5.12 모듈 구성하고 이용하기

메인 모듈

전역변수 __name__

이제까지 다뤘던 예제들처럼 최상위 수준에서 실행되는 변수와 함수들은 기본적으로 **메인 모듈**에 속한 채로 실행된다. 파이썬에서는 자동으로 생성되는 **전역변수 `__name__`을 통해 현재 실행되는 모듈 이름**을 명확히 알 수 있다. 메인 모듈에서 실행되는 경우 이 변수에 `'__main__'`이라는 문자열이 자동으로 저장된다.

대화식 모드와 스크립트 모드로 각각 코드 5-12를 실행해보라. 모두 `'__main__'`이라는 문자열이 출력될 것이다. 이를 통해 두 방법 모두 기본적인 메인 모듈에 속한 상황에서 실행되고 있음을 확인할 수 있다.

 # 코드 5-12 모듈 이름 확인

```
print('현재 모듈 이름:', __name__)
```

실행 결과

```
현재 모듈 이름: __main__
```

독립적으로 작성된 별도의 모듈은 실행 시 **현재 모듈로 가져올 수 있는데, 이를 임포트**라고 한다. 즉, 다른 모듈을 임포트하면 해당 모듈 안에 기술한 각종 정의와 문장들을 가져와 사용할 수 있다. 임포트

각 모듈을 식별하고 또 모듈을 가져오기 위해 사용되는 **모듈 이름은 해당 소스 파일 이름에서 파일 확장자 .py를 제거한 것과 같고, 알파벳 대소문자를 구분**한다. 예를 들어 myModule.py라는 소스 파일은 myModule라는 모듈 이름으로 식별된다 모듈 이름

모듈의 종류

모듈은 파이썬에서 기본적으로 제공되는 ❶ 표준 모듈과 ❷ 제3자들이 무료로 제공하는 확장 모듈, 그리고 각 프로그래머가 스스로 정의해 사용하는 ❸ 사용자 정의 모듈로 구분할 수 있다.

파이썬 개발환경을 구성하면 기본적으로 표준 모듈 라이브러리가 함께 제공된다. 이에 대한 소개는 다음 링크의 파이썬 공식 문서를 통해 확인하기 바란다. 표준 모듈

https://docs.python.org/ko/3/library/

다만 표준 모듈에서 모든 기능을 제공하지는 않기에 외부 단체 등 제3자가 제공하는 확장 모듈을 통해 더 많은 유용한 기능들을 제공받아 파이썬에서도 다양한 고급 프로그래밍을 할 수 있게 한다. 대표적인 확장 모듈에 대한 소개는 다음의 링크를 참고하라. 확장 모듈

https://wiki.python.org/moin/UsefulModules

사용자 정의 모듈의 구성과 사용 예제: 도형의 넓이 구하기

문제

도형의 넓이를 구하는 일이 자주 사용될 필요가 있는 유용한 기능이라 가정하자. 이때 반지름을 알고 있는 임의의 원과, 폭과 높이를 알고 있는 임의의 사각형의 넓이를 구할 때 사용할 수 있는 사용자 정의 모듈 calc_area를 구성하고, 이 모듈에 정의된 함수들을 이용해 각 도형의 넓이를 구해보자.

• 사용자 정의 모듈의 구성

요구사항을 보면 임의의 반지름을 갖고서 원의 넓이를 구하는 함수와 임의의 폭과 높이를 갖고서 직사각형의 넓이를 구하는 함수를 갖는 모듈을 작성해야 한다.

사용자 정의 모듈

원의 넓이를 구하는 함수는 코드 5-7에서 작성한 `get_circle_area()`를 그대로 이용하고, 직사각형의 넓이를 구하기 위한 사용자 정의 함수 `get_rect_area()`를 추가로 정의하자. 다음의 코드 5-13을 참고하여 작성하되, 소스 파일은 calc_area.py라는 이름으로 저장하자.

 # 코드 5-13 도형의 넓이를 구하는 모듈: calc_area.py

소스 파일 이름에 유의

5.3절의 코드 5-7 참고

```
# calc_area.py
# 도형의 넓이를 구하는 모듈

def get_circle_area(radius) :           # 원의 넓이 구하기
    result = 3.14 * radius ** 2
    return result

def get_rect_area(width, height) :      # 직사각형의 넓이 구하기
    result = width * height
    return result
```

호출문을 포함하고 있지 않다!

코드 5-13은 이제까지 작성한 소스 코드들과 달리 함수 정의만 포함하였기에 독립적으로 실행할 수는 없다. 따라서 대화식 모드나 스크립트 모드에서 실행되는 별도의 메인 모듈에서 이 함수들을 가져와 호출할 수 있도록 해주어야 한다. 모듈을 불러와 사용하는 방법은 다음과 같이 몇 가지 다른 방법이 제공된다.

• 방법1: 모듈 이름으로 가져오기

import 키워드

모듈을 가져오는 **가장 단순한 방법은 import 키워드만 이용**하는 것이다.

```
import 모듈이름

모듈이름.사용하고자_하는_모듈내_구성요소_이름
```

앞서 작성한 코드 5-13과 별도로 스크립트 편집창을 하나 더 띄워 코드 5-14를 작성한 후 area_test.py로 코드 5-13의 모듈 소스 파일과 같은 경로에 저장하자. 파이썬 인터프리터에 의해 01행의 import 구문이 처리되면서 내부적으로 코드 5-13을 작성한 calc_area.py 내의 함수 정의들을 가져온다.

이렇게 가져온 모듈 내의 함수들을 사용하기 위해서는 04행과 07행처럼 **모듈이름과 . 연산자를 통해 모듈에서 가져온 함수를 호출**해주면 된다. 동시에 여러 모듈을 임포트할 수 있고, 서로 다른 모듈 내에 같은 이름의 함수가 존재할 수 있기에 호출하고자 하는 함수가 어느 모듈에서 제공되는지를 명료하게 표현해야 한다.

 # 코드 5-14 모듈을 임포트하는 방법1: area_test.py

```
01  import calc_area
02
03  # 주 프로그램부
04  area = calc_area.get_circle_area(10)
05  print(area)
06
07  area = calc_area.get_rect_area(10, 20)
08  print(area)
```

코드 5-13의 모듈 소스 파일과 같은 경로에 저장

실행 결과

```
314.0
200
```

• 방법2: 모듈 이름에 대한 별명으로 가져오기

코드 5-14에서 보면 모듈 내에 포함된 함수에 접근할 때마다 매번 모듈 이름과 더불어 함수 이름을 식별해야 한다. 따라서 모듈 이름을 좀 더 간단하게 나타내면 코드를 작성할 때 좀 더 편할 것이다. 이를 위해 다음과 같이 임포트 시 **as 키워드로 기존의 모듈 이름에 대한 별명을 지정**할 수도 있다.

이제는 모듈 내 구성요소를 접근할 때 모듈 이름 대신 별명을 이용하면 된다.

```
import 모듈이름 as 모듈_별명

모듈_별명.사용하고자_하는_모듈내_구성요소_이름
```

코드 5-15는 calc_area 모듈을 가져올 때 기존의 모듈명 대신에 ca라는 좀 더 간단한 대체 이름을 부여하였다. 따라서 모듈 내에 포함되어 있는 각 함수에 접근할 때 calc_area라는 다소 복잡한 모듈 이름 대신 ca라는 대체 이름을 통해 좀 더 간단하게 접근할 수 있음을 보여준다. 이 경우 기존의 모듈 이름은 사용할 수 없다.

코드 5-14를 수정

 # 코드 5-15 모듈을 임포트하는 방법2: mod_test.py

```
import calc_area as ca

# 주 프로그램부
area = ca.get_circle_area(10)
print(area)

area = ca.get_rect_area(10, 20)
print(area)
```

• 방법3: 모듈 구성요소 이름으로 가져오기

코드 5-15는 코드 5-14에 비해 좀 더 간단해지긴 했으나 여전히 모듈 내의 각 요소 접근 시 어느 모듈에 속한 구성요소인지를 일일이 기술해야 하는 번거로움이 있다. 이를 좀 더 간단하게 하고자 다음과 같이 **from 키워드 다음에 임포트할 모듈 이름을, import 키워드 다음에 그 모듈 내에서 가져오고자 하는 구성요소 이름**을 기술한다.

앞선 방법보다는 모듈을 가져오는 문장은 좀 복잡하나 모듈 구성요소를 접근할 때 별도의 모듈 정보를 기술할 필요가 없다.

```
from 모듈이름 import 사용하고자_하는_모듈내_구성요소_이름

사용하고자_하는_모듈내_구성요소_이름
```

코드 5-16의 01행은 calc_area 모듈로부터 get_circle_area를 가져오라는 구문이다. 이 방법은 **모듈 안에 있는 특정 정의 하나만을 가져오기**에 하나의 모듈 안에 있는 여러 함수를 가져오려면 01~02행처럼 각각을 따로따로 기술해야 한다. 다만 이 문장이 처리되고 나면 식별자 get_circle_area, get_rect_area는 자동으로 모듈 calc_area에서 찾게 되므로 05행과 08행에서처럼 **함수 호출 시에 모듈 이름을 생략**하고 호출문을 간단하게 작성할 수 있다.

 # 코드 5-16 모듈을 임포트하는 방법3: mod_test.py

코드 5-15를 수정

```
from calc_area import get_circle_area
from calc_area import get_rect_area

# 주 프로그램부
area = get_circle_area(10)
print(area)

area = get_rect_area(10, 20)
print(area)
```

• 방법4: 특정 모듈의 전체 구성요소 가져오기

한 모듈 내에 많은 구성요소가 있다면 코드 5-16에서처럼 개별적으로 가져오기 보다는 다음과 같이 import 키워드 다음에 구성요소에 대한 식별자 대신 *을 기술함으로써 특정 모듈 내의 모든 구성요소를 한 번에 가져올 수 있다.

```
from 모듈이름 import *

사용하고자_하는_모듈내_구성요소_이름
```

다만 이 방법은 함수 호출문에 기술된 각 함수가 어느 모듈에서 가져온 것인지를 나타내주지 못하기에 여러 모듈을 이용하는 코드의 경우 가독성이 떨어질 수 있다. 뿐만 아니라 코드 5-17에서 처럼 모듈에서 암묵적으로 가져온 구성요소에 대한 식별자와 현재 메인 모듈에서 명시적으로 정의한 구성요소의 식별자가 충돌하는 경우 원치 않는 동작이 일어날 수 있기에 그리 권장되는 방법은 아니다.

궁금합니다

수정된 모듈이 적용 안 돼요?!

효율성의 이유로 **각 모듈은 인터프리터 세션마다 한 번만 가져와(import)**집니다. 따라서 한 번 임포트한 모듈을 수정하게 되면 인터프리터를 다시 시작해야 수정된 모듈을 사용할 수 있습니다. 특히 대화형 모드로 실행할 때 유의하기 바랍니다.

코드 5-16을 수정

코드 5-17 한 번에 모듈을 임포트하는 방법: mod_test.py

```
01  # 사용자 정의 함수부
02  def get_circle_area(r) :
03      print('반지름', r, '인 원의 넓이를 계산합니다')
04
05  from calc_area import *
06
07  # 주 프로그램부
08  area = get_circle_area(10)
09  print(area)
10
11  area = get_rect_area(10, 20)
12  print(area)
```

실행 결과

```
314.0
200
```

코드 5-17의 08행과 11행의 경우 메인 모듈인 02행의 get_circle_area() 함수가 호출되는 대신, calc_area 모듈에서 정의한 같은 이름의 함수가 호출된다. calc_area에 메인 모듈에서 정의한 함수와 같은 이름의 함수가 존재한다는 것을 모른다면 프로그래머는 왜 원하는 결과와 다르게 동작하는지 디버깅하기 어렵다. 따라서 가급적이면 코드 5-16과 같이 **모듈 내의 각 함수에 대한 식별자를 명시적으로 기술하는 습관**을 갖자.

• 방법5: 특정 모듈의 구성요소에 대한 별명으로 가져오기

마지막으로 모듈 내 구성요소마다 별명을 부여하는 방법을 알아보자.

```
from 모듈이름 import 사용하고자_하는_구성요소이름 as 구성요소_별명

구성요소_대체이름
```

코드 5-18과 같이 수정해 보자. 01~02행에서 각 구성요소를 가져올 때 **as 키워드를 이용해 구성요소에 대한 별명을 부여**하였다. 따라서 05행과 08행에서 각 함수 호출 시 구성요소에 대한 별명을 이용해 호출할 수 있다. 이 방법은 서로 **다른 모듈 내에 같은 이름의 함수가 있다 하더라도 각각을 명시적으로 구분할 수 있을뿐만 아니라 좀 더 간단한 방식으로 각 함수를 호출**할 수 있다. 이 경우에도 기존의 구성요소 이름으로는 함수를 호출할 수 없다.

 # 코드 5-18 모듈을 임포트하는 방법4: mod_test.py

코드 5-16을 수정

```
01  from calc_area import get_circle_area as getCA
02  from calc_area import get_rect_area as getRA
03
04  # 주 프로그램부
05  area = getCA(10)
06  print(area)
07
08  area = getRA(10, 20)
09  print(area)
```

모듈 구성요소 확인

각 **모듈별로 제공되는 식별자는 파이썬 내장 함수인 dir()을 이용해 확인**할 수 있다. **인수 없이 호출하면 현재 메인 모듈에서 사용 중인 이름**을 얻을 수 있다. 코드 5-18을 수행한 상태에서 dir() 함수를 호출하면 다음과 같다. 파이썬 내부적으로 제공되는 식별자와 사용자 정의 모듈 calc_area 모듈로부터 가져온 식별자들을 확인할 수 있다.

내장 함수 dir()

실행 결과

```
>>> dir()
    ['__annotations__', '__builtins__', '__doc__', '__file__',
    '__loader__', '__name__', '__package__', '__spec__',
    'area', 'getCA', 'getRA']
```

다만 dir() 함수는 기본적으로 내장 함수와 변수의 이름은 나열하지 않는다. 이 목록은 표준 모듈 builtins에 정의되어 있어 필요 시 다음과 같이 확인해 볼 수 있다.

실행 결과

```
>>> import builtins
>>> dir(builtins)
    ['ArithmeticError', 'AssertionError',
    'AttributeError', 'BaseException', 'BlockingIOError',
    'BrokenPipeError', 'BufferError', 'BytesWarning',
    'ChildProcessError', 'ConnectionAbortedError',
    'ConnectionError', 'ConnectionRefusedError',
    'ConnectionResetError', 'DeprecationWarning',
    'EOFError', 'Ellipsis', 'EnvironmentError',
    'Exception', 'False', 'FileExistsError',
    'FileNotFoundError', 'FloatingPointError',
    'FutureWarning', 'GeneratorExit', 'IOError',
    'ImportError', 'ImportWarning', 'IndentationError',
    'IndexError', 'InterruptedError', 'IsADirectoryError',
    'KeyError', 'KeyboardInterrupt', 'LookupError',
    'MemoryError', 'ModuleNotFoundError', 'NameError',
    'None', 'NotADirectoryError', 'NotImplemented',
    'NotImplementedError', 'OSError', 'OverflowError',
    'PendingDeprecationWarning', 'PermissionError',
    'ProcessLookupError', 'RecursionError', 'ReferenceError',
    'ResourceWarning', 'RuntimeError', 'RuntimeWarning',
    'StopAsyncIteration', 'StopIteration', 'SyntaxError',
    'SyntaxWarning', 'SystemError', 'SystemExit', 'TabError',
    'TimeoutError', 'True', 'TypeError', 'UnboundLocalError',
    'UnicodeDecodeError', 'UnicodeEncodeError',
    'UnicodeError', 'UnicodeTranslateError', 'UnicodeWarning',
    'UserWarning', 'ValueError', 'Warning', 'WindowsError',
    'ZeroDivisionError', '_', '__build_class__', '__debug__',
    '__doc__', '__import__', '__loader__', '__name__', '__
    package__', '__spec__', 'abs', 'all', 'any', 'ascii',
    'bin', 'bool', 'breakpoint', 'bytearray', 'bytes',
    'callable', 'chr', 'classmethod', 'compile', 'complex',
    'copyright', 'credits', 'delattr', 'dict', 'dir',
    'divmod', 'enumerate', 'eval', 'exec', 'exit', 'filter',
    'float', 'format', 'frozenset', 'getattr', 'globals',
    'hasattr', 'hash', 'help', 'hex', 'id', 'input', 'int',
    'isinstance', 'issubclass', 'iter', 'len', 'license',
    'list', 'locals', 'map', 'max', 'memoryview', 'min',
    'next', 'object', 'oct', 'open', 'ord', 'pow', 'print',
    'property', 'quit', 'range', 'repr', 'reversed', 'round',
    'set', 'setattr', 'slice', 'sorted', 'staticmethod',
    'str', 'sum', 'super', 'tuple', 'type', 'vars', 'zip']
```

파이썬의 표준 모듈의 목록은 다음과 같이 확인할 수 있다.

실행 결과

```
>>> help('modules')
    Please wait a moment while I gather a list of all
    available modules...

    __future__          argparse            help            sched
    __main__            array               help_about      scrolledlist
    _abc                ast                 history         search
    _aix_support        asynchat            hmac            searchbase
    _ast                asyncio             html            searchengine
    _asyncio            asyncore            http            secrets
    _bisect             atexit              hyperparser     select
    _blake2             audioop             idle            selectors
    _bootsubprocess     autocomplete        idle_test       setuptools
    _bz2                autocomplete_w      idlelib         shelve
    _codecs             autoexpand          imaplib         shlex
    _codecs_cn          base64              imghdr          shutil
    _codecs_hk          bdb                 imp             sidebar
    _codecs_iso2022     binascii            importlib       signal
    _codecs_jp          binhex              inspect         site
    _codecs_kr          bisect              io              smtpd
    _codecs_tw          browser             iomenu          smtplib
    _collections        builtins            ipaddress       sndhdr
    _collections_abc    bz2                 itertools       socket
    _compat_pickle      cProfile            json            socketserver
    _compression        calendar            keyword         sqlite3
    _contextvars        calltip             lib2to3         squeezer
    _csv                calltip_w           linecache       sre_compile
    _ctypes             cgi                 locale          sre_constants
    _ctypes_test        cgitb               logging         sre_parse
    _datetime           chunk               lzma            ssl
    ...                 ...                 ...             ...
```

dir() 함수 호출 시 인터프리터의 모듈 검색 경로는 sys 모듈의 path 변수를 통해 유지된다. sys 모듈은 파이썬 인터프리터가 제공하는 변수와 함수를 직접 제어할 수 있게 해주는 모듈이다. 특정 경로 상의 사용자 정의 모듈에 대해 조회하고자 한다면 다음과 같이 사용자 모듈이 저장된 경로명(다음 예에서는 C:\pyWork라 가정)을 환경변수에 추가해주어야 한다.

sys 모듈

실행 결과

```
>>> import sys
>>> sys.path.append('C:\pyWork')
>>> import calc_area
>>> dir(calc_area)
    ['__builtins__', '__cached__', '__doc__', '__file__', '__
    loader__', '__name__', '__package__', '__spec__', 'get_
    circle_area', 'get_rect_area']
```

표준 모듈의 사용 예: random

프로그램은 기본적으로 항상 결정적 동작만을 수행한다. 같은 함수는 몇 번을 수행하더라도 같은 데이터에 대해 같은 결과를 갖는다. 다만 게임이나 시뮬레이션 같은 경우에는 실행할 때마다 다른 결과를 내는 듯이 처리돼야 하는 경우가 필요하다.

의사 난수

마치 주사위를 던질 때처럼, 일정한 확률로 다음 수를 쉽게 예측할 수 없게 불규칙해 보이는 패턴으로 생성되는 수를 **의사 난수**(pseudo random number)라 한다.

그림 5.13 난수

random 모듈

파이썬의 표준 모듈 중 숫자와 관련된 모듈로 **random 모듈을 이용하면 의사 난수**를 쉽게 얻을 수 있다. 이번 장에서는 random 모듈에서 제공하는 함수들 중 randint()만 사용해 보기로 하자. randint()는 인수로 시작값과 끝값을 전달받아 시작값부터 끝값 사이의 하나의 의사 난수를 정수로 반환한다.

시작값 이상 ~ 끝값 이하

```
import random
n = random.randint(시작값, 끝값)
```

코드 5-19와 5-20에서 정의한 함수 roll_dice()는 1부터 6사이의 숫자를 갖는 주사위를 한 번 굴렸을 때 얻을 수 있는 주사위 윗면의 숫자를 반환하는 함수이다. 두 코드는 random 모듈을 임포트한 방법과 그에 따라 randint() 함수를 호출하는 문장에서 차이가 있을 뿐 똑같은 일을 수행한다.

실행 결과에서처럼 이 함수를 다섯 번 (혹은 그 이상) 호출했을 때 서로 다른 숫자가 나오는 것을 확인해 볼 수 있다. 물론 실제 주사위를 던졌을 때처럼 같은 숫자가 연속으로 나올 수는 있으나 많은 횟수를 반복하게 되면 1부터 6 사이의 숫자가 거의 일정한 확률로 발생하게 될 것이다.

 # 코드 5-19 주사위 시뮬레이션 – 버전1

코드 5-20과 동일한 결과

```
import random

# 사용자 정의 함수부
def roll_dice() :
    return random.randint(1, 6)

# 주 프로그램부
print(roll_dice())
print(roll_dice())
print(roll_dice())
print(roll_dice())
print(roll_dice())
```

 # 코드 5-20 주사위 시뮬레이션 – 버전2

코드 5-19을 수정
코드 5-19와 동일한 결과

```
from random import randint

# 사용자 정의 함수부
def roll_dice() :
    return randint(1, 6)

# 주 프로그램부
print(roll_dice())
print(roll_dice())
print(roll_dice())
print(roll_dice())
print(roll_dice())
```

실행결과값은 매번 달라진다.

실행 결과

```
1
3
6
3
2
```

모듈 내의 문장

모듈 안에는 함수의 정의뿐만 아니라 일반 문장도 포함될 수 있다. 다시 말해 코드 5-19(또는 코드 5-20)를 dice.py라는 파일로 저장했다면, 이는 `dice` 모듈로 다른 프로그램에서 임포트 되어 `roll_dice()` 함수를 사용할 수 있다. 대화식 모드로 다음과 같이 `dice` 모듈을 임포트해 보자. 모듈 이름을 찾지 못하는 경우엔 앞서 sys.path 환경 변수에 모듈 파일이 있는 경로명을 추가하고 진행하기 바란다.

```
>>> import dice
```

다음의 실행 결과와 같이 그저 모듈을 임포트했을 뿐인데 해당 모듈에 포함된 문장들이 저절로 실행되는 것을 볼 수 있다. 즉, 코드 5-19의 08~12행의 주 프로그램 부분이 임포트 시에 실행된 것이다.

실행결과값은 매번 달라진다.

실행 결과

```
>>> import dice
5
1
1
2
3
```

이와 같이 모듈에 대해 편리한 사용자 인터페이스를 제공하거나 테스트 목적으로 작성된 문장들이 포함되어 있는 경우, 그 모듈이 단독으로 실행될 때에만 자동으로 수행되도록 하기 위해선 다음 코드 5-21과 같이 수정한다.

모듈 이름은 변수 __name__을 통해 확인할 수 있고, 메인 모듈인 경우 이 변수는 문자열 '__main__'을 갖는 다는 것을 이용해 7단원에서 다룰 조건문으로 구성한 것이다. 15~16행의 문장은 변수 __name__의 값이 문자열 '__main__'과 같으면 main() 함수를 호출하라는 문장이다. 즉, **이 모듈이 단독으로 실행되는 경우에만 main() 함수가 호출되고, import 구문이 처리되는 경우에는 실행되지 않게 제한**할 수 있는 것이다.

 # 코드 5-21 모듈화

코드 5-20을 수정

```
01 from random import randint
02 
03 # 사용자 정의 함수부
04 def roll_dice() :
05     return randint(1, 6)
06 
07 def main() :
08     print(roll_dice())
09     print(roll_dice())
10     print(roll_dice())
11     print(roll_dice())
12     print(roll_dice())
13 
14 # 주 프로그램부
15 if __name__ == '__main__' :
16     main()
```

위와 같이 주 프로그램 부분을 함수 안에 넣어둔다면 전역변수의 사용을 최소화하는 효과도 얻을 수 있다. 일반적으로 새로운 소스 코드를 작성했을 때 위와 같은 처리를 해주는 것은 좋은 습관이다. 다만 이 책의 나머지 부분에서는 작성한 코드를 모듈로 사용할 경우를 배제하기에, 지면을 줄이기 위해 코드를 간략히 하여 메인 모듈인지에 대한 판별 처리는 생략한다.

! 이제는 할 수 있어요!

동전을 던지면 동전의 앞면 혹은 뒷면이 나온다. 의사난수를 이용해 동전을 10번 던졌을 때 어느 면이 나오는지를 출력하라.

이번 단원을 정리하며

- 변수는 그릇에, 함수는 쟁반에 비유하자. 그러면 함수 안에서 선언된 변수는 쟁반 위에 올려놓은 그릇에 해당한다.

- 함수(쟁반)에서 선언된 변수(그릇)는 그 함수가 수행 중일(작업대의 최상위에 있을) 때에만 가시적이다.

- 작업대 위에 올려진 쟁반(함수)은 그 쟁반 위에서의 모든 처리가 끝났을 때에만 작업대에서 치워진다. 따라서 작업대 위에 함수(쟁반)가 끝나면 그 함수에서 정의한 변수(그릇)는 더 이상 사용할 수 없다.

- 지역변수는 함수 정의와 같은 블록 안에서 선언된 변수를 가리킨다. 따라서 해당 블록의 시작에서 자동 생성되며, 블록이 끝나면 자동 소멸되며 해당 함수가 동작 중일 때에만 직접 접근이 가능하다.

- 전역변수는 블록 밖에서 선언된, 즉 어느 블록에도 속하지 않게 선언된 변수를 가리킨다. 따라서 프로그램 시작 시 생성되며, 프로그램 종료 시 소멸되며 프로그램 실행 중 어디서든, 언제든 접근 가능하다.

- 함수 내에서 전역변수와 같은 이름의 지역변수가 선언될 수 있다. 이 경우 해당 식별자는 지역변수 이름으로 우선 사용된다.

- 전역변수의 값을 함수 내에서 수정하고자 한다면 global 키워드로 해당 변수가 전역변수임을 명시적으로 나타내주어야 한다.

- 모듈은 연관된 함수의 정의나 실행 가능한 문장들을 독립적인 파일로 분리해 놓은 것을 가리킨다.

- 다른 모듈의 구성요소를 가져다 사용하기 위해서는 기본적으로 import 문을 이용해야 한다.

- 최상위 수준에서 실행되는 변수와 함수들은 기본적으로 메인 모듈에 속한다.

- 전역변수 __name__은 현재 모듈의 이름을 갖고 있다.

연습 문제

이번 단원에서는 **지역변수와 전역변수의 차이점과 작성한 함수를 좀 더 재사용하기 쉽게 구성하기 위해 모듈을 구성하고 이용**하는 방법에 대해 연습해 보자.

01 **환율변환 처리**를 수행하기 위해 필요한 다음의 함수들을 exchange_currency **모듈로 구성**해 보자. 구현을 간단히 하기 위해 이 모듈을 사용하기 위해서는 무조건 set_rate()를 먼저 호출한다고 가정한다.

exchange_rate
- ✓ 환율(1달러에 대한 원화 비율)을 저장하는 변수
- ✓ 모듈 내에서 이 변수만 전역적으로 선언한다.

set_rate(won)
- ✓ 1달러에 대한 원화값을 매개변수로 전달받아 환율(exchange_rate)을 설정하는 함수

get_rate()
- ✓ set_rate()로 설정된 환율을 반환하는 함수

to_dollor(won)
- ✓ 원화(won)에 대한 달러화로 환전한 값 반환

to_won(dollor)
- ✓ 달러화(dollor)에 대한 원화로 환전한 값 반환

main()
- ✓ 현재 모듈 내의 각 함수를 간단히 테스트하는 코드 포함(실행 결과 참고)
- ✓ 리터럴을 이용하여 각 함수를 1회씩 호출하고 그 결과 출력
- ✓ 이 함수는 메인 모듈로 실행된 경우에만 수행되도록 처리한다.

실행 결과

```
### 환율 변환 모듈 테스트 ###
오늘의 환율 1010
2020 원 = 2.0 달러
2 달러 = 2020 원
```

연습 문제

02 문제1에서 작성한 exchange_currency 모듈을 이용해 다음과 같이 사용자로부터 입력받은 값을 가지고 환변환 결과를 출력하는 프로그램을 완성하자.

실행 결과

```
$1에 대한 오늘의 환율은? 1010 Enter↵
원화로 변환할 달러화 액수는? 100 Enter↵
100 달러는 101000 원입니다
달러화로 변환할 원화 액수는? 2020 Enter↵
2020 원은 2.0 달러입니다
```

03 문제1에서 환율정보 exchange_rate를 전역변수에 저장하였다. 만일 이 모듈에서 전역변수를 사용하지 않고 구성한다면 앞서 작성한 각 함수의 구현과 사용이 어떻게 바뀌게 될지 생각해 보자.

04 문제1에서 모듈 구성 시 환율을 저장하는 변수 exchange_rate만 전역변수로 선언해 사용하자 하였다. 변환할 금액이나 변환된 금액을 전역변수로 두지 않아서 생기는 특징은 어떤 점이 있을지 생각해 보자.

05 할인율과 상품의 할인 가격을 전달받아 그 상품의 할인 전 가격을 계산하고자 한다. 한 상품의 할인 전 가격을 계산하기 위해 함수 get_fixed_price()를 정의하자.

다음의 실행 결과는 이 함수를 두 번 호출하여 A, B 두 상품의 할인 전 가격을 구한 예이다. 함수 get_fixed_price()가 전역 변수를 사용하는 경우와 사용하지 않는 구현의 장단점을 비교하라.

실행 결과

```
할인율은? 20 Enter↵
A 상품의 할인된 가격은? 8000 Enter↵
B 상품의 할인된 가격은? 12000 Enter↵
A 상품의 정가는 10000 원
B 상품의 정가는 15000 원
```

CHAPTER

06

문자열

이 단원을 마치고 나면

- 다양한 방식의 문자열 리터럴을 표현할 수 있다.
- 문자열 내의 이스케이프 문자에 대한 의미를 이해할 수 있다.
- 문자열 관련 연산자의 의미를 이해하고 상황에 맞게 이용할 수 있다.
- f-문자열을 이용해 문자열을 형식화할 수 있다.
- 문자열 관련 함수와 메서드를 이용해 다양한 처리를 수행할 수 있다.

01 문자열의 표현
02 문자열 기본 조작
03 f-문자열 리터럴
04 다양한 문자열 처리 함수들

Python Programming

01 문자열의 표현

문자열

컴퓨터 프로그래밍에서 문자열(character string)이란 문자들을 나열한 한 덩어리의 데이터를 가리킨다. C 언어와 같은 일부 프로그래밍 언어와 달리 파이썬에서는 문자와 문자열을 구분하지 않고, 한글도 알파벳도 동일하게 취급한다.

파일 입출력은 12단원에서 다룬다.

앞서 다뤘던 예제들처럼 프로그램 실행 중에 사용자에게 특정 메시지를 나타내거나 사용자로부터 키보드를 통해 다양한 데이터를 입력받기 위하여 기본적으로 문자열이 사용된다. 또 프로그램에서 처리한 데이터들을 나중에 다시 사용하거나 그 결과를 확인하기 위해서 문자열 형태로 파일에 저장하기도 한다.

그림 6.1 문자열 입출력

문자열 데이터

숫자 데이터와 마찬가지로 문자열도 불변 객체로 표현되는 데이터이다.

파이썬에서 문자열은 문자 혹은 문자들의 묶음으로서, 한 번 정의되면 어떤 경우라도 변경되지 않는 데이터이다. 문자열을 대상으로 하는 일부 연산에서는 마치 문자열이 수정되는 것처럼 보일 수도 있으나 어느 경우라도 이 기본 원칙은 바뀌지 않는다는 점에 유의하자.

문자열의 표현

파이썬 인터프리터는 같은 종류의 따옴표로 감싸진 문자들을 문자열 리터럴로 해석한다. 이때 따옴표 문자는 문자열 리터럴을 식별자나 키워드와 구분하기 위해 그 시작과 끝을 명료하게 표시하는 역할을 할 뿐 문자열 리터럴을 구성하는 문자에 포함되지 않는다. `hello`라는 표현은 식별자로 취급되지만 `'hello'`는 문자열 리터럴로 취급된다. 하지만 `print('hello')`는 화면에 `hello`라 출력한다.

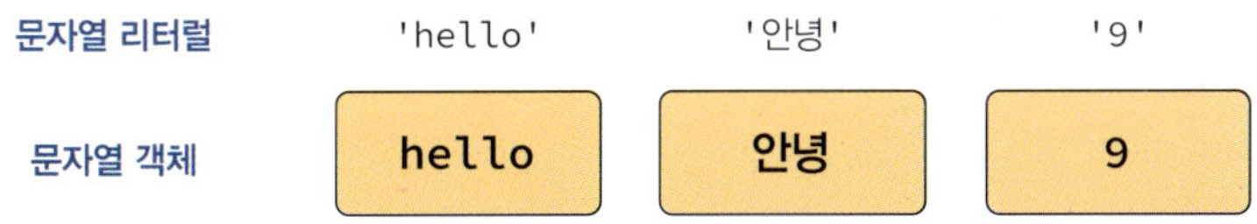

그림 6.2 다양한 문자열

한 줄로 표현된 문자열 리터럴

문자열 리터럴을 나타내기 위해서는 소스 코드의 **한 행 내에서 단일 따옴표('...')나 이중 따옴표("...")로 문자들을 감싸준다.** 어떤 따옴표를 사용했는지에 대한 차이는 전혀 없다. 다음의 실행 예는 두 가지 다른 따옴표를 이용한 문자열 리터럴을 변수에 대입해 그 결과를 출력해 보았다. 따옴표는 문자열의 일부가 아니기에 어떤 경우에도 출력 내용에는 따옴표가 포함되지 않는다는 점에 유의하자. 간단한 확인을 위해 대화식 모드로 다음 문장을 직접 실행해 보자.

문자열의 표현

실행 결과

```
>>> msg1, msg2 = 'hello', "hello"
>>> print(msg1, msg2)
hello hello
```

정리

문자열

- ✓ 단일 문자 혹은 여러 문자를 나열한 한 덩어리의 데이터로, 파이썬에서는 문자와 문자열을 구분하지 않는다.
- ✓ 한 번 정의되면 변경되지 않는 불변 객체이다.
- ✓ 문자열 리터럴은 같은 종류의 따옴표로 감싸 표현한다. 단, 따옴표 문자 자체는 문자열 리터럴의 시작과 끝을 표시할 뿐 표현하는 문자열에 포함되는 데이터는 아니다.
- ✓ 기본적으로 소스 코드에서 한 행 내에 기술되어야 한다.

단순함을 표방하는 파이썬 언어에서 문자열 리터럴을 나타내기 위해 두 종류의 따옴표가 사용되는 이유는 무엇일까? 그 이유는 문자열 리터럴 내에서 다른 종류의 따옴표를 그 문자열에 포함되는 문자로 사용할 수 있게 하기 위함이다.

코드 6-1을 살펴보면 print() 함수의 인수로 이중 따옴표로 둘러싼 하나의 문자열 리터럴을 전달하고 있다. 이 예에서 이중 따옴표는 문자열 리터럴의 시작과 끝을 나타낼 뿐 출력되는 문자열에 포함되지 않는다. 하지만 그 안쪽에 포함된 단일 따옴표는 문자열의 일부로서 print()에 의해 그대로 출력된다.

코드 6-1 문자열 내에 따옴표 사용

```
print("때론 내 삶의 변화를 위해 '내어 맡김'이 필요하다.")
```

실행 결과

```
때론 내 삶의 변화를 위해 '내어 맡김'이 필요하다.
```

하지만 이렇게 다른 종류의 따옴표를 문자열 내에 사용하는 것은 단 한 번의 중첩만 허용한다. 코드 6-1의 출력 내용 전체를 이중 따옴표로 감싸기 위해 코드 6-2와 같이 수정해 보자.

코드 6-1을 수정

코드 6-2 허용되지 않는 따옴표의 중첩 사용 : 오류발생

```
print(' "때론 내 삶의 변화를 위해 '내어 맡김'이 필요하다." ')
```

실행 결과

```
>>> print(' "때론 내 삶의 변화를 위해 '내어 맡김'이 필요하다." ')
    SyntaxError: invalid syntax. Perhaps you forgot a comma?
```

코드 6-2를 얼핏 살펴보면 print()의 인수로 지정된 문자열 리터럴 전체를 단일 따옴표로 둘러싸는 것처럼 보인다. 하지만 문자열 시작에서 비롯된 단일 따옴표는 문자열 중간의 '내어 맡김' 앞의 단일 따옴표를 만나면서 문자열 끝으로 인식된다. 따라서 '내어' 이후 부분에서 오류가 발생한다.

이스케이프 문자

문자열에 포함되는 문자들을 좀 더 유연하고 다양하게 표현하기 위해 이스케이프 문자(escape character)가 제공된다. 이스케이프 문자란 한 문자열 내에서 역슬래시(\)와 연결된 하나의 문자 조합을 나타내는데, 문자열 내에서 그 문자가 갖는 기본 의미를 벗어나 다른 특수한 의미를 갖게 한다. 예를 들어 문자열

내에 포함된 '따옴표 앞의 역슬래시'는 파이썬 인터프리터에게 대상 따옴표가 문자열의 마지막을 나타내는 것이 아니라 문자열 내에 '따옴표 문자 그 자체'를 나타내라는 의미로 해석된다.

이스케이프 문자

print('동해물과\n백두산이')

그림 6.3 이스케이프 문자

궁금합니다

\ 기호는 어떻게 입력하나요?

기호 \는 '슬래시'라 불리는 나누기 연산 기호(/)와 사선 방향이 반대라 **역슬래시**라고 불립니다. 다만 영어권 나라들과 달리 일반적으로 우리나라에서는 이 기호를 잘 사용하지 않습니다.

그러다보니 보통 MS-윈도용 한글 키보드에는 역슬래시라 불리는 ₩를 입력하는 키가 없습니다. **MS-윈도우 운영체제의 한글 문자 코드 체계에서는 역슬래시 대신 우리나라 화폐 기호를 나타내는 기호 ₩로 대체해 사용**되기 때문입니다.

다만 MS-윈도우에서 시스템 내부적으로는 \와 ₩가 같은 코드값으로 처리되므로 소스 코드 작성 시 \를 입력하기 위해서는 ₩키로 입력하면 됩니다. 물론 소스 편집기에서 사용하는 글꼴의 종류를 영문 전용 글꼴로 바꿔주면 ₩가 \로 바뀌어 보이기도 합니다. 다만 **화면에 어떻게 표시되든 컴퓨터 내부적으로는 동일하게 처리**되므로 상관하지 않아도 됩니다.

반면에 최근 Apple 사의 컴퓨터 키보드에서는 ₩키가 자판 왼쪽 상단에 별도로 존재하고, \키는 Enter↵ 키 윗쪽에 제공됩니다. 따라서 이 경우엔 반드시 ₩대신 \키를 이용해야 합니다.

즉, 운영체제 상관없이 Enter↵(Return)키 바로 위쪽의 키로 입력하기 바랍니다.

코드 6-2와 비교

 # 코드 6-3 서로 다른 종류의 따옴표 사용 예2 – 수정

```
print(' "때론 내 삶의 변화를 위해 \'내어 맡김\'이 필요하다." ')
```

실행 결과

```
"때론 내 삶의 변화를 위해 '내어 맡김'이 필요하다."
```

코드 6-3은 여전히 단일 따옴표로 문자열 리터럴을 시작하고 있다. 다만 내어 맡김이라는 단어 앞뒤에 나타나는 \'는 문자열 리터럴을 끝마친다는 의미가 아니라 그 자리에 '단일 따옴표 문자 하나'를 나타내라는 의미로 해석된다. 마찬가지로 코드 6-4와 같은 문자열 구성도 가능할 것이다. 물론 이 경우 문자열의 시작과 끝을 이중 따옴표로 감싸고 있으므로 단일 따옴표 앞의 역슬래시는 생략될 수 있다.

코드 6-3과 비교

 # 코드 6-4 서로 다른 종류의 따옴표 사용 예3

```
print(" \"때론 내 삶의 변화를 위해 \'내어 맡김\'이 필요하다.\" ")
```

실행 결과

```
"때론 내 삶의 변화를 위해 '내어 맡김'이 필요하다."
```

탭 문자 '\t'
줄바꿈 문자 '\n'

문자열 내에서 자주 사용되는 이스케이프 문자들은 다음 표와 같다. 특히 '\t'와 '\n'은 각각 문자열 내에서 탭키와 엔터키를 입력한 효과를 낸다. 즉, **일정 간격 들여쓴(tab-stop) 효과를 얻기 위해 '\t'를, 줄 바꿈 처리(new-line)를 위해 '\n'을 사용**한다.

주요 이스케이프 문자

문자 이름	표현	문자열 안에서 지니는 의미
단일 따옴표 문자	\'	하나의 '를 나타냄
이중 따옴표 문자	\"	하나의 "를 나타냄
역슬래시 문자	\\	하나의 \를 나타냄
탭 문자	\t	탭키를 한 번 누른 듯 일정 간격이 띄워짐
줄바꿈 문자	\n	엔터키를 한 번 누른 듯 줄 바꿈 처리가 됨

코드 6-5의 실행 결과를 보면 '\n' 다음에 기술한 123은 다음 줄에 출력되고, 두 행 모두 숫자 다음에 '\t'를 삽입했기에 출력되는 숫자의 자릿수와 상관없이 이름들이 같은 열에 줄 맞춰 출력된다.

코드 6-5 이스케이프 문자의 사용 예

```
print('11\t홍길동\n123\t일지매')
```

실행 결과

```
11	홍길동
123	일지매
```

정리

이스케이프 문자

- 대상 문자가 갖는 기본 의미를 벗어난 다른 특수한 의미를 갖게 한다.
- 한 문자열 내에 역슬래시와 연결된 한 문자의 조합으로 표현한다.

여러 줄로 확장된 문자열 리터럴

문자열 리터럴을 소스 코드에 기술할 때 \를 이용해 여러 줄에 나눠 문자열을 기술할 수 있다. 다만 이는 소스 코드 입력 시의 편의성만을 고려한 것이며, 문자열 자체는 한 줄로 표현된 문자열로 처리된다. 코드 6-6은 문자열을 두 줄에 나눠 입력했으나 실행 결과를 살펴보면 한 줄로 표현된 문자열임을 알 수 있다.

앞 절에서 다룬 문자열 리터럴은 반드시 소스 코드 상에 같은 행에 기술되어야 했다.

그림 6.4 문자열 리터럴의 기본 표기

코드 6-6 두 줄에 걸쳐 기술된 하나의 문자열 리터럴

```
print('동해물과 백두산이 마르고 닳도록 \
하느님이 보우하사 우리나라 만세')
```

실행 결과

```
동해물과 백두산이 마르고 닳도록 하느님이 보우하사 우리나라 만세
```

삼중 따옴표

삼중 따옴표

이와 달리 **삼중 따옴표를 사용한 문자열은 입력한 그대로 여러 줄로 확장**된다. 다시 말해 연속된 단일 따옴표 세 개로 감싸거나(''' … ''')나 연속된 이중 따옴표 세 개로 감싼 (""" … """) 경우 소스 코드에 입력된 줄바꿈 문자까지도 문자열 리터럴 내에 포함된다.

코드 6-5와 비교

코드 6-7 여러 줄로 확장된 문자열

```
print('''\
11\t홍길동
123\t일지매\
''')
```

실행 결과

```
11      홍길동
123     일지매
```

코드 6-7은 코드 6-5와 같은 결과를 나타낸다. 하지만 여러 줄로 출력되는 문자열을 이스케이프 문자 '\n'을 이용해 한 줄에 기술한 코드 6-5보다 출력될 형태 그대로 여러 줄로 표현한 코드 6-7이 좀 더 알아보기 좋을 수도 있다. 다만 이 예제의 경우 첫 번째 행과 세 번째 행의 마지막에 역슬래시(\)가 입력되었기에 해당 행의 줄바꿈 문자는 문자열 내에 포함되지 않는 점에 유의하자. 역슬래시를 제거하면 출력이 어떻게 달라지는지는 확인하기 바란다.

문자열

정리

- ✓ 하나의 문자열 내에 '\n'을 포함하면 출력 시 그 부분에서 줄바꿈 처리가 일어난다.
- ✓ 여러 줄로 나뉘어 구성된 문자열은 단일 혹은 이중 따옴표 안에서 \로 다음 행에 기술된 문자열을 이을 수 있다. 좀 더 간단하게는 삼중 따옴표로 감싸서 표현할 수도 있다.
- ✓ 때때로 삼중 따옴표로 표현된 문자열 리터럴은 블록 주석으로 사용하기도 한다.

이제는 할 수 있어요!

하나의 출력문을 이용해 다음과 같이 두 줄을 출력해 보자. 이를 위해 1) 이스케이프 문자, 2) 삼중 따옴표, 3) print()의 키워드 인수 중 어느 한 방법을 이용할 수 있다.

실행 결과

```
안녕하세요
반갑습니다.
```

02 문자열 기본 조작

문자열 인덱싱

문자열은 문자들의 묶음이다. 파이썬에서는 문자열을 구성하는 문자들을 다음 그림과 같이 첫 번째 문자부터 마지막 문자까지 0 이상의 양의 정수로 순번을 매긴다. 혹은 문자열의 마지막 문자부터 반대 방향으로 음의 정수로 순번을 매겨 식별한다.

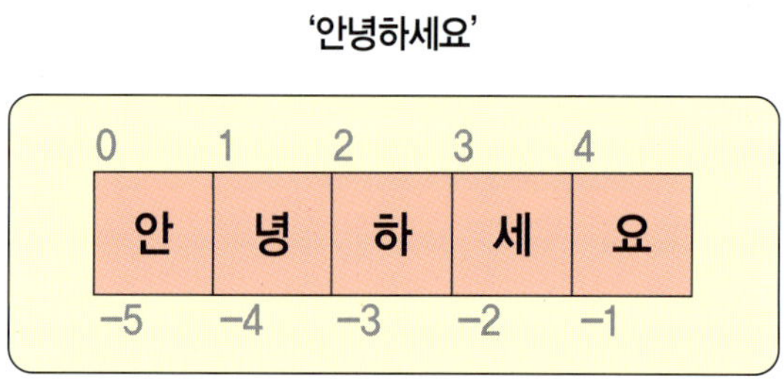

그림 6.5 문자열 인덱싱

문자열 인덱싱

문자열을 구성하는 각 문자들의 **순번(인덱스값)에 따라 해당 문자를 얻어오는 연산을 문자열 인덱싱(indexing)**이라 한다. 다음 표현식은 문자열을 구성하는 문자들 중 순번에 해당하는 문자를 결과값으로 갖는다. 이때 주의할 것은 문자열을 구성하는 **첫 번째 문자에 대한 인덱스 값이 0번**이라는 점이다.

대상 문자열의 순번에 해당하는 문자를 결과값을 가짐

문자열[순번]

간단한 테스트를 위해 대화식 모드에서 코드 6-8과 같이 다양한 인덱스 값에 대해 결과를 확인해 보자.

 # 코드 6-8 문자열 인덱싱

```
msg = '안녕하세요'
print(msg[0])       # '안' 출력, msg[-5]와 같은 결과
print(msg[-1])      # '요' 출력, msg[4]와 같은 결과
```

실행 결과

```
안
요
```

문자열 슬라이싱

앞 절에서 다룬 문자열 인덱싱은 하나의 정수를 이용해 문자열을 구성하는 개별 문자를 얻는 연산이라면 **문자열 슬라이싱(slicing)은 범위 표현으로 문자열을 구성하는 부분 문자열을 얻는 연산**이다.

문자열 슬라이싱

다음 표현식은 문자열의 *시작* 인덱스부터 *끝* 인덱스 이전까지의 부분 문자열을 결과값으로 갖는다. 결과 문자열에 *끝* 인덱스에 해당하는 문자는 포함되지 않고, 또 기존 문자열은 변경되지 않는다는 점에 유의하자.

```
문자열[시작:끝]      # 시작부터 끝 직전 사이의 부분 문자열을 결과값으로 가짐
```

대상 문자열은 변화없이 지정 범위의 부분 문자열을 결과값으로 가짐

문자열 슬라이싱 시 ***시작* 인덱스가 생략되면 문자열의 시작을 나타내는 0번부터 슬라이싱**한다. 반면 ***끝* 인덱스가 생략되면 슬라이싱되는 문자열의 길이가 적용되어 마지막 문자까지 슬라이싱**한다.

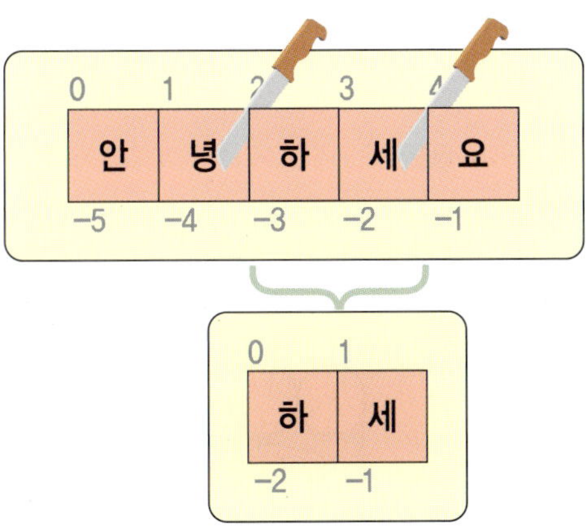

그림 6.6 문자열 슬라이싱

원 문자열은 절대 변경되지 않는다!

코드 6-9의 03행은 변수 msg에 저장된 문자열의 0번부터 2번 전까지 슬라이싱한다. 즉, 0번부터 1번 문자까지로 구성된 부분 문자열인 '안녕'을 출력한다. 문자열 슬라이싱 연산의 *시작* 인덱스와 *끝* 인덱스는 생략될 수 있으므로 03행과 06행은 각각

04행과 07행과 같은 결과를 갖는다.

 # 코드 6-9 문자열 슬라이싱

```
01  msg = '안녕하세요'
02
03  print(msg[0:2])     # '안녕' 출력
04  print(msg[:2])
05
06  print(msg[2:5])     # '하세요' 출력
07  print(msg[2:])
```

실행 결과

```
안녕
안녕
하세요
하세요
```

두 문자열의 연결

문자열 연결 연산

기본적으로 문자열 리터럴을 연속으로 나열하거나, 문자열 리터럴이나 문자열을 갖는 변수에 대해 + 연산을 수행하면 그 문자열들이 하나로 연결된 문자열을 결과로 가질 수 있다. 다만 피연산자 항으로 전달된 문자열은 변경되지 않고 그저 새로운 문자열을 결과값으로 가질 뿐이다.

```
'문자열_리터럴1' '문자열_리터럴2'
              또는
문자열1 + 문자열2      # 두 문자열을 연결한 하나의 문자열을 결과로 가짐
```

그림 6.7 문자열 연결 연산

코드 6-10의 01행과 같이 문자열 리터럴을 단순 나열하여 문자열을 연결하는 경우는 오로지 문자열 리터럴인 경우에만 가능하다. 변수에 저장된 문자열에 대해서는 반드시 05행이나 06행과 같이 명시적으로 + 연산자를 이용해 연결해야 한다. 즉, + 연산자를 이용하는 경우 피연산자 항이 문자열 리터럴도 변수도 모두 가능하다.

더불어 07행의 출력 결과를 보면, 문자열 연결 연산을 하더라도 피연산자 항의 문자열이 변경되지 않는다는 것을 확인할 수 있다.

 # 코드 6-10 **두 문자열 연결**

```
01  print('안녕' '하세요')      # 문자열 리터럴의 경우에만 사용 가능
02  print('안녕' + '하세요')
03
04  msg1, msg2 = '안녕', '하세요'
05  print(msg1 + msg2)
06  print('안녕' + msg2)
07  print(msg1, '+', msg2)
```

01~06행은 하나로 연결된 문자열을 출력하는데 반해 07행은 인수로 나열된 각 문자열을 print() 내부적으로 하나씩 출력한 것이다.

실행 결과

```
안녕하세요
안녕하세요
안녕하세요
안녕하세요
안녕 + 하세요
```

하나 더 주의할 것은 파이썬의 문자열 연결 연산은 두 피연산자 항이 모두 문자열인 경우에만 처리된다. 코드 6-11의 02행과 같이 문자열이 아닌 데이터를 문자열과 직접 연결하는 연산은 파이썬에서는 지원하지 않는다.

참고로 Java 언어에서는 문자열과 비-문자열 데이터의 연결을 지원한다.

 # 코드 6-11 **잘못된 문자열 연결**

```
01  res = 2 * 2
02  print('2 x 2 = ' + res)      # 오류
```

실행 결과

```
Traceback (most recent call last):
  File "Z:\pyWork\runme.py", line 2, in <module>
    print('2 x 2 = ' + res)     # 오류
TypeError: can only concatenate str (not "int") to str
```

문자열이 아닌 데이터와 문자열을 연결해 사용하는 방법은 여러 가지 해결책이 있다. 우선 코드 6-12와 같이 내장 함수 str()을 이용해볼 수 있다. str() 함수는 비-문자열 데이터를 문자열로 단순 변환한 결과를 반환한다. 따라서 코드 6-12의 02행에서 변수 res는 문자열이 아니지만, str() 함수로 문자열로 변환한 후에는 문자열 연결 연산을 수행할 수 있다.

내장 함수 str()

코드 6-12 숫자와 문자열의 연결

```
01  res = 2 * 2
02  print('2 x 2 = ' + str(res))
```

실행 결과

```
2 x 2 = 4
```

좀 더 복잡한 구성을 갖는 다양한 비-문자열 데이터와 문자열과의 연결은 6.3절의 문자열 형식화를 통해 좀 더 구체화된 방식으로 명료하게 연결하게 될 것이다.

문자열의 반복 연결

한 문자열 내에 같은 문자열이 여러 번 반복되는 문자열이 필요할 때에는 8단원에서 다룰 반복문을 이용할 수 있다. 다만 파이썬에서는 다음과 같이 문자열 반복 연결 연산을 제공하고 있어 좀 더 간단하게 표현할 수 있다.

문자열의 반복 연결 연산

```
문자열 * 정수      # 문자열을 정수 번 반복한 하나의 문자열을 결과로 가짐
```

문자열 반복 연결 연산을 위한 두 피연산자의 위치는 다음과 같이 바꿀 수 있다.

코드 6-13 문자열의 반복 연결

```
print('*' * 5)     # ***** 출력
print(5 * '*')
```

실행 결과

```
*****
*****
```

이제는 할 수 있어요!

다음과 같이 사용자로부터 입력받은 임의의 문자열을 절반으로 나눠 앞부분과 뒷부분의 순서를 바꿔 하나의 문자열로 만들어 출력하라.

실행 결과

```
? 동해물과 백두산이 마르고 닳도록 Enter↵
이 마르고 닳도록동해물과 백두산
```

실습 예: 문자열의 기본 조작

문제

사용자로부터 이름을 입력받아 성과 이름으로 분리하여 다음과 같이 출력하라. 구현을 간단히 하기 위해 입력되는 성은 항상 한 글자이고, '이찬수'나 '김구'와 같이 성과 이름 사이와 문자열 앞뒤에 불필요한 공백을 포함하지 않는다고 가정한다.

실행 결과

```
당신의 이름은? 이찬수 Enter↵
----------
성:       이
이름:     찬수
----------
```

그림 6.8 성과 이름의 분리

• 요구사항 분석 및 주 프로그램부 설계

코드를 작성하기에 앞서 문제에서 제시하는 요구사항을 바탕으로 코드 6-14와 같이 전체 프로그램을 설계하자. 설계 내용은 소스 코드 상에 주석으로 기술한다.

 # 코드 6-14 의사 코드

```
01  # 주 프로그램부
02  # name = 사용자로부터 이름을 입력받음
03  # 입력된 이름(name)에서 성과 이름을 분리하여 출력
```

• 주 프로그램부의 구현

코드 6-14에서 02행의 이름을 입력받는 과정은 input() 함수를 통해 간단히 처리할 수 있다. 다만 이름을 분리하는 03행의 과정은 상대적으로 복잡하니 사용자 정의 함수로 처리하자.

코드 6-15의 11행과 같이 함수 호출문을 먼저 작성함으로써 함수 호출 시 함수 divide_name()과 어떤 정보를 주고받아야 하는지를 명확히 할 수 있다. 이번 구현 예에서는 입력받은 문자열을 인수로 넘기고, 분리된 이름은 호출측으로 반환하는 대신 함수 내에서 직접 출력하도록 설계하자.

코드 6-14의 의사 코드를 기반으로 구현

 # 코드 6-15 주 프로그램 부 구현 및 사용자 정의 함수 호출 인터페이스의 설계

```
01  # 사용자 정의 함수부
02  def divide_name(name) :
03      # 전달받은 이름(name)에서 성과 이름을 분리하여 출력
04      pass
05  
06  # 주 프로그램부
07  # name = 사용자로부터 이름을 입력 받음
08  name = input('당신의 이름은? ')
09  
10  # 입력된 이름(name)에서 성과 이름을 분리하여 출력
11  divide_name(name)
```

• 사용자 정의 함수의 설계

코드 6-15에서 제안한 함수 divide_name()를 설계해보자. 문제에서 사용자로부터 입력된 문자열에서 성은 항상 한 글자라는 가정이 있으니 첫 번째 문자는 성으

로, 나머지는 이름으로 분리하자. 따라서 함수 divide_name()은 코드 6-16과 같이 설계할 수 있다. 구현을 명확히 하기 위해 성과 이름을 분리해 별도의 변수에 저장(03~04행)하고, 05행에서 출력하도록 하였다.

 # 코드 6-16 사용자 정의 함수의 설계

코드 6-15의 11행에서 호출한 사용자정의 함수

```
01 # 사용자 정의 함수부
02 def divide_name(name) :
03     # lastName = name에서 성을 분리
04     # firstName = name에서 이름을 분리
05     # 분리된 성(lastName)과 이름(firstName)을 각각 출력
```

• 사용자 정의 함수의 구현

함수 divide_name()를 구현하자. 성 부분은 문자열 인덱싱 기능으로, 이름 부분 문자열은 문자열 슬라이싱 기능을 이용해 얻을 수 있다. 설계된 내용을 바탕으로 먼저 코드를 구현해 보고나서 자신이 작성한 소스 코드와 코드 6-17을 비교해 보라. 물론 소스 코드를 좀 더 간단히 하기 위해 분리한 성과 이름을 별도의 변수에 저장하지 않고 직접 출력문의 인수로 사용해도 된다.

 # 코드 6-17 사용자 정의 함수의 구현 및 최종 완성

코드 6-16의 구현 및 코드 6-15와의 통합으로 완성된 최종 코드

```
# 사용자 정의 함수부
def divide_name(name) :
    lastName = name[0]    # lastName = name에서 성을 분리
    firstName = name[1:]  # firstName = name에서 이름을 분리

    # 분리된 성(lastName)과 이름(firstName)을 각각 출력
    print('-' * 12)
    print('성:\t' + lastName)
    print('이름:\t' + firstName)
    print('-' * 12)

# 주 프로그램부
# name = 사용자로부터 이름을 입력 받음
name = input('당신의 이름은? ')

# 입력된 이름(name)에서 성과 이름을 분리하여 출력
divide_name(name)
```

03 f-문자열 리터럴

프로그램 실행 시 사용자에게 각종 입력을 요청하거나 실행과정 중에 처리한 연산의 결과를 화면에 표시하기 위해 문자열이 자주 사용된다. 특히 연산의 결과를 출력할 때에는 소스 코드를 작성할 때 정해진 문자열이 아니라 각종 연산의 결과값을 일정한 양식의 문자열과 적절히 조합해 사용할 필요가 있다.

그림 6.9 문자열 형식화

이를 위해 앞서 다뤘던 문자열 슬라이싱과 문자열 연결 연산 등을 이용할 수 있으나 과정이 복잡하고 효율적이지 않다. 대신 파이썬에서는 좀 더 쉽고 명확히 사용할 수 있는 다양한 문자열 조합 방법들을 제공한다. 이중 파이썬 3.6부터 제공되며 보다 쉽고 명확하게 사용할 수 있는 '형식화된 문자열 리터럴'에 대해 살펴보자.

파이썬 3.6 이전 버전을 사용한다면 업데이트하기 바란다.

형식화된 문자열 리터럴(f-문자열)

문자열 내에 다른 표현식의 결과값을 삽입하는 방법으로 형식화된 문자열이라는 의미의 f-문자열(formatted-string) 리터럴은 기준 문자열 앞에 f 또는 F 접두어를 붙이고, 문자열 내에 표현식의 값을 포함할 자리에 {표현식}의 형태로 기술하여 문자열 내에 표현식의 값을 포함한 결과값을 갖는다. 접두어 f와 { }로 감싼 부분의 의미를 제외하고는 일반 문자열처럼 사용된다.

형식화된 문자열 리터럴 (간단히 f-문자열이라 하자)

```
f'... {표현식} ...'     # 표현식의 값을 갖는 문자열을 결과값으로 가짐
```

반드시 따옴표 앞에 f를 붙여야 하고, ... 부분에는 일반 문자열의 내용이 기술된다.

코드 6-18의 04행처럼 문자열 리터럴 내에 각 표현식의 값을 직접 { }를 이용해 치환해줌으로써 표현식의 값을 그 자리에 포함하는 문자열을 간단하고 명료하게 구성할 수 있다. 다만 기존의 문자열은 지원하지 않기에 반드시 문자열 리터럴 앞에 접두어 f를 붙여줘야 한다.

 # 코드 6-18 f-문자열의 사용 예

```
01  n1 = int(input('첫 번째 정수는? '))
02  n2 = int(input('두 번째 정수는? '))
03
04  print(f'{n1}와 {n2}의 평균은 {(n1 + n2) / 2}')
```

정수를 입력받기 위해서는 내장 함수 int()로 변환이 필요하다.

실행 결과

```
첫 번째 정수는? 2 Enter↵
두 번째 정수는? 3 Enter↵
2와 3의 평균은 2.5
```

정리

f-문자열

- ✓ 기준 문자열에 f 또는 F 접두어를 붙이고, 표현식의 값을 포함할 자리에 {표현식}의 형태로 작성하여 문자열을 형식화한 결괏값을 갖는다.
- ✓ 파이썬 3.6버전부터 제공되는 방법이다.

궁금합니다

% 기호를 이용한 문자열 치환 연산은 무엇인가요?

파이썬 초기에는 문자열 내에 다른 표현식의 결괏값을 포함해 형식화하기 위해 **문자열 치환 연산자 %**를 이용하는 방법이 제공되었습니다. 이 방법으로 코드 6-18의 04행은 다음과 같이 기술됩니다.

```
print('%d와 %d의 평균은 %g' % (n1, n2, (n1 + n2) / 2))
```

이 방법은 C 언어의 sprintf()와 비슷하게 사용되기도 합니다. 다만 변환 명세와 치환될 표현식을 따로 작성하다보니 변환 명세의 개수와 표현식의 개수가 맞지 않거나 일일이 타입을 맞춰야 하는 번거로움이 있고, 일부 복합 자료형을 제대로 표현하지 못하는 한계가 있습니다. 따라서 최근에는 다소 모호하고 복잡한 문자열 치환 연산 대신 좀 더 효율적으로 단순하게 사용할 수 있는 **f-문자열을 사용하는 것을 권장**하는 추세입니다.

이제는 할 수 있어요!

사용자로부터 입력받은 두 수의 덧셈 결과를 f-문자열을 이용해 다음과 같이 하나의 문자열로 구성하여 출력해보자.

실행 결과

```
첫 번째수? 12 Enter↵
두 번째수? 34 Enter↵
12 + 34 = 46
```

f-문자열 구성 시 사용되는 형식 코드

f-문자열 구성시 { } 안에 기술되는 표현식의 값은 문자열로 변환되어 기준 문자열 내에 포함된다. 이때 어떤 형식으로 변환할지에 대한 형식 코드를 지정할 수 있다. 형식 코드는 다음과 같이 { } 안에 표현식 다음에 콜론(:)과 더불어 기술한다.

```
f'... {표현식:형식코드} ...'
```

자주 사용하는 형식 코드는 다음과 같다. 문자열로 변환될 표현식의 결과값 유형에 따라 크게 세 가지로 나뉜다.

유형	형식 코드	의미
정수 표시 유형	b	2진 정수 형식
	d	10진 정수 형식
	x 또는 X	16진 정수 형식
실수 표시 유형	f 또는 F	소수점 표기 형식
	e 또는 E	과학적(지수) 표기 형식
	g 또는 G	간단한 실수 표기 형식 정밀도에 따라 e 또는 f처럼 나타냄
문자열	s	문자열

코드 6-19의 03~06행에서는 입력된 정수를 다양한 진법의 문자열로 변환해 출력한다.

코드 6-19 다양한 진법으로 표현된 정수

```
num = int(input('정수는? '))

print(f'2진 표현으로는 {num:b}입니다.')
print(f'10진 표현으로는 {num:d}입니다.')
print(f'16진 표현으로는 {num:x}입니다.')
```

x 대신 X를 사용해 보라.

실행 결과

```
정수는? 15 Enter↵
2진 표현으로는 1111입니다.
10진 표현으로는 15입니다.
16진 표현으로는 f입니다.
```

문자열 내에 포함할 표현식의 값이 실수인 경우엔 코드 6-20과 같은 형식 코드를 사용할 수 있다.

코드 6-20

```
n1 = int(input('첫 번째 정수는? '))
n2 = int(input('두 번째 정수는? '))

avg = n1 / n2

print(f'{n1} / {n2} = {avg}')
print(f'{n1} / {n2} = {avg:f}')
print(f'{n1} / {n2} = {avg:e}')
print(f'{n1} / {n2} = {avg:g}')
```

e나 g 대신 E나 G를 사용해 보라.

실행 결과

```
첫 번째 정수는? 1000 Enter↵
두 번째 정수는? 8 Enter↵
1000 / 8 = 125.0
1000 / 8 = 125.000000
1000 / 8 = 1.250000e+02
1000 / 8 = 125
```

고정 소수점 표기법

형식코드 f는 고정 소수점 표기법(fixed-point notation)으로 소수점을 갖는 숫자로 문자열 내에 포함하고자 할 때 사용한다. 기본적으로 소수점 이하 6자리의 정밀도를 사용한다.

지수 표기법
(과학적 표기법)

형식코드 e는 지수 표기법(exponential notation) 혹은 과학적 표기법(scientific notation)으로 아주 큰 정수나 아주 작은 소수를 표현하기 위해 문자 e를 사용해서 공학용 계산기의 출력에서처럼 계수와 지수로 구분한 형태로 변환한다. 계수는 기본적으로 소수점 앞의 한 자리와 소수점 뒤의 6자리의 정밀도를 갖는다. 07행의 출력 결과는 1.250000×10^2를 나타낸다.

실수 변환 시 일반적으로 형식 코드 g를 사용하면 간단하다.

형식코드 g는 일반적인 형식(general format)으로 실수를 간단하게 표현하는 데 사용된다. 수에 따라 형식코드 f나 e를 사용한 것처럼 자동 선택되며, 소수점 이하 불필요한 0은 생략되고, 기본적으로 유효 자리 6자리의 정밀도를 갖는다. 09행의 출력 결과를 보면 불필요한 0은 생략하고 간단하게 125라 출력하고 있다.

변환 명세

f-문자열에서 문자열 형식화를 위해 문자열 내에 포함될 데이터의 자릿수나 정밀도, 정렬 방법 등과 같은 서식을 지정할 수 있다. 다음 표는 변환 서식을 기술하는데 사용되는 대표적인 플래그들이다. 플래그들은 f-문자열 내의 변환 명세를 기술하기 위해 작성되는 { } 안의 콜론 기호와 형식 코드 사이에 사용되고, 일부 플래그들은 서로 조합되어 사용된다.

변환 서식의 종류

서식		플래그	내용
확보 자릿수		정수	정수로 치환 시 확보할 자릿수 지정 기본적으로 오른쪽 정렬됨
정밀도		순소수	형식 코드 f와 사용 시 소수점의 자릿수 지정 형식 코드 g와 사용 시 유효 자릿수 지정
정렬 방법 지정	왼쪽	<	사용 가능한 공간 내에 왼쪽 정렬 숫자를 제외한 대부분의 데이터의 기본값
	가운데	^	사용 가능한 공간 내에 가운데 정렬
	오른쪽	>	사용 가능한 공간 내에 오른쪽 정렬 숫자 데이터의 기본값
빈 공간 0 채움		0	확보된 자릿수의 빈 공간을 0으로 채움

• 자릿수 지정과 정렬 방법

코드 6-21에서는 변수 num의 값을 기준 문자열인 '[ ]' 안에 다양한 방식으로 형식화하여 출력한다. 기본적으로 형식코드 d를 이용해 정수를 10진수 형태로 문자열로 변환해 넣었다. 03행의 실행 결과를 보면 [ ] 안에 공백없이 변수의 값이 포함되는 것을 볼 수 있다.

반면에 04행~08행에서는 다섯 자리를 확보하고 그 안에 정수를 변환해 넣었다. 숫자를 변환하기에 기본적으로 **확보된 자릿수가 치환되는 데이터보다 넓을 때에는 데이터 왼쪽에 공백이 포함**된다. 반면에 07행에서처럼 **자릿수가 충분히 지정되지 않은 경우에는 자릿수 지정이 무시**된다.

자릿수는 충분히 지정해야만 의미가 있다.

지정된 공간 안에 정렬 방법을 바꾸기 위해서는 05~06행과 같이 지정할 수 있다. 또 변환 시 확보된 공백 부분을 0으로 채우고자 한다면 08행과 같이 0 플래그를 사용한다.

 # 코드 6-21 문자열 내에 정수를 변환해 포함

```
01  num = 15
02
03  print(f'[{num:d}]')          # 기본 변환
04  print(f'[{num:5d}]')         # 다섯 자리 확보
05  print(f'[{num:<5d}]')        # 왼쪽 정렬
06  print(f'[{num:^5d}]')        # 가운데 정렬
07  print(f'[{12345678:5d}]')    # 모라자면 지정된 자릿수 무시
08  print(f'[{num:05d}]')        # 0 채우기
```

실행 결과

```
[15]
[   15]
[15   ]
[ 15  ]
[12345678]
[00015]
```

• 정밀도 지정

형식 코드 f에서는 소수점 자릿수 지정

실수의 경우 코드 6-22의 03행과 같이 형식 코드 f를 사용해 정밀도를 지정할 수 있다. 형식 코드 f는 기본적으로 소수점 이하 일곱째 자리에서 반올림한 여섯째 자리까지의 수로 변환해 문자열에 포함한다. 이때 04행과 같이 **{ } 내의 변환 명세에 소수값을 기술하여 소수점 이하 자릿수를 제한**할 수 있다.

물론 정수의 경우와 마찬가지로 자릿수를 지정할 수 있고, 자릿수 지정과 정밀도 지정을 한 번에 할 수도 있다. 소수점을 갖는 수에 대한 **자릿수 지정 시 소수점(.) 자체도 한 자리를 차지**한다는 점을 유의하자. 따라서 05행의 출력 결과에서 빈 공백은 하나뿐이다.

형식코드 g에서는 유효 자릿수 지정

형식 코드 g는 항상 소수점 표기형식으로 출력되는 것이 아니기에 형식 코드 f와 달리 소수점 이하 자릿수를 제한하는 대신 **변환되어 표시될 수의 유효 자릿수의 개수를 지정**하게 된다. 06행의 결과를 확인해 보라.

코드 6-22 문자열 내에 실수를 변환해서 포함

```
01  PI = 3.14159265
02
03  print(f'[{PI:f}]')       # 기본적으로 소수점 이하 여섯 자리
04  print(f'[{PI:.2f}]')     # 소수점 이하 두 자리
05  print(f'[{PI:5.2f}]')    # 소수점 기호 .도 한 자리를 차지
06  print(f'[{PI:.2g}]')     # 유효자리가 두 자리
```

실행 결과

```
[3.141593]
[3.14]
[ 3.14]
[3.1]
```

이제는 할 수 있어요!

사용자로부터 입력받은 두 수의 나눗셈 결과를 문자열 포맷팅을 이용해 소수점 이하 셋째 자리까지 출력하라.

실행 결과

```
첫 번째수? 1004 Enter↵
두 번째수? 715 Enter↵
1004 / 715 = 1.404
```

04 다양한 문자열 처리 함수들

문자열은 프로그램이 사용자로부터 입출력되는 정보의 대표적인 형태이다. 따라서 프로그램 작성 과정 중에 문자열에 대한 다양한 처리가 동반될 필요가 있다. 사실 파이썬의 문자열은 단순 문자들의 묶음 데이터 이상의 의미를 지닌다. 이 절에서는 문자열을 피연산자 항으로 갖는 몇 가지 연산자와 내장 함수 그리고 불변 객체로서 문자열이 자체적으로 제공하는 다양한 처리들에 대해 소개한다.

그림 6.10 문자열 처리 함수들

문자열 내용 검사

in 연산자와 not in 연산자는 기준 문자열 내에 부분 문자열이 포함되어 있는지 검사하여 그 결과를 True 혹은 False으로 내준다. 즉, in 연산자는 첫 번째 피연산자 항으로 전달된 부분 문자열이 두 번째 피연산자 항으로 전달된 기준 문자열 안에 있는지를 판별하여 기준 문자열 내에 부분 문자열을 발견할 수 있는 경우 True를, 그렇지 않은 경우 False를 결과값으로 갖는다.

in 연산자
not in 연산자

이와 반대로 not in 연산자는 기준 문자열 내에 부분 문자열이 포함되어 있지 않은 경우에 True를 결과값으로 갖는다. 보통 이 연산들은 결과를 직접 출력하는데 사용되기 보다는 7단원에서 소개하는 조건문과 함께 사용된다. 일단은 연산자의 기본 동작 내용을 익혀 두자.

```
부분문자열 in 기준문자열        # 기준문자열이 부분문자열을 포함하나?
부분문자열 not in 기준문자열    # 기준문자열이 부분문자열을 포함하지 않나?
```

코드 6-23의 03행은 변수 text가 갖는 문자열 내에 't'(소문자)를 포함하므로 True를 결과값으로 갖는다. 반면 04행은 해당 변수가 갖는 문자열 내에 'T'(대문자)를 포함하지 않으므로 False를 결과값으로 갖는다.

 # 코드 6-23 in 연산자의 사용 예

대화식 모드로 연산의 결과를 확인해보자.

```
01 text = 'python'
02
03 print('t' in text)     # 소문자
04 print('T' in text)     # 대문자
05 print('th' in text)
06 print('티' not in text)
```

실행 결과

```
>>> text = 'python'
>>> print('t' in text)
True
>>> print('T' in text)
False
>>> print('th' in text)
True
>>> print('티' not in text)
True
```

문자열 길이 구하기

문자열의 길이

문자열을 구성하는 문자의 개수를 얻기 위해서는 파이썬 내장 함수인 len()을 이용할 수 있다. 이 함수는 문자열의 길이로서 **문자열을 구성하고 있는 문자의 개수를 정수로 반환**한다. 숫자나 알파벳뿐만 아니라 한글로 구성된 문자열도 그 길이를 정확히 확인할 수 있다.

```
len(문자열)      # 문자열의 길이(구성된 문자의 개수)를 반환
```

코드 6-24는 len() 함수를 이용해 사용자로부터 입력받은 정수의 자릿수를 확인한다. 주의할 점은 01행에서 정수를 입력하라 했으나, 정작 input() 함수의 반환값을 int() 함수로 변환하지 않았다. 따라서 사용자 입력값인 input() 함수의 반환값은 문자열 데이터인 채로 변수 num에 저장된다. 따라서 02행에서 함수 len()을 이용해 길이를 구할 수 있다. 03행에서는 입력값 및 자릿수를 f-문자열로 형식화해 출력한다.

내장 함수 len()

 # 코드 6-24 len()을 이용한 문자열의 길이 확인 예

```
01 num = input('정수를 입력하세요: ')
02 length = len(num)
03 print(f'입력하신 {num}은(는) {length}자리 정수입니다')
```

실행 결과

```
정수를 입력하세요: 1234 Enter↵
입력하신 1234은(는) 4자리 정수입니다
```

주요 문자열 메서드

• 문자열 메서드란

앞에서 문자열을 대상으로 하는 다양한 연산자와 내장 함수에 대해 살펴보았다. 이와 달리 내부적으로 객체로 표현되는 문자열 스스로 미리 지정된 기능을 제공하는데, 이를 **문자열 메서드**라 한다. 객체나 메서드에 대한 개념은 11단원에서 좀 더 자세히 살펴보도록 하고 **일단은 문자열 내에 포함되어 있는 함수**라고 생각하자. 메서드의 역할은 앞서서 다룬 함수와 비슷하나 독립적으로 존재하지 않고 각 문자열마다 자체적으로 제공되기에 호출 형태는 다음과 같다.

문자열 메서드

문자열은 내부적으로 객체로 표현되기에 갖는 특징이다.

```
대상문자열.메서드이름(인수)
```

메서드는 대상 객체에 대해 호출되는 함수이다.

• count() 메서드

count() 메서드는 대상 문자열 내에서 인수로 전달된 문자열이 몇 번 나오는지는 반환해주는 메서드이다. 즉, 대상 문자열 내에 **찾고자 하는 문자열이 발견된 횟수를 정수로 반환**한다. 알파벳의 경우 대소문자를 구분하며, 일치하는 문자열이

문자열의 count() 메서드

한 번도 발견되지 않는 경우 0이 반환된다.

대상 문자열에 찾을 문자열이 몇 번 나오는지 세어라.

```
대상문자열.count(찾을문자열)
```

코드 6-25의 02행은 변수 week에 저장된 문자열 중 '금'이라는 문자열이 몇 번 나오는지를 확인하는 문장이다. 문자열 메서드는 문자열 자체에서 제공하는 기능이기에 일반 함수 호출과 달리 인수로 대상이 되는 문자열을 따로 전달하지 않는다. 대신 그 기능을 수행할 대상 문자열에 대해 . 연산을 통해 호출된다는 점을 확인해 두자.

코드 6-25 count() 메서드의 사용 예

```
01  week = '월화수목금금금'
02  n = week.count('금')
03  print(n)     # 3 출력
```

실행 결과

```
3
```

• find() 메서드

문자열의 find() 메서드

find() 메서드는 대상 문자열의 시작 또는 두 번째 인수로 지정한 인덱스 이후를 검색해서 **찾고자 하는 문자열이 검색 기준이 되는 대상 문자열 상에 나타나는 첫 번째 위치에 대한 인덱스를 반환**한다. 문자열 인덱스는 0부터 시작한다는 점에 유의하자. 다만 일치하는 문자열이 발견되지 않는 경우에는 유효하지 않은 인덱스의 의미로 -1을 반환한다. 이 결과값은 다음 7단원에서 다룰 조건문을 이용해 찾을 문자열의 존재 유무에 따라 다른 처리를 수행할 때 사용된다.

right-find의 의미

만일 문자열 뒤에서부터 검색해서 일치하는 문자열을 찾고자 한다면 rfind()를 이용할 수도 있다.

두번째 인수인 시작위치는 생략될 수 있다.

```
대상문자열.find(찾을문자열, 시작위치)
대상문자열.rfind(찾을문자열, 시작위치)
```

코드 6-26의 03행은 변수 week에 저장된 대상 문자열 중 '금'이라는 문자열이 나타나는 인덱스를 반환한다. 대상 문자열에서 '금'자가 여러 번 나타나는 경우 가장 첫 번째 위치에 대한 인덱스를 얻을 수 있다.

반면 06행은 메서드의 두 번째 인수로 지정한 인덱스 5, 즉 6번째 문자인 두 번째 '금' 이후에서 처음 발견되는 위치를 반환한다. 09행의 경우는 문자열의 마지막인 오른쪽 끝에서 왼쪽으로 검색을 진행해 가면서 만나는 첫 번째 위치를 반환한다.

 # 코드 6-26 find 메서드의 사용 예

```
01  week = '월화수목금금금요일'
02
03  pos = week.find('금')
04  print(pos)     # 4 출력
05
06  pos = week.find('금', 5)
07  print(pos)     # 5 출력
08
09  pos = week.rfind('금')
10  print(pos)     # 6 출력
```

실행 결과

```
4
5
6
```

• replace() 메서드

문자열 내의 특정 문자열을 다른 문자열로 대체하려면 어떻게 해야 할까? 기본적으로는 find() 메서드로 대체될 문자열의 위치를 찾고, 문자열 슬라이싱을 이용해 분리한 후 문자열 연결 연산으로 연결해주는 처리를 반복해 문자열 내의 모든 부분 문자열들을 대체한 효과를 얻을 수 있다.

이런 복잡한 처리를 좀 더 간단하게 처리할 수 있도록 파이썬에서는 replace() 메서드를 제공한다. 주의할 것은 다른 문자열 처리와 마찬가지로 대상이 되는 문자열의 내용을 직접 변경하는 것이 아니라 그저 변경한 결과 문자열을 반환한다는 점이다.

문자열의 replace() 메서드

```
대상문자열.replace(찾을_문자열, 새_문자열)
```

코드 6-27의 02행은 변수 msg에 저장된 문자열에서 'Python'이란 문자열 모두를 '파이썬'으로 대체한 결괏값을 갖는다. 기존의 변수 msg에 저장된 문자열은 바뀌지 않는다는 점에 유의하면서 결과를 확인해 보자.

 # 코드 6-27 replace() 메서드의 사용 예

```
01  msg = 'Python은 배우기 쉽다. Python은 강력하다'
02  res = msg.replace('Python', '파이썬')
03  print(res)
04  print(msg)
```

실행 결과

```
파이썬은 배우기 쉽다. 파이썬은 강력하다
Python은 배우기 쉽다. Python은 강력하다
```

이제는 할 수 있어요!

사용자로부터 입력받은 문자열 내에 공백 부분을 모두 제거하기 위해 빈 문자 ''(연속된 단일 따옴표 2개)로 대체해 출력해 보자.

실행 결과

```
입력: 안 녕  반가워  ! Enter↵
안녕반가워!
```

• 그밖의 메서드

문자열과 관련된 몇 가지 메서드를 간략히 소개하면서 이 단원을 마치도록 하겠다. 문자열에서 제공하는 다양한 메서드에 대한 자세한 소개는 다음 경로의 파이썬 공식 사이트를 참고하라.

https://docs.python.org/ko/3/library/stdtypes.html#string-methods

종류	메서드 이름	기능
검사	isdigit() isnumeric()	문자열이 숫자 문자로만 구성되어 있는지의 여부를 True/False로 반환
	isdecimal()	문자열이 10진 정수인지의 여부를 True/False로 반환
	isupper()	문자열이 대문자 알파벳인지의 여부를 True/False로 반환
	islower()	문자열이 소문자 알파벳인지의 여부를 True/False로 반환
	isalpha()	문자열이 알파벳, 한글 등의 문자로 구성되었는지의 여부를 True/False로 반환
	isalnum()	문자열이 알파벳, 한글 등의 문자와 숫자로만 구성되었는지의 여부를 True/False로 반환
	isspace()	문자열이 공백 문자로만 구성되었는지의 여부를 True/False로 반환
변환	lower()	문자열 내의 알파벳을 모두 소문자로 변환
	upper()	문자열 내의 알파벳을 모두 대문자로 변환
공백 제거	strip()	문자열 앞뒤의 공백을 제거
	lstrip()	문자열 앞쪽(왼쪽) 공백을 제거
	rstrip()	문자열 뒤쪽(오른쪽) 공백을 제거
분할/ 합치기	split()	문자열을 구분자에 따라 나누기
	join()	여러 문자열을 구분자 문자열을 추가해 하나로 합치기
검색	find()	문자열에 인수로 지정한 문자열이 있는지를 문자열 앞부터 검색해 인덱스를 반환, 없으면 -1 반환
	rfind()	문자열에 인수로 지정한 문자열이 있는지를 문자열 뒤부터 검색해 인덱스를 반환, 없으면 -1 반환
	index()	find()와 동일, 인수로 지정한 문자열이 없으면 ValueError 예외 발생
	rindex()	rfind()와 동일, 인수로 지정한 문자열이 없으면 ValueError 예외 발생

이번 단원을 정리하며

» 문자열이란 문자들을 나열한 하나의 묶음 데이터로 어떤 경우에도 그 내용이 변경되지 않는 불변 객체형의 데이터이다.

» 문자열 리터럴은 같은 종류의 따옴표로 감싸서 표현한다.

» 이스케이프 문자란 한 문자열 내에서 역슬래시와 연결된 하나의 문자 조합으로, 문자가 갖는 기본 의미를 벗어나 특수한 의미를 갖게 한다.

» 단일 따옴표나 이중 따옴표는 소스 코드 상에서 한 줄로 된 문자열을, 삼중 따옴표는 여러 줄로 된 문자열을 나타낼 때 사용된다.

» 문자열 인덱싱은 순번에 따라 문자열 내의 특정 위치의 문자를 참조할 수 있는 연산을 가리킨다.

» 문자열 슬라이싱은 범위 표현을 이용해 문자열 내의 부분 문자열을 참조할 수 있는 연산을 가리킨다.

» 두 문자열에 대해 + 연산을 수행하면 두 문자열을 순서대로 하나의 문자열로 연결된 결과 문자열을 얻을 수 있다.

» 문자열에 대해 * 연산으로 정수를 피연산자 항으로 가지면 문자열을 정수 번 반복한 결과 문자열을 얻을 수 있다.

» 문자열 내에 다양한 형식의 데이터와 조합해서 하나의 문자열을 구성하기 위해서는 f-문자열 리터럴을 이용해 형식화할 수 있다.

» 문자열 형식화 과정 중에서 변환 서식을 이용해 기준 문자열에 포함되는 데이터의 자릿수나 정밀도, 정렬 방법과 같은 서식을 지정할 수 있다.

» in 연산자를 이용해 기준 문자열 내에 다른 문자열이 포함되어 있는지 검사할 수 있다.

» 내장 함수 len()을 이용해 문자열의 길이를 구할 수 있다.

» 문자열은 자체적으로 그 자신에 대한 주어진 처리를 수행하는데 사용될 수 있는 다양한 메서드를 제공한다.

연습 문제

이번 단원에서는 프로그램에서 문자열을 사용하는 방법에 대해 살펴보았다. 프로그램은 기본적으로 문자열을 통해 사용자와 상호작용하는 데에 자주 사용되니 **원하는 형태로 문자열을 구성하고 조작**할 수 있도록 충분히 연습해두자.

01 따옴표까지 포함한 다음의 **문자열을 하나의 변수 aphorism에 저장**하고, 이 변수를 출력해 보자.

실행 결과

```
"배워 생각하지 않으면 어둡고,
생각하면서 배우지 않으면 위태롭다" -논어
```

02 함수 호출 시 **이름(문자열)과 학년(정수)을 매개변수로 전달받아 하나의 문자열로 연결해 반환**해 주는 사용자 정의 함수 `introduce()`를 작성하라.

예를 들어 이 함수는 문자열 '홍길동'과 정수 1을 전달 시 f-문자열을 이용해 '길동은 내년에 2학년입니다'를 반환한다. 문제를 간단히 하기 위해 항상 성은 맨 앞 한글자로만 표현되며 학년은 무조건 (현재 학년 + 1)로 계산하자.

실행 결과

```
이름? 홍길동 Enter↵
학년? 1 Enter↵
길동은 내년에 2학년입니다.
```

03 앞 단원에서 작성한 `calc_area` 모듈에서 정의한 함수를 이용해 사용자로부터 입력된 반지름을 갖는 **원의 넓이를 구하여 소수점 둘째 자리까지 출력**하라.

실행 결과

```
넓이를 구할 원의 반지름은? 3.5 Enter↵
반지름 3.5인 원의 넓이는 38.47입니다.
```

연습 문제

04 함수 호출 시 하나의 문자(c)와 하나의 정수(n)를 전달받아 그 **문자를 정수번 반복해 표시해주는 함수 rep_char()**을 작성하고 그 동작을 확인해 보자.

▶ 실행 결과

```
>>> rep_char('-', 10)
----------

>>> rep_char('#', 5)
#####
```

05 사용자로부터 한글로 된 하나의 **문자열을 전달받아 다음과 같이 박스 형태로 출력해주는 함수 draw_line_string()**을 작성하고 그 동작을 확인해 보자. 출력 시 참고로 한글 한 글자는 기호 두 문자와 같은 너비를 차지한다. 문자열 위 아래의 선을 그릴 때 문제 4에서 작성한 함수를 이용하라.

▶ 실행 결과

```
>>> draw_line_string('안녕하세요')
--------------
 안녕하세요
--------------

>>> draw_line_string('안녕')
--------
 안녕
--------
```

※ **참고**: macOS 환경의 IDLE에서는 한글 한 글자는 약 1.5개의 기호 문자와 같은 너비를 차지한다.

CHAPTER

07

비교 연산과 조건문

이 단원을 마치고 나면

- 조건평가식의 개념을 이해할 수 있다.
- 비교 연산자를 이용해 두 표현식의 값을 비교하는 조건평가식을 기술할 수 있다.
- 논리 연산자를 이용해 비교 연산의 결과를 하나로 묶는 조건평가식을 기술할 수 있다.
- if 문을 이용해 조건에 따라 선택적으로 수행할 수 있는 문장을 작성할 수 있다.
- if ~ else 문을 이용해 조건에 따라 배타적으로 수행되는 문장을 작성할 수 있다.
- if 절에 하나 이상의 elif 절을 두어 다수의 선택 중 하나가 수행되는 문장을 작성할 수 있다.

01 제어문이란?
02 조건평가식
03 조건문
04 중첩된 조건문

01 제어문이란?

제어문의 역할

프로그래밍에서의 문장은 단순문과 복합문이라는 두 부류로 구분된다. 이제까지 다뤄왔던 예제의 문장들처럼 하나의 논리적인 행 안에서 임의의 표현식으로 기술된 연산을 수행하거나 함수를 호출하는 등의 문장으로 구성된 것을 **단순문**(simple statement)이라 한다. 반면에 함수 정의와 같이 다른 문장들을 포함하며, 그 **문장들의 실행에 영향을 주는 문장을 복합문**(compound statements)이라 한다.

단순문

복합문

그림 7.1 복합문은 하나의 팀과 같다

특히 복합문 중에서 **다른 문장의 실행을 제어하기 위해 작성된 문장들을 제어문**(control statements)이라 한다. 기본적으로 프로그램 내의 모든 문장은 기술된 순서대로 한 번에 하나씩 순차적으로 실행된다. 하지만 때로는 ❶ 일련의 단계들을 선택적으로 수행하거나 ❷ 반복해서 수행해야 하는 경우가 필요하다. 이 경우에 제어문을 사용하는데 전자는 **조건문**으로, 후자는 **반복문**으로 작성한다.

제어문

조건문, 반복문

정리

문장의 종류

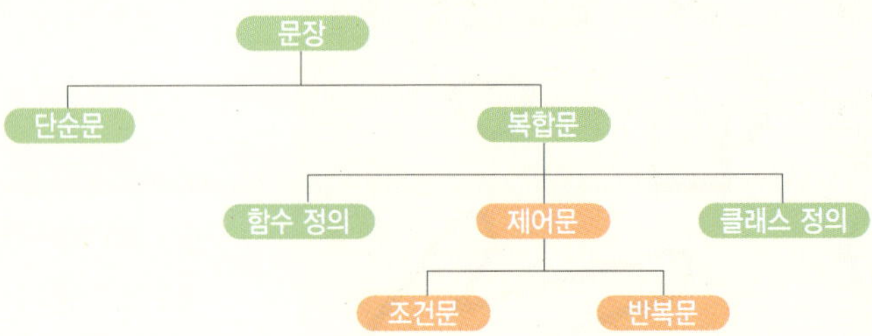

제어문의 구조

복합문은 한 행에 표현할 수도 있으나 일반적으로 다수의 문장을 포함하므로 가독성을 위해 여러 줄에 걸쳐 작성한다. 제어문의 경우 ❶ 어떻게 제어할지를 기술하는 헤더(header)와, 헤더에 기술한 방식대로 ❷ 제어 당하는 문장들의 블록인 스위트(suite)로 구분된다.

헤더

스위트

```
제어키워드 제어조건 :          # 헤더
    제어당할_문장1            # 스위트
    제어당할_문장2
    ...
    제어당할_문장n
```

헤더 다음 줄에 기술되는 스위트는 반드시 같은 수준으로 들여써야 한다.

제어문의 헤더는 제어키워드로 시작해 제어조건이나 방법을 기술한 후 콜론으로 끝난다. 제어문의 몸체에 해당되는 스위트는 제어문 헤더의 콜론 뒤에 기술되는 문장들이다. 기본적으로 스위트에 해당하는 문장이 한 문장뿐이라면 제어문 헤더와 같은 행에 기술될 수 있다.

반면 스위트에 여러 문장을 포함하는 경우에는 헤더 다음 행에 따로 기술한다. 이때 스위트에 포함된 문장들은 반드시 같은 수준으로 들여쓰기를 해야 한다. 다른 프로그래밍 언어와 달리 파이썬에서는 같은 블록에 속한 문장들에 대해 블록의 시작과 끝을 나타내는 표식을 따로 두는 대신 들여쓰기 정도를 일관되게 유지할 것을 강제함으로써 소스 코드의 가독성을 높인다.

제어문 작성 시 들여쓰기에 꼭 유의하자!

정리

제어문

- ✓ 제어문이란 다른 문장의 실행을 제어하기 위해 작성된 복합문을 가리킨다.
- ✓ 보통 제어문은 어떻게 제어할지를 기술하는 제어문 헤더와, 제어 당하는 문장들의 블록인 스위트로 구성된다.
- ✓ 스위트에 포함된 문장은 반드시 같은 수준의 들여쓰기를 가져야 한다.

Python Programming

02 조건평가식

일반적으로 제어문의 헤더에는 조건평가식을 포함하며, 이를 통해 스위트를 구성하는 문장들의 실행 여부를 결정한다. 여기서 조건평가식은 참/거짓의 결과값을 갖는 표현식으로 보통 비교 연산자나 논리 연산자를 이용해 기술한다.

비교(관계) 연산자

비교(관계) 연산자

비교 연산자(또는 관계 연산자)는 이항 연산자로서 두 피연산자 항을 비교해 주는 연산자이다. 피연산자로는 숫자 데이터나 문자열 등을 가질 수 있으나 앞서 다뤘던 연산자들과 달리 피연산자 항의 자료형과 관계없이 참(True) 혹은 거짓(False)의 결과값을 갖는다.

비교 연산자의 결과값

그림 7.2 비교 연산의 예

비교 연산자의 종류는 다음 표와 같다. 단독적으로 사용하기보다는 제어문의 헤더에서 조건평가식을 기술할 때 주로 사용된다.

비교 연산자의 종류

연산자 기호	숫자 연산에서의 의미	사용 예	연산 결과
>	왼쪽 항이 오른쪽 항보다 더 큰가? (초과)	10 > 3	True
>=	왼쪽 항이 오른쪽 항보다 더 크거나 같은가? (이상)	10 >= 10	True
<	왼쪽 항이 오른쪽 항보다 더 작은가? (미만)	10 < 3	False
<=	왼쪽 항이 오른쪽 항보다 더 작거나 같은가? (이하)	10 <= 3	False
==	두 항이 같은가? (일치)	10 == 10	True
!=	두 항이 다른가? (불일치)	10 != 3	True

• 연산자 표기법

주의할 것은 두 항이 일치하는지 비교하는 연산자는 = 기호가 아니라 == 기호 임을 항상 확인하기 바란다. 반면 두 항이 다른지를 비교하는 연산자는 not equal의 의미로 != 을 사용한다.

두 번 세 번 확인하자!

더불어 등호가 포함된 두 개 이상의 기호가 합쳐져서 하나의 연산 기호를 나타내는 경우 연산 기호 작성 시 주의할 점이 있다. 반드시 ❶ **모든 기호는 붙여 작성**해야 하며, ❷ **등호가 마지막에 나타나야** 한다.

'크거나 같다'(혹은 '작거나 같다')를 나타내는 연산자는 왼쪽 항이 오른쪽 항보다 더 큰(혹은 작은) 경우와, 두 항이 같은 경우 중 어느 한 경우만 만족하면 True의 결과값을 갖는다. 다시 말해 10 >= 3은 왼쪽 항이 더 커서, 10 >= 10은 두 항이 같아서 True의 결과값을 갖는다. 오로지 3 >= 10과 같은 경우만 False의 결과를 갖게 된다.

일반적으로 비교 연산자는 산술 연산자보다 우선순위가 낮기에 x >= y + z와 같이 산술 연산의 결과값을 비교할 때에도 괄호 없이 기술하는 것이 가능하다.

정리

비교 연산자

- ✔ 두 피연산자 항의 관계를 비교해주는 연산자를 가리킨다.
- ✔ 연산의 결과로 True나 False를 갖는다.

문제

사용자로부터 입력된 두 정수에 대해 다양한 비교 연산자로 그 값을 비교해보자.

그림 7.3 두 정수 값의 비교

• 요구사항 분석

아직 조건문에 대해 소개하지 않았기에 입력된 정수의 크기 비교 결과를 그저 True 나 False로 출력하도록 프로그램을 구성해 보자. 프로그램은 ❶ 두 정수를 입력받아, ❷ 크기를 비교하여 결과를 출력하도록 하자. 더불어 다양한 비교 연산을 통해 비교 연산자의 쓰임새에 대해 익혀 보자. 스크립트 모드로 작성한 후 반복적으로 실행해가며 다양한 정수들을 비교한 결과를 확인해 보자.

 # 코드 7-1 다양한 비교 연산

f-문자열을 이용하여 출력

```
n1 = int(input('첫 번째 정수는? '))
n2 = int(input('두 번째 정수는? '))

print(f'{n1}은/는 {n2} 보다 큽니까? {n1 > n2}')
print(f'{n1}은/는 {n2} 보다 크거나 혹은 같습니까? {n1 >= n2}')
print(f'{n1}은/는 {n2} 보다 작습니까? {n1 < n2}')
print(f'{n1}은/는 {n2} 보다 작거나 혹은 같습니까? {n1 <= n2}')
print(f'{n1}은/는 {n2} 보다 같습니까? {n1 == n2}')
print(f'{n1}은/는 {n2} 보다 다릅니까? {n1 != n2}')
```

실행 결과1

```
첫 번째 정수는? 2 Enter↵
두 번째 정수는? 3 Enter↵
2은/는 3 보다 큽니까? False
2은/는 3 보다 크거나 혹은 같습니까? False
2은/는 3 보다 작습니까? True
2은/는 3 보다 작거나 혹은 같습니까? True
2은/는 3 보다 같습니까? False
2은/는 3 보다 다릅니까? True
```

실행 결과2

```
첫 번째 정수는? 3 Enter↵
두 번째 정수는? 3 Enter↵
3은/는 3 보다 큽니까? False
3은/는 3 보다 크거나 혹은 같습니까? True
3은/는 3 보다 작습니까? False
3은/는 3 보다 작거나 혹은 같습니까? True
3은/는 3 보다 같습니까? True
3은/는 3 보다 다릅니까? False
```

비-수치 데이터의 비교

파이썬의 비교 연산자는 **수치 데이터뿐만 아니라 논리 자료형이나 문자열과 같은 비-수치 데이터도 비교**할 수 있다.

• 논리형 데이터의 비교

때때로 어떤 표현식 exp의 결과가 True 혹은 False인지를 비교하고자 할 때가 있다. 이 경우 exp == True와 같이 비교 연산자 ==을 통해 명시적으로 비교 연산을 수행할 수 있다. 다만 exp의 표현식이 True 혹은 False만 갖는다면 좀 더 간단하게는 비교 연산 없이 그저 exp라고만 사용해도 그 결과값이 True 혹은 False가 되어 더 많이 선호한다.

논리형과의 비교 연산은 명확한 표현을 위해 사용될 수 있으나 종종 과도하다.

더불어 크다, 작다와 같은 비교 연산도 수행할 수 있으나, 논리 연산은 True 아니면 False이니 큰 의미는 없어 사용하지 않는다.

실행 결과

```
>>> exp = True
>>> print(exp == True)
    True
>>> print(exp)
    True
```

• 문자열의 비교

파이썬에서는 문자열을 비교 연산자로 비교할 수 있어 매우 유용하게 사용된다. 두 **문자열이 정확히 일치하는지를 비교**할 수 있을 뿐만 아니라, 사전식 배치에 따라 **어느 문자열이 더 앞에 나타나는가를 확인**하는 데에도 사용된다. 좀 더 정확하게 표현하자면, 문자 코드표 상에 나타나는 문자들의 순서에 따라 비교한 결과를 나타낸다.

C 언어 같은 경우는 문자열 비교 처리를 직접 프로그래밍 하거나 별도의 함수를 이용해야 한다.

그림 7.4 두 문자열의 비교

문자열에 대한 비교 연산의 의미

연산자 기호	문자열 연산에서의 의미	사용 예	연산 결과
>	왼쪽 항이 오른쪽 항보다 더 나중에 나오는가? (초과)	'abc' > 'aaa'	True
>=	왼쪽 항이 오른쪽 항보다 더 나중에 나오거나 같은가? (이상)	'abc' >= 'abc'	True
<	왼쪽 항이 오른쪽 항보다 더 앞에 나오는가? (미만)	'abc' < 'aaa'	False
<=	왼쪽 항이 오른쪽 항보다 더 앞에 나오거나 같은가? (이하)	'abc' <= 'aaa'	False
==	두 문자열이 같은가? (일치)	'abc' == 'abc'	True
!=	두 문자열이 다른가? (불일치)	'abc' != 'aaa'	True

실행 결과

```
>>> print('hi' == 'Hi')
    False
>>> print('hi' >= 'Hi')
    True
```

논리 연산자

논리 연산자

not은 단항 연산자, and, or는 이항 연산자

논리 연산자는 피연산자 항으로 전달된 표현식에 대해 논리합, 논리곱, 논리부정의 논리 연산을 수행한 후, 그 결과를 True나 False로 내준다. 보통 비교 연산이나 다른 논리 연산의 결과를 묶어 하나의 논리값으로 표현하고자 할 때 사용한다.

lh: left-hand, 첫 번째 피연산자
rh: right-hand, 두 번째 피연산자

lh	rh	lh and rh	lh or rh	not lh
False	False	False	False	True
False	True	False	True	True
True	False	False	True	False
True	True	True	True	False

0과 1만의 논리값이다 보니 1 or 1은 2가 아니라 그저 1이라는 점만 산술 연산과 다르다.

위의 표에서 False를 0, True를 1이라 가정하면, 논리곱 연산(and)의 결과는 마치 산술적 곱셈의 결과값과 같아 보이고, 논리합 연산(or)의 결과는 산술적 덧셈의 결과값과 유사하다. 논리 연산자의 이름과 결과값을 유추할 때 참고하라.

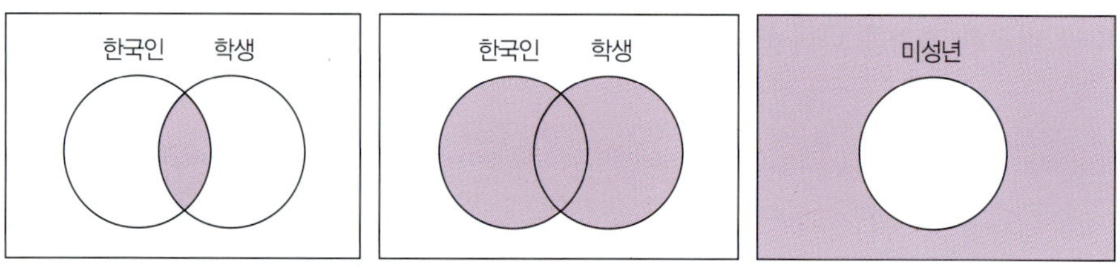

한국인 and 학생 / 한국인 or 학생 / not 미성년

그림 7.5 논리 연산

다만 논리 연산자를 4.5절에 다룬 비트 논리 연산자와 혼동해서는 안 된다. 이 두 종류의 연산자 간의 차이점은 무엇일까? 비트 논리 연산자는 피연산자 항을 구성하는 각 비트들에 대한 논리 연산이고, 여기서 다루는 논리 연산자는 참/거짓의 논리값을 갖는 피연산자 항들에 대한 논리 연산이라는 점이다. 다시 말해 일반적으로 논리 연산자의 피연산자 항은 True 혹은 False의 논리값을 가져야 한다.

정리

논리 연산자

- ✓ 두 피연산자 항에 대해 논리 연산을 수행해주는 연산자를 가리킨다.
- ✓ 연산의 결과로 True나 False를 갖는다.

논리 연산자의 활용 예제: 나이의 유효성 검사

문제

사용자로부터 입력받은 나이의 유효성을 다양한 방식의 논리 연산을 통해 확인해 보자. 단, 유효한 나이는 0살 이상 120살 이하라 가정한다.

그림 7.6 유효한 나이는?

• 요구사항 분석

아직 조건문을 아직 다루지 않았기에 단순 입력된 나이의 유효성을 검사하여 참 또는 거짓으로 출력하도록 프로그램을 구성하자. 이를 위해 ❶ 나이를 입력받고, 그에 대해 ❷ 유효성을 평가하여, ❸ 그 결과를 출력하도록 설계한다.

코드 7-2 다양한 논리 연산

```
01  age = int(input('당신의 나이는? '))
02
03  res = age >= 0 and age <= 120     # res = 0 <= age <= 120
04  print(f'{age}은(는) 유효한 나이인가? {res}')
05
06  res = age < 0 or age > 120
07  print(f'{age}은(는) 유효한 나이가 아닌가? {res}')
08  print(f'{age}은(는) 유효한 나이인가? {not res}')
```

연산자 우선순위:
비교 〉 논리 〉 대입

실행 결과1

```
당신의 나이는? 20 Enter↵
20은(는) 유효한 나이인가? True
20은(는) 유효한 나이가 아닌가? False
20은(는) 유효한 나이인가? True
```

실행 결과2

```
당신의 나이는? 1000 Enter↵
1000은(는) 유효한 나이인가? False
1000은(는) 유효한 나이가 아닌가? True
1000은(는) 유효한 나이인가? False
```

• 설계 및 구현

03행과 06행의 표현식의 연산자들 중 대입 연산자의 우선순위가 제일 낮고, 비교 연산자의 우선순위가 논리 연산자보다 높기 때문에 굳이 괄호로 감싸지 않아도 비교 연산의 결과를 논리 연산으로 묶어 그 결과를 res에 대입한다.

03행은 age가 0 이상이면서 '동시에' 150 이하인지를 판별하는 연산이다. 다른 프로그래밍 언어와 달리 파이썬에서는 이런 논리에 대한 표현을 좀 더 간단히 하여 수학식에서처럼 `0 <= age <= 150`이라 표현하는 것을 허용한다.

대부분의 다른 언어에서는 피연산자를 공유하는 비교 연산은 부적절한 표현으로 간주된다.

06행은 age가 0 미만이거나 150 초과인지를 판별하는 문장이다. 이 두 조건은 서로 상충적이나 or 연산자의 특성상 두 조건 중 '어느 하나만' 만족하면 True의 결과를 갖는다. 08행은 not 연산을 통해 기존 논리값을 '부정(반전)'한 결과를 갖는다.

단축 연산

논리 연산자는 조금 더 효율적인 처리를 위해 선조건으로 결과값을 결정지을 수 있으면 후조건을 평가하지 않는 **단축 연산**을 수행한다. 즉 `age < 0`이면 03행과 06행에서는 각각 두 번째 조건을 평가할 필요 없이 연산의 결과값을 결정할 수 있다.

03 조건문

○ if 문

조건문은 주어진 조건평가식을 검사해 그 결과에 따라 독립된 문장 중 하나를 선택해서 실행하는 경우에 사용한다. 아침에 집을 나설 때 날씨를 확인해봐서 비나 눈이 내릴 것 같으면 우산을 챙겨나가고, 아니면 그냥 나가는 상황에 비유할 수 있다. 조건문

그림 7.7 조건에 따른 선택

파이썬에서는 기본적으로 키워드 `if`로 시작하는 조건문을 제공한다. `if` 문은 다음과 같은 구조를 갖는다.

```
if 표현식 : 문장T      # 만일 표현식이 참이면 문장T를 수행하라
```

단일 선택의 문제

궁금합니다

파이썬에서의 조건문은 한 종류뿐인가요?

2021년 10월 말에 정식 릴리즈된 파이썬 3.10부터는 C 언어의 switch ~ case 문과 비슷한 match ~ case 문이 추가되었습니다. 독립적인 비교를 나열식으로 하는 경우 간단하게 기술될 수는 있으나 범위로 비교하기엔 적절치 않은 특징을 가지고 있습니다. 아직은 3.10 이후 버전이 널리 사용되지 않기에 이 책에서는 모든 버전에서 사용할 수 있는 if 문만 다룹니다.

if 문의 헤더에 기술된 *표현식*은 일반적으로 True/False의 결과값을 갖는 조건평가식이며, 그 결과값이 True인 경우에 한해서 콜론 다음의 *문장T*를 실행한다. 표현식의 값이 False이면 *문장T*는 실행되지 않는다. if 조건문의 동작을 흐름도를 통해 나타내면 다음과 같다.

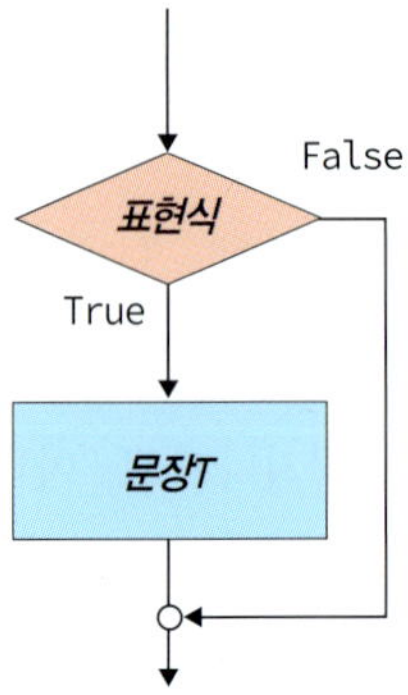

그림 7.8 조건문의 흐름도

복합문의 들여쓰기는 선택이 아니라 필수 사항이다!

if 문과 같은 복합문은 코드의 가독성을 위해 다음과 같이 여러 행에 나눠 작성하는 것을 선호한다. 이때 **콜론 다음의 문장은 반드시 한 단계 들여쓰기를 해야** 한다는 점을 잊지 말자. 함수 정의를 기술할 때와 마찬가지로 일관되게 들여쓰기 위해 탭키를 이용하자.

```
if 표현식 :
    문장T
```

• 독립적인 if 문들의 나열

다음의 코드 7-3을 살펴보자. 04행, 06행, 09행에 세 가지 형태로 조건문을 기술했다. 이 조건문들은 형식만 다를 뿐 모두 같은 결과를 낸다. 즉, n1의 값이 n2의 값보다 큰 경우에만 각 조건문의 스위트 부분의 출력문이 실행된다.

동일한 조건평가식을 가지면 같은 if 문의 스위트에 포함시킨다.

일반적으로 코드 7-3과 같이 동일한 조건평가식을 갖는 조건문을 나열하지는 않을 것이다. 필요에 따라 서로 다른 조건평가식을 갖는 조건문들은 나열될 수 있다.

그림 7.9 독립된 조건의 나열

코드 7-3 기본적인 if 문

```
01  n1 = int(input('첫 번째 정수는? '))
02  n2 = int(input('두 번째 정수는? '))
03
04  if n1 > n2 : print(f'{n1}은(는) {n2} 보다 크다')
05
06  if n1 > n2 :
07      print(f'{n1}은(는) {n2} 보다 크다')
08
09  if n1 > n2 :
10      print(f'{n1}은(는) {n2} 보다', end=' ')
11      print('크다')
12
13  print('끝')
```

세 개의 조건문은 동일한 결과를 갖는다.

복합문에서 스위트 부분은 반드시 같은 정도의 들여쓰기를 해줘야 한다.

실행 결과1

```
첫 번째 정수는? 3 Enter↵
두 번째 정수는? 2 Enter↵
3은(는) 2 보다 크다
3은(는) 2 보다 크다
3은(는) 2 보다 크다
끝
```

실행 결과2

```
첫 번째 정수는? 2 Enter↵
두 번째 정수는? 3 Enter↵
끝
```

조건에 따라 수행할 문장이 하나인 경우에는 04행처럼 한 줄에 작성할 수 있다. 다만 가독성을 높이기 위해 일반적으로는 06~07행처럼 조건평가식과 그에 따라 처리할 문장은 두 행에 나눠 기술한다.

09~11행처럼 하나의 조건평가식에 따라 실행 여부가 결정되는 여러 문장들을 같은 정도의 들여쓰기를 통해 하나의 조건문으로 묶을 수 있다. 다시 말해 13행의 출력문은 09행의 if 문 다음에 있지만 한 단계 들여쓰여 있지 않았기 때문에 09행의 조건문의 스위트에 포함되지 않고 항상 독립적으로 실행되는 문장이 된다.

정리

if 문

- ✓ 연산의 결과로 True나 False를 갖는 조건평가식을 검사해 그 결과에 따라 선택적으로 스위트에 속한 문장을 실행한다.
- ✓ 결과적으로 조건이 참일 때에만 스위트에 속한 문장이 실행된다.
- ✓ 같은 정도의 들여쓰기를 통해 하나의 조건문에 속하는 문장들을 그룹 짓는다.

• 상호 배타적인 경우

코드 7-3의 실행 결과 2 참고

코드 7-3의 세 조건문은 모두 n1이 n2보다 작거나 같은 경우에는 아무런 문장도 수행되지 않고 오로지 13행의 출력문만 실행된다. 이렇게 n1이 n2보다 작거나 같은 경우에도 적절한 출력을 하기 위해 코드 7-4와 같이 수정해 보자.

코드 7-3을 수정 (중복된 조건문은 제거)

첫 번째 조건 연산과 두 번째 조건 연산이 상호배타적인 상황

 # 코드 7-4 배타적인 상황에 대한 조건문

```
n1 = int(input('첫 번째 정수는? '))
n2 = int(input('두 번째 정수는? '))

if n1 > n2 :
    print(f'{n1}은(는) {n2} 보다 크다')

if n1 <= n2 :
    print(f'{n1}은(는) {n2} 보다 크지 않다')

print('끝')
```

실행 결과1

```
첫 번째 정수는? 2 Enter↵
두 번째 정수는? 3 Enter↵
2은(는) 3 보다 크지 않다
끝
```

실행 결과2

```
첫 번째 정수는? 3 Enter↵
두 번째 정수는? 2 Enter↵
3은(는) 2 보다 크다
끝
```

코드 7-4는 두 조건문의 조건평가식을 상반되게 기술하였기에 입력된 임의의 두 정수에 대해 05행이나 08행 중 하나가 반드시 실행된다. 여기서 `n1 > n2`라는 조건과 `n1 <= n2`라는 조건은 서로 배타적이다. 즉, 04행의 조건평가식이 True이면 07행의 조건평가식은 반드시 False가 된다. 또 그 역도 항상 성립된다. 이렇게 배타적인 상황을 기술하기 위해 굳이 별도의 조건연산문을 갖는 조건문을 따로 기술해야 할까? 불필요한 연산을 하는 것은 실행 시간 측면에서 낭비 아니겠는가? 04행과 07행

그림 7.10 배타적인 조건

if ~ else 문

이렇듯 **주어진 조건이 참일 때뿐만 아니라 거짓일 때에도 처리해야 할 문장이 있는 경우에는 if ~ else 문을 사용**한다. 즉, `if` 문 끝에 `else` 절을 하나 덧붙여 앞선 조건이 거짓일 때 수행할 문장을 기술한다. 기본적인 형식은 다음과 같다. 양자택일의 문제

```
if 표현식 :          # 만일 표현식이 참이면 문장T를 수행하고
    문장T
else :               # 위 조건을 만족하지 않으면 문장F를 수행하라
    문장F
```

*문장T*와 *문장F*는 콜론 옆에 바로 이어 기술할 수도 있으나 일반적으로 위와 같이 별도의 행에 작성하는 것이 좀 더 알아보기 좋다. `if` 문의 헤더에 기술한 *표현식*의 결과값이 참이면 *문장T*가, 거짓이면 *문장F*가 실행된다는 점에서 단순 `if` 문과 차이가 있다. **하나의 조건에 따라 두 문장 중 한 문장이 반드시 실행**되는 구조이다.

어떤 경우라도 else 절에는 조건을 기술하지 않는다는 점을, 또 if 절보다 앞에 기술하거나, 단독으로 사용할 수 없다는 점에 유의하기 바란다.

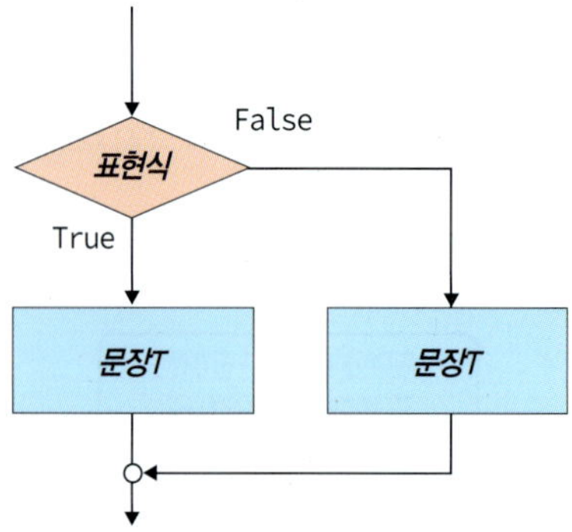

그림 7.11 if ~ else 문

정리

if ~ else 문

- ✓ if 문은 선택적으로 else 절을 마지막에 가질 수 있다.
- ✓ else 절은 앞 조건을 만족하지 않은 경우에 처리할 문장을 기술한다.

따라서 코드 7-4는 코드 7-5와 같이 수정할 수 있다. 두 코드는 정확히 일치하는 결과를 낸다. 하지만 코드 7-5가 훨씬 더 명확한 구조로서 코딩할 때 실수를 줄일 수 있고, 비교 연산을 한 번 덜 하므로 상대적으로 좀 더 효율적인 구문이 된다.

코드 7-4를 수정

 # 코드 7-5 if ~ else 문

```
n1 = int(input('첫 번째 정수는? '))
n2 = int(input('두 번째 정수는? '))

if n1 > n2 :
    print(f'{n1}은(는) {n2} 보다 크다')
else :
    print(f'{n1}은(는) {n2} 보다 크지 않다')

print('끝')
```

실행 결과1

```
첫 번째 정수는? 2 Enter↵
두 번째 정수는? 3 Enter↵
2은(는) 3 보다 크지 않다
끝
```

실행 결과2

```
첫 번째 정수는? 3 Enter
두 번째 정수는? 2 Enter
3은(는) 2 보다 크다
끝
```

이제는 할 수 있어요!

사용자로부터 이름을 입력받아 환영 인사를 출력하라. 단, 입력된 문자열이 빈문자열 '' 인 경우에는 '오류'를 출력하라.

실행 결과

```
이름? 이찬수 Enter
반가워요, 찬수님
```

문제

사용자로부터 정수 하나를 입력받아 그 수가 짝수인지 홀수인지를 판별하라. 판별 결과는 다음의 실행 결과를 참고하여 출력하라.

실습예제 #1: 짝수 홀수 판별하기

그림 7.12 홀수와 짝수는 어떻게 판별할까?

실행 결과1

```
정수를 입력하세요: 10 Enter↵
10은(는) 짝수입니다.
```

실행 결과2

```
정수를 입력하세요: 15 Enter↵
15은(는) 홀수입니다.
```

• 1안: 비교 연산으로 직접 판별하기

문제의 요구사항을 기반으로 설계한 의사 코드는 코드 7-6과 같다. 의사 코드 작성 시 잘 알려진 연산자나 제어문의 키워드를 적절히 이용하면 자연어보다는 좀 더 간단하고 명료하게 표현할 수 있다. 의사 코드 자체가 특별한 양식이 있는 것은 아니니 자유롭게 작성하자. 다만 가급적이면 구체적이고 명확하게 작성하는 것이 구현 시 도움이 된다.

의사 코드는 양식이 정해져 있는 건 아니다.

코드 7-6 의사 코드

```
# num = 정수 하나를 입력받음

# if num이 짝수이면:
    # 짝수라 출력
# else:
    # 홀수라 출력
```

어떤 수가 짝수인지 홀수인지는 확인하기 위해서는 그 수를 2로 나눈 나머지가 0과 같은지 비교해 결정할 수 있다. 즉, 2로 나눈 나머지가 0이면 짝수이다. 임의의 정수는 짝수 아니면 홀수로 양분되니 독립된 `if` 문을 두 개 따로 작성하여 짝수인지, 홀수인지 각각 비교하기보다는 하나의 `if ~ else` 문을 이용하는 것이 더 바람직할 것이다. 각자 스크립트 모드로 직접 작성해 보고, 코드 7-7과 비교해 보라.

코드 7-7 첫 번째 구현

코드 7-6에 대한 구현

```python
01  # 주 프로그램부
02  # num = 정수 하나를 입력받음
03  num = int(input('정수를 입력하세요: '))
04
05  print(f'{num}은/는', end=' ')
06  if num % 2 == 0 :                   # if num이 짝수이면:
07      print('짝수', end='')             # 짝수라 출력
08  else :                              # else:
09      print('홀수', end='')             # 홀수라 출력
10  print('입니다.')
```

가능하면 소스 코드 상에 중복된 표현은 줄일 수 있도록 작성해 보자.

코드 7-7의 05행 이후를 보면 중복된 처리를 가급적 줄이도록 작성하였다. 즉, 05행과 10행은 입력한 수가 무엇이든 간에 항상 똑같은 출력을 갖는 문장이라 조건문 바깥에 두었다. 더불어 모든 출력문은 한 줄로 된 출력 결과를 갖도록 print()의 키워드 인수 end에 공백 문자열(' ') 또는 빈 문자열('')로 지정해 각각의 출력문이 끝나더라도 줄바꿈 처리가 일어나지 않도록 하였다. 실행해 보면 문제의 요구사항대로 잘 동작하는 것을 확인할 수 있다.

사실 이 정도의 일 처리는 굳이 나누지 않는 것이 더 간단할 수 있다. 다만 코드 작성 시 중복 코드의 제거 가능성에 대해 생각해 보는 기회가 되기 바란다.

• 2안: 사용자 정의 함수를 이용해 판별하기

만약 코드 7-7에서 06행의 짝/홀수를 판별하는 작업이 아주 복잡하다고 가정해보자. 단계별 세분화 관점에서 보면, 그 부분은 별도의 사용자 정의 함수에 책임을 할당해서 처리하는 것이 주 프로그램부의 복잡도나 코드의 재사용 가능성 측면에서 더 좋을 것이다.

2.2절 참고

그림 7.13 짝수인지 확인해주는 함수

어느 정도의 책임을 할당할 것인지는 프로그래머의 몫이다. 다만 좀 더 범용적인 사용이 가능하도록 작성하는 연습을 하자.

다만 함수에게 어느 정도의 책임을 할당하는 것이 필요할까? 정의하고자 하는 함수에 숫자를 입력받는 책임, 짝/홀수를 판별하는 책임 그리고 그 결과를 출력하는 책임을 모두 맡기기보다는 상대적으로 복잡한 처리가 필요한 판별하는 책임만 맡기자. 그래야 다양한 방법으로 얻은 데이터에 대해서도 짝/홀수를 판별할 수 있고, 또 그 결과를 단순 출력하는 것 이외의 다른 연산에도 활용할 수 있을 것이다.

물론 이 예제의 완성만 생각한다면 굳이 사용자 정의 함수까지 작성하지 않아도 된다. 다만 함수 호출 결과를 조건문과 연관시켜 작성하는 연습을 위해 사용자 정의 함수를 이용한 구현으로도 작성해 보고자 한다.

코드 7-7에서 수정: 짝수 판별 부분을 사용자 정의 함수를 이용한 형태로 수정

 # 코드 7-8 주 프로그램부에서 사용자 정의 함수를 이용한 구성으로 수정

```
01  # 주 프로그램부
02  # num = 정수 하나를 입력받음
03  num = int(input('정수를 입력하세요: '))
04
05  print(f'{num}은/는', end=' ')
06  if is_even_number(num) :                    # if num이 짝수이면:
07      print('짝수', end='')                       # 짝수라 출력
08  else :                                      # else:
09      print('홀수', end='')                       # 홀수라 출력
10  print('입니다.')
```

코드 7-8은 코드 7-7에서 짝/홀수를 판별하는 06행의 나머지 연산자를 이용한 표현식을 `is_even_number()`라는 사용자 정의 함수 호출문으로 대체한 것이다. 현재 단계에서 이 함수는 아직 정의하지 않았지만, 주 프로그램부의 전체 흐름을 기반으로 호출문을 먼저 작성해 봄으로써 함수 호출 인터페이스를 결정하고자 한다. 위의 호출문을 바탕으로 함수 호출 시 판별하고자 하는 수를 인수로 전달하고, 복귀 시 짝수인지의 여부를 True/False로 반환하도록 함수 호출 인터페이스를 설계할 수 있다.

어떻게 호출할지를 통해 어떤 함수가 필요할지를 결정하자.

따라서 주 프로그램에서는 함수의 반환값을 가지고 짝/홀수를 확인할 수 있다. 일반적인 `if` 문에서는 조건 연산자를 이용한 조건평가식을 가지므로 함수의 반환값이 True인지를 비교하기 위해 06행은 `is_even_number(num) == True :`와 같이 헤더를 작성할 수 있을 것이다. 다만 `is_even_number()` 함수는 반환값으로 True 혹은 False를 반환하므로 굳이 True와 같은지를 비교할 필요 없이 06행과 같이 간소화하여 작성할 수 있다. 사용자 정의 함수 `is_even_number()`의 구현 및 전체 코드는 코드 7-9와 같다.

코드 7-9 사용자 정의 함수를 이용한 최종 구현

코드 7-8에서 수정: 사용자정의 함수 정의 포함

```
01 # 사용자 정의 함수부
02 def is_even_number(n) :  # n이 짝수이면 참, 홀수이면 거짓을 반환
03     if n % 2 == 0 :
04         return True
05     else :
06         return False
07
08 # 주 프로그램부
09 # num = 정수 하나를 입력받음
10 num = int(input('정수를 입력하세요: '))
11
12 print(f'{num}은(는)', end=' ')
13 if is_even_number(num) :                # if num이 짝수이면:
14     print('짝수', end='')                 # 짝수라 출력
15 else :                                  # else:
16     print('홀수', end='')                 # 홀수라 출력
17 print('입니다.')
```

코드 7-9에서 02행의 함수 is_even_number()의 정의를 살펴보면, 매개변수로 전달받은 정수가 짝수면 True를, 홀수면 False를 반환하도록 구현하였다.

만일 짝수 여부를 판별하는 함수 is_even_number() 대신 홀수 여부를 판별하는 함수를 is_odd_number()를 작성했다면 코드 7-9의 13~14행의 문장은 다음 방법 중 하나로 수정해야 한다. 어느 한 가지 방법만을 암기하려 하기보다는 상황에 맞는 다양한 표현 방법들을 찾기 바란다.

주어진 문제를 해결할 수 있는 방법은 다양하다.

방법1

```
if is_odd_number(num) == False :     # 홀수가 아니면:
    print('짝수', end='')
```

방법2

```
if not is_odd_number(num) :     # 홀수가 아닌 것이 맞으면:
    print('짝수', end='')
```

방법3

```
if is_odd_number(num) :     # 홀수이면:
    print('홀수', end='')
```

이제는 할 수 있어요!

사용자로부터 비밀번호를 하나의 문자열로 입력받아 그 길이가 8 이상이면 '정상'을, 8 미만이면 '오류'를 출력하시오.

실습예제 #2: 정수의 부호 판별하기

문제

수 체계에서 0보다 작은 수는 음수로, 0보다 큰 수는 양수로 구분한다. 사용자로부터 정수 하나를 입력받아 부호를 판별하여 그 결과를 출력해 보자.

그림 7.14 0의 부호는?

실행 결과1

```
정수를 입력하세요: 9 Enter↵
양수입니다.
```

실행 결과2

```
정수를 입력하세요: -3 Enter↵
음수입니다.
```

실행 결과3

```
정수를 입력하세요: 0 Enter↵
0입니다.
```

• 전체 프로그램에 대한 설계

먼저 전체 문제에 대한 의사 코드를 작성해 보자. 임의의 한 정수가 가질 수 있는 부호는 + 와 - 가 있다. 그런데 정수 0은 부호를 갖지 않는다. 따라서 이 문제는 양자택일의 상황이 아니다. 그런데 앞서 다뤘던 if ~ else는 두 가지 중 하나만 선택할 수 있었다. 게다가 else 절에는 조건을 기술할 수도 없다. 어떻게 해야 할까?

조건문의 중첩

제어문의 스위트에는 어떠한 문장도 작성할 수 있다는 점을 떠올려 보자. 다시 말해 조건문의 스위트에 또 다른 조건문이 올 수도 있다는 것이다. 즉, else 절에 직접 조건을 기술할 수는 없지만, **else 절에 포함되는 문장에 또다른 조건문을 중첩해서 작성**할 수 있다. 이렇게 중첩된 제어문을 작성하기 위해서는 반드시 여러 행에 나누어서 작성해야 한다는 점만 유의하자.

 # 코드 7-10 의사 코드

```
# num = 정수 하나를 입력받음

# if num이 0이면 : '0' 출력
# else :
    # if num이 양수이면 : '양수'라 출력
    # else : '음수'라 출력
# '입니다' 출력
```

• else 절에 중첩된 또 다른 조건문

코드 7-10을 구현할 때 주의할 점은 다른 복합문 내에 **중첩된 if 문은 다시 한 단계 더 들여써주어야** 각 조건문의 시작과 끝을 인터프리터가 인식할 수 있다는 것이다. 탭키를 이용해 들여쓰기를 처리한다면 일관된 들여쓰기가 좀 더 용이하다는 점을 기억하자.

코드 7-10의 구현

 # 코드 7-11 else 절에 중첩된 조건문으로 구현

```
# num = 정수 하나를 입력받음
num = int(input('정수를 입력하세요: '))

if num == 0 :                      # if num이 0이면 :
    print('0', end='')               # 0이라 출력
else :                             # else :
    if num > 0 :                     # if num이 양수이면 :
        print('양수', end='')          # 양수라 출력
    else :                           # else :
        print('음수', end='')          # 양수라 출력
print('입니다.')
```

코드 7-11의 04행에서 변수 num이 0과 같은지를 비교하기 위한 연산자의 기호는 =가 아니라 ==임을 다시 확인하자. 06행의 else절에 포함되는 문장은 07~10행의 또 다른 if ~ else 문이다. 따라서 08행과 10행은 각각 한 단계씩 더 들여쓰고 있다는 점에 유의하자. 완성된 코드의 조건문 부분을 그대로 읽어보면 다음과 같다.

04행 05행	만일 num이 0과 같으면 '0입니다'라고 출력하고 조건문을 벗어나라.
06행 07행 08행 09행 10행	위 조건을 만족하지 않으면서, 만일 num > 0 이면 '양수'라고 출력하고 조건문을 벗어나라. 위 모든 조건이 만족되지 않으면 '음수'라고 출력하고 조건문을 벗어나라.
11행	'입니다.'라고 출력하라.

여기서 하나 확인할 것은 09~10행의 else 절에서 변수 num이 0이 아니라는 것(num != 0)을 확인하지 않고서도 음수로 단정할 수 있는 것은 07행의 조건문은 04행의 조건이 거짓인 경우에만 실행되기 때문이다. 만약 num == 0 이라면 05행 수행 후에 조건문을 빠져나가 11행을 수행할 것이다.

!= 연산자는 같지 않으면 참

정리해 보면 이 예제에서 구성된 조건문은 세 가지 경우의 수 중 하나를 선택해 처리한다.

1. num이 0과 같은 경우
2. num이 양수인 경우
3. num이 음수인 경우

이와 같이 독립된 세 개 이상의 문장 중 하나를 선택해야 하는 조건문의 경우 앞선 코드와 같이 if ~ else 문을 중첩해서 해결할 수도 있다. 다만 일반적인 조건문에서는 양자택일보다는 다자택일의 경우가 더 많기에 좀 더 간단한 표현이 제공될 필요가 있다. 이에 대한 표현은 다음 절에서 살펴보자.

04 중첩된 조건문

else 절에 중첩된 if 문

코드 7-11의 조건문 부분만 다시 살펴보자. 앞서서 if 조건문에서 헤더와 스위트 부분은 한 줄에 작성할 수 있다고 하였다. 따라서 코드 7-11의 06행과 07행을 한 줄로 합치고, 이하 문장들의 들여쓰기를 정리해 준다면 다음과 같이 기술할 수 있다.

 # 코드 7-11b 코드 7-11에서 조건문만 재인용 후 들여쓰기 정리

코드 7-11의 06~07행 수정

```
04  if num == 0 :
05      print('0입니다')
06  else : if num > 0 :
07      print('양수입니다')
08  else :
09      print('음수입니다')
```

파이썬에서는 06행과 같이 `else` 절에 연속되는 `if` 구문을 위해 `elif` 라는 키워드를 제공한다. 다시 말해 **앞 조건을 만족하지 않는 상황에서 또다른 조건을 평가하기 위해 `elif` 절을 사용**할 수 있다. 이로써 굳이 `else` 절에 중첩된 또다른 `if` 문을 기술하지 않아도 된다.

다중 선택 문제의 경우

위의 코드를 파이썬 문법에 맞춰 다시 작성하면 코드 7-12의 06행과 같이 수정된다. 이 코드는 코드 7-11b와 동일한 의미를 가지며 같은 결과를 내는 코드이다.

 # 코드 7-12

코드 7-11b를 수정

```
04  if num == 0 :
05      print('0입니다')
06  elif num > 0 :
07      print('양수입니다')
08  else :
09      print('음수입니다')
```

만일 코드 7-12에서 08행의 else 절에 또다른 if ~ else 문이 포함된다면 어떤 구조가 될지 상상해 보자. "집을 나설 때 ❶ 비가 오면 우산을 챙기고, ❷ 햇볕이 쨍쨍하면 썬글라스를 챙기고, ❸ 바람이 불면 방풍 점퍼를 챙기고, ❹ 앞 조건을 모두 만족하지 않으면 그냥 나간다"와 같이 여러 가지 조건에 의해 다중 분기가 필요한 경우가 있다. 이런 경우 다수의 elif 절을 갖는 if ~ elif ~ else 문을 사용한다.

그림 7.15 다자택일의 경우

if ~ elif ~ else 문

반드시 if로 시작해야

앞선 조건이 거짓일 때에만 평가 수행

else는 조건평가식 없이 제일 마지막에 나와야

```
if 표현식1 :      # 만일 표현식1이 참이면 문장1을 수행하고
    문장1
elif 표현식2 :    # 위 조건을 만족하지 않으면서 표현식2가 참이면 문장2를 수행하고
    문장2
...
elif 표현식n :    # 위 조건을 만족하지 않으면서 표현식n이 참이면 문장n을 수행하고
    문장n
else :            # 위 조건을 모두 만족하지 않으면 문장none을 수행하라
    문장none
```

이 구조는 가장 일반화된 조건문 형식이다. 다만, 조건문의 시작은 반드시 if 키워드로만 시작할 수 있으며 이는 생략될 수 없다. 반면 else 절은 반드시 조건문의 마지막에만 나타나며, elif 절은 if 절과 else 절 사이에 여러 개 나타날 수 있고, 필요 없는 경우엔 하나도 나타나지 않을 수 있다.

[그림 7.16]에서 볼 수 있듯이 하나 주의할 점은 *표현식1*이 거짓인 경우에만 그다음 표현식들이 평가된다는 점이다. 즉, *표현식1*이 참이면 *문장1*을 수행하고 조건문을 벗어난다. 따라서 *표현식2*를 평가하는 시점에는 *표현식1*은 이미 거짓임이 확인

된 상황이다. 다시 말해 *표현식2*에는 굳이 *표현식1*이 거짓임을 다시 평가하지 않아도 된다.

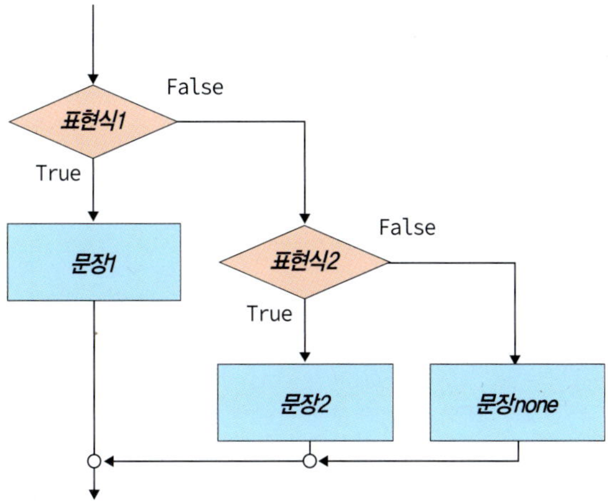

그림 7.16 if ~ elif ~ else 문

일반화된 if 문 정리

- if 문에 elif 절을 하나 이상 추가하여 추가적인 조건을 검사해 다자택일의 조건문을 구성할 수 있다.
- 선택적으로 사용되는 elif 절은 앞선 조건이 거짓일 때에만 평가된다.
- 선택적으로 사용되는 else 절은 반드시 if 문 마지막에 기술해야 한다.

실습예제 #3: 성적 급간 판별

문제

사용자로부터 점수를 입력받고, 그에 따라 학점을 출력하는 프로그램을 작성하라. 구현을 간단히 하기 위해 점수는 0~100점 사이의 정수만이 입력된다고 가정한다. 학점은 90점 이상인 경우 A학점, 80점대는 B학점, 70점대는 C학점, 60점대는 D학점, 나머지는 F학점으로 부여하라.

실행 결과1

```
점수는? 90 Enter↵
90점이므로 A학점입니다.
```

실행 결과2

```
점수는? 88 Enter
88점이므로 B학점입니다.
```

• 전체 프로그램에 대한 설계

전체 문제에 대한 설계로 코드 7-13과 같이 의사 코드를 기술할 수 있다.

코드 7-13 의사 코드

```
01  # 주 프로그램부
02  # score = 점수를 입력받음
03  # grade = 점수(score)에 따른 학점을 판별
04  # 입력된 점수에 대한 학점(grade) 출력
```

임의의 한 학생에 대한 점수를 입력(02행)받고, 판별된 학점을 출력(04행)하는 부분은 주 프로그램 부분에서 입출력문을 통해 직접 처리하자. 다만 점수에 따른 학점을 판별하는 부분은 상대적으로 복잡해 보이므로 사용자 정의 함수 get_grade()를 이용해 처리하도록 주 프로그램부를 설계해 보자.

코드 7-13에 대한 구현

코드 7-14 첫 번째 구현: 주프로그램 부

```
01  # 주 프로그램부
02  # score = 점수를 입력받음
03  score = int(input('점수는? '))
04
05  # grade = 점수(score)에 따른 학점을 판별
06  grade = get_grade(score)     # 함수 정의 추가 필요
07
08  # 입력된 점수에 대한 학점(grade) 출력
09  print(f'{score}점이므로 학점은 {grade}입니다.')
```

• 학점 판별 함수의 설계

코드 7-14의 06행에서 get_grade() 호출 시 점수를 인수로 전달하면 그에 대한 성적 급간을 함수의 반환값으로 얻도록 설계하자. 추후 이 프로그램의 요구사항이 확장되어 입출력되는 성적을 파일로부터 가져오고, 그에 대한 학점을 파일에 기록

하도록 처리해야 할 수도 있을 것이다. 이 경우에도 get_grade()를 수정없이 사용할 수 있도록 입출력 작업은 모두 함수 외부에서 수행하도록 설계했다. 더불어 입력된 점수에 따른 학점은 주 프로그램 측에서 필요에 따라 적절한 형식으로 출력할 수도 있다.

 # 코드 7-15 완성: 사용자 정의 함수의 구현

```
01 # 사용자 정의 함수부
02 def get_grade(s) :
03     if s >= 90 :
04         return 'A'
05     elif s >= 80 :
06         return 'B'
07     elif s >= 70 :
08         return 'C'
09     elif s >= 60 :
10         return 'D'
11     else:
12         return 'F'
13
14 # 주 프로그램부
15 # score = 점수를 입력받음
16 score = int(input('점수는? '))
17
18 # grade = 점수(score)에 따른 학점을 판별
19 grade = get_grade(score)
20
21 # 입력된 점수에 대한 학점(grade) 출력
22 print(f'{score}점이므로 학점은 {grade}입니다.')
```

코드 7-15의 03~12행의 조건문을 살펴보자. if ~ elif ~ else 문으로 다중 분기 구조로 구현하였다. **각 elif 절은 앞 조건이 거짓일 때에만 평가된다**는 점을 상기하자. 예를 들어 05행에서 B학점임을 판별하기 위한 조건으로 80 <= s < 90 와 같이 작성할 필요가 전혀 없다. 이미 03행의 조건을 만족하지 못했기 때문에 05행을 평가하는 것이다. 따라서 05행이 평가되는 시점에 s의 값은 90보다 작은 값을 갖고 있다고 단정할 수 있다. 물론 한 번 더 비교한다 해서 틀리지는 않으나 프로그램 실행 시 불필요한 연산으로 처리 시간을 허비하게 되니 좋은 표현은 아니다.

불필요한 연산을 줄이자.

if 절에서의 중첩

앞 절에서 else 절에 중첩된 조건문은 elif 절로 표현할 수 있다는 것을 살펴보았다. 그렇다면 if 절에 중첩된 조건문, 즉 if 문에 제시된 조건이 참일 때 수행할 문장이 또 다른 조건문이라면 이것은 어떻게 표현될까? 이를 일반화하여 표현한 다음의 조건문을 살펴보자.

```
if 표현식1 :
    if 표현식2 :
        문장1T_2T
    else :
        문장1T_2F
else :
    문장1F
```

if 문의 조건에 따라 각 문장이 어느 순간에 실행되는지 살펴보자. *문장1T_2T*는 *표현식1*과 *표현식2*가 모두 참일 때에만 수행된다. 반면 *문장1T_2F*는 *표현식1*은 참인 상황에서 *표현식2*는 거짓일 때에만 수행되는 문장이다. *문장1F*는 *표현식1*이 거짓이면 수행된다. 따라서 이를 논리 연산자를 이용해 정리해 보면 다음과 같다.

```
if 표현식1 and 표현식2 :
    문장1T_2T
elif 표현식1 and not 표현식2 :
    문장1T_2F
else:
    문장1F
```

정리하자면 if 절에 중첩된 if 문은 논리 연산자를 이용해 조건식을 묶어 단일 if 문으로 구성할 수 있다. 이 경우 상황에 따라서는 기존의 중첩된 조건문이 더 간단해 보일 수도 있다. 다만 조건문을 구성할 때에는 위와 같이 **같은 문장을 수행하게 되는 조건평가식을 논리 연산자를 이용해 묶는** 것이 조건문의 구조를 다소 간소화할 수 있고 때로는 중복된 코드를 덜 작성할 수 있어 상대적으로 유지보수하기 쉬운 코드가 될 수 있다는 점을 기억해 두자.

가독성과 유지보수를 용이하게 하기 위해 가급적이면 중복된 처리를 하나로 묶어 구현하자.

정리

중첩된 조건문

✓ 같은 처리가 동반되는 조건들은 if 문의 구조를 단순화하기 위해 논리 연산자를 이용해 구성할 수 있다.

실습예제 #4: 윤년 판별하기

문제

보통 1년은 365일이다. 그런데 양력(그레고리력)에서는 역법을 태양력에 맞추기 위해 보통 28일로 끝나는 있는 2월에 하루를 더해 1년이 366일 해가 있는데 이를 윤년이라 한다. 사용자로부터 하나의 연도를 입력받아 그 해가 윤년인지의 여부를 출력하라. 단, 윤년는 다음의 두 조건 중 어느 하나를 만족했을 때이다.

- [경우1] 연도가 4의 배수이면서 100의 배수가 아닌 경우
- [경우2] 연도가 400의 배수인 경우

실행 결과1

```
윤년 여부를 확인할 연도는? 1900 Enter↵
1900년은 평년입니다.
```

실행 결과2

```
윤년 여부를 확인할 연도는? 2016 Enter↵
2016년은 윤년입니다.
```

실행 결과3

```
윤년 여부를 확인할 연도는? 2000 Enter↵
2000년은 윤년입니다.
```

• 전체 프로그램에 대한 설계

전체 문제에 대한 요구사항을 기반으로 코드 7-16과 같이 의사 코드를 작성하자.

코드 7-16 윤년 판별 프로그램을 위한 의사 코드

```
# 주 프로그램부
# year = 연도를 입력받음
# 윤년 여부를 판별하고
# 윤년 여부를 출력
```

• 윤년 판별 함수의 설계

윤년 판별은 복잡한 연산이 필요하기도 하고, 또 다른 경우에도 사용할 만한 부분이다. 따라서 다음과 같이 사용자 정의 함수를 이용해 작성하자. 함수 is_leap_year()는 윤년 여부를 판별할 연도를 인수로 받아 윤년 여부를 True나 False로 반환하는 형태로 설계해 보자.

 # 코드 7-17 주 프로그램 부 구현

```
# 사용자 정의 함수부
def is_leap_year(y) :
    pass    # y년이 윤년인지를 판별해 참/거짓으로 반환

# 주 프로그램부
# year = 연도를 입력받음
year = int(input('윤년 여부를 확인할 연도는? '))

print(f'{year}년은', end=' ')
if is_leap_year(year) : # 윤년 여부를 판별해 출력
    print('윤년입니다.')
else :
    print('평년입니다.')
```

윤년을 판별하기 위해 문제에서 제시된 조건 중 [경우1]을 먼저 살펴보자. 연도가 '4의 배수이면서 100의 배수가 아닌' 경우라는 것은 4의 배수 중에서 100의 배수는 제외한 경우에 해당한다. 어떤 수의 배수인지는 그 수로 나눈 나머지가 0인지를 확인하면 되니 나머지 연산자를 이용하자. 다시 말해 y % 4 == 0 인 조건과 y % 100 != 0 인 조건이 동시에 만족되어야 하므로 논리 연산자 and로 묶어주자. 이를 하나의 조건평가식으로 나타내면 다음과 같다.

나머지 연산자 %는 배수를 확인할 때 사용할 수 있다.

논리 연산자는 비교 연산의 결과를 하나로 묶어준다.

```
y % 4 == 0 and y % 100 != 0
```

두 번째 조건인 [경우2]는 연도가 400의 배수인 경우를 찾아야 하므로 다음과 같은 조건평가식으로 나타낼 수 있다.

```
y % 400 == 0
```

다만 위 두 조건평가식 중 어느 하나라도 만족하면 윤년이므로 두 조건평가식을 or 연산으로 묶어주어 윤년 여부를 판별할 최종 조건평가식을 완성할 수 있다.

```
(y % 4 == 0 and y % 100 != 0) or (y % 400 == 0)
```

따라서 사용자 정의 함수는 다음과 같이 구현할 수 있다:

 # 코드 7-18 코드 7-17의 02행의 사용자 정의 함수부 구현

```
# 사용자 정의 함수부
def is_leap_year(y) :
    if (y % 4 == 0 and y % 100 != 0) or (y % 400 == 0) :
        return True
    else :
        return False
```

코드 7-17의 주 프로그램부 앞에 기술하라

이제는 할 수 있어요!

우리나라 19세 청소년의 평균키는 남자 175.5cm, 여자 163.2cm라 가정하자. 사용자로부터 성별과 키를 입력받아 평균키에 해당하는지 출력하라. 단, 성별은 남자/여자 혹은 남/여를 모두 인식할 수 있도록 하라.

실행 결과1

```
성별? 남자 [Enter↵]
키? 175 [Enter↵]
당신은 남성 평균 키보다 작습니다.
```

실행 결과2

```
성별? 여 [Enter↵]
키? 165 [Enter↵]
당신은 여성 평균 키보다 큽니다.
```

이번 단원을 정리하며

- **제어문**이란 다른 문장의 실행을 제어하기 위해 작성된 복합문을 가리킨다.

- 보통 제어문은 어떻게 제어할지를 기술하는 제어문 **헤더**와, 제어 당하는 문장들의 블록인 **스위트**로 구성된다. 이때 스위트에 포함된 문장은 반드시 같은 수준으로 들여써 주어야 한다.

- **조건평가식**은 True나 False의 결과값을 갖는 표현식으로 보통 비교 연산자나 논리 연산자를 이용해 기술된다.

- **비교 연산자**는 두 피연산자 항의 관계를 비교해주는 연산자를 가리키며 연산의 결과로 True나 False를 갖는다. 비교 연산자의 피연산자 항으로는 숫자 데이터뿐만 아니라 논리형이나 문자열도 가질 수 있다.

- **논리 연산자**는 논리합, 논리곱, 논리부정의 논리연산을 수행해주는 연산자를 가리키며 연산의 결과로 True나 False를 갖는다. 조건문에서 같은 처리가 동반되는 경우들을 **논리 연산자**로 묶어 표현함으로써 조건문의 구조를 단순화할 수 있다.

- **조건문**은 if 키워드로 시작하는 문장으로, 헤더의 조건평가식을 검사해 그 결과에 따라 스위트에 속한 문장을 선택적으로 실행한다.

- **if 문**은 선택적으로 **elif 절**을 통해 추가적인 조건을 기술할 수 있다. 이때 각 elif 절은 선조건이 거짓일 때에만 처리된다.

- if 문은 선택적으로 제일 마지막에 **else 절**을 통해 앞선 모든 조건에 부합되지 않는 경우의 처리를 명시할 수도 있다.

연습 문제

이번 단원에서는 조건문을 구성하는 방법에 대해 살펴보았다. **다양한 조건을 조건 평가식으로 기술하고 이 결과를 조건문과 같이 연동**하는 연습을 해보자.

01 사용자로부터 **입력받은 두 수에 대한 차를 구하는 프로그램**을 작성하라. 여기서 차는 단순 뺄셈과 달리 큰 수에서 작은 수를 뺀 값으로 항상 양수가 된다. 이렇게 임의의 두 수에 대한 차를 구하기 위해 조건문을 갖는 사용자 정의 함수 difference()를 정의해 이용해 보자.

실행 결과

```
첫 번째 수? 2 Enter↵
두 번째 수? 3 Enter↵
2와(과) 3의 차는 1입니다.
```

02 사용자로부터 **연도와 월을 입력받아 그달의 끝날이 며칠인지를 출력**하는 프로그램을 작성해 보자.

실행 결과

```
연도? 2000 Enter↵
월? 2 Enter↵
2000년 2월은 29일까지 있습니다.
```

(1) 임의의 **연도를 인수로 전달받아 윤년이면 True를, 윤년이 아니면 False를 반환하는 함수** is_leap_year()를 작성하시오. 구현을 간단히 하기 위해 이 함수 호출 시 인수로는 양의 정수로 연도가 전달된다 가정한다.

(2) 임의의 **연도와 월을 입력받아 그 달의 끝날이 며칠인지를 반환하는 함수** month_days()를 작성하시오. 문제를 간단히 하기 위해 이 함수 호출 시 인수는 항상 유효한 값만 전달된다 가정한다.

(3) 주 프로그램부에서는 앞서 작성한 함수를 이용해 제시한 실행 결과와 같이 처리되도록 구성하시오.

연습 문제

03 **임의의 한 정수가 홀수인지를 판별하는 함수 `is_odd()`를 작성**하고자 한다. 이 함수는 인수가 **홀수이면 True를 아니면 False를 반환**한다. 다음에서 제시하는 두 가지 서로 다른 방법으로 이 함수를 구현해 보고 그 동작을 확인해 보자.

실행 결과

```
숫자? 3 Enter↵
3은 홀수이다.
```

(1) 방법1: “홀수는 2로 나눈 나머지가 1이다”라는 원리를 이용해 is_odd()를 정의하라.

(2) 방법2: “홀수를 2진수 비트열로 표현하면 최하위 비트가 항상 1이다”를 이용해 is_odd()를 정의하라.

04 사용자로부터 **나이를 입력받아 성인 여부를 판별해 출력**하는 프로그램을 작성하라.

실행 결과1

```
나이? 20 Enter↵
당신은 성인입니다.
```

실행 결과2

```
나이? -10 Enter↵
오류: 유효하지 않은 나이가 입력되어 판별할 수 없습니다!
```

(1) 사용자로부터 **나이를 입력받기 위해 사용자정의 함수** `input_age()`를 정의하자. 이 함수는 호출 시 프롬프트 문자열을 인수로 가지며, 함수 내에서 입력받은 나이가 0~120이면 유효한 나이로 간주해 그 값을 호출측으로 반환한다. 만일 이 범위 밖의 유효하지 않은 나이가 입력되면 -1을 반환해 호출측에 알리도록 구성한다. 이 함수 안에서는 어떤 출력문도 가지지 않으며, 함수 호출측에서는 이 함수의 반환값을 통해 유효한 나이가 입력되었는지 판별해 적절히 처리하도록 한다.

(2) 유효범위의 임의의 **나이를 인수로 전달받아 성인여부를 판별**해주는 사용자 정의 함수 `is_adult()`를 작성하라. 이 함수는 인수로 받은 나이가 18 이하이면 미성년으로 간주해 False를, 19 이상이면 성인으로 간주해 True를 반환한다. 이 함수 역시 어떤 출력문도 가지지 않는다.

(3) 주 프로그램부에서는 앞서 작성한 두 함수를 이용해 전체 프로그램을 구성하라. 유효한 나이가 아닌 경우의 오류 출력이나 성인 여부의 출력을 담당한다.

05

사용자로부터 하나의 **문자를 입력받아 그 문자의 종류를 판별해 출력**하는 프로그램을 구성하시오. 판별할 문자의 종류는 다음과 같다.

숫자 문자, 알파벳 문자, 스페이스 공백 문자, 탭 문자, 기타 문자

실행 결과1

```
한 문자 입력? 9 Enter↵
숫자 문자를 입력했습니다.
```

실행 결과2

```
한 문자 입력? Tab Enter↵
탭 문자를 입력했습니다.
```

힌트: 이스케이프 문자를 이용한 특수 문자 표현을 이용하라.
숫자 0~9, 알파벳 A~Z, a~z는 각각 연속된 코드값을 갖는다.

06

사용자로부터 **세 자리수 이하의 10진 정수 하나를 입력받아 다음과 같이 각 자릿수를 한글로 읽어주는 프로그램**을 작성하라.

실행 결과

```
세 자리 정수 입력: 123 Enter↵
일 이 삼
```

(1) 임의의 **한 자리 10진 정수에 대한 한글 문자열을 반환**하는 함수 read_single_digit()을 작성하라.

(2) 임의의 **세 자리 10진 정수에 대한 한글을 문자열로 반환**하는 함수 read_number()를 작성하라.

(3) 주 프로그램부에서는 앞서 작성한 함수를 이용해 입출력 처리를 담당하도록 구성한다.

CHAPTER

08

반복문

이 단원을 마치고 나면

- 반복 루프를 이용해 프로그램을 구조화할 수 있다.
- 조건이 만족하는 동안 반복 처리하기 위해 while 문을 이용할 수 있다.
- 일정 범위만큼 반복 처리하기 위해 for 문을 이용할 수 있다.
- 중첩된 for 문의 동작 방식을 이해할 수 있다.
- 반복 루프 중간에서 반복을 끝내기 위해 break 문을 이용할 수 있다.

01 반복문이란?
02 while 문
03 for 문
04 중첩된 for 문
05 반복문의 활용 예제: 구구단 출력
06 break 문

01 반복문이란?

제어문의 종류

제어문

보통 하나 이상의 문장으로 구성되는 **복합문 중 다른 문장의 실행을 제어하기 위해 작성된 문장을 제어문**이라 한다. 이런 제어문은 앞 단원에서 다룬 조건문과 이번 단원에서 다룰 **반복문**으로 다시 나뉘며 다른 문장들의 실행 방식에 영향을 준다.

프로그래머는 단순히 순차적으로 문장을 처리할 뿐만 아니라 제어문을 통해 선택적이고 반복적인 방식으로도 문장을 처리할 수 있게 된다. 당장은 복잡해 보이지만, 역설적이게도 이런 구조 덕택에 프로그래머는 단순하고 유지보수하기 쉽게 코드를 작성할 수 있게 된다.

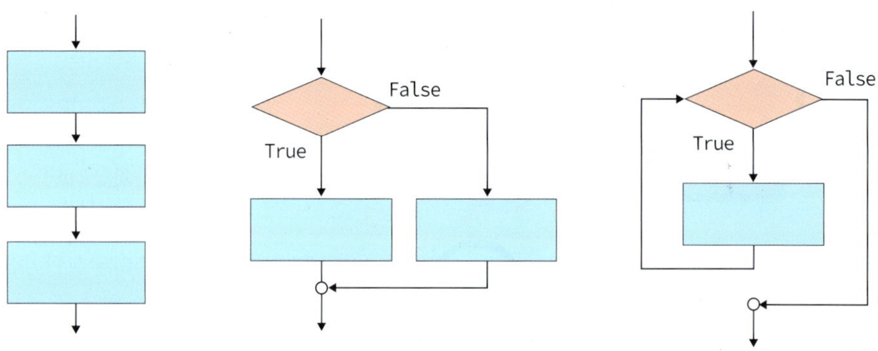

순차 구조(기본) 조건 선택 구조 반복 구조

(1) 직접 처리하는 단순문 (2) 지시하는 제어문

그림 8.1 단순문과 제어문

반복 처리의 필요성

일상생활에서 반복처리에 대한 예를 들어보자. 먼저, 줄넘기를 정확히 100번만 넘으려면 어떻게 해야 할까? 그저 적당히 줄을 넘다가 멈추는 것이 아니라, 줄을 한 번 한 번 넘을 때마다 세어 가면서 100까지 세었을 때 멈추면 된다. 물론 1부터 100까지 셀 수도 있고, 반대로 100부터 1까지 거꾸로 셀 수도 있다.

또 다른 예로 출입문의 디지털 도어락에 비밀번호를 입력하는 경우를 생각해 보자. 사용자의 실수로 디지털 도어락에 잘못된 비밀번호를 입력하면 오류 경고음과 더불어 비밀번호를 다시 입력받는 처리가 일어난다. 그래야 혹여 잘못된 비밀번호를 입력했다 하더라도 재입력 과정을 통해 문을 열 수 있게 될 것이다.

(1) 일정 횟수만큼만 반복

(2) 조건이 만족하는 한 반복

그림 8.2 다양한 반복 처리 상황

반복 루프는 반복문으로 기술하자

프로그래밍에서도 어떤 문장들을 ❶ 횟수를 세어가며 반복적으로 실행하거나, ❷ 지정한 조건을 만족할 때까지 반복해야 하는 경우가 있는데 이런 경우를 반복 루프(loop) 혹은 줄여서 루프라 부른다.

반복 루프

소스 코드에 루프를 표현하기 위해서는 루프에 포함되는 문장들을 여러 번 반복적으로 나열해 가며 코드를 작성할 수도 있다. 다만 이렇게 작성한 대부분의 경우 문제의 요구조건을 잘 만족시키지 못할 수 있고, 혹여 만족한다 하더라도 소스 코드가 비효율적인 구성되고 말 것이다.

몇 번 나열하면 충분할까?

예를 들어 대입 수능을 치르는 인원이 약 55만 명이라 가정하자. 이때 학생들의 점물론 보안 필요에 따라 재입력 횟수를 제한할 필요는 있다.

수를 입력받아 성적 처리하기 위해 같은 문장을 55만 번 반복 기술해야 한다면, 이는 가능하더라도 선택하고 싶은 해결책이 아닐 것이다. 또 때때로 디지털 도어락에서 비밀번호를 재입력해야 하는 경우는 프로그램 코드상에 나열한 입력문 횟수 만큼이 아니라 몇 번이건 간에 다시 입력받을 수 있어야 할 것이다.

(1) 일정 횟수만큼 반복해야 하는 경우 (2) 조건이 만족하는 한 반복해야 하는 경우

그림 8.3 반복 처리 상황을 프로그램 코드로 작성할 때의 한계

루프는 반복문으로 표현하자.

따라서 이렇게 프로그램이 수행되는 동안 프로그래머가 원하는 횟수만큼 혹은 어떤 조건을 만족하는 동안 특정 문장들을 반복적으로 실행하는 **루프를 기술하기 위해 반복문을 사용**한다. 반복문을 이용해 루프를 기술한 경우 그렇지 않은 경우에 비해 훨씬 더 효율적이고 간단하게 소스 코드를 작성할 수 있게 된다.

정리

반복문이 필요한 경우

- **경우1:** 원하는 횟수(혹은 범위)만큼만 반복
- **경우2:** 횟수에 상관없이 특정 조건을 만족하는 동안 반복

반복문으로 작성하기 쉽고 유지보수하기 쉬운 코드를 작성하자

반복문이라는 문법 자체는 이제까지 다룬 문법 사항들에 비해 어려울 것은 없다. 특히 이제까지 해왔던 것처럼 간단한 문제일지언정 요구사항을 분석하고, 그에 따라 어떤 처리 과정이 필요한지 찾아 설계하는 과정을 꾸준히 해왔다면 충분하다.

기본적인 프로그램 개발 단계

정리

가장 기본이 되는 단계이다. 이 과정을 미흡하게 하면 엉뚱한 프로그램이 되고 말 것이다.

요구사항 분석 → 설계 → 구현 → 테스트 → 유지보수

가장 창의적이고, 또 가장 중요한 단계이다. 구체적인 구현에 앞서 다양한 방법들을 비교하여 가장 효율적인 해결 방안을 계획한다.

다만 이제까지 작성했던 문제들이 다소 간단하다고 해서 설계과정 없이 머릿속에 떠오르는 대로 작성해왔거나, 그저 입력에 따른 출력을 내는 것에만 급급해가며 코드를 작성해 왔다면 이제부터는 한계를 조금씩 느낄 것이다. 특히 자신이 하고자 하는 전체 문제를 처리하는 과정 중에 어떤 부분을 어떻게 반복할 지에 대한 고민을 하다 보면 다소 헷갈릴 수도, 또 어렵게 느껴질 수도 있을 것이다.

그림 8.4 당신의 선택은?

하지만 반복문은 프로그래머가 좀 더 간단하게 코드를 작성할 수 있게 도와주기 위해 제공되는 문법이라는 점을 상기하자. 반복문을 적용하기에 앞서, 문제에 대한 요구사항을 찾아 설계하는 과정을 통해 ❶ 무엇을 반복할지 또 ❷ 어떻게 반복할지를 찾아 전체 문제를 구조화하는 연습을 꾸준히 해가면서 마주하게 되는 어려움들을 넘어서기 바란다.

정리

반복문을 작성하기 전에

준비1: 반복문을 통해 알아보기 쉽고, 명확하게 동작하는 코드를 작성하는데 도움을 받을 것이라는 믿음을 갖자!

준비2: 무엇을 반복할지를 찾아보자. 가능하면 더 많은 부분이 루프 안에 포함될 수 있으면 일반적으로 더 간단하고 유지보수 하기 쉬운 코드가 될 것이다.

준비3: 어떻게 반복할지를 찾아보자. 이왕이면 현재 반복 상황을 좀 더 간단하고 명확하게 나타낼 수 있는 구조로 반복문을 기술하자.

○ 파이썬에서 제공하는 반복문의 종류

파이썬에서는 두 가지 유형의 반복문이 제공된다. 하나는 while 키워드로 시작하는 반복문이고 또 다른 하나는 for 키워드로 시작하는 반복문이다. 모든 루프는 이 두 반복문 중 어느 하나를 이용해 구성할 수는 있다. 다만 **각 루프마다 좀 더 사용하기 적합한 반복문**이 있다. 예를 들어 while 문으로 작성하면 간단한데 for 문으로 작성하면 복잡해지는 경우나, 혹은 그 반대의 경우들이 있다. 따라서 **두 반복문의 기본 표현뿐만 아니라 구문상 특징들을 이해**해 여러분들이 작성하고자 하는 반복 상황을 좀 더 간단하고 명료하게 기술하기 바란다.

더 간단하고 알아보기 쉬운 형태의 반복문을 선택하라!

정리

반복문의 종류

임의의 루프는 두 종류의 반복문 중 어떤 것으로도 구성할 수 있으나, 각 반복 상황을 간단명료하게 나타내기에 더 적합한 경우가 있으니 각 반복문의 특징을 잘 이해해두자.

이제는 할 수 있어요!

일상생활에서 반복 처리해야 하는 일 중, while 문으로 표현하기 좋은 반복 경우는 어떤 것들이 있을까? 또 for 문으로 표현하기 좋은 반복 경우는 어떤 것들이 있을까? 각각의 경우에 대해 앞서 본문에서 다룬 예와 다른 사례를 하나 이상씩 찾아보자.

02 while 문

반복 나열된 if 문으로 구성한 루프가 갖는 한계

반복문이라는 새로운 구조를 적용하지 않고 기존의 문장들을 나열해 루프를 구성해 볼 수도 있지 않을까? 이를 확인해 보기 위해 다음의 프로그램을 작성해 보자.

문제

출입문에 장착된 디지털 도어락의 동작을 시뮬레이션해 보자. 이를 위해 사용자로부터 입력받은 비밀번호가 미리 지정된 비밀번호 '#1234*'와 일치하면 화면에 문이 열렸다는 메시지를 출력한다. 만일 일치하지 않으면 비밀번호를 다시 입력받도록 하고, 이 재입력 과정은 올바른 비밀번호가 입력될 때까지 계속 반복해서 처리된다.

• 첫 번째 설계 시도

앞서 제시된 상황에 대해 다음의 코드 8-1과 같이 의사 코드를 작성하였다. 반복문의 논리 구조에 초점을 맞추기 위해 일단 사용자 정의 함수 없이 구성해 보자.

그림 8.5 디지털 도어락

코드 8-1 의사 코드: 디지털 도어락 시뮬레이션 첫 번째 설계

```
# pwd = 비밀번호를 입력받음

# if 비밀번호가 미리 지정된 값과 다르면 :
      # pwd = 비밀번호를 입력받음

# 문이 열렸다는 환영 메시지 출력
```

01행에서 입력받은 비밀번호를 03행의 조건문을 통해 미리 지정된 비밀번호와 비교하도록 구성하였다. 이때 입력된 비밀번호가 지정된 값과 다르면(조건식이 참이면, 오른쪽의 붉은색 선) 다시 한 번 비밀번호 입력 과정(04행)을 수행하도록 구성하였다. 물론 03행의 조건문에서 비밀번호가 다르지 않으면(조건식이 거짓이면, 왼쪽의 푸른색 선) 04행은 수행되지 않고 바로 06행이 처리된다.

다만 이 구조에서는 앞서 살펴본 시나리오만 보면 재입력 과정이 잘 처리되는 것처럼 생각될 수도 있지만, 문제의 요구사항을 온전하게 만족시키지는 못한다. 04행에서 다시 입력받은 비밀번호 역시 잘못된 비밀번호라면 어떻게 될까? 일반적으로는 또 다시 재입력 처리가 일어나야 하는데 위 구조에서는 04행의 수행 후에는 언제나 06행이 수행되는 문제가 생긴다.

그림 8.6 이를 어쩌지?

• 두 번째 설계 시도

첫 번째 설계를 보완하기 위해 코드 8-2와 같이 수정해 보자.

코드 8-1을 수정

코드 8-2 의사 코드: 디지털 도어락 시뮬레이션 두 번째 설계

```
# pwd = 비밀번호를 입력받음

# if 비밀번호가 미리 지정된 값과 다르면 :
    # pwd = 비밀번호를 입력받음

    # if 비밀번호가 미리 지정된 값과 다르면 :    참
        # pwd = 비밀번호를 입력받음    (거짓)

# 문이 열렸다는 환영 메시지 출력    무조건
```

01행에서 입력받은 비밀번호가 올바르다면 03행의 조건평가식이 거짓이 되어 바로 09행의 문장이 수행될 것이다. 하지만 첫 입력값이 올바르지 않은 값이면 03행의 조건평가식이 참이 되어 비밀번호를 다시 입력받는 04행의 문장이 수행된다. 여기까지는 코드 8-1과 동일하다. 그런데 이렇게 재입력받은 비밀번호 역시 잘못될 수 있기에 재입력받은 직후인 06행에서 다시 한 번 더 비밀번호의 유효성을 검사해 보고 그에 따라 잘못된 입력이어서 한 번 더 입력받을지(오른쪽 붉은색 선) 아니면 올바른 입력이어서 조건문을 벗어날지(왼쪽 푸른색 선)를 결정하도록 구성해보자.

하지만 이 구조 역시 문제점을 안고 있다. 앞선 두 번의 비밀번호 입력과정이 잘못되어 세 번째로 입력받는 07행의 입력문을 수행한 이후에는 여전히 비밀번호의 유효성을 검사하지 않는다는 것이다. 즉, 세 번째 입력 후에는 무조건 환영 메시지가 출력되고 만다. 이를 보완하기 위해서는 또다시 조건문을 추가해주면 되기는 하는데, 과연 몇 개나 추가해주면 충분할까? 100개, 1000개? 상황에 따라서는 1000번 이상 반복해야 하는 일이 필요할 수도 있다.

그림 8.7 이를 어쩌지?

이렇게 유한한 횟수만큼 반복한 후에 무조건 문이 열리게 해서는 디지털 도어락의 기능을 다할 수 없다. 자물쇠의 역할을 수행하기 위해서는 올바른 비밀번호가 입력되기 전까지는 그것이 천 번이던, 만 번이던 무한히 반복되어야 할 필요가 있다. 따라서 if 문으로는 이렇게 올바른 비밀번호를 입력받는 루프를 온전히 구성할 수 없는 한계가 발생한다.

물론 보안 목적상 재입력 횟수를 제한할 수는 있다.

조건을 만족하는 한 반복하는 while 문

앞서 살펴본 예와 같이 조건을 만족하는 한 몇 번이건 간에 반복적으로 처리하는 루프를 기술할 때 while 문을 사용한다.

while 문

```
while 표현식 : 문장T      # 표현식이 True인 동안 문장T를 반복 수행하라
```

다른 제어문과 마찬가지로 while 문 역시 콜론(:)을 기준으로 앞쪽의 제어문 헤더와 뒤쪽의 제어 당하는 문장인 스위트로 나뉜다. 보통 좀 더 가독성 있는 코드를 위해서 스위트 부분을 **다음 줄에 내려 작성하는 경우에는 반드시 한 스텝 들여써야** 한다. 더불어 스위트 부분이 **여러 문장으로 구성되는 경우엔 반드시 같은 정도의 들여쓰기**를 통해 하나의 블록으로 구성해야 한다.

파이썬의 복합문에서 들여쓰기는 필수이다!

```
while 표현식 :
    문장T
```

while 문 헤더에 기술된 *표현식*은 if 조건문과 마찬가지로 True나 False의 결과값을 가져야 하며, 그 결과값이 True인 경우에 한해서 콜론 다음의 문장을 실행한다. 즉, 제어문 헤더 부분의 *표현식*이 False를 가지면 if 문과 마찬가지로 *문장T*는 수행하지 않고 while 문 다음의 문장으로 진행하고, 제어문 헤더의 *표현식*이 True인 경우에만 *문장T*가 수행된다.

다만 if 문과 달리 ***문장T*의 수행을 마치고서는 while 문 다음 문장으로 넘어가는 것이 아니라 다시 제어문 헤더의 *표현식*을 수행**하고, 여전히 *표현식*의 결과값이 True이면 *문장T*의 수행을 반복적으로 처리한다. 그러다가 제어문 헤더의 *표현식*의 결과가 False가 되면 반복을 멈추고 while 문을 벗어난다. 다시 말해 while 문 스위트 부분의 *문장T*는 whlie 문 헤더의 *표현식*이 참인 동안에 몇 번이건 간에 반복적으로 수행한다.

while 문의 수행 과정

정리

1단계: *표현식*의 결과값을 구함
2단계: *표현식* 값이 참이면 3단계로 진행
표현식 값이 거짓이면 5단계로 진행
3단계: *문장T* 실행
4단계: 1단계로 돌아감
5단계: while 문 다음 문장으로 진행

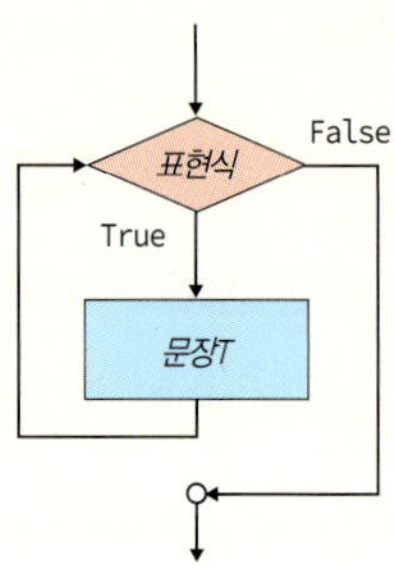

• 세 번째 설계 시도

다음의 코드 8-3은 while 문을 이용해 디지털 도어락 시뮬레이션 문제를 설계하였다. 단순히 하나의 조건문을 이용한 첫 번째 시도인 코드 8-1과 비교해 보면, 03행에서 기존의 if 키워드를 while 키워드로 바꾼 것밖에는 차이가 없다.

코드 8-3 의사 코드: 디지털 도어락 시뮬레이션 세 번째 설계

코드8-1을수정

```
01  # pwd = 비밀번호를 입력받음
02
03  # while 비밀번호가 미리 지정된 값과 다르면 :
04      # pwd = 비밀번호를 입력받음
05
06  # 문이 열렸다는 환영 메시지 출력
```

참 / 거짓 / 마지막 문장 수행 후 무조건 제어문 헤더로 이동

코드 8-3의 01행에서 입력받은 비밀번호가 올바르다면 03행의 조건평가식이 거짓이 되어 바로 06행이 처리된다. 그러나 01행에서 잘못된 비밀번호를 입력해서 03행의 조건평가식이 참이 되면 04행의 입력 과정이 처리된다. 그리고 while 문 스위트 부분의 마지막 문장이 수행되면 다시 03행의 제어문 헤더 부분을 수행함으로써 조건을 다시 검사하게 된다. 다시 말해 루프 안에서 재입력받은 비밀번호가 올바른지를 다시 검사하는 것이다.

왼쪽 푸른색 화살표 참고

왼쪽 붉은색 화살표 참고

오른쪽 초록색 화살표 참고

바로 이 점이 if 문과 다른 점이다. 앞서서 if 문은 다수의 재입력 과정을 위해 if 문을 여러 번 나열 하는 것이 필요했지만, while 문은 단 한 번의 기술만으로도 무한 번의 재입력 과정을 처리할 수 있게 된다!

if문은 무한 번 나열하는 것이 필요할 수도 있다.

코드 8-3의 의사 코드를 구현해 보자. 문제에서 유효한 비밀번호는 '#1234*'이라고 가정하였다.

코드 8-4 디지털 도어락 시뮬레이션 맞추기 구현

코드 8-3의 구현

```
01  pwd = input('비밀번호? ')        # 비밀번호를 입력받음
02
03  while pwd != '#1234*' :
04      pwd = input('비밀번호? ')    # 비밀번호를 입력받음
05
06  print('어서오세요, 문이 열렸습니다!')
```

실행 결과

```
비밀번호? 1234 Enter↵
비밀번호? qwer Enter↵
비밀번호? !@#$ Enter↵
비밀번호? 열려라참깨 Enter↵
비밀번호? #1234* Enter↵
어서오세요, 문이 열렸습니다!
```

문제에서 미리 지정한 비밀번호에 기호가 포함되어 있기에 비밀번호는 문자열로 입력받아야 한다. 파이썬에서는 문자열 데이터도 비교 연산자로 비교할 수 있으니 문제없다. 비밀번호를 처음 입력받는 01행과 재입력 처리 문장인 04행이 다소 중복되지만, 일단은 실행되었을 때 문제의 요구사항을 아래 표와 같이 잘 만족하는 것을 확인해 볼 수 있다.

표 8.1 다섯 번 만에 올바른 비밀번호가 입력된 경우의 처리 과정 추적

순번	수행 문장	수행 후 pwd 변수값	pwd != '#1234*'	의미
1	01행	1234		첫 번째 입력값
2	03행		True	비밀번호가 일치하지 않음
3	04행	qwer		두 번째 입력값
4	03행		True	비밀번호가 일치하지 않음
5	04행	!@#$		세 번째 입력값
6	03행		True	비밀번호가 일치하지 않음
7	04행	열려라참깨		네 번째 입려값
8	03행		True	비밀번호가 일치하지 않음
9	04행	#1234*		다섯 번째 입력값
10	03행		False	비밀번호가 일치함
11	06행			환영 메시지 출력

표 8.2 첫 입력에서 올바른 비밀번호가 입력된 경우의 처리 과정 추적

순번	수행 문장	수행 후 pwd 변수값	pwd != '#1234*'	의미
1	01행	#1234*		첫 번째 입력값
2	03행		False	비밀번호가 일치함
3	06행			환영 메시지 출력

여기서 꼭 기억해야 할 것은 **while 문에서 반복을 계속할지에 대한 조건 테스트는 제어문 헤더 부분에서만 수행**된다는 점이다. 즉, 루프의 첫 번째 주기를 포함해서 **루프의 매 주기가 시작되기 전에 먼저 반복할지 검사**하고, 그 결과가 참인 경우에 한해서만 스위트에 포함된 문장을 실행한다.

따라서 스위트 부분이 실행되는 도중 루프 탈출 조건이 만족되었다 하더라도 즉각적으로 루프를 벗어나는 것이 아니라 **한 과정의 루프 처리가 모두 끝나고 나서 제어문 헤더 부분의 조건평가식이 평가되어질 때 비로소 루프를 벗어날지에 대해 검사하여 처리**된다.

정리

while 문의 반복 특징

- ✓ 하나의 while 문만으로 스위트에 포함된 문장을 반복 수행할 수 있다.
- ✓ while 문의 헤더 부분의 표현식이 참인 경우에만 수행한다. 따라서 루프 첫 주기에서 표현식의 값이 거짓이면 단 한 번도 스위트 부분이 수행되지 않는다.
- ✓ 루프를 더 반복할 지에 대한 결정은 항상 헤더 부분에서만 이뤄진다. 따라서 스위트 부에서는 루프를 탈출할 수 있도록 조건을 변화시키는 구문을 가진다.

중복된 구문은 줄이자

많은 프로그래머들은 소스 코드 작성 시 중복된 표현을 줄이기를 선호한다. 그래야 소스 코드가 좀 덜 복잡해 보일 수 있고, 또 유지보수를 위해 코드를 수정하게 되었을 때 좀 더 수월하게 작업할 수 있다.

앞서 언급한 것처럼 코드 8-4의 01행과 04행은 모두 비밀번호를 입력받는 문장이다. 01행은 최초 입력을 위해, 04행은 재입력을 위해 작성되었으나 비밀번호를 입력받는다는 측면에서는 같은 동작으로, 또 같은 방식으로 처리하기에 똑같은 형태의 구문으로 작성되었다.

지금처럼 반복문 안과 밖에서 한 문장이 반복되는 경우엔 그다지 문제되지 않을 수도 있지만, 때때로 여러 문장으로 구성된 복잡한 구문들이 이와 같이 반복문 안과 밖에 중복해서 위치하면 전체적으로 코드가 복잡해 보이고 가독성이 떨어져 유지보수하기 어려운 코드가 된다.

그림 8.8 생활에서도 중복은 오버헤드

• 네 번째 시도된 설계

따라서 코드 8-4에서 중복을 제거해 좀 더 간소화된 형태로 구성하기 위해 코드 8-5와 같이 수정해 보자.

코드 8-4를 수정

코드 8-5 디지털 도어락 시뮬레이션4 구현

```
01  pwd = ''      # while 문의 조건평가식을 통과할 수 있는 초기값 필요
02
03  while pwd != '#1234*' :
04      pwd = input('비밀번호? ')      # 비밀번호는 여기서만 입력받음
05
06  print('어서오세요, 문이 열렸습니다!')
```

코드 8-5에서는 비밀번호를 입력받는 구문을 04행에만 두었다. 따라서 사용자로부터 비밀번호를 재입력받을 때뿐만 아니라 처음 입력받을 때에도 04행의 입력문이 수행되어야 한다. 그러기 위해서는 프로그램 실행 후 첫 입력을 위해 03행의 조건평가식이 True가 되어야만 한다.

예제에서는 빈 문자열 ''로 지정하였지만 다른 문자열이 될 수도 있다.

이를 위해서 01행에서 변수 pwd의 초기값을 03행의 조건평가식을 만족시킬 수 있는, 즉 미리 지정된 비밀번호 문자열과 다른 문자열로 초기화해야 한다. 그래야 while 문의 첫 루프 주기에서 03행의 조건평가식은 True의 결과를 가질테고, 그에 따라 04행의 문장이 수행되어 첫 번째 비밀번호 입력 과정이 진행될 것이다. 그리고 이 입력값은 다음 루프 주기에서 03행의 조건평가식에 따라 재입력 과정 처리 여부를 결정할 때 참조될 것이다.

코드 8-4와 비교했을 때 코드 8-5는 '비밀번호 입력' 처리를 위한 코드를 한 부분으로 단일화했다는 장점이 있다. 이 측면에서 보면 좀 더 가독성 있고 유지보수하기 쉬운 코드가 될 것이다. 다만 while 문의 반복 여부를 결정하는 변수 pwd의 초기값에 따라 반복문이 단 한 번도 수행되지 않을 수 있기 때문에 루프 시작 전에 변수 pwd를 적절한 값으로 초기화해주어야 하는 부분(01행)은 조금 신경써야 한다. 이 문제를 해결할 수 있는 또다른 방법은 8.6절에서 다시 언급하겠다.

○ 주로 while 문을 사용하기 좋은 경우

앞서 살펴본 디지털 도어락 시뮬레이션 프로그램의 예를 통해 while 문의 기본 구조와 그 동작 방식에 대해 살펴보았다. 반복문을 학습할 때에는 문법적 표현과 그

동작 방식뿐만 아니라, 해당 반복문을 어느 경우에 사용하면 좋을 지도 같이 확인해 두자 하였다.

디지털 도어락 예제에서 살펴보았듯이 **while 문은 주어진 조건이 만족되는 한 몇 번이든 간에 반복하고자 하는 루프를 표현**할 때 주로 사용한다. 도어락 예제처럼 올바른 비밀번호가 입력될 때까지 반복하거나, 혹은 유효한 나이를 입력할 때까지 재입력받거나, 혹은 지정된 범위의 메뉴 항목값이 아니면 재입력받는 등 횟수 제한 없이 조건을 만족하면 반복하고, 그렇지 않으면 반복을 마치는 유형의 루프를 구성할 때 유용하다.

(1) 조건을 만족하는 순간까지 반복 하는 상황　　　(2) 보기 중에 있는 값만 입력받는 상황

그림 8.9 while 문이 적절한 상황

정리

while 문을 주로 사용하는 경우

반복 횟수나 반복 범위가 정해져 있지 않고 그저 주어진 조건이 만족되는 한 몇 번이든 간에 계속 반복해야 하는 루프를 구성할 때

while 문으로 구성하기 번거로운 경우

디지털 도어락의 예에서와 달리 반복할 횟수 혹은 범위가 정해져 있는 동안 반복해야 하는 경우도 있다. 이에 대한 하나의 예로 1부터 5까지 수를 순서대로 출력하는 프로그램을 작성해 보자.

• 첫 번째 구현

코드 8-6에서는 반복문을 사용하지 않고 문장들의 나열을 통해 작성해 보았다.

보기만 해도 무척 번거롭다. 조금만 참자.

 # 코드 8-6 1~5까지의 수 출력1

```
01  cnt = 1
02  print(cnt)
03
04  cnt += 1
05  print(cnt)
06
07  cnt += 1
08  print(cnt)
09
10  cnt += 1
11  print(cnt)
12
13  cnt += 1
14  print(cnt)
```

변수 cnt의 값을 1부터 출력하고 나서는 1씩 증가해 가는 일을 5번 나열하였다. 그러다보니 cnt 변수를 출력하는 일과 cnt 변수의 값을 증가시키는 연산이 반복적으로 나타나고 있어 작성하기도 번거롭고, 유지보수하기도 용이하지 않은 구조이다. 따라서 이 문제는 반복문을 이용하면 좀 더 간단히 구성될 수 있을 것이다.

• 두 번째 구현

코드 8-6의 04~14행에서는 똑같은 두 문장이 네 번 반복되어 기술되었다. 따라서 이 부분을 while 문을 이용해 작성하면 코드 8-7과 같이 구성할 수 있다. 즉, 01~02행에서 숫자 1을 출력하고, 04~06행은 숫자 2부터 5까지 값의 증가와 출력을 반복한다.

코드 8-6에서 수정

 # 코드 8-7 1~5까지의 수 출력2

```
01  cnt = 1
02  print(cnt)
03
04  while cnt < 5 :
05      cnt += 1
06      print(cnt)
```

실행 결과

```
1
2
3
4
5
```

01~02행에 의해 출력

04~06행에 의해 출력

• 세 번째 구현

어차피 반복문을 통해 구성하니 이왕이면 반복할 범위를 더 넓게 표현할 수 있다면 코드를 좀 더 단순화할 수도 있을 것이다. 다시 말해 코드 8-7에서 04~06행의 반복문을 통해 1부터 5까지의 모든 수를 출력할 수 있도록 구성을 바꿔보자.

그러기 위해서는 코드 8-7에서 반복문 바깥에 있는 01~02행을 반복문 스위트인 05~06행과 같은 형태로 변환해야 한다. 즉, 코드 8-7의 01~02행은 코드 8-8의 01~03행과 같이 바꿔 기술할 수 있다.

 # 코드 8-8 1~5까지의 수 출력3

코드 8-7을 수정

```
01 cnt = 0
02 cnt += 1
03 print(cnt)
04
05 while cnt < 5 :
06     cnt += 1
07     print(cnt)
```

여기서 코드 8-8의 02~03행은 06~07행의 while 문의 스위트 부분과 같으니 좀 더 단순화하여 최종적으로 코드 8-9처럼 수정할 수 있다. 이제는 모든 수의 증가와 출력이 반복문 안에 기술되고 있다.

 # 코드 8-9 1~5까지의 수 출력4

코드 8-8을 수정

```
cnt = 0

while cnt < 5 :
    cnt += 1
    print(cnt)
```

다만 코드 8-9의 while 문은 코드 8-6이나 8-7보다는 더 짧게 기술되었지만, 제어문 헤더에서 단순히 반복 조건만 검사했던 디지털 도어락 예제의 while 문보다는 뭔가 좀 더 복잡해 보인다. 그 이유는 ❶ 매 반복 주기마다 cnt의 값을 출력하는 일 이외로, 계속 반복할지를 결정하기 위해 ❷ 변수 cnt의 값을 검사하고, 몇 번 반복했는지를 확인하기 위해 ❸ cnt를 증가시키며, 또 루프 시작 전에 ❹ 적절한 초기값으로 cnt를 설정하는 일을 해주고 있기 때문이다. 즉 단순히 반복 여부에 대한 검사만 수행했던 디지털 도어락 예제에 비해 반복 범위를 확인하고 관리하기 위해 cnt를 조작하는 문장이 추가됨에 따라 다소 복잡해졌다.

이와 같이 지정된 횟수 혹은 범위를 반복하는 경우 while 문으로도 구성할 수 있지만, 횟수나 범위를 자동으로 관리해줌으로써 좀 더 간단하고 명료하게 코드를 작성하기 위해 다른 종류의 반복문이 하나더 제공된다.

그림 8.10 또 다른 종류의 반복 구조의 필요

이제는 할 수 있어요!

프로그램 수행 시 사용자로부터 나이를 입력받고자 한다. 나이는 양수로만 표현한다하였을 때 나이를 입력받아 반환하는 함수 input_age()를 작성하자. 이 함수는 다음과 같이 호출될 수 있어야 하며 음수가 입력되면 0 이상의 양수가 입력될 때까지 다시 입력 받는다.

```
age = input_age('당신의 나이는')
print(f'당신은 {age}세이군요')
```

03 for 문

한계가 있는 반복

앞 절에서 살펴본 while 문에서처럼 반복 조건을 만족하는 동안 몇 번이든 간에 반복하는 경우가 아닌, ❶ **일정한 횟수만큼 반복하거나,** ❷ **일정 범위를 일정한 간격으로 증감하며 반복**하고자 할 때에는 주로 for 문을 사용한다. 실생활에서의 예를 들어보면, 줄넘기를 100번 뛴다던가, 10부터 0까지 수를 세어 간다던가 하는 경우에 해당한다.

for 문

(1) 일정 회수를 반복해야 하는 경우

(2) 일정 범위를 반복해야 하는 경우

그림 8.11 유한한 반복 구조

물론 앞 절에서 살펴본 것처럼 이 경우에도 여전히 while 문으로 구성할 수는 있다. 다만 while 문과 달리 이번 절에서 소개하는 for 문을 이용하면 **반복문 헤더를 통해 어떤 범위를 반복할지를 명확히 기술할 수 있고, 또 반복 횟수나 범위의 변화를 내부적으로 자동 처리할** 수 있다.

따라서 좀 더 가독성 있는 소스 코드가 될 수 있으며, 상대적으로 유지보수하기 쉬운 코드가 된다. 다만 for 문의 헤더는 단지 조건평가식 하나만 갖는 while 문보다 살짝 더 복잡해 보일 수 있다. for 문의 기본 구조는 다음과 같다.

```
for 변수 in 범위표현식 : 수행할문장
```

for 문 역시 다른 제어문과 마찬가지로 콜론(:)을 기준으로 어떻게 제어할지를 나타내는 앞쪽의 헤더와 뒷쪽의 제어 당하는 문장인 스위트로 나뉜다. 좀 더 가독성 있는 코드를 위해서 스위트를 **다음 줄에 내려 작성하는 경우에는 역시 한 스텝 들여쓰는 것을 잊지 말자.** 더불어 스위트에 **여러 문장이 포함된 경우에는 같은 정도의 들여쓰기**를 통해 하나의 블록으로 구성해야 한다.

```
for 변수 in 범위표현식 :
    수행할문장
```

for 문의 헤더는 while 문과 달리 True나 False의 결과값을 갖는 조건평가식을 갖지 않는다. 대신 **자동으로 *범위표현식* 부분에 기술된 표현식으로부터 하나의 값씩 순차적으로 *변수*에 전달되면서 스위트 부분의 *수행할문장*이 실행**된다. 즉, 매 루프 주기마다 *범위표현식*에서 야기되는 각 값을 *변수*로 받아 *수행할 문장*을 반복적으로 수행한다. 이때 *범위표현식*에는 문자열이나 복합 자료형의 데이터 혹은 range()를 사용할 수 있다.

복합자료형은 다음 단원에서 다룬다.

정리

for 문을 주로 사용하는 경우

반복해야 할 횟수를 알고 있거나, 정확한 횟수는 모르더라도 특정 반복 범위 내에서 유한한 횟수만큼 반복해야 하는 루프를 구성할 때 유용하다.

문자열을 구성하는 각 요소 문자에 대한 반복

코드 8-10의 02행은 for 문의 범위 표현식으로 문자열을 지정한 예이다. 문자열 리터럴을 직접 지정해도 되고, 예에서와 같이 문자열을 갖는 변수를 지정해도 된다. 02행이 나타내는 의미는 변수 msg가 갖는 문자열의 첫 번째 문자부터 마지막 문자까지, 매 루프 주기마다 순차적으로 한 문자씩 변수 ch에 전달받아 03행의 문장을 실행하라는 것이다. 여기서 변수 ch는 다른 이름으로 바꿔도 상관없다.

 # 코드 8-10 문자열과 for 문

```
01  msg = 'hello'
02  for ch in msg :
03      print(f'{ch}/', end='')
```

문자열 'hello'를 이루는 각 문자 사이를 /로 구분해 한 줄에 출력한다.

실행 결과

```
h/e/l/l/o/
```

지정된 범위를 반복

문자열을 for 문의 범위 표현식에 지정함으로써 그 문자열을 구성하는 첫 번째 문자부터 끝 문자까지 순차적으로 접근할 수 있다는 것을 살펴보았다. 이뿐만 아니라 for 문은 일정한 횟수나 범위를 반복하기 위해서도 사용되는데, 이때에는 **범위 표현식에 range()를 기술해 반복 범위에 대한 인덱스를 생성하면** 된다.

range()

```
for 변수 in range(start, stop, step) :
    수행할문장
```

range()는 기본적으로 시작값(start), 끝값(stop), 증감값(step)의 세 인수를 가진다. 즉, **'시작값'부터 '끝값 전'까지 '증감값 만큼씩 변경'된 수를 순차적으로 만들어**낸다. 여기서 두 개의 인수만 지정하면 증감값이 생략된 것으로 간주하며 기본적으로 1씩 증가하도록 처리된다. 한 개의 인수만 지정되면 시작값과 증감값이 생략된 것으로 처리되어 0부터 1씩 증가된 수를 만들어 낸다.

끝값(stop) 전까지 반복한다는 점에 유의하라.

각기 다른 형태의 인수를 갖는 range()를 이용해 일련의 숫자를 출력하는 다음의 예제를 살펴보자.

코드 8-11 일정한 범위를 반복하는 for 문

```
for i in range(0, 10, 1) :
    print(i, end=' ')

print()

for i in range(0, 10) :
    print(i, end=' ')

print()

for i in range(10) :
    print(i, end=' ')
```

실행 결과

```
0 1 2 3 4 5 6 7 8 9
0 1 2 3 4 5 6 7 8 9
0 1 2 3 4 5 6 7 8 9
```

코드 8-11의 세 개의 for 문은 모두 각각 0부터 9까지의 수를 한 줄에 출력하는 문장이 된다. range()를 통해 지정된 범위의 수들이 만들어지고, 이 수들이 하나씩 변수 i에 전달된 후 출력문이 반복 수행되는 것이다. 끝값으로 지정한 10 전까지만 반복된다는 점을 주의하자. 여기서 각 값을 받을 변수의 식별자는 인덱스(index)란 의미로 보통 i라는 이름을 즐겨 사용하나 상황에 따라 다른 이름을 지정해도 된다.

지정된 횟수만큼 반복

코드 8-11의 세 유형의 for 문 중 11행의 for 문이 가장 간단한 표현이 된다. 특히 이 표현은 정확히 range()의 인수로 지정된 횟수만큼 반복한다. 따라서 **for 문은 일정한 반복 범위를 기술하는 경우 외에도 반복 횟수를 아는 경우에도 유용**하게 사용된다. 12행의 출력문은 정확히 10번 수행된다는 점을 눈여겨 보자.

```
for 변수 in range(stop) :     # 수행할문장을 stop번 반복
    수행할문장
```

다만 시작값이 0이 아닌 경우에는 06행의 표현이 유용할 것이고, 증감값이 1이 아닌 경우에는 01행의 표현이 필요할 것이다. 코드 8-12의 01행과 같이 반복은 꼭 1씩 증가하지 않아도 되고, 심지어 06행과 같이 감소하는 형태를 지닐 수도 있다.

코드 8-12 다양한 인덱스 변량을 갖는 for 문

```
01 for i in range(1, 10, 2) :
02     print(i, end=' ')
03 
04 print()
05 
06 for i in range(10, 0, -1) :
07     print(i, end=' ')
```

코드 8-12의 01~02행의 반복문이 수행되면서 각 루프 주기에서 인덱스 변수 i의 값과 출력 결과의 변화를 [표 8.3]에 단계별로 나타내었다. 이와 같이 반복 루프의 각 단계별로 처리되는 내용을 살펴보는 연습은 반복문의 동작 과정을 명확히 이해하는 데 도움이 된다.

표 8.3 코드 8-12의 01~02행이 수행되는 과정

순번	수행 문장	변수 i의 값	화면 누적 출력	의미
1	01행	1		range()의 첫 번째값
2	02행		1	1 출력
3	01행	3		range()가 이전 값(1)에서 2 증가한 값 반환
4	02행		1 3	3 출력
5	01행	5		range()가 이전 값(3)에서 2 증가한 값 반환
6	02행		1 3 5	5 출력
7	01행	7		range()가 이전 값(5)에서 2 증가한 값 반환
8	02행		1 3 5 7	7 출력
9	01행	9		range()가 이전 값(7)에서 2 증가한 값 반환
10	02행		1 3 5 7 9	9 출력
11	01행			range()가 더 이상 값을 주지 않으므로 루프 종료
12	04행		1 3 5 7 9	다음 줄로 줄바꿈 처리

이제는 할 수 있어요!

(1) 사용자로부터 하나의 자연수를 입력받아 그 횟수만큼 '나는 할 수 있다'를 출력하라.

(2) 사용자로부터 하나의 자연수를 입력받아 두 자리 자연수 중 그 수의 배수만을 출력하라.

04 중첩된 for 문

중첩 구조

중첩 구조

러시아 민속 공예품 중 목각 인형 중에 "어머니 인형"이란 뜻의 마트료시카가 있다. 이 인형은 하나의 목각 인형의 몸체 안에 그보다 작은 목각 인형이 들어가 있다. 그 인형을 열면 그 안에 보다 작은 인형이 들어가 있다. 이렇게 **거듭 겹쳐지거나 포개진 형태를 중첩 구조**라 한다.

그림 8.12 중첩 구조

프로그래밍에서도 각 제어문의 스위트 부분에 단순문뿐만 아니라 또 다른 제어문이 올 수 있다. 이미 7단원에서 중첩된 구조를 갖는 `if` 문에 대해서 살펴보았다. 다만 중첩된 조건문은 좀 더 간단한 구조로 만들기 위해 논리 연산자로 조건을 묶어 주거나 `if ~ elif` 문을 이용해 좀 더 간단한 형태로 표현할 수 있었다.

중첩된 for 문

반복문의 경우에도 하나의 반복문 안에 또다른 반복문이 올 수 있다. 특히 반복 횟수가 유한한 **for 문은 중첩된 구조로 사용되어 순서쌍 형태의 변화를 야기**시킬 때 자주 사용된다. 즉, 바깥쪽 루프의 매 주기마다 안쪽 루프가 반복 실행된다.

그림 8.13 중첩된 반복의 예

함수를 통한 중첩 반복

[그림 8.13]에서처럼 각 세트별로 1부터 15까지 카운트하는 과정을 3번 반복하는 경우를 프로그래밍해 보자. 우선 단계별 세분화의 전략에 따라 주 프로그램은 다음과 같이 작성할 수 있다. 주 프로그램부에서는 각 세트 내에서 구체적으로 무엇을 할지는 관심 없고 그저 한 세트를 3번 반복한다는 것만 기술하면 충분할 것이다.

 # 코드 8-13 의사 코드: 3세트 반복

```
01  # 주 프로그램부
02  # for 3 세트 반복
03      # 각 세트의 내용 처리
```

코드 8-13에서 각 세트에서의 내용 처리(03행) 부분은 그 구성이 상대적으로 복잡할 수 있기에, 단계별 세분화 전략에 따라 코드 8-14의 07행과 같이 사용자 정의 함수를 호출하여 처리해보자. 다만 프로그램 확장 시 한 세트에서 반복할 횟수는 달라질 수 있으니 한 세트 내 반복 횟수는 함수 호출 시 인수로 전달하도록 구성해 보자.

 # 코드 8-14 구현: 3세트 반복

코드 8-13을 구현

```
01  # 사용자 정의 함수부
02  def do_one_set(n):
03      pass     # 한 세트에서 n번 반복
04
05  # 주 프로그램부
06  for s in range(3) :     # for 3 세트 반복
07      do_one_set(15)           # 각 세트의 내용 처리
```

이때 사용자 정의 함수 do_one_set()에는 1부터 15까지의 수를 한 줄에 출력하는 책임을 할당하자. 이 과정은 일정 범위를 반복하는 것이니 다음의 코드 8-15의 03~04행과 같이 단일 for 문을 이용해 구성할 수 있다.

코드 8-14를 수정

코드 8-15 1부터 15까지 한 줄에 출력하는 것을 3번 반복

```
01  # 사용자 정의 함수부
02  def do_one_set(n):
03      for cnt in range(1, n + 1) :
04          print(cnt, end=' ')
05      print()
06
07  # 주 프로그램부
08  for s in range(3) :     # for 3 세트 반복
09      do_one_set(15)          # 각 세트의 내용 처리
```

실행 결과

```
1 2 3 4 5 6 7 8 9 10 11 12 13 14 15
1 2 3 4 5 6 7 8 9 10 11 12 13 14 15
1 2 3 4 5 6 7 8 9 10 11 12 13 14 15
```

중첩된 루프

코드 8-15는 문제의 요구사항을 잘 만족시킨다. 다만 이 프로그램에서 사용자 정의 함수를 사용하지 않으면 어떤 구조가 될지 살펴보자. 즉, 09행의 do_one_set() 함수 호출문 대신에 03~05행의 문장을 직접 적용해서 다음과 같이 수정해 보자.

코드 8-15를 수정

03행의 변수 선언을 없애고 04행의 끝값을 n+1 대신 16으로 수정할 수 있으나 코드 8-16과의 비교를 위해 변수 n을 따로 두었다.

코드 8-16 1부터 15까지 한 줄에 출력하는 것을 3번 반복

```
01  # 주 프로그램부
02  for s in range(3) :     # for 3 세트 반복
03      n = 15
04      for cnt in range(1, n + 1) :    # 각 세트의 내용 처리
05          print(cnt, end=' ')
06      print()
```

코드 8-16에서 세트 반복을 위한 02행의 for 문은 스위트 부분에 변수 n의 선언(03행)과, 또 다른 for 문(04행) 그리고 출력문(06행)을 가지고 있다. 다시 말해 중첩된 for 문 구성으로, 바깥쪽 for 문이 3번 반복하면서 매 루프 주기마다 03~06행을 반복하게 된다. 따라서 안쪽 for 문(04행)을 통해 05행의 출력문은 15번 처리되고, 이 과정은 바깥 루프(02행)에 의해 총 3번 처리된다.

앞서 작성한 코드 8-15와 코드 8-16은 똑같은 결과를 낸다. 함수를 이용한 코드

8-15는 무엇을 하고자 하는지를 좀 더 분명하게 나타내기에 알아보기 쉽다. 하지만 함수 호출문은 실행 시 함수 호출에 따른 수행 처리 시간에 대한 오버헤드를 갖기에 함수를 이용하지 않은 코드 8-16이 상대적으로 좀 더 빠르게 동작될 수 있다. 반면에 함수를 이용한 구조보다는 중첩 반복문을 이용한 구조가 좀 더 복잡하게 보인다.

빠른 처리 속도가 필요한 경우가 아니라면 학습 초기에는 가독성 있는 형태로 작성하는 것을 추천한다.

비유로 설명하자면, 코드 8-15의 함수를 이용한 처리는 수강생에게 각 세트 내에서 몇 번 카운트할지를 세어가도록 하고, 강사는 그저 몇 번째 세트가 진행되는지만을 확인하는 것에 비유할 수 있다. 반면 코드 8-16의 중첩된 반복문을 이용한 것은 몇 번째 세트인지를 세는 것과 더불어 세트 내에서 몇 번 카운트했는지를 한 번에(강사일수도, 수강생일수도) 확인하는 것이다.

결국 누군가는 세고 있고, 전체 횟수는 같다.

(1) 함수를 이용 (2) 중첩된 반복문 이용

그림 8.14 중첩된 반복을 다양한 관점에서의 처리

어떤 구조를 사용해야 하는지에 대한 선택은 여러분들의 몫이다. 프로그래밍에 좀 더 익숙해지기 전에는 함수로 책임을 좀 더 분명하게 구분하는 연습을 하는 것이 도움이 된다. 다만 어느 정도 익숙해지면 좀 더 효율적인 처리를 위해 중첩된 반복문을 더 많이 사용할 것이다. 특히 **중첩된 for 문은 중첩된 리스트의 각 요소에 접근하는 처리**에 거의 필수적으로 사용되기도 하는 중요한 구조이기도 하다.

함수를 호출해 처리하면 직접 처리하는 것에 비해 시간 지연이 생긴다

! 이제는 할 수 있어요!

극장에서 좌석을 식별하기 위해 각 좌석 번호를 다음과 같이 순서쌍 형식으로 나타낸다 가정했을 때, 각 좌석 번호를 다음과 같이 출력하라.

```
(1, 1)    (1, 2)    (1, 3)    (1, 4)    (1, 5)
(2, 1)    (2, 2)    (2, 3)    (2, 4)    (2, 5)
(3, 1)    (3, 2)    (3, 3)    (3, 4)    (3, 5)
(4, 1)    (4, 2)    (4, 3)    (4, 4)    (4, 5)
```

05 반복문의 활용 예제: 구구단 출력

이제까지 다뤘던 두 종류의 반복문을 이용해서 구구단을 출력하는 프로그램을 작성해 보자. 루프를 구성하기 위해 어떤 종류의 반복문을 어떻게 사용하면 좋을 지에 대해서도 고민하면서 작성하자.

문제

사용자로부터 입력받은 하나의 양의 정수에 대해 구구단(1부터 9까지의 곱의 결과)을 출력하는 프로그램을 작성하시오. 단, 0 이하의 음수가 입력되면 양수가 입력될 때까지 다시 입력받으라.

실행 결과

```
출력할 구구단을 양의 정수로 입력하세요: 2 Enter↵
2 x 1 =  2
2 x 2 =  4
2 x 3 =  6
2 x 4 =  8
2 x 5 = 10
2 x 6 = 12
2 x 7 = 14
2 x 8 = 16
2 x 9 = 18
출력할 구구단을 양의 정수로 입력하세요: 0 Enter↵
종료합니다.
```

주 프로그램부

• 주 프로그램부에 대한 설계

전체 문제에 대한 요구사항은 다음과 같이 두 부분으로 분해할 수 있다.

❶ 사용자로부터 양의 정수를 입력받는 과정

❷ 사용자 입력값에 대한 구구단을 출력하는 과정

이를 바탕으로 전체 문제에 대한 의사 코드는 코드 8-17과 같이 ❶ 사용자로부터 양의 정수를 입력받는 부분과 ❷ 입력된 정수에 대한 구구단을 출력하는 부분으로 나누어 구성하자. 당연한 이야기이겠지만 먼저 입력을 받고나서, 그 입력값에 대해 구구단을 출력해야 할 것이다.

코드 8-17 **의사 코드: 구구단 출력**

```
# n = 사용자로부터 양의 정수를 입력받음
# n단에 대한 구구단표를 출력
```

문제에서 보면 0 이하의 음수가 입력되었을 때 재입력받는 요구사항이 존재한다. 다만 이 요구조건은 주 프로그램부에서 따로 처리하기보다는 첫 번째 요구조건인 사용자로부터 정수를 입력받는 부분에서 처리하면 되기에 전체 문제를 기술한 주 프로그램 부분에서는 따로 고려하지 않았다. 오히려 주 프로그램 부분에서 고려하게 되면 구구단표를 출력한다는 전체 문제의 논지가 흐려질 여지도 있을 것이다.

어느 정도의 책임을 맡기면 좋을지 고민해 보되 단계별 세분화 전략에서는 일단은 큰 덩어리로 나눠가자.

• 주 프로그램부에 대한 구현

각 부분에 대한 처리는 반복문을 동반한 상대적으로 복잡한 문장들이 나열될 것으로 예상되니 코드 8-18과 같이 사용자 정의 함수를 이용해 구현하자. 변수 n에 양의 정수를 얻을 수 있다면(03행), 그 n을 가지고 한 단의 구구단을 출력(06행)하면 된다. 이로써 문제의 요구사항을 충족할 수 있음을 확인할 수 있다. 다시 말하지만 음수 입력 시 재입력받는 처리는 현재 수준에서는 고민할 필요가 없고, 추후 양수를 입력받는 함수를 구현할 때 고민하면 충분할 것이다.

코드 8-18 **구현: 주 프로그램 부**

```
01 # 주 프로그램부
02 # n = 사용자로부터 양의 정수를 입력받음
03 n = input_positive_number()
04 
05 # n단에 대한 구구단표를 출력
06 display_multiplication_table(n)
```

코드 8-17의 구현
함수의 정의는 뒤에서 따로 기술했다.

사용자로부터 양의 정수를 입력받는 함수

• 사용자로부터 양의 정수를 입력받는 함수의 설계

먼저 사용자로부터 임의의 양의 정수를 입력받는 함수를 작성하자. 코드 8-19에 이 함수를 위한 의사 코드를 나타냈다. 함수는 인수 없이 호출되며 입력받은 양수를 호출측으로 반환해야 한다. 더불어 입력값이 0 이하의 음수인 경우 다시 입력받아야 한다. 이 프로그램을 실행시킨 사용자가 양수를 입력하기 전에 몇 번이나 0 이하의 음수를 입력할지는 알 수 없기에, '0 이하의 음수가 입력되었다'라는 조건을 만족하는 동안에는 몇 번이건 간에 반복 입력받도록 while 문으로 구성하자.

구체적인 문법을 만족하면 온전한 코드이지 의사 코드가 아니다.

의사 코드를 작성할 때에는 제어문에서 나오는 키워드를 이용해 좀 더 간단명료하게 표현하자. 다만 의사 코드 작성 시 프로그래밍 언어의 구체적인 문법 사항을 세부적으로 만족시키려 하지는 말자.

코드 8-18의 03행에서 호출된 함수의 의사 코드

 # 코드 8-19 input_positive_number() 함수의 의사 코드 v1

```
01 def input_positive_number() :
02     # n = 정수 하나를 입력받음
03     # while n <= 0 이면 :
04         # n = 정수 하나를 입력받음
05
06     # return n
```

코드 8-19의 02행에서 입력받은 수가 양수이면 반환처리(06행)하도록 하되, 입력값이 0 이하의 음수(03행)이면 양수가 입력될 때까지 다시 입력(04행)받도록 구성했다. 다만 앞서 제안했던 것처럼 02행과 04행의 동일한 역할을 하는 입력문은 코드 8-20과 같이 설계하면 단일화할 수 있다.

코드 8-19를 수정한 의사 코드

 # 코드 8-20 input_positive_number() 함수의 의사 코드 v2

```
def input_positive_number() :
    # n = 0
    # while n <= 0 이면 :
        # n = 정수 하나를 입력받음

    # return n
```

코드 8-20에서 변수 n을 0으로 초기화(02행)하였기에 03행의 조건평가식은 True가 되고 while 문의 첫 번째 반복 주기가 시작되어 사용자로부터 정수를 입력받을 수 있다. 이렇게 입력받은 값이 0 이하(03행)이면 다시 입력받을 것이고, 양수이면 n <= 0의 조건평가식이 False가 되어 while 문을 벗어나 값을 반환(06행)한다.

• 사용자로부터 양의 정수를 입력받는 함수의 구현

코드 8-19과 코드 8-20 모두 유효한 구현을 하는 기반이 될 수 있겠으나, 이 문제를 위해서는 중복된 코드를 없앤 코드 8-20을 기반으로 다음과 같이 구현한다.

 # 코드 8-21 input_positive_number() 함수의 구현

코드 8-20의 구현

```
01 def input_positive_number() :
02     n = 0
03     while n <= 0 :
04         n = int(input('양의 정수를 입력하세요: '))
05
06     return n
```

코드 8-21의 03행의 while 문은 함수에 속한 문장이기에 한 스텝 들여썼고, 04행은 while 문에 속한 문장이기에 다시 한 스텝 더 들여써야 한다. 이래야 파이썬 인터프리터는 소스 코드 상의 들여쓰기 정도를 기반으로 각 문장이 어디에 속하는지를 분명하게 식별할 수 있다. 파이썬에서 **복합문 구성 시 각 블록을 구성하기 위한 들여쓰기는 선택이 아니라 강제 사항**이라는 점을 잊지 말자.

• 양의 정수를 입력받는 함수의 설계 변경 및 주 프로그램부와의 통합

앞서 작성한 입력 처리 함수를 좀 더 일반화해보자. 코드 8-21에서 04행의 입력 프롬프트 메시지를 상황에 따라 다르게 설정하고자 한다면, 함수 input_positive_number()의 매개변수로 받아 처리하면 된다. 이를 적용한 전체 프로그램을 코드 8-22에 나타내었다. 함수 호출 시 문제에서 요구한 프롬프트 메시지를 인수로 전달(11행)했고, 그 전달된 인수를 매개변수 prompt로 받아(02행) 입력 시 프롬프트 메시지로 출력(05행)하는데 사용하였다. 이렇게 함수를 구성하면 함수 input_positive_number()를 양수를 입력받는 다른 곳에서도 사용할 가능성이 더 높아진다. 다시 말해 좀 더 범용적인 형태의 함수가 된다. 이렇듯 **구현 과정 중**

에 새로운 요구사항이 도출되면 애초 설계한 부분을 일부 변경할 수도 있다.

물론 아직 14행의 구구단표를 출력하는 함수가 정의되어있지 않기에 제대로 동작하지는 않을 것이다. 잠시 14행을 주석 처리하고 11행에서 입력받은 n값을 출력하는 문장으로 대체해서 이제까지 작성한 부분이 잘 동작하는지 확인해 보기 바란다.

코드 8-17을 기반으로 코드 8-18과 코드 8-21의 수정 코드를 통합

 # 코드 8-22 구현: 구구단 출력 - 입력부분

```
01  # 사용자 정의 함수부
02  def input_positive_number(prompt) :
03      n = 0
04      while n <= 0 :
05          n = int(input(prompt))
06
07      return n
08
09  # 주 프로그램부
10  # n = 사용자로부터 양의 정수를 입력받음
11  n = input_positive_number('출력할 구구단을 양의 정수로 입력하세요: ')
12
13  # n단에 대한 구구단표를 출력
14  display_multiplication_table(n)
```

특정 단의 구구단 결과를 출력하는 함수

• 특정 단의 구구단 결과를 출력하는 함수의 설계

이제 특정 단을 출력하는 함수 display_multiplication_table()을 작성해 보자. 이 함수는 호출 시 출력할 단을 인수로 갖는다. 따라서 이 함수의 의사 코드는 코드 8-23과 같이 작성할 수 있다. 구구단 출력 시 한 단은 1부터 9까지를 곱한 결과를 출력한다. 따라서 일정 범위를 반복하는데 더 자주 사용되는 for 문을 이용해 설계하자.

코드 8-22의 14행에서 호출되는 함수의 설계

 # 코드 8-23 display_multiplication_table() 함수의 의사 코드

```
# 사용자 정의 함수부
def display_multiplication_table(n) :
    # for i를 1부터 9까지 반복 :
        # n x i의 값 출력
```

• 특정 단의 구구단 결과를 출력하는 함수의 구현(1) – for 문 이용

코드 8-24는 이 함수의 구현을 나타내었다. 1부터 9까지 반복하기 위해 for 문의 범위표현(02행)에 range()를 기술했다. 이때 종료값을 10으로 지정해야 9까지 반복된다는 점에 유의하자. 이 경우에서처럼 증감값이 1인 경우엔 range()의 증감값을 생략하는 것이 좀 더 간단할 것이다. 물론 range(1, 10, 1)과 같이 쓸 수도 있다.

for 문이 반복함에 따라 03행에서 n에 대해 각 i의 값을 곱한 결과를 한 줄에 하나씩 출력하도록 작성했다. 이때 결과값은 두 자리 정수로 출력하도록 하여, 곱셈 결과가 한 자리인 경우와 두 자리인 경우 1의 자리에 정렬될 수 있도록 하자.

 # 코드 8-24 display_multiplication_table() 함수 구현

코드 8-23의 구현

```
01 def display_multiplication_table(n) :
02     for i in range(1, 10) :
03         print(f'{n} x {i} = {n * i:2d}')
```

• 특정 단의 구구단 결과를 출력하는 함수의 구현(2) – while 문 이용

만일 코드 8-24에서 정의한 함수에서 for 문 대신 while 문을 이용해 구현한다면 코드 8-25와 같다. 코드 8-25는 코드 8-24와 동일한 동작을 하는 함수이기는 하나 while 문을 통해 어떻게 반복되는지를 한참 따져봐야 이해가 되는 다소 복잡한 구문이 되고 만다. 더불어 05행을 빠뜨리는 등의 사소한 실수가 발생할 수 있다.

역시 일정 범위를 반복하는 경우엔 일반적으로 while 문보다 for 문이 더 적합함을 다시 확인할 수 있다. 물론 특정 조건을 만족할 때까지 반복해야 하는 구문은 while 문으로 표현해야 할 것이다. 따라서 반복문을 구성할 때에는 한 가지 반복문만 고집하기 보다는 **각 상황에 좀 더 적합한 반복문을 사용해 더 가독성 있고 유지보수하기 쉽도록 코드를 작성**해 가자.

 # 코드 8-25 참고: while 문으로 display_multiplication_table() 함수 구현

```
01 def display_multiplication_table(n) :
02     i = 1
03     while i <= 9 :
04         print(f'{n} x {i} = {n * i:2d}')
05         i += 1
```

코드 8-24와 같은 결과를 내나 복잡하다.

전체 프로그램으로 통합 구현

완성된 전체 프로그램은 코드 8-26과 같다.

코드 8-26 구현: 구구단 출력 - 완성

```
01 # 사용자 정의 함수부
02 def input_positive_number(prompt) :
03     n = 0
04     while n <= 0 :
05         n = int(input(prompt))
06 
07     return n
08 
09 def display_multiplication_table(n) :
10     for i in range(1, 10) :
11         print(f'{n} x {i} = {n*i:2d}')
12 
13 # 주 프로그램부
14 # n = 사용자로부터 양의 정수를 입력받음
15 n = input_positive_number('출력할 구구단을 양의 정수로 입력하세요: ')
16 
17 # n단에 대한 구구단표를 출력
18 display_multiplication_table(n)
```

단위 책임이 할당된 함수의 이름을 통해 그 호출로 무엇이 처리되는지 어느 정도는 식별할 수 있기에 14행과 17행의 주석은 생략할 수 있다.

작성한 함수들을 이용해 사용자로부터 입력된 지정된 범위의 전체 구구단표(2단~9단)나 지정된 범위의 구구단표를 출력하는 문제로 확장해 볼 수도 있을 것이다. 이것은 여러분들이 직접 작성해 보기 바란다. 단위 책임을 갖는 함수들을 재사용해서 좀 더 큰 규모의 프로그램을 작성할 수 있다라는 측면에서 접근해 보기 바란다.

이제는 할 수 있어요!

(1) 2단부터 9단까지 모든 단의 구구단을 순서대로 출력하는 프로그램을 작성해 보자. 가급적이면 앞서 작성한 함수를 이용해 구성하라.

(2) 사용자로부터 시작값과 끝값을 입력받아 그 사이의 단들에 대한 구구단을 순서대로 출력하는 프로그램을 작성해 보자.

06 break 문

반복문의 강제 종료

반복문을 끝마치기 위해서는 기본적으로 각 반복문의 헤더에서 기술한 종료 상황이 도래해야 한다. 즉, while 문의 경우 제어문 헤더의 표현식이 False가 되어야 하고, for 문의 경우에는 범위로 지정한 마지막 값이 처리되어야 한다. 그런데 반복문의 스위트에서 강제로 반복을 종료시킬 수 있는 방법이 있다. 바로 break 문을 실행하는 경우인데, 반복문 내에 포함된 break 문의 경우 그 자신을 포함하고 있는 한 단계의 반복문을 빠져나가게 한다.

반복문의 종료

break 문

그림 8.15 루프의 중간에서 루프를 벗어남

다시 말해 break 문은 반복을 강제로 중단시킬 때 사용하는 구문으로, 각 루프의 시작에서가 아니라 루프의 중간에서 반복을 끝내고자 할 때 유용하게 사용할 수 있다. 물론 break 문을 사용하지 않고 반복문을 구성할 수도 있으나, 일반적으로 break 문을 사용한 구성이 훨씬 더 가독성 있게 구성된다.

다만 반복문 안에 break 문을 단독적으로 기술하는 경우는 없다. 그런 구성을 갖는 반복문은 절대 반복되지 않을 것이기 때문에 사용되지 않는다. 보통은 반복문의 스위트에서 특정 조건이 부합되면 강제로 반복문을 빠져나가도록 구성하기 위해 if 문과 더불어 break 문을 사용한다. 다음의 각 표현식을 살펴보자.

```
while 표현식1 :
    수행할문장1

    if 표현식2 :
        break

    수행할문장2
```

기본적으로 while 문의 헤더에 기술한 *표현식1*이 False이면 반복 주기를 시작하지 않는다. 뿐만 아니라, *표현식1*이 True여서 반복 주기가 시작되었다 하더라도 *표현식2*가 True이면 break 문이 실행되어 *수행할문장2*를 실행하지 않고, 또 제어문 헤더로 이동하지 않고 즉각적으로 반복문을 빠져나가게 된다.

```
for 변수 in 범위표현식 :
    수행할문장1

    if 표현식 :
        break

    수행할문장2
```

for 문의 경우에도 마찬가지로 헤더의 *범위표현식* 부분에 기술한 표현식으로부터 모든 요소를 *변수*가 받아와 처리한 경우가 아니더라도 if 문의 *표현식*이 True 이면 break 문이 실행되어 *수행할문장2*를 실행하지 않고 현재 반복문을 빠져나온다.

break 문의 활용

앞서 다뤘던 코드 8-5를 다시 살펴보자. while 문을 이용해 반복 루프를 기술하되 입력문은 while 루프 안에만 두어 중복을 줄이는 구성을 하였다. 다만 이 경우 while 문의 첫 루프 주기에서 while 문 헤더의 조건평가식을 통과할 수 있기 위해 변수 pwd를 적절한 값으로 초기화하는 것에 유의했어야 했다.

재인용 **디지털 도어락 시뮬레이션4 구현(코드 8-5)**

```
01 pwd = ''
02
03 while pwd != '#1234*' :
04     pwd = input('비밀번호? ')
05
06 print('어서오세요, 문이 열렸습니다!')
```

실행 결과

```
비밀번호? #1234* Enter↵
어서오세요!
```

다만, 이 구현에서처럼 다소 의미없는 값으로 변수를 초기화(01행)하고, 그 값을 비밀번호와 비교해서 루프를 시작(03행)하도록 하기보다는 다음과 같이 수정해 보자.

코드 8-27 **디지털 도어락 시뮬레이션5 구현: 끝나지 않는 논리적 오류**

코드 8-5를 수정

```
01 while True :
02     pwd = input('비밀번호? ')
03
04 print('어서오세요, 문이 열렸습니다!')
```

실행 결과

```
비밀번호? 1234 Enter↵
비밀번호? abcd Enter↵
비밀번호? 123456 Enter↵
비밀번호?
```

코드 8-27의 01행을 보면, `while` 문 헤더의 조건표현식 자리에 True를 기술함으로써 무조건적으로 반복하도록 작성하였다. 다만 헤더에서 조건평가식을 갖지 않는 반복문은 무한히 반복하면서 입력받는 일을 처리하기에, 이런 구성은 끝날 수 없는 프로그램으로 적절한 구성은 아니다.

여기서 루프를 벗어날 필요가 있는 시점은 입력값이 지정된 비밀번호와 일치할 때이므로 `while` 루프 내에 있는 입력문을 처리한 직후에 루프를 다시 반복할지, 아니면 루프를 탈출할지를 `break` 문을 이용하여 구성해 보자.

코드 8-28 디지털 도어락 시뮬레이션6 구현

```
01  while True :
02      pwd = input('비밀번호? ')
03
04      if pwd == '#1234*' :
05          break
06
07  print('어서오세요, 문이 열렸습니다!')
```

실행 결과

```
비밀번호? 111 Enter↵
비밀번호? 123456 Enter↵
비밀번호? abcd Enter↵
비밀번호? #1234* Enter↵
어서오세요!
```

코드 8-28의 04행은 루프를 끝마칠 조건을 기술한 것으로, 기존의 코드 8-5의 03행의 조건평가식과 비교해 보면 반대의 상황을 기술하고 있다는 점을 유의하자. 즉, 코드 8-5의 03행은 반복하기 위한 조건을 기술하는 반면, 코드 8-28의 03행은 반복을 끝마칠 조건을 기술하고 있다.

코드 8-28은 루프 시작 전에 불필요한 변수의 초기화도 필요 없고, 루프의 첫 주기를 시작하기 위해 불필요한 비교 연산을 수행할 필요도 없다는 이점이 있다. 더욱이 코드 8-28은 ❶ 비밀번호를 입력받아, 2-1 비밀번호가 올바르면 루프를 탈출하고, 2-2 올바르지 않으면 재입력을 위해 반복한다는 제어 구조를 의식의 흐름에 따라 좀 더 명료하게 나타낼 수 있다는 장점이 있다. 특히 **루프의 중간에서 반복을 끝내야 하는 경우**에는 이런 구성의 장점이 좀 더 크게 부각된다.

정리

반복문 내에서 break 문을 사용하는 경우

- ✓ 반복문의 스위트에서 특정 조건을 만족할 때, 제어문 헤더로 돌아가지 않고도 강제로 루프를 끝내고자 할 때 사용한다.
- ✓ 조건이 항상 참인 while의 끝에서 사용해줌으로써 무조건 한 번은 수행하고 이후 더 수행할지 결정할 수 있는 반복 구조를 만들 수 있다.
- ✓ 반복문의 제어 구조를 프로그램의 흐름과 일치시켜 줌으로써 좀 더 이해하기 쉬운 반복문을 구성할 수 있다.

궁금합니다

continue 문도 있던데요?

반복문 내에서 사용될 수 있는 것으로 break 문 이외에 continue 문도 있습니다. 이 구문 역시 단독으로는 사용되지는 않고 break 문처럼 반복문 내에서 if 문과 함께 특정 조건이 되었을 때 사용됩니다.

다만 루프를 강제로 빠져나가도록 하는 break 문과 달리 **continue 문은 즉각적으로 제어문 헤더로 이동할 것을 강제하도록 하는데 사용**됩니다. 다시 말해 반복문 내에 포함된 문장들 중 continue 문 아래에 위치한 문장들의 수행을 현재 루프 주기에서 생략하고자 할 때 사용됩니다.

다만 많은 경우에 있어 continue 문을 사용하지 않고서도 같은 처리가 일어나도록 반복문을 구성할 수 있기에 사용 빈도가 덜합니다. 심지어 프로그래밍을 처음 배우는 단계에서는 불필요하게 continue 문을 사용해 복잡한 반복문을 만드는 경향도 있어 이 책에서는 다루지 않습니다.

이제는 할 수 있어요!

앞서 작성한, 사용자로부터 양수로 나이를 입력받아 반환하는 함수 input_age()를 break 문을 이용한 형태로 수정하세요. 이 함수는 다음과 같이 호출되어 사용될 수 있어야 하며 0 이하의 음수가 입력되면 양수가 입력될 때까지 다시 입력받되, 입력문은 단 한 번만 갖습니다.

```
print('당신의 나이는')
age = input_age()
print(f'당신은 {age}세 이군요')
```

이번 단원을 정리하며

- 어떤 문장들을 반복적으로 실행하는 경우 반복 루프라 한다. 프로그래밍에서 루프를 기술하기 위해 반복문을 사용한다.

- 반복문을 작성하기 앞서, 무엇을 반복할지와 어떻게 반복할지를 찾아 전체 문제를 구조화하도록 하자.

- 파이썬 제어문의 스위트 블록 구성을 위한 들여쓰기는 강제사항이다.

- while 문은 조건이 만족되는 한 몇 번이건 간에 반복적으로 처리하는 루프를 기술할 때 사용한다.

- while 문에서 기본적으로 조건 테스트는 반복문 헤더 부분에서 수행된다.

- for 문은 일정횟수만큼 반복하거나, 일정 범위를 일정한 간격으로 증감하며 반복할 때 사용된다. 헤더 부분을 통해 반복 범위나 횟수에 대해 내부적으로 자동 처리해준다.

- for 문은 종종 중첩된 구조로 사용되어 순서쌍 형태의 변화를 야기시킬 때 사용된다.

- 반복문 내에서 break 문은 한 단계의 반복문을 빠져나가게 한다. 따라서 if 문과 같이 사용되어 루프 중간에서 탈출할 조건을 명시할 때 사용된다.

연습 문제

이번 단원에서 학습한 반복문은 거의 모든 소스 코드에서 사용되는 문법일 것이다. **좀 더 명확하고 간결하게 루프를 기술하는 연습**을 해보자

01 7단원 연습 문제4에서 작성한 사용자로부터 나이를 입력받아 **성인 여부를 판별해 출력하는 프로그램**을 다음과 같이 수정하고자 한다.

나이를 입력받는 함수 `input_age()`에서 **유효하지 않은 나이가 입력되면 다시 입력**받도록 수정하자. 즉, 이 함수는 반드시 유효한 나이만을 호출측으로 반환한다.

실행 결과1

```
나이? 200 Enter↵
나이? -20 Enter↵
나이? 20 Enter↵
당신은 성인입니다.
```

실행 결과2

```
나이? 10 Enter↵
당신은 성인이 아닙니다.
```

02 사용자로부터 10진 양의 정수를 입력받아 **각 자릿수를 한글로 표시해주는 프로그램**을 다음과 같이 작성하고자 한다. (7단원 연습 문제 6번 참고)

사용자로부터 고정된 자릿수의 정수가 아니라 **임의 자릿수 정수를 입력받아도 처리 가능하도록** `read_number()` 함수를 수정하라.

실행 결과1

```
양의 정수 입력: 1225 Enter↵
일 이 이 오
```

실행 결과2

```
양의 정수 입력: 135790 Enter↵
일 삼 오 칠 구 영
```

연습 문제

03 다음과 같이 사용자로부터 입력받은 **시작값부터 끝값 사이에서 5의 배수를 제외한 모든 홀수를 출력**하고자 한다. 이를 위해 함수 find_odd()를 작성해 처리하라.

(1) 이 함수는 호출 시 **처리할 범위(시작값과 끝값)와 배수로 제외할 수를 인수로** 전달한다. 예를 들어 find_odd(0, 100, 5)와 같이 호출되면 시작값(0)부터 끝값(100)까지 5의 배수를 제외한 홀수를 출력한다.

실행 결과

```
시작값? 0 Enter↵
끝값? 100 Enter↵
제외할 배수? 5 Enter↵
1       3       7       9       11      13      17      19      21      23
27      29      31      33      37      39      41      43      47      49
51      53      57      59      61      63      67      69      71      73
77      79      81      83      87      89      91      93      97      99
```

(2) 앞선 문제의 find_odd()에서 출력 결과를 다음과 같이 **한 줄에 5개씩만 출력**할 수 있도록 수정하라.

실행 결과

```
시작값? 0 Enter↵
끝값? 100 Enter↵
제외할 배수? 5 Enter↵
1       3       7       9       11
13      17      19      21      23
27      29      31      33      37
39      41      43      47      49
51      53      57      59      61
63      67      69      71      73
77      79      81      83      87
89      91      93      97      99
```

04

다음과 같이 **윤년 여부를 반복적으로 판별하는 프로그램**을 작성하시오. 반복 여부에 대해 Y 혹은 y가 입력되면 반복하고, 그 외의 문자가 입력되면 반복을 마칩니다. (7단원의 연습 문제 2번에서 작성한 함수 `is_leap_year()` 참고)

실행 결과

```
윤년 여부를 확인할 연도는? 2000 Enter↵
2000년은 윤년입니다.
다른 연도도 확인하겠습니까? Y Enter↵

윤년 여부를 확인할 연도는? 2016 Enter↵
2016년은 윤년입니다.
다른 연도도 확인하겠습니까? y Enter↵

윤년 여부를 확인할 연도는? 1900 Enter↵
1900년은 평년입니다.
다른 연도도 확인하겠습니까? N Enter↵
```

05

사용자로부터 입력받은 정수값에 대해 다음과 같이 **직각 삼각형 모양을 출력하는 프로그램**을 작성하라.

(1) 다음과 같이 입력받은 높이만큼 정수를 나열하여 직각 삼각형 모양으로 출력하라.

실행 결과1

```
높이? 3 Enter↵
1
12
123
```

(2) 다음과 같이 * 문자를 이용해 직각 삼각형 모양으로 출력하라.

실행 결과2

```
높이? 3 Enter↵
  *
 **
***
```

힌트: 각 행마다 공백과 * 문자의 출력 개수가 변한다.

CHAPTER

09

복합 자료형 소개

이 단원을 마치고 나면

- 다수의 데이터를 한 덩어리로 묶어 저장하는 복합 자료형의 개념과 특징을 알 수 있다.
- 리스트를 선언하고 각종 연산자와 메서드를 이용해 데이터를 조작할 수 있다.
- 튜플을 선언하고 각종 연산자와 메서드를 이용해 데이터를 참조할 수 있다.
- 딕셔너리를 선언하고 각종 연산자와 메서드를 이용해 데이터를 조작할 수 있다.

01 복합 자료형이란?
02 리스트
03 리스트의 동작
04 튜플
05 딕셔너리

01 복합 자료형이란?

이제까지 다뤘던 기본 자료형의 변수는 마지막에 대입된 하나의 데이터만 저장할 수 있는 저장 공간이었다. 반면 이 장에서 다룰 복합 자료형(compound data type)은 **여러 데이터들을 모아서 유지**할 수 있는 저장 공간을 가리킨다. 연관된 데이터들을 개별적인 변수에 따로따로 저장하는 대신, **하나의 이름을 가지며 일관된 방법으로 저장하고 접근**하고자 할 때 사용된다.

복합 자료형

그런데 이제까지는 변수만 가지고서도 데이터들을 잘 저장할 수 있었는데, 왜 하나의 이름으로 여러 데이터들을 모으고자 하는 것일까? 역시 비유로 예를 들어 보자. 자율 배식을 하는 식당에서 음식을 개별적인 그릇에 담아 이동하기 보다는 식판이나 쟁반에 내가 먹을 음식들에 대한 그릇들을 한 번에 담아 이동할 수 있다면 훨씬 더 편리할 것이다.

식별의 편의성
이동의 편의성

(1) 일반 그릇

(2) 식판

그림 9.1 단순 변수와 복합 자료형 변수의 비유

마찬가지로 연관된 데이터들은 독립된 식별자를 가진 개별 변수로 따로 접근하기 보다는, **한 덩어리로 그룹지어 접근했을 때 좀 더 간단하고 일관되고 또 명료하게 접근**해가며 처리할 수 있다. 더불어 다수의 데이터에 대해 개별적인 이름이 아닌 하나의 이름이 부여되기에 앞 단원에서 다룬 **반복문과 함께 결합**하면 일련의 데이터에 대해 좀 더 효율적으로 반복적인 처리를 할 수 있다.

8단원에서는 항상 같은 변수에 대해서만 반복 처리할 수 있었다!

이 단원에서는 기본적인 복합 자료형을 어떻게 만들어 사용하는지에 대한 기본 특징만 다루고, 좀 더 실질적으로 사용하는 것은 다음 단원에서 자세히 살펴보도록 하겠다.

02 리스트

리스트란?

일상에서의 리스트(list)는 연관된 정보들의 목록을 가리킨다. 이와 비슷하게 파이썬의 리스트는 ❶ 다수의 데이터를 하나의 이름으로 접근할 수 있으며, ❷ 저장 순서를 유지하고, ❸ 순번에 따라 각 데이터에 접근하면서 주어진 작업을 수행하고자 할 때 사용하는 복합 자료형이다. 더불어 ❹ 주로 반복문과 함께 사용하여 효율적으로 데이터에 접근할 수 있게 하는 저장 구조이다. 간단히 말해 리스트는 저장 순서를 유지한 채 하나의 이름이 부여된 변수들의 묶음이라 생각하자.

리스트

리스트의 사용으로 간단하고 유지보수하기 쉽게 프로그래밍할 수 있다.

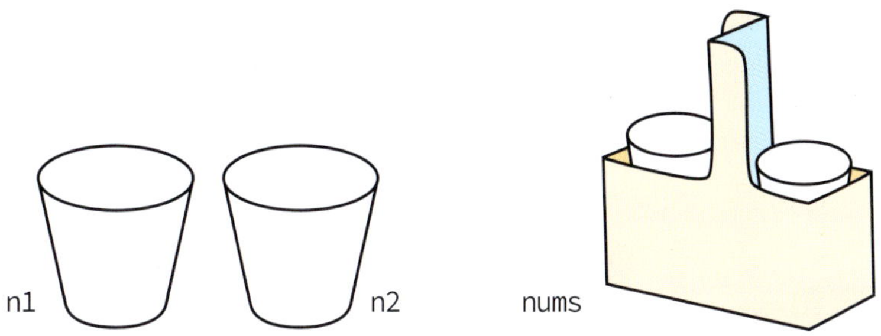

(1) 개별적인 두 변수 n1과 n2 (2) 두 요소를 갖는 하나의 리스트 nums

그림 9.2 단순 변수와 복합 자료형 변수의 비유

예를 들어 [그림 9.3]과 같이 두 종류 음료수 디스펜서 중에서 원하는 음료를 얻고자 할 때 각 음료의 이름을 모르더라도 '주스 디스펜서의 왼쪽에서 첫 번째 음료를 주세요'라고 하면 어떤 음료를 원하는지 분명하게 식별할 수 있다. 이처럼 리스트는 연관된 다수 데이터를 모아서 하나의 이름으로 저장하고, 순번에 따라 접근할 수 있도록 구성된 데이터 저장 구조를 가리킨다.

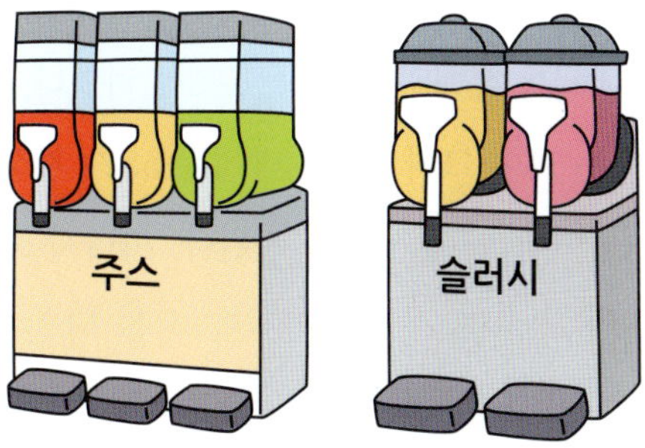

그림 9.3 음료수 디스펜서

요소

이런 리스트에 포함된 개별적인 데이터를 **요소(element)**라 부른다. 즉, 리스트는 여러 요소를 순번에 따라 한 덩어리로 묶은 것이며, 문자열과 비슷하게 리스트 자체적으로 각종 기능을 제공하는 메서드를 가지고 있다. 이를 통해 프로그래머는 프로그래밍 시 편리하고 효율적으로 리스트를 가지고 다양한 작업을 처리할 수 있다. 리스트와 문자열은 유사점들이 많으니 상호 간에 비교해가면서 정리해두자.

리스트의 생성

리스트의 선언

변수와 마찬가지로 리스트도 사용하기 위해서는 먼저 초기값 할당을 통해 선언해 주어야 한다. 다만 변수와 달리 리스트의 경우에는 다수의 데이터를 포함할 수 있기 때문에 **선언 시 대괄호 [ ] 안에 0개 이상의 값들을 순서대로 콤마로 구분해 나열**해준다.

```
리스트_이름 = [값1, 값2, ..., 값n]      # n개의 요소를 갖는 리스트 선언문
```

그림 9.4 각 학과별 탑승자 목록

• 같은 자료형을 갖는 요소들의 나열 예

다음의 코드 9-1의 01행에서 선언된 `list1`은 정수 다섯 개를 요소로 가지고 있는 리스트이다. 리스트는 순서를 유지하는 저장 구조라 하였다. 따라서 `list1`의 다섯 개의 요소 중 제일 앞에는 11이 그리고 마지막에는 55가 저장된다. 중간에 값을 추가하거나 삭제하지 않는 이상 이 순서는 유지된다. 따라서 보통은 **접근하고자 하는 요소가 리스트 몇 번 요소에 저장되어 있는지를 확인해가며 사용**한다.

코드 9-1 기본적인 리스트 선언 예

```
01 list1 = [11, 22, 33, 44, 55]
02 list2 = ['단출하게', '단아하게', '당당하게']
03 list3 = []
04 print(list1)
05 print(list2)
06 print(list3)
```

실행 결과

```
[11, 22, 33, 44, 55]
['단출하게', '단아하게', '당당하게']
[]
```

02행의 list2는 세 개의 문자열을 저장하는 리스트이다. 03행의 `list3`은 초기값을 하나도 설정하지 않은 공백 리스트이다. 다시 말해 단 하나의 요소도 가지고 있지 않은 빈 리스트이다. 각 리스트는 추후 값을 추가해가며 사용할 수 있다.

변수와 마찬가지로 리스트에는 다양한 종류의 데이터가 저장된다.

04~06행과 같이 `print()`의 인수로 리스트를 전달하면 리스트의 각 요소값이 [ ]로 묶여 출력된다. 이것은 리스트가 그저 한 덩어리의 데이터가 아니라 각각 독립적인 데이터들의 묶음임을 명시적으로 나타내는 것이다. 물론 일반적으로는 뒤에서 배울 연산을 통해 리스트의 각 요소를 반복적으로 따로따로 접근해 사용할 것이다.

• 다양한 자료형을 갖는 요소들의 나열 예

파이썬의 변수에는 어떤 데이터가 저장되는지에 따라 자료형이 결정된다. 이와 비슷한 관점으로 코드 9-2에서 01행의 `list4`와 같이 한 리스트가 갖는 모든 요소값의 자료형을 일치시킬 필요는 없다. 즉, 서로 다른 자료형의 요소도 연관된 정보로서 하나의 리스트에 저장할 수 있다.

다만 기초 프로그래밍을 다루는 이 책에서는 동일한 자료형을 갖는 리스트 위주로 다루도록 한다.

그림 9.5 식당 대기줄

코드 9-2 보다 복잡한 구성의 리스트 선언

```
01 list4 = [11, '홍길동', 19, 180.5]        # 번호 / 이름 / 나이 / 키
02 list5 = [11, '홍길동', [10, 10, 92, 100]] # 번호 / 이름 / 점수들
03 print(list4)
04 print(list5)
```

실행 결과

```
[11, '홍길동', 19, 180.5]
[11, '홍길동', [10, 10, 92, 100]]
```

심지어 02행과 같이 한 리스트의 요소로 또 다른 리스트를 포함할 수도 있다. 이런 유형의 리스트는 다음 단원에서 다루도록 하고 일단 이 단원에서는 리스트의 요소가 기본 자료형의 데이터인 경우만 다뤄보자.

정리

리스트

- ✓ 연관된 다수의 데이터들을 저장 순서를 유지하여 저장해 놓은 복합 자료형이다.
- ✓ 하나의 이름과 순번에 따라 각 요소 데이터에 접근할 수 있다.
- ✓ 대괄호 [] 안에 0개 이상의 값들을 콤마로 구분해 순서대로 나열하여 선언한다.
- ✓ 어떤 자료형의 데이터도 하나의 리스트로 묶을 수 있다.

리스트의 내부 구조

복합 자료형인 리스트는 기본 자료형의 변수와 달리 하나의 이름으로 여러 데이터를 저장할 수 있다. 더불어 리스트 자체적으로 제공되는 메서드를 통해 그 자신에 데이터를 추가할 수도 있고, 수정할 수도, 삭제할 수도 있다. 즉, **리스트는 여러 칸을 가지고 있는 그릇이되, 그 칸의 개수가 가변적일 수 있는 그릇에 비유**할 수 있다. 이런 특징을 갖기 위해 파이썬의 리스트는 기본 자료형의 데이터와는 다른 특징을 갖는다.

2.3절에서 파이썬의 모든 데이터는 내부적으로 객체로 표현된다고 하였다. 더불어 파이썬의 변수는 데이터 값을 직접 갖는 것이 아니라 변수 외부에 존재하는 데이터 객체에 대한 참조값으로 대상 객체의 아이디만을 갖는다는 것을 3.1절에서 간단히 살펴보았다. 다만 수나 문자열 같은 기본 자료형의 데이터는 한 번 생성된 이후에는

그림 3.4 참고

그 내용이 바뀔 수 없는 불변 객체이기에 이런 상황을 굳이 의식하지 말고 사용하자고 제안했었다.

불변 객체

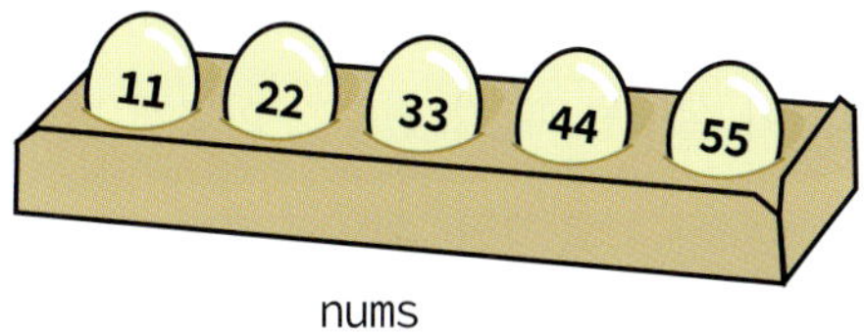

(1) 비유적 관점

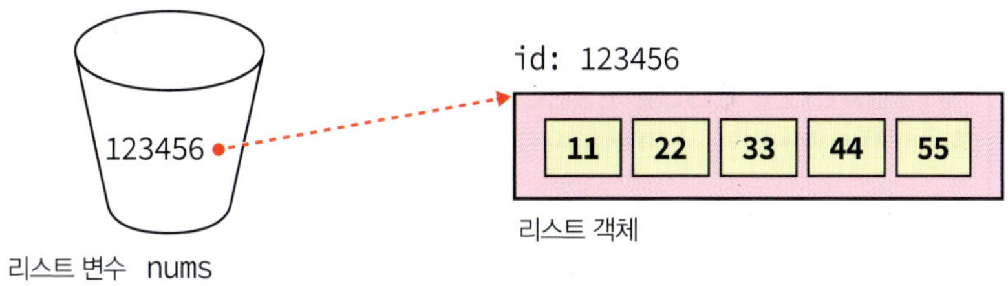

(2) 파이썬 내부에서 실제 유지 상태

그림 9.6 리스트의 내부 구조

엄밀히 말하면 변수 nums가 가리키는 대상이 리스트이다. 다만 변수 nums를 통해 그것에 접근할 수 있으므로 간단히 nums를 리스트라 부르자.

그런데 불변 객체인 기본 자료형의 데이터와 달리 리스트와 같은 **복합 자료형의 데이터는 그 자신이 직접 변경될 수 있는 가변 객체의 특징**을 지닌다. 즉, 기본 자료형의 변수처럼 ❶ 변수에 저장된 데이터 객체에 대한 아이디가 다른 아이디로 바뀔 수도 있지만, ❷ 그 변수가 가리키는 리스트 객체 자신이 수정될 수도 있는 특징을 갖는다.

가변 객체인 복합 자료형

이 두 번째 특징 때문에 때때로 복합 자료형인 리스트를 사용할 때에는 기본 자료형의 변수를 사용하는 경우와 달라지는 상황이 발생되기에 주의해야 한다. 리스트에 가변적인 개수의 데이터를 저장할 수 있다는 것도 바로 이 특징에 기인한다.

정리

리스트의 내부 구조

- ✔ 불변 객체인 기본 자료형의 데이터와 달리 리스트와 같은 복합 자료형의 데이터는 그 자신이 변경될 수 있는 가변 객체로 유지된다.
- ✔ 리스트를 사용할 때에는 리스트를 가리키는 변수의 값이 바뀌는 것인지, 아니면 리스트 자신이 바뀌는 것인지를 식별할 필요가 있다.

○ 파이썬 튜터 사이트

파이썬 튜터

파이썬 프로그램 실행 시 리스트의 내부 구조를 좀 더 명료하게 살펴보기 위해서 파이썬 튜터 사이트(http://www.pythontutor.com)[1]를 이용해 설명하고자 한다. 이 사이트는 프로그램이 실행될 때 각 변수가 어떻게 변화하는지를 가시적으로 보여준다.

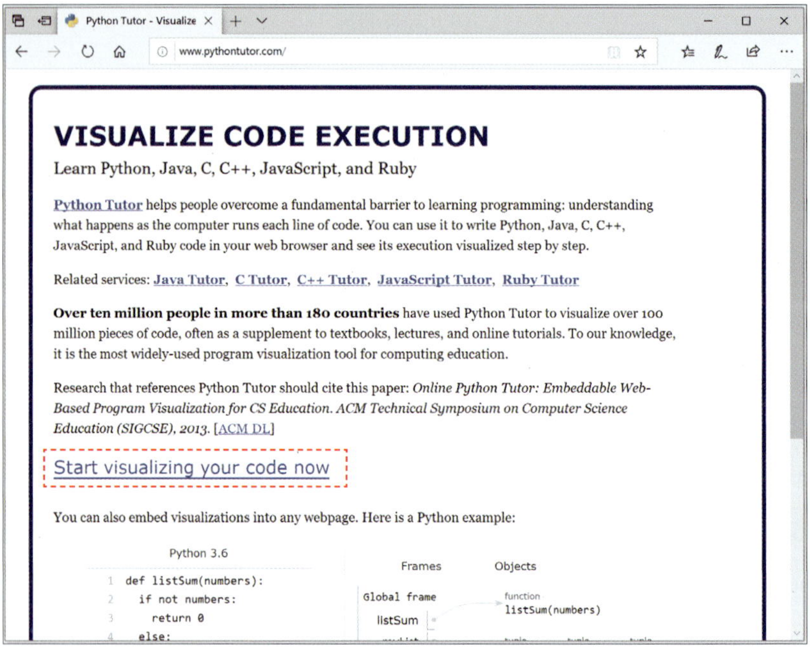

그림 9.7 파이썬 튜터 사이트 메인 페이지

• 파이썬 튜터를 이용한 리스트 내부 구조 분석

파이썬 튜터 사이트에 접속한 후 화면 중간에 있는 [Start visualizing your code now] 링크를 클릭하면, 소스 코드를 입력할 수 있는 코드 편집창이 나타난다. 이곳에 코드 9-3을 입력하자.

코드 9-3 변수와 리스트의 비교

```
n = 10

nums = [11, 22, 33]
```

[1] Philip Guo에 의해 제작된 사이트

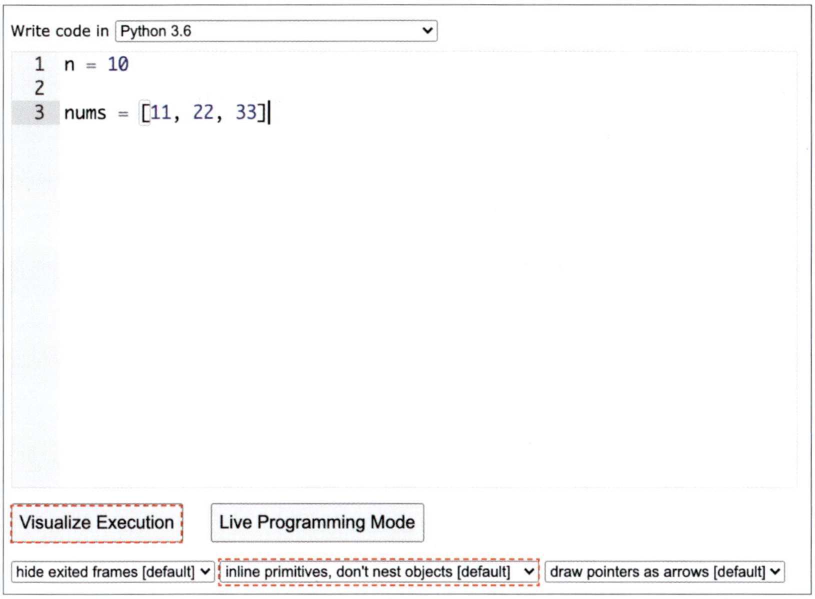

그림 9.8 파이썬튜터 사이트에서 코드 9-3 작성

가운데 콤보박스의 기본 선택값인 [inline primitives, don't nest object]는 불변객체에 대해 우리가 가졌던 관점처럼 변수가 직접 값을 갖는 것처럼 단순화해서 표현한다.

이것을 [render all objects on the heap (Python/Java)]로 설정하면 단순화 없이 모든 객체를 명시적으로 표현할 수 있다.

[그림 9.8]과 같이 입력을 마쳤으면 코드 편집 화면 하단의 [Visualize Execution] 버튼을 클릭하라. 그러면 [그림 9.9]와 같은 파이썬 튜터 실행 화면을 만나게 된다.

그림 9.9 파이썬 튜터 사이트에서의 [시각화된 실행]: 시작 준비 단계

왼쪽 소스 코드 부분에는 사용자가 입력하여 현재 실행 중인 코드가 표시되어 있다. 소스 코드 1행의 라인번호 앞쪽에 빨간색 화살표는 이 문장이 다음에 수행할 문장이라는 뜻이다. 다시 말해 현재는 입력한 소스 코드 중 아직 한 문장도 실행되지 않은 상태이다. 이 상태에서 소스 코드 하단에 있는 [Next >] 버튼을 한 번만 눌러보자.

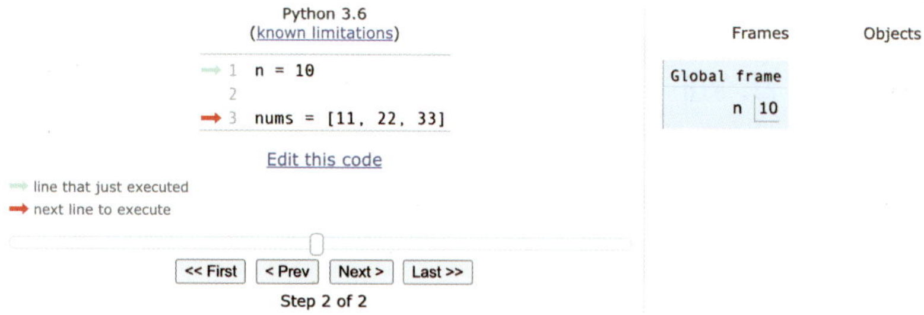

그림 9.10 파이썬 튜터 사이트에서의 [시각화된 실행]: 첫 번째 문장 실행 후

이제 화면은 [그림 9.10]과 같이 변경된다. 1행 앞에 연두색 화살표는 방금 그 문장이 실행되었다는 것을 명시적으로 나타낸다. 더불어 그 문장이 수행된 결과로서 화면 우측에 전역 공간을 나타내는 Global frame이라는 곳에 변수 n이 생성되어 초기값 10을 갖고 있음을 나타낸다.

정확히는 10이라는 정수 리터럴 객체에 대한 아이디를 변수 n이 갖고 있다.

파이썬에서의 모든 변수는 객체에 대한 아이디를 가진다. 다만 파이썬 튜터 사이트의 시각화된 실행 결과에서는 불변 객체인 기본 자료형의 데이터에 대한 경우엔 이제까지 우리가 다뤄왔던 관점에서처럼 그저 **변수가 직접 값을 갖는 것처럼 단순화해서 표시**하고 있다는 점에 유의하자.

더불어 빨간색 화살표는 3행으로 이동하여 다음에 수행할 문장은 3행임을 나타내고 있다. 3행의 문장을 실행하기 위해 다시 Next > 버튼을 한 번 누르자.

그림 9.11 파이썬 튜터 사이트에서의 [시각화된 실행]: 두 번째 문장 실행 후

[그림 9.11]의 좌측 소스 코드 부분을 보면, 연두색 화살표를 통해 방금 수행된 문장이 3행임을 알 수 있다. 또 우측의 그림에는 전역 공간에 3행에서 선언한 nums라는 리스트를 위한 변수가 생성된 것을 볼 수 있다.

다만 기본 자료형의 변수 n과 비교해보면, 리스트 nums가 갖는 값들은 nums라는 이름이 가리키는 공간에 리스트의 각 요소값이 직접 저장되는 것이 아니라 별도의

Objects라는 공간에 리스트의 각 요소들이 하나의 그룹(객체)으로 할당되어지고, 그 객체를 nums라는 변수가 참조하고 있다. 다시 말해 nums라는 **리스트 변수에는 리스트 요소값들이 저장된 영역을 가리키는 리스트 객체에 대한 아이디가 저장**되어 있다는 것을 명시적으로 나타낸다.

사실 기본 자료형의 변수도, 리스트에 대한 변수도 모두 데이터 객체에 대한 아이디만을 갖는다. 다만 기본 자료형의 데이터는 불변 객체로 그 값이 바뀌지 않기에 변수가 직접 값을 갖는 것처럼 표기하고 있는 반면, 리스트 같은 가변 객체는 그 자신이 변경될 수도 있기에 별도의 영역에 따로 표기하고 있는 것이다.

따라서 일반 변수와는 다른 특징이 생긴다.

물론 우리가 이런 차이를 의식해야 하는 경우는 그리 많지 않다. 일단, **파이썬의 변수에는 데이터가 직접 할당된 것이 아니라 데이터 객체에 대한 참조값이 저장된다** 정도로만 기억해두고, 이 절 뒤에서 다룰 리스트의 대입 연산과 다음 단원에서 함수와 리스트를 연동하는 것을 다룰 때 어떤 차이점이 생기는지 구체적으로 살펴보도록 하자.

정리

파이썬 튜터에서의 데이터 묘사 방법과 그 특징

[불변 객체에 대한 묘사]

- ✓ 기본 자료형의 데이터는 변수 안에 객체에 대한 아이디를 적는 대신 해당 값을 직접 그려 넣는다.(기본설정값)
- ✓ 기본 자료형의 데이터는 수정되는 것이 아니라 **항상 대체**된다.

[가변 객체에 대한 묘사]

- ✓ 복합 자료형의 데이터는 변수와 독립적인 공간에 데이터 객체를 그리고, 변수에서 나가는 화살표로 그 객체를 참조하도록 그린다.
- ✓ 복합 자료형의 데이터는 **대체될 수도** 있고, 그 자신의 내용이 **수정될 수도** 있다.

○ 리스트 인덱싱

앞서 살펴본 것처럼 리스트는 데이터들의 묶음에 대한 일종의 참조값을 갖는 변수로 볼 수 있다. 다음 그림과 같이 첫 요소부터 0 이상의 양의 정수로 순번을 매기고, 반대로 리스트의 마지막 요소부터는 음의 정수로 순번을 매긴다는 것은 문자열의 경우와 동일하다.

이 책에서도 파이썬 튜터에서처럼 기본 자료형의 변수와 달리 리스트는 복잡도를 줄이기 위해 그저 화살표로만 표시하고 아이디는 생략한 채로 변수가 리스트 객체를 참조하는 형태로 묘사한다.

```
list1 = [11, 22, 33, 44, 55]
```

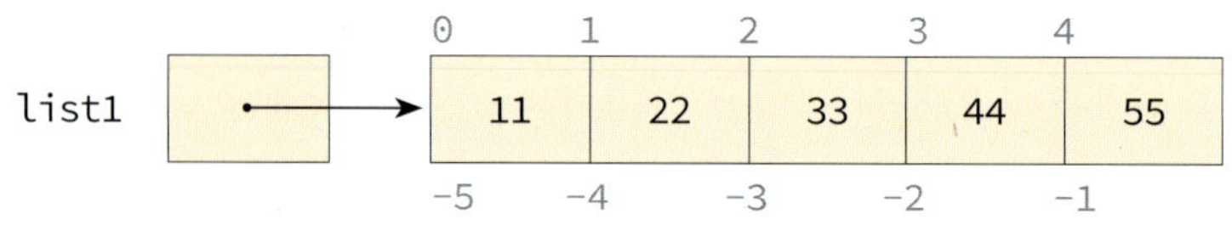

그림 9.12 리스트의 구성

리스트 인덱싱

모든 연산은 결과값을 갖는다는 것을 기억하자.

문자열과 마찬가지로 리스트도 **유효한 순번(인덱스)에 따라 각 요소 데이터를 개별적으로 선택해 접근**할 수 있는 인덱싱 연산을 제공한다. 다음의 표현식은 리스트에서 *접근할_요소의_인덱스*에 해당하는 요소값을 결과값으로 갖는다. 문자열 인덱싱의 경우와 마찬가지로 첫 번째 요소에 대한 인덱스는 무조건 0번이라는 점을 잊지 말자.

유효하지 않은 인덱스 사용시 IndexError 발생

```
리스트이름[접근할_요소의_인덱스]      # 해당 인덱스의 요소값을 결과로 가짐
```

이때 하나 주의할 것은 **리스트 선언문에서는 [ ] 안에 각 요소의 초기값들을 나열**한 반면, 리스트 **인덱싱에서는 [ ] 안에 접근할 요소의 인덱스**를 써준다는 점이다. 똑같이 리스트에 대한 변수 이름 다음에 오는 [ ]이지만 어떤 상황이냐에 따라 그 안에 사용되는 표현과 그 의미가 서로 다르다는 점에 유의하라.

코드 9-4 리스트 인덱싱

```
list4 = [11, '홍길동', 19, 180.5]     # 번호 / 이름 / 나이 / 키
print(list4[1], '님의 키는', list4[-1], 'cm입니다.')
```

실행 결과

```
홍길동 님의 키는 180.5 cm입니다.
```

리스트 슬라이싱

리스트 슬라이싱

문자열 슬라이싱과 마찬가지로 리스트 슬라이싱은 **범위를 이용해서 리스트를 구성하는 부분 요소들에 대한 리스트를 결과로 얻는 연산**이다. 다음의 표현식은 리스트의 *시작인덱스*부터 (*끝인덱스* – 1)까지의 부분 리스트를 결과값으로 갖는다.

```
리스트이름[시작인덱스:끝인덱스]    # 시작인덱스 ~ (끝인덱스 - 1) 사이의
                                  # 부분 리스트를 결과값으로 가짐
```

다시 말해 결과 리스트에 *끝인덱스*에 대한 요소는 포함되지 않는다. 또 대부분의 다른 연산과 마찬가지로 피연산자 항으로 사용된 리스트의 값은 변경되지 않고 그저 해당 범위의 부분 리스트를 결과값으로 갖는다는 점도 유의하자. *시작인덱스*가 생략되면 0번부터 슬라이싱 하고, *끝인덱스*가 생략되면 마지막 요소까지 슬라이싱 하게 되는 점도 문자열의 경우와 동일하다.

코드 9-5에서 02행의 리스트 슬라이싱은 `list1`의 1번 요소부터 3번 요소 전까지, 즉 1번과 2번 요소들로 구성된 부분 리스트를 결과로 갖고, 이 결과 리스트를 sub_list라는 변수가 가리키게 된다.

 # 코드 9-5 리스트 슬라이싱

```
01  list1 = [11, 22, 33, 44, 55]
02  sub_list = list1[1:3]
03  print(sub_list)         # [22, 33]이 출력
04  print(sub_list[0])      # 22가 출력
```

실행 결과

```
[22, 33]
22
```

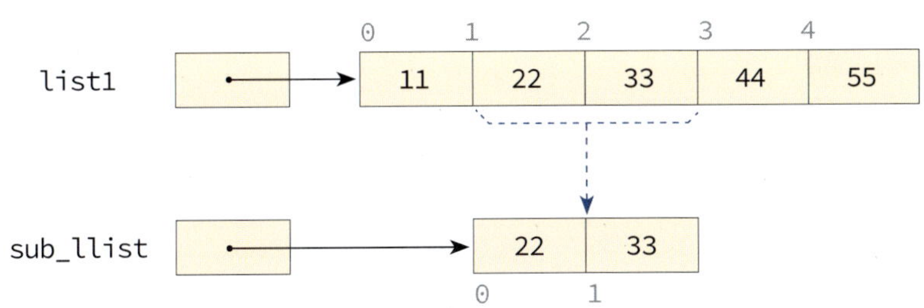

그림 9.13 리스트 슬라이싱의 예

리스트의 요소 수정

• 인덱싱 혹은 슬라이싱을 이용

가변 객체인 리스트가 갖는 특징

내부적으로 가변 객체로 표현되는 리스트는 일련의 데이터를 유지할 수 있을 뿐만 아니라, 유지하고 있는 요소 데이터를 수정할 수도 있다. 리스트의 요소를 수정하기 위해서는 두 가지 방법을 생각해 볼 수 있는데, 첫 번째로는 특정 한 요소만 수정하기 위해 리스트 인덱싱을 이용할 수 있다. 두 번째로 한 요소 이상의 연속된 범위의 요소를 수정하기 위해서는 리스트 슬라이싱을 이용할 수 있다. 리스트 **인덱싱을 이용한 수정의 경우 인덱싱한 요소의 값만 수정**하는 효과를 얻을 수 있고, 리스트 **슬라이싱의 경우 지정한 범위의 요소들을 한 번에 수정**할 수 있다.

인덱싱으로 단일 요소 수정
슬라이싱으로 범위 요소 수정

코드 9-6의 예제를 살펴보자. 리스트 인덱싱을 이용한 03행은 리스트 nums의 0번 요소의 값을 -1로 수정하라는 문장이다. 반면에 06행의 리스트 슬라이싱 결과는 nums의 부분 리스트인 [22, 33]을 나타내는데, 이 부분을 [100, 200, 300]으로 대체한 결과 리스트를 갖는 구문이 된다.

 # 코드 9-6 리스트 요소 수정

```
01  nums = [11, 22, 33, 44, 55]
02
03  nums[0] = -1
04  print(nums)     # [-1, 22, 33, 44, 55]
05
06  nums[1:3] = [100, 200, 300]
07  print(nums)     # [-1, 100, 200, 300, 44, 55]
```

실행 결과

```
[-1, 22, 33, 44, 55]
[-1, 100, 200, 300, 44, 55]
```

• 요소 수정 시 주의사항

다만 리스트 인덱싱을 이용해 리스트를 수정할 때에는 다음과 같은 경우 의도하지 않은 처리가 일어날 수 있으니 주의해야 한다.

 # 코드 9-7 리스트 요소 수정시 주의사항

```
01 nums = [11, 22, 33, 44, 55]
02
03 nums[1] = [100, 200, 300]
04 print(nums)
```

실행 결과

```
[11, [100, 200, 300], 33, 44, 55]
```

리스트 인덱싱을 이용한 코드 9-7의 03행은 리스트 nums의 1번 요소를 교체하고자 한다. 이는 nums의 두 번째 요소인 정수 22를 제거하고 그 자리에 100, 200, 300을 추가한 것이 아니라, 요소 22를 리스트 [100, 200,300]으로 대체한다. 따라서 실행 결과와 같이 04행은 다른 리스트를 요소로 갖는 리스트를 출력한다.

다만 우리는 보통 이렇게 대체하는 것을 원하지 않을 것이다. 따라서 그저 nums에서 22라는 요소 하나를 지우고, 그 자리에 100, 200, 300이라는 세 요소를 끼워넣고자 한다면 다음과 같이 작성해야 한다는 것을 주의하자.

하나의 값을 갖는 요소를 다른 리스트로 대체한 것이다!

 # 코드 9-8 한 요소를 다수의 요소로 대체할 때의 주의사항

코드 9-7을 수정

```
nums = [11, 22, 33, 44, 55]

nums[1:2] = [100, 200, 300]
print(nums)
```

실행 결과

```
[11, 100, 200, 300, 33, 44, 55]
```

코드 9-8은 리스트 슬라이싱을 이용해 리스트의 요소를 수정한다. 표현식 nums[1:2]는 리스트 nums의 부분 리스트인 [22]에 해당하기에, 그 부분을 [100, 200, 300]으로 대체한 것이다. 앞선 코드 9-7과 달리 **부분 리스트를 다른 부분 리스트로 대체**한 것이기에 그 결과는 우리가 의도한 바와 같이 될 것이다.

print(num[1])과 print(num[1:2])를 확인해 보라.

```
리스트이름[수정할요소인덱스] = 교체데이터            # 특정 한 요소를 대체
리스트이름[시작인덱스:끝인덱스+1] = [교체데이터들]  # 지정된 범위의 요소들을 대체
```

○ 리스트의 대입 연산

파이썬에서 변수는 데이터 객체에 대한 아이디만을 갖는다.

기본 자료형의 변수 y에 대해 x = y와 같은 대입문은 변수 y가 갖는 불변 객체에 대한 아이디를 변수 x도 갖도록 대입하는 처리가 일어난다. 따라서 두 변수는 같은 값을 갖게 된다. 이후 두 변수 중 어느 하나에 새로운 값을 대입하면, 그 변수는 새로운 객체에 대한 아이디를 저장하게 될 것이며, 두 변수는 서로 다른 값을 유지할 수 있다. 이런 대입 연산을 리스트에 대해 수행하면 어떻게 될까?

코드 9-9에서 초기값을 갖는 리스트 nums1과, 공백 리스트 nums2를 선언하였다. 이때 04행에서는 nums2를 새로 선언하면서 nums1을 대입하였다. 아마도 nums2는 nums1의 각 요소를 복사받아 새로 생성된 리스트가 될 것으로 생각된다(일단 그렇게 처리된다고 생각하자). 그리고 06행에서 nums2의 첫 번째 요소값을 0으로 바꾼 후 07~08행에서 두 리스트를 각각 출력했다.

 # 코드 9-9 리스트 대입 연산(얕은 복사)

```
01  nums1 = [11, 22, 33]
02  nums2 = []
03
04  nums2 = nums1       # 리스트의 대입 연산은 어떤 특징이 있나?
05
06  nums2[0] = 0
07  print(nums1)        # 예상과 같은 결과가 출력되는가?
08  print(nums2)
```

▶ 실행 결과

```
[0, 22, 33]
[0, 22, 33]
```

자, 출력 결과가 예상과 같은가? 복사본 리스트인 num2의 요소값을 바꾸었는데, 예상과 달리 원본 리스트인 nums1의 첫 번째 요소도 0으로 바뀌었다! 왜 그럴까? 이 문제를 가시적으로 확인하기 위해 파이썬 튜터 사이트에서 확인해 보자.

단지 머릿속으로만 떠올리지 말고 파이썬 튜터 사이트를 통해 각 단계별로 시각적으로 구체화해보며 익히기 바란다.

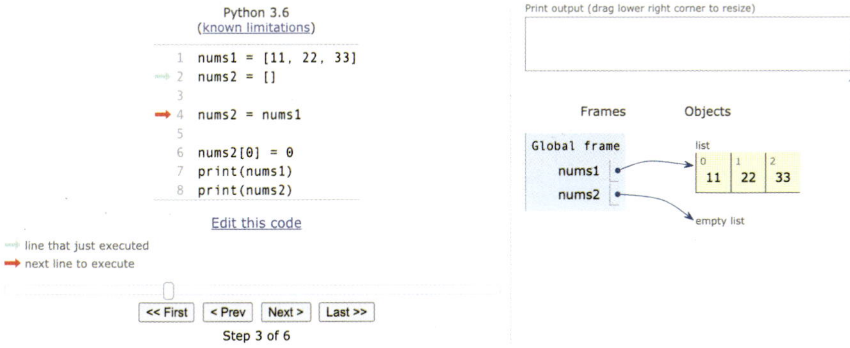

(1) 리스트의 복사 : 복사 전 상태

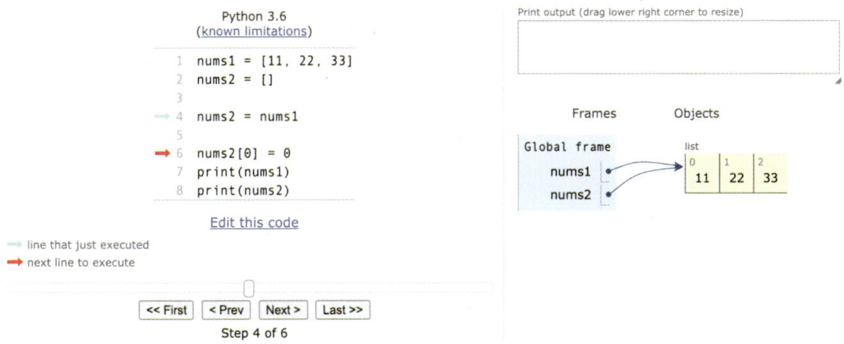

(2) 리스트의 복사 : 복사 전/후 상태 비교

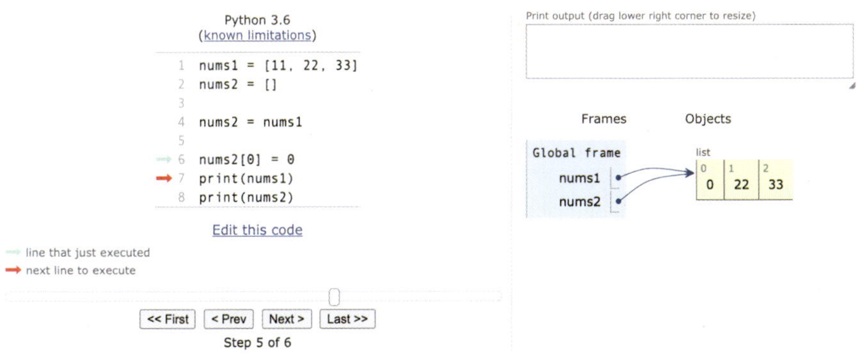

(3) 리스트의 복사: 복사된 리스트의 요소값 변경 상태

그림 9.14 리스트의 대입 연산

[그림 9.14(1)]은 코드 9-9의 04행이 수행되기 직전의 상태를 나타낸다. nums1과 nums2라는 두 변수는 현재 서로 다른 아이디를 갖고 있고 따라서 서로 다른 곳을 참조한다. 이 상황에서 04행의 대입문을 수행하면 nums1과 동일한 요소를 갖는 새로운 리스트 객체가 생성되고 그 아이디가 nums2에 저장되는 것이 아니라, [그림 9.14(2)]와 같이 변수 nums1이 갖고 있는 아이디가 그대로 nums2에 복사된다. 즉,

파이썬에서 내부적으로 모든 변수는 데이터 객체에 대한 아이디값만을 갖는다는 것을 기억하자.

두 변수 nums1과 nums2는 같은 리스트 객체를 가리키게 된다.

리스트 변수가 아니라 리스트 객체를 수정한 것이기 때문이다!

이때 06행에서처럼 어느 한 리스트의 요소값을 0으로 바꾸면 결과적으로 두 리스트의 요소값이 모두 바뀐 효과가 생기게 되는 것이다. 그러므로 리스트의 경우 04행과 같은 대입 연산은 온전한 의미로 리스트를 복사했다고 보기 어렵다. 이렇게 **리스트 변수가 갖는 아이디만 복사하는 경우를 얕은 복사**라 부른다.

얕은 복사

불변 객체인 기본 자료형 데이터에 대한 변수 역시 데이터 객체에 대한 아이디값을 갖지만, 기본 자료형의 데이터 객체는 그 자신이 수정될 수 없기에 다른 값을 대입하면 새 값에 대한 별도의 객체가 만들어지고 그에 대한 아이디가 대입된다. 하지만 리스트와 같은 복합 자료형의 가변 객체는 객체 자신이 수정될 수 있기에 이런 차이를 식별해야 한다.

물론 불변 객체처럼 리스트를 가리키는 변수에 새로운 리스트를 할당할 수도 있다.

그렇다면 단지 얕은 복사가 아니라 **기존의 리스트와 똑같은 요소들을 갖는, 하지만 별도의 복사본 리스트를 생성**하고자 한다면 어떻게 해야 할까? 이와 같은 복사를 **깊은 복사**라 부른다. 이 작업은 파이썬에서 몇 가지 다른 방법으로 처리할 수 있는데, 우리는 앞 절에 살펴본 리스트 슬라이싱을 이용해 보고자 한다. 코드 9-9의 04행을 다음과 같이 수정해 보자.

깊은 복사

코드 9-10 리스트 대입 연산(깊은 복사)

```
01  nums1 = [11, 22, 33]
02  nums2 = []
03
04  nums2 = nums1[:]
05
06  nums2[0] = 0
07  print(nums1)
08  print(nums2)
```

04행으로 num2는 공백 리스트에 대한 아이디 대신 슬라이싱 연산의 결과 리스트에 대한 아이디를 갖게 된다.

실행 결과

```
[11, 22, 33]
[0, 22, 33]
```

코드 9-10의 04행은 리스트 nums1에 대해 리스트 슬라이싱 연산의 결과값을 nums2에 대입한다. 여기서 슬라이싱의 시작값과 끝값을 모두 생략했기에 '리스트의 시작부터 마지막까지 모든 요소들'을 결과값으로 갖도록 처리되어 [그림 9.15]와 같이 nums2에는 nums1과 똑같은 요소들로 구성되지만 독립된 리스트가 할당된다.

```
리스트이름1 = 리스트이름2[:]      # 리스트2를 깊은 복사한 리스트를 얻음
```

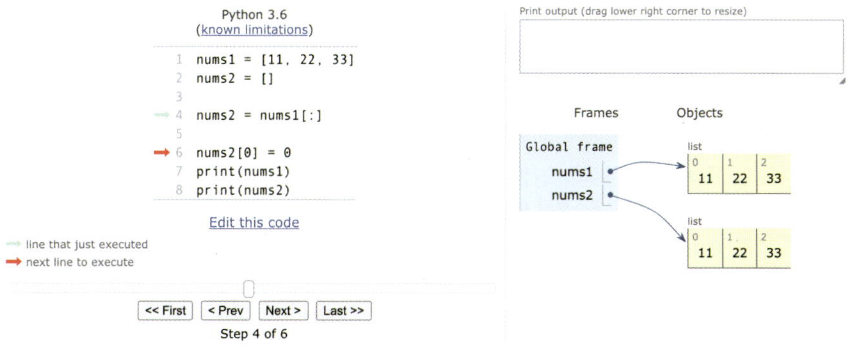

그림 9.15 리스트의 깊은 복사

따라서 06행의 수행은 [그림 9.16]에서와 같이 리스트 nums1에는 전혀 영향을 미치지 않고 오로지 리스트 nums2의 특정 요소만 수정하는 결과를 얻을 수 있게 된다. 아마도 이것이 우리가 애초에 기대했던 결과일 것이다. 복합 자료형에 대한 변수는 **가변 객체에 대한 참조값을 갖고 있기 때문에 대입문에서 이런 특징이 발생**한다는 것을 구분해 기억하자.

깊은 복사는 원본과 같은, 하지만 독립된 실체를 갖는 진정한 복사이다.

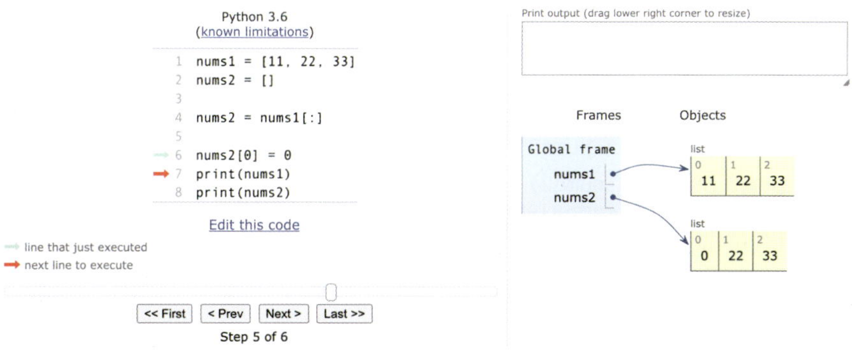

그림 9.16 깊은 복사된 리스트의 요소 수정

리스트의 비교 연산

대입 연산자 이외에 리스트와 함께 자주 사용할 수 있는 연산자로서 비교 연산자를 떠올려 볼 수 있다. 기본적으로 7.2절에서 다룬 비교 연산자들을 모두 사용할 수 있다. 다만 비교 연산 대상이 단지 각 변수가 갖고 있는 아이디를 비교하는 것이 아니라

리스트에 비교 연산이 갖는 특징

리스트에 속한 각 요소값들을 순서대로 비교한다.

연산자 기호	리스트 연산에서의 의미
==	두 리스트에 포함된 각 요소들이 순서에 따라 모두 같은가? (일치)
!=	두 리스트에 포함된 각 요소들이 순서에 따라 같지 않은 경우가 하나라도 있는가? (불일치)
>	두 리스트를 각 요소 순서에 따라 비교하되, 첫 번째로 다른 요소의 왼쪽 리스트 요소 값이 오른쪽 리스트 요소보다 더 큰가? (초과)
>=	두 리스트를 각 요소 순서에 따라 비교하되, 첫 번째로 다른 요소의 왼쪽 리스트 요소 값이 오른쪽 리스트 요소보다 더 크거나 같은가? (이상)
<	두 리스트를 각 요소 순서에 따라 비교하되, 첫 번째로 다른 요소의 왼쪽 리스트 요소 값이 오른쪽 리스트 요소보다 더 작은가? (미만)
<=	두 리스트를 각 요소 순서에 따라 비교하되, 첫 번째로 다른 요소의 왼쪽 리스트 요소 값이 오른쪽 리스트 요소보다 더 작거나 같은가? (이하)

비교 연산자 중에서 부등호를 포함하는 연산의 경우 비교하는 두 리스트에서 같은 인덱스를 갖는 요소들의 값이 같다면 그 다음 요소를 비교하며, 처음으로 다른 요소 값을 비교한 결과가 연산의 최종 결과값이 된다. 다시 말해서 **리스트의 앞쪽 요소에 비교 우선순위가 부여**된다.

코드 9-11 리스트의 비교 연산의 예

```
01  nums1 = [11, 22, 33]
02
03  nums2 = nums1[:]
04  print(nums1 == nums2)     # True
05
06  nums2[1] = 0              # [11, 0, 33]
07  print(nums1 == nums2)     # False
08  print(nums1 < nums2)      # False
09  print(nums1 > nums2)      # True
```

실행 결과

```
True
False
False
True
```

코드 9-11의 04행에서는 깊은 복사된 리스트는 모든 요소가 당연히 일치되기에 True의 결과를 낸다. 06행에서 깊은 복사된 nums2의 두 번째 요소를 0으로 수정하면 nums1과 달리 반해 nums2는 [11, 0, 33]의 값을 가지므로 07행에서는 False의 결과를 낸다. 08행의 비교 연산에서는 두 리스트의 0번 요소는 일치하나 1번 요소의 값은 nums1은 22인데, nums2는 0으로 nums1[1] < nums2[1] 연산은 False가 되고 이 값이 nums1 < nums2의 최종 결과값이 된다. 마찬가지로 09행은 반대의 결과를 얻을 것이다.

리스트의 연결 연산

두 리스트에 대해 **+ 연산을 수행하면 두 리스트의 요소들을 하나로 연결**한 리스트를 결과로 가진다. 또 임의의 리스트에 대해 **정수를 * 연산 수행하면 해당 리스트의 요소들을 정수 번 반복**한 리스트를 결과로 갖는다. 두 경우 모두 피연산자 항으로 사용된 리스트는 변경되지 않고 **결과값으로 새로운 리스트를 갖는**다. 리스트에 대한 + 연산과 * 연산은 문자열의 그것과 동일한 효과를 얻는다. 코드 9-12의 예를 참고해 보자.

리스트 연결 연산

리스트 반복 연산

```
리스트1 + 리스트2    # 두 리스트를 연결한 하나의 새로운 리스트를 결과로 가짐
리스트 * 정수        # 리스트를 정수 번 반복한 하나의 새로운 리스트를 결과로 가짐
```

코드 9-12 리스트의 연결 연산

```
nums1 = [11, 22, 33]
nums2 = [44, 55]

nums3 = nums1 + nums2       # 리스트의 연결 연산
print(nums3)

nums4 = nums1 * 2           # 리스트의 반복 연산
print(nums4)
```

nums1과 nums2는 변경되지 않는다.

실행 결과

```
[11, 22, 33, 44, 55]
[11, 22, 33, 11, 22, 33]
```

03 리스트의 동작

앞 절에서 리스트란 무엇이고, 어떻게 생성하는지, 또 리스트에 대해 사용할 수 있는 기본 연산자들에 대해 살펴보았다. 이번 절에서는 리스트를 인수로 전달받는 내장 함수와 리스트 자체에서 제공하는 기능인 메서드에 대해 살펴보도록 하자.

리스트의 길이 확인

리스트에 포함된 데이터의 개수를 확인하고자 한다면 다음과 같이 내장 함수 len()을 이용할 수 있다.

내장 함수 len()

```
len(리스트이름)      # 인수로 지정한 리스트의 요소 개수를 반환
```

코드 9-13 리스트 길이(요소 개수) 확인

```
nums = [11, 22, 33, 44, 55]

n = len(nums)      # 리스트 num의 요소 개수가 저장됨
print(n)
```

실행 결과

```
5
```

리스트에 요소 추가

기존의 리스트에 새로운 요소를 추가하고자 한다면 코드 9-14와 같이 리스트 객체에서 제공하는 append() 메서드나 insert() 메서드를 이용한다. 문자열 메서드와 마찬가지로 메서드를 호출할 때에는 반드시 특정 대상에 대해 . 연산을 수행해야 한다는 점을 기억하자. 따라서 일반 함수와 달리 호출 시 대상 리스트를 인수로 전달할 필요가 없다.

메서드는 객체 스스로 갖는 기능(함수)이다.

리스트의 append() 메서드

리스트의 insert() 메서드

append() 메서드는 인수로 지정한 데이터를 해당 리스트의 맨 마지막 요소에 추가하며, **insert() 메서드는 첫 번째 인수로 지정한 삽입 위치에 두 번째 인수로 지정한 데이터를 추가**한다. 이때 삽입 위치에 있는 기존의 요소와 그 이후 요소들은 한 칸씩 뒤로 밀려난다. 특히 이 메서드들은 단순히 결과 리스트를 반환하는 것이 아니라 **대상 리스트의 요소를 직접 변경**한다는 점에 유의하라.

리스트는 가변 객체이다.

```
리스트이름.append(값)              # 리스트의 마지막 요소에 값 추가
리스트이름.insert(삽입위치, 값)      # 리스트의 삽입위치에 값을 끼워넣음
```

아래 코드 9-14에서 03행의 append() 메서드의 호출은 기존 리스트의 맨 마지막 요소로 55를 추가한다. 즉, 33 다음에 55가 추가된다. 06행의 insert() 메서드의 호출은 리스트의 3번 인덱스 요소 자리, 즉 리스트의 네 번째 요소로 44를 추가한다. 이때 기존의 3번 인덱스 요소였던 55는 뒤로 밀려나게 된다. 09행의 insert() 메서드 호출은 리스트의 -1번 인덱스 요소 자리에 50을 추가한다. 이때 append() 메서드처럼 맨 마지막 요소 다음에 추가하는 것이 아니라 맨 마지막 요소를 뒤로 밀고 그 자리에 새 요소 50을 삽입한다는 것에 유의하라.

 # 코드 9-14 리스트에 요소 추가

```
01  nums = [11, 22, 33]
02
03  nums.append(55)        # nums의 맨 마지막 요소로 55 추가
04  print(nums)
05
06  nums.insert(3, 44)     # nums의 3번 요소 자리에 44 삽입
07  print(nums)
08
09  nums.insert(-1, 50)    # nums의 마지막 요소 자리에 50 삽입
10  print(nums)
```

실행 결과

```
[11, 22, 33, 55]
[11, 22, 33, 44, 55]
[11, 22, 33, 44, 50, 55]
```

리스트의 요소 삭제

• del 문과 remove() 메서드를 이용한 삭제

리스트에 포함된 특정 요소를 삭제하기 위해서는 두 가지 방법을 살펴볼 수 있다. 첫 번째는 del 문을 이용해 지정된 요소를 삭제하는 방법과, 두 번째는 리스트의 remove() 메서드를 이용하는 방법이 있다.

del 문

리스트의 remove() 메서드

del 문은 리스트 인덱싱이나 슬라이싱을 이용해 삭제할 요소의 선택식을 전달받아 리스트에서 해당 요소를 삭제한다. 반면에 **remove() 메서드는 해당 리스트에서 메서드의 인수로 전달한 값과 일치하는 첫 번째 요소값을 삭제**한다.

```
del 리스트이름[삭제할_요소_인덱스]
del 리스트이름[삭제할_요소의_시작_인덱스:삭제할_요소의_마지막_다음_인덱스]
리스트이름.remove(삭제할_값)
```

remove() 메서드를 이용하면 삭제할 요소가 리스트 몇 번째에 나오는지를 몰라도 삭제할 수 있다는 점에서 del 문과 차이가 있다. 더불어 del 문은 대상 리스트의 삭제할 요소(들)에 대한 선택식을 전달해야 하지만, remove()는 리스트의 메서드이므로 대상 리스트에 대해 직접 호출한다는 차이점을 갖는다.

코드 9-15의 03행은 리스트 nums의 1번 인덱스를 갖는 요소인 22를 삭제하는 구문이다. 06행은 리스트의 2번 요소부터 4번 요소 전까지인 0과 11을 삭제하는 구문이다. 반면에 09행은 리스트의 시작부터 검색해 처음으로 만나는 33을 삭제하는 구문이다.

코드 9-15 리스트 요소 삭제

```
01  nums = [11, 22, 33, 0, 11, 22, 33]
02
03  del nums[1]        # nums의 1번 요소인 22 삭제
04  print(nums)
05
06  del nums[2:4]      # nums의 2번부터 4번 전까지의 요소 [0, 11] 삭제
07  print(nums)
08
09  nums.remove(33)    # nums의 시작에서 처음 만나는 33 삭제
10  print(nums)
```

실행 결과

```
[11, 33, 0, 11, 22, 33]
[11, 33, 22, 33]
[11, 22, 33]
```

• 리스트 슬라이싱과 clear() 메서드를 이용한 삭제

특정 범위의 요소들을 한 번에 삭제하는 또 다른 방법으로는 리스트 슬라이싱을 이용해 선택된 요소들을 공백 리스트로 대체해서 처리할 수도 있다. 만일 리스트의 모든 요소들을 삭제하려면 간단하게 clear() 메서드를 이용할 수 있다.

리스트의 clear() 메서드

```
리스트이름[시작인덱스:끝인덱스] = []      # 시작인덱스~(끝인덱스-1) 요소 삭제
리스트이름.clear()                        # 모든 요소 삭제
```

코드 9-16의 03행은 nums의 1번부터 3번 요소의 부분 리스트를 공백 리스트로 대체하는 연산이다. 결과적으로 해당 범위의 요소를 삭제한 효과를 얻을 수 있다.

같은 원리로 리스트 상의 전체 요소를 삭제하기 위해서는 nums[:] = []와 같이 사용할 수 있지만, 간단하게 06행에서와 같이 clear() 메서드를 이용하면 된다.

코드 9-16 리스트의 여러 요소 삭제

```
01  nums = [11, 22, 33, 44, 55]
02
03  nums[1:4] = []      # nums의 1번~3번 요소 삭제
04  print(nums)         # [11, 55] 출력
05
06  nums.clear()        # nums의 모든 요소 삭제
07  print(nums)         # [] 출력
```

실행 결과

```
[11, 55]
[]
```

리스트의 요소 위치 반환

리스트의 index() 메서드

리스트의 count() 메서드

리스트 상에 존재하는 특정 요소의 첫 번째 인덱스를 알고자 한다면 index() 메서드를 사용하면 된다. 특정값과 일치하는 리스트 상의 요소의 개수는 count() 메서드를 통해 얻을 수 있다.

```
리스트.index(값)    # 리스트 내에 인수값과 일치하는 첫 번째 요소의 인덱스 반환
리스트.count(값)    # 리스트 내에 인수값과 일치하는 요소의 개수 반환
```

코드 9-17 리스트 요소 위치 및 개수 확인

```python
nums = [11, 22, 33, 44, 33]

print(nums.index(33))     # 첨자 2 출력
print(nums.count(33))     # 개수 2 출력
```

실행 결과

```
2
2
```

다만 index() 메서드 사용 시 인수로 전달된 값이 리스트 내에 없는 경우에는 다음과 같이 ValueError 오류가 발생한다. 따라서 index() 메서드 사용에 앞서 리스트 내에 찾고자 하는 값이 존재하는지를 조건문을 통해 확인해 볼 필요가 있다.

물론 파이썬에서 제공하는 예외 처리를 통해 해결할 수도 있다.

실행 결과

```
>>> nums = [11, 22, 33, 44, 33]
>>> nums.index(55)
Traceback (most recent call last):
  File "<pyshell#1>", line 1, in <module>
    nums.index(55)
ValueError: 55 is not in list
```

리스트 내용 검사

리스트 내에 특정 데이터가 포함되는지는 앞서 다룬 count() 메서드를 이용해 그 값이 0이 아님을 통해 확인해 볼 수 있다. 다만 좀 더 효율적인 검사를 위해 파이

썬에서는 다음과 같이 in 연산과 not in 연산을 제공한다. 이 연산들은 대상 리스트에 찾고자 하는 값이 존재하는지에 따라 True 혹은 False의 결과값을 갖는다.

```
값 in 리스트           # 리스트 상에 값이 존재하는지 참/거짓으로 판별
값 not in 리스트       # 리스트 상에 값이 존재하지 않는지를 참/거짓으로 판별
```

in 연산자
not in 연산자

코드 9-18 리스트 내에 특정 값 포함 여부 확인

```
nums = [11, 22, 33, 44, 55]
print(22 in nums)         # nums의 요소에 22가 존재하는가?
print(66 not in nums)     # nums의 요소에 66이 존재하지 않는가?
```

실행 결과

```
True
True
```

궁금합니다

어떤 메서드가 제공되나요?

파이썬의 리스트는 이 이외에도 **다양한 메서드를 제공**하여 프로그래머가 손쉽게 프로그램 소스 코드를 작성할 수 있도록 지원해주고 있습니다.

다만 이 책을 통해 우리가 학습하고자 하는 것은 **프로그래밍에 대한 기본 개념을 익히고자** 하는 것이기에 또, 책의 분량 제약으로 인해 아쉽지만 리스트 관련 메서드를 상세히 소개하지 않습니다. 좀 더 세부적인 내용은 다음의 파이썬 공식 사이트에 대한 다음의 링크를 참고하기 바랍니다.

https://docs.python.org/ko/3/tutorial/datastructures.html

04 튜플

튜플

다수의 데이터를 순서에 따라 저장한 또 다른 복합 자료형으로 튜플이 있다. 다만 리스트와의 차이점은 **튜플은 한 번 정의된 이후 그 내용을 바꿀 수 없다**. 다시 말해 리스트와 달리 튜플은 그 요소들을 참조만 할 수 있을 뿐, 튜플에 포함된 요소 값을 수정하거나, 삭제하거나, 새로운 요소를 추가할 수 없다.

튜플의 생성

튜플의 선언

리스트와 마찬가지로 튜플도 사용하기 전에 초기값 할당을 통해 먼저 선언해 주어야 한다. 다만 리스트와 달리 선언 시 보통 **괄호 ( ) 안에 1개 이상의 값들을 콤마로 구분해 순서대로 나열하여 선언**한다. 선언 시 어떤 괄호를 사용해 초기값을 나열하는지에 따라 생성되는 복합 자료형이 달라지는 것에 유의하자.

```
튜플이름 = (값1, 값2, ... , 값n)     # n의 요소를 갖는 튜플의 선언
튜플이름 = 값1, 값2, ... , 값n
```

다만 좀 더 간단한 튜플 생성을 지원하기 위해 초기값들을 감싸는 괄호는 생략될 수 있다. 그러다 보니 코드 9-19의 04~05행과 같이 한 요소만 갖는 튜플의 경우 단순 변수를 선언한 것인지, 튜플을 선언한 것인지에 대한 해석이 모호해질 수 있다.

 # 코드 9-19 튜플의 선언

연산의 우선순위를 높이기 위한 괄호인가? 튜플을 선언하는 괄호인가?

```
01 t1 = (11, 22, 33)
02 t2 = 11, 22, 33
03
04 t3 = (11)
05 t4 = 11
06
07 t5 = (11,)
08 t6 = 11,
```

코드 9-19를 파이썬 튜터 사이트에서 돌려보면 [그림 9.17]과 같다. t1~t6까지 각 변수 선언문을 통해 튜플이 생성되는지 확인해 보자.

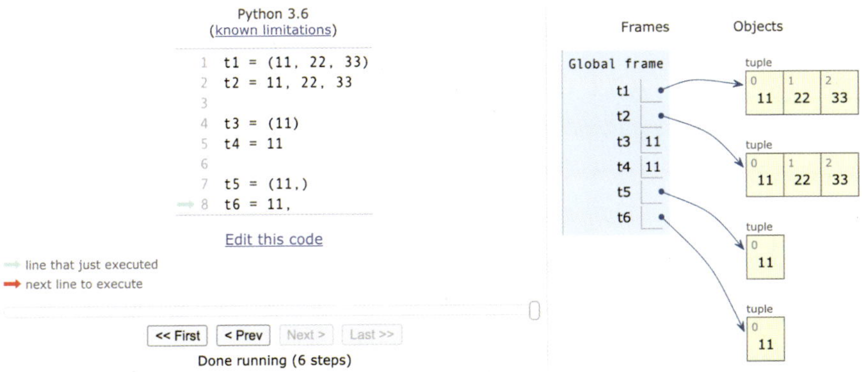

그림 9.17 튜플의 선언

생각과 달리 t3도, t4도 튜플 대신 그저 하나의 정수값을 갖는 기본 자료형의 변수로 선언된 것을 볼 수 있다. 즉, t4는 전통적인 단순 변수의 선언 표현이고, 심지어 t3을 선언할 때 11을 둘러싼 괄호는 그저 연산의 우선순위를 높이기 위해 감싼 괄호로 처리되어질 뿐 튜플을 선언하는 표현으로 처리되지 않았다.

일반적으로 튜플 생성 시 반드시 괄호를 필요로 하지 않는다는 점을 상기하자.

튜플 선언과 변수 선언의 이런 모호함을 피하기 위해 단일 요소를 갖는 튜플의 경우에도 07~08행처럼 요소값 다음에 무조건 콤마(,)를 기술해 줌으로써 튜플로 선언한 것임을 명료하게 나타내줘야 한다.

튜플의 사용

기본적으로 튜플은 그 요소값을 추가, 수정, 삭제할 수 없다는 점을 제외하고는 리스트와 같은 방식으로 접근할 수 있다. 튜플의 특정 인덱스 위치의 요소를 얻기 위해 인덱싱을, 튜플의 부분 요소들을 얻기 위해 슬라이싱을 사용할 수 있다. 또 두 튜플을 연결한 효과를 얻기 위해 + 연산자나, 정수번 반복 연결하기 위해 * 연산자를 사용할 수 있다. 대화식 모드에서 코드 9-20의 각 문장을 실행해 보며 튜플의 기본 연산을 확인해 보자.

코드 9-20 튜플의 사용

```python
t1 = (11, 22, 33, 44, 55)
print(t1[0])
print(t1[1:3])

t2 = (66, 77)
t3 = t1 + t2      # (11, 22, 33, 44, 55)와 (66, 77)을 연결
print(t3)

t4 = t2 * 3      # (66, 77)을 3번 반복 연결
print(t4)
```

실행 결과

```
11
(22, 33)
(11, 22, 33, 44, 55, 66, 77)
(66, 77, 66, 77, 66, 77)
```

del 문으로 튜플 삭제

코드 9-21을 대화식 모드로 하나씩 실행해 보자. 튜플에 새 요소를 추가(02행)하거나, 기존 요소를 수정(04행)하거나, 특정 요소를 삭제(06행)하는 등 **튜플을 변경하는 처리는 모두 지원되지 않는다는 점을 기억하자. 다만 del 문을 이용해 튜플 변수 자체를 삭제(08행)하는 것은 허용**된다. 코드 9-21의 del 문 수행 후 튜플 객체에 대한 참조값을 갖고 있던 t1이라는 식별자는 정의되지 않은 식별자가 된 것을 확인할 수 있다.

코드 9-21

```python
01  t1 = 10,
02  t1.append(20)
03
04  t1[0] = 20
05
06  del t1[0]
07
08  del t1
09  print(t1)
```

실행 결과

요소 추가 불가

```
>>> t1 = 10,
>>> t1.append(20)
    Traceback (most recent call last):
      File "<pyshell#1>", line 1, in <module>
        t1.append(20)
    AttributeError: 'tuple' object has no attribute 'append'
```

튜플에는 새 요소를 추가할 수 없다.

요소 수정 불가

```
>>> t1[0] = 20
    Traceback (most recent call last):
      File "<pyshell#2>", line 1, in <module>
        t1[0] = 20
    TypeError: 'tuple' object does not support item assignment
```

튜플은 요소의 값을 수정할 수 없다.

요소 삭제 불가

```
>>> del t1[0]
    Traceback (most recent call last):
      File "<pyshell#3>", line 1, in <module>
        del t1[0]
    TypeError: 'tuple' object doesn't support item deletion
```

튜플은 요소를 삭제할 수 없다.

튜플 삭제 가능

```
>>> del t1
>>> print(t1)
    Traceback (most recent call last):
      File "<pyshell#5>", line 1, in <module>
        t1
    NameError: name 't1' is not defined
```

그러나 튜플 자체는 삭제될 수 있다.

05 딕셔너리

딕셔너리

파이썬에서 제공하는 유용한 복합 자료형 중 하나인 딕셔너리는 키(key)와 값(value)의 순서쌍 형태로 데이터를 저장한다. 즉, 딕셔너리는 앞 절에서 다룬 리스트나 튜플처럼 데이터의 저장 순서를 유지하면서 순번에 따라 각 요소들을 인덱싱하지 않는다. 대신 다양한 자료형으로 기술될 수 있는 키에 의해 인덱싱되어 해당하는 데이터인 값에 접근한다. 이런 딕셔너리는 순서를 유지하지 않는 대신에 좀 더 빠르게 요소 데이터에 접근할 수 있는 내부 구조를 갖는다.

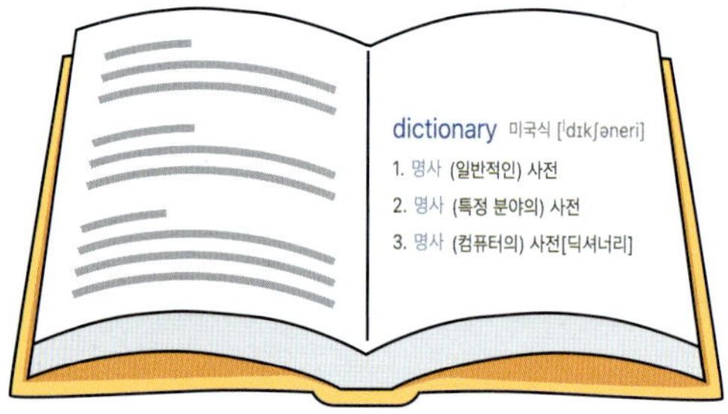

그림 9.18 대표적인 딕셔너리 구조를 갖는 사전

다시 말해서 딕셔너리란 키:값 쌍들의 집합이다. 이때 딕셔너리 내의 키는 다양한 자료형으로 표현될 수 있다. 다만 한 딕셔너리 내의 키는 상호 중복되지 않는다는 제약조건을 갖는다. 마치 어학사전이나 백과사전에서처럼 의미를 알고자 하는 단어(키)를 찾으면 그에 대한 설명(값)을 얻을 수 있는 구조와 비슷해 딕셔너리(사전)라 불린다. 영한사전에서 zoo라는 단어의 뜻을 찾기 위해 1쪽의 a부터 각 단어를 차례로 zoo라는 단어와 비교해 갈 필요는 없을 것이다.

딕셔너리의 생성 및 구성

딕셔너리의 선언

다른 복합 자료형과 마찬가지로 딕셔너리도 사용하기 전에 먼저 초기값 나열을 통해 선언해 주어야 한다. 단순히 데이터만 나열하는 리스트나 튜플과 달리 딕셔너리의 경우 모든 데이터는 고유한 키값과 연결되어 저장되기 때문에 선언 시 중괄호 { } 안에 0개 이상의 키:값의 쌍들을 콤마로 구분해 나열한다.

```
딕셔너리이름 = {키1:값1, 키2:값2, ... , 키n:값n}    # n개 요소를 갖는 딕셔너리
```

코드 9-22 딕셔너리의 선언 예

```
d = { 'python':'파이썬', 'basic':'기초', 'programming':'프로그래밍' }
print(d)
```

실행 결과

```
{'python': '파이썬', 'basic': '기초', 'programming': '프로그래밍'}
```

코드 9-22를 파이썬 튜터를 통해 살펴보면 [그림 9.19]와 같은데, 리스트의 경우와 마찬가지로 파이썬 튜터에서 딕셔너리 변수 d는 딕셔너리 객체에 대한 아이디를 갖는 것으로 묘사된다.

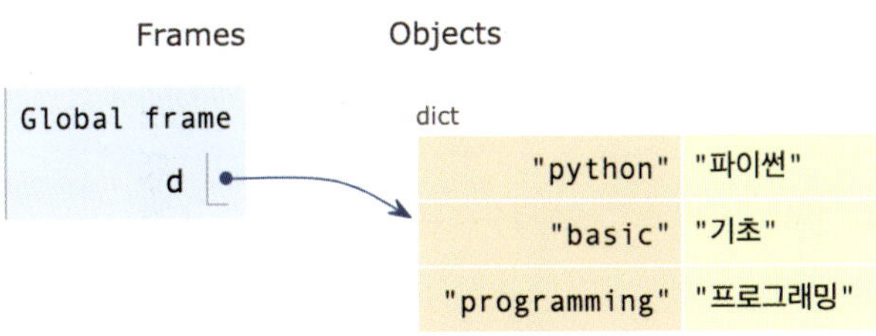

그림 9.19 딕셔너리의 선언

딕셔너리는 각 요소들의 저장 순서를 유지하지 않으며, 중복된 키값을 허용하지 않는다. 그러다 보니 딕셔너리 선언 시 중복된 키값을 사용하면 '임의의' 하나를 제외한 나머지는 무시된다. 이때 기존의 키에 대한 값과 중복된 키로 추가한 값 중 어느 것이 무시될지는 일반화해 정의할 수 없기에 이렇게 사용하지 않기 바란다.

코드 9-23 잘못된 딕셔너리 선언의 예: 중복된 키값

```
err = { 'python':'파이썬', 'python':'파이선~' }
```

어느 것이 무시될 지 알 수 없다.

딕셔너리의 요소 접근

• 첨자 연산으로 요소에 접근하기

앞서 다룬 복합 자료형들과 달리 딕셔너리는 선언 시 나열한 순서를 따로 저장하지 않는다. 따라서 딕셔너리의 각 요소에 접근할 때에는 저장 순서에 따라 숫자로 표현된 인덱스를 이용하는 게 아니라, 접근하고자 하는 각 값에 대해 명시적으로 지정한 키를 통해 접근해야 한다. 즉, 딕셔너리는 저장된 각 데이터에 대한 접근을 유도할 수 있는 고유한 열쇠로서 키란 정보가 매핑되어 저장된 구조인 것이다. 따라서 다음의 표현식을 통해 저장된 특정 요소 값에 접근할 수 있다.

딕셔너리이름[접근할_요소의_키]

리스트나 튜플의 인덱싱처럼 [] 첨자 연산을 사용하되, 첨자로 요소 번호가 아니라 키를 전달해야한다는 점에 다시 한 번 유의하자. 딕셔너리 선언 시 요소값들의 나열 순서는 아무런 의미도 지니지 않는다.

코드 9-24 첨자 연산을 통한 딕셔너리의 요소 접근 예

```
01  d = { 'python':'파이썬', 'basic':'기초', 'programming':'프로그래밍' }
02  print(d['python'])  # 'python'이란 키로 저장된 데이터 '파이썬' 출력
03
04  print(d[0])         # 0이란 키로 저장된 데이터는 없으므로 오류 발생
```

실행 결과

```
파이썬
Traceback (most recent call last):
  File "C:\pyWork\runme.py", line 4, in <module>
    print(d[0])     # 0이란 키로 저장된 데이터는 없으므로 오류 발생
KeyError: 0
```

코드 9-24의 02행은 딕셔너리 d에서 'python'이라는 키를 갖는 요소의 값인 '파이썬'을 출력하는 문장이다. 다만 04행에서처럼 존재하지 않는 키를 통한 접근 시에는 실행 결과에서와 같은 KeyError 오류가 발생한다. 따라서 [] 첨자 연산을 통한 접근 시에는 반드시 유효한 키인지 확인해서 사용해야 한다.

• get() 메서드로 요소에 접근하기

이를 보완하기 두 가지 다른 방법을 생각할 수 있다. 첫 번째로는 딕셔너리의 특정 요소에 접근하기 위해 [] 첨자 연산 대신에 딕셔너리 객체에서 제공하는 get() 메서드를 이용하는 방법이 있다.

get() 메서드는 **호출의 결과로 인수로 전달한 키에 해당하는 값을 반환**한다. 다만 이때 **유효하지 않은 키가 사용되면 오류가 발생하지 않고 아무 것도 반환되지 않는다.**

```
딕셔너리이름.get(접근할_요소의_키)
```

코드 9-25 get() 메서드를 이용한 딕셔너리의 요소 접근 예

```
01  d = { 'python':'파이썬', 'basic':'기초', 'programming':'프로그래밍' }
02  print(d.get('python'))      # '파이썬' 출력
03
04  res = d.get(0)              # 반환되는 값이 없음
05  print(res)                  # None 출력
```

예약어 None은 문자열 'None' 다르다.

실행 결과

```
파이썬
None
```

코드 9-25의 02행은 코드 9-24의 02행과 동일한 결과를 얻는다. 다만 존재하지 않는 키값을 사용한 코드 9-24의 04행은 오류가 발생되는데 반해, 코드 9-25의 04행은 get() 메서드 실행 시 오류 발생 없이 호출측으로 아무것도 반환되지 않는다. 즉, 변수 res는 생성되나 아무 값도 갖지 않는다. 파이썬에서는 이렇게 **아무 값도 갖지 않는 빈 상태의 변수를 나타내기 위해 예약어 None이 사용**된다. 따라서 05행에서는 None이라 출력된다. 여기의 d.get(0)의 호출이 'None'이란 문자열을 반환한 것이 아니라는 점에 유의하기 바란다.

예약어 None 따옴표가 없다!

그림 9.20 코드 9-25의 실행 최종 상태

궁금합니다

None과 'None'는 어떻게 다른가요?

파이썬에서 변수 선언 시 값 할당으로 자료형이 결정된다 했습니다. 그리고 그렇게 결정된 자료형은 type() 함수를 통해 확인할 수 있다 했었지요. 그렇다면 코드 9-25의 04행은 결국 다음과 같은 문장과 같은 결과일 것입니다.

```
res = None
```

이때 type(res) 호출로 변수 res의 타입을 확인해보면 NoneType으로 문자열 'None'과는 다릅니다. **NoneType의 변수는 그저 '빈 상태'의 변수임을 명시적으로 나타낸다**는 점을 확인합시다.

• 키의 유효성 검사하기

딕셔너리의 특정 요소 접근 시 유효하지 않은 키값의 사용해서 코드 9-24와 같이 오류가 발생하는 문제를 보완하기 위한 두 번째 방법으로는 [ ] 첨자 연산을 수행하기 전에 사용할 키값이 유효한지 조건문을 통해 먼저 확인해 보고 유효한 경우에만 [ ] 첨자 연산을 수행하면 될 것이다. 딕셔너리 내에 **키의 유효성은 다음과 같이 in 연산**을 통해 수행할 수 있다.

in 연산

```
키 in 딕셔너리이름
```

in 연산은 지정한 키가 딕셔너리 내에 존재하는 유효한 키이면 True를, 그렇지 않으면 False를 결과값으로 갖는다. 코드 9-26은 04행에서 키의 유효성을 검사하고 그 결과에 따라 딕셔너리의 값 혹은 오류 메시지를 적절한 형식으로 출력한다.

 # 코드 9-26 in 연산과 첨자 연산을 이용한 딕셔너리의 요소 접근 예

```
d = { 'python':'파이썬', 'basic':'기초', 'programming':'프로그래밍' }

key = 0
if key in d :
    print(d[key])
else :
    print(f'오류: 유효하지 않은 키 {key}')
```

실행 결과

```
오류: 유효하지 않은 키 0
```

다만, 딕셔너리의 각 요소를 접근할 때마다 이런 처리를 하는 것은 무척 번거로울 수 있으니 이 처리를 별도의 함수로 만들어 사용하면 좀 더 편리하고 간단하게 처리할 수 있을 것이다. 이에 대해서는 10.6절에서 살펴보기로 하자.

• 정리

딕셔너리가 갖는 임의의 요소에 접근하기 위해 [] 첨자 연산과 get() 메서드를 이용하는 두 가지 방식을 살펴보았다. 유효한 키인 경우에는 두 방법 모두 문제 되지 않으나, 유효하지 않은 키값이 사용되는 경우 [] 첨자 연산은 오류가 발생한다.

이를 보완하기 위해 in 연산자와 조건문을 사용해 get() 메서드의 처리와 비슷하게 꾸며 보았다. 물론 이 방법 말고도 예외 처리를 통해 이 문제를 좀 더 세련되게 해결할 수도 있다.

다만 이 책에서는 책의 분량 제한으로 예외 처리에 대해서는 다루지 않는다.

이러다 보니 현재 상황에선 [] 첨자 연산을 통해 딕셔너리의 요소 접근 방법은 상대적으로 활용도가 떨어지는 것이 아닌가 하는 생각이 든다. 다만 [] 첨자 연산이 필요한 경우들을 다음 절에서 소개한다.

○ 딕셔너리의 요소 추가

선언된 딕셔너리에 새로운 요소를 추가하기 위해서는 다음과 같이 딕셔너리에 새로운 키에 새로운 값을 할당하면 된다. 주의할 점은 하나의 딕셔너리 내에서 키는 고유해야 하므로 기존의 키와 중복되지 않는 새로운 키를 통해 값을 할당해야 추가 효과를 얻을 수 있다. 중복된 키를 사용하면 다음에 소개할 수정 연산이 일어난다.

리스트의 경우에는 존재하지 않는 인덱스 요소에 값을 넣을 수 없었다!

딕셔너리에 요소 추가

```
딕셔너리이름[새로_추가할_요소의_키] = 값
```

앞서 다뤘던 리스트에서는 유효하지 않은 인덱스는 어떤 경우라도 사용될 수 없었고, 새 요소를 추가하기 위해서는 append() 등의 메서드를 통해 처리했다. 하지만 딕셔너리는 새로운 요소를 추가하기 위해서는 새로운 키를 이용해 [] 첨자 연산으로 새로운 값을 지정할 수 있다. 코드 9-27을 살펴보자.

딕셔너리는 append() 메서드를 갖고 있지 않다.

코드 9-27 딕셔너리의 요소 추가

```
d = { 'python':'파이썬', 'basic':'기초', 'programming':'프로그래밍' }
d['PYTHON'] = '파이썬'
print(d)
```

실행 결과

```
{'python': '파이썬', 'basic': '기초', 'programming': '프로그래밍',
'PYTHON': '파이썬'}
```

딕셔너리의 요소 수정

딕셔너리에 저장된 요소를 수정하기 위해서는 다음과 같이 기존의 키에 대해 새로운 값을 대입해 주면 된다. 다만 여기서 [] 첨자 연산에 지정한 키가 새로운 키이면 앞서 다뤘던 추가 연산이 일어날 것이다.

리스트와 마찬가지로 [] 연산은 특정 요소에 접근하게 한다.

```
딕셔너리이름[수정할_요소의_키] = 새로운_값
```

정리하자면 딕셔너리에 대해 [] 첨자 연산은 ❶ 특정 키의 값을 얻어올 때 사용할 수 있을 뿐만 아니라, ❷ 기존의 키에 해당하는 값을 수정하거나, ❸ 새로운 키로 값을 추가할 때에도 사용된다. 더불어 다음에서 다루듯이 ❹ 특정 요소를 삭제할 때에도 사용된다. 다만 값을 얻어오거나 삭제할 때에는 반드시 유효한 키를 사용해야 한다는 점을 기억해두자.

코드 9-28 딕셔너리의 요소 수정

```
d = { 'python':'파이썬', 'basic':'기초', 'programming':'프로그래밍' }
d['python'] = 'PYTHON'
print(d)
```

실행 결과

```
{'python': 'PYTHON', 'basic': '기초', 'programming': '프로그래밍'}
```

딕셔너리의 요소 삭제

딕셔너리에 저장된 값에 대해 키를 수정하는 방법은 없다. 따라서 이 경우에는 기존의 요소를 삭제한 후 새로운 키에 연결된 요소를 추가해야 한다. 딕셔너리에 저장된 **특정 요소를 삭제하기 위해서는 다음과 같이 del 문을 이용**한다. 물론 이 경우 역시 유효한 키값을 사용하지 않으면 오류가 발생할 것이니 in 연산을 통해 미리 확인하는 것이 필요하다.

del 문

KeyError에 대한 예외 처리로 해결할 수도 있다.

```
del 딕셔너리이름[삭제할_요소의_키]
```

코드 9-29의 02행은 임의의 딕셔너리에서 'basic'이라는 킷값을 갖는 요소를 삭제하는 구문이다.

코드 9-29 딕셔너리의 특정 요소 삭제

```
01 d = { 'python':'파이썬', 'basic':'기초', 'programming':'프로그래밍' }
02 del d['basic']
03 print(d)
```

실행 결과

```
{'python': '파이썬', 'programming': '프로그래밍'}
```

물론 딕셔너리에 포함된 **모든 요소를 한 번에 삭제**하기 위해서는 리스트와 마찬가지로 clear() 메서드를 사용할 수 있다.

딕셔너리의 clear() 메서드

```
딕셔너리이름.clear()      # 모든 요소 삭제
```

코드 9-30 딕셔너리의 모든 요소 한 번에 삭제

```
d = {'python':'파이썬', 'basic':'기초', 'programming':'프로그래밍'}
d.clear()
print(d)
```

실행 결과

```
{}
```

문자열, 튜플, 리스트, 딕셔너리 비교

앞서 다뤘던 문자열과 튜플, 리스트, 딕셔너리는 단위 정보들의 묶음이라는 측면에서 다소 비슷한 측면들이 있다. 다만 각 구조마다 각기 다른 특징들이 있으니 비교해서 정리하자. 기본적으로 문자열과 튜플은 수정이 불가한 구조라는 점과, 문자열, 튜플, 리스트는 순서에 따른 묶음이라는 점을 확인하면서 아래 표를 통해 주요 접근 방법을 확인하자.

	기본 자료형	복합 자료형		
	문자열	튜플	리스트	딕셔너리
선언	s = '값' s2 = "값"	t = (값1, 값2) t2 = 값1, 값2	l = [값1, 값2]	d = {키1:값1, 키2:값2}
요소 접근	s[인덱스]	t[인덱스]	l[인덱스]	d[키1] d.get(키1)
요소 수정	불가	불가	l[인덱스] = 수정값	d[키1] = 수정값
요소 추가	불가	불가	l.append(새값) l.insert(인덱스, 새값)	d[새키] = 새값
요소 삭제	불가	불가	del l[인덱스] del l[시작:끝+1] l.remove(삭제할값)	del d[키1]
전체 삭제	불가	불가	l.clear()	d.clear()
개수 확인	len(s)	len(t)	len(l)	len(d)

이번 단원을 정리하며

» 하나의 데이터를 저장하는 단일 변수와 달리 복합 자료형은 여러 데이터를 하나의 이름으로 모아서 유지한다.

» 리스트는 다수의 데이터를 순번에 따라 저장하고 조작할 수 있어 주로 반복문과 함께 사용되는 복합 자료형이다. 선언 시 대괄호 [ ] 안에 0개 이상의 값들을 콤마로 구분해 순서대로 나열한다. 이때 각 요소들의 자료형은 서로 다를 수 있다.

» 복합 자료형을 다룰 때에는 변수에 가변 객체의 아이디가 저장된다는 사실을 상기하라. 즉 변수의 값도, 변수가 참조하는 객체도 변할 수 있다.

» 리스트 변수 A에 다른 리스트 B를 대입하면, B 리스트의 각 요소값이 A 리스트로 복사되는 것이 아니라, 변수 B가 참조하는 리스트 객체의 대한 아이디가 변수 A에 저장된다. 결국 하나의 리스트 객체에 대해 두 개의 변수 이름이 지정된 결과를 갖는다.

» 리스트 인덱싱이란 리스트의 각 요소 데이터에 순번(인덱스)에 따라 개별적으로 접근할 수 있는 표현을 가리킨다. 이때 인덱스는 0번부터 시작된다.

» 리스트 슬라이싱이란 범위 표현을 이용해 리스트의 부분 리스트를 얻는 연산이다.

» 두 리스트에 대해 비교 연산 수행 시에는 두 리스트에 속한 같은 인덱스를 갖는 각 요소값들을 순서대로 비교한다.

» 두 리스트를 연결하기 위한 연결 연산자 +와, 리스트를 반복 생성하기 위한 * 반복 연산자는 문자열의 그것과 같은 관점에서 동작된다.

» 리스트에 대한 삽입, 조회, 검색, 수정 등 각종 처리 과정들을 지원해주는 다양한 내장 함수와 리스트 관련 메스드가 지원된다.

» 튜플은 리스트와 같이 순서에 따라 데이터를 한 덩어리로 묶어 사용하는 복합 자료형이다. 단 리스트와 달리 한 번 정의된 이후에는 그 내용을 변경할 수 없다. 보통 선언 시 ( ) 안에 1개 이상의 값들을 콤마로 구분해 나열한다.

» 딕셔너리는 저장 순서는 유지하지 않는 대신 키와 값의 순서쌍 형태로 데이터를 저장하는 복합 자료형이다. 즉, 저장된 데이터에 접근하기 위해 순번이 아닌 그 데이터에 대한 키를 통해 접근하게 된다. 선언 시 { } 안에 키:값의 형태로 각 데이터를 나열한다.

연습 문제

이번 단원에서는 파이썬에서 제공하는 다양한 형태의 복합 자료형을 생성하고 사용하는 기본적인 방법에 대해서 살펴보았다. 다수의 요소들을 가지고 있는 복합자료형은 다음 단원에서 다룰 반복문과 함수와 함께 사용되어 보다 효율적이고 간단하게 사용된다.

이번 단원에서는 **복합 자료형에 대한 기본적인 조작을 연습**하는데에만 초점을 맞추자. 일단 작성 시 함수와 같이 사용하지 않고 작성하라. 반복문도 사용하지 않아도 좋다.

01 다음과 같이 **세 학생의 점수를 입력받아, 입력받은 점수와 평균을 출력**하는 프로그램을 작성하고자 한다. 단, 리스트를 반복문과 함께 사용하는 것을 아직 다루지 않았기에 오로지 점수 세 개에 대해서만 처리해보자.

```
# 리스트 scores에 세 학생의 점수를 입력받기
# avg = scores의 저장된 점수의 평균을 구하기
# scores의 각 학생 점수와 평균 avg를 출력하기
```

(1) 사용자로부터 점수 3개를 입력받아 하나의 리스트 scores에 저장하라.

(2) 리스트 scores에 저장된 점수들의 평균을 구하라.

(3) 리스트 scores에 저장된 점수들과 그 평균을 소수점 첫째 자리까지 출력하라.

실행 결과

```
[점수 입력]
#1? 90 Enter↵
#2? 88 Enter↵
#3? 100 Enter↵

[점수 출력]
입력 점수: 90 88 100
평균: 92.7
```

02 문제1에서 점수와 평균을 출력한 후에, 다음과 같이 **특정 점수를 받은 학생의 번호를 확인**하고자 한다. 구현을 간단히 하기 위해 학생의 번호는 입력순서와 같고, 동일 점수를 받은 학생은 없다 가정한다.

실행 결과1

```
[점수 입력]
#1? 90 Enter↵
#2? 88 Enter↵
#3? 100 Enter↵

[점수 출력]
입력 점수: 90 88 100
평균: 92.7

[검색]
찾고자 하는 점수는? 88 Enter↵
88점은 2번 학생의 점수입니다.
```

실행 결과2

```
[점수 입력]
#1? 90 Enter↵
#2? 88 Enter↵
#3? 100 Enter↵

[점수 출력]
입력 점수: 90 88 100
평균: 92.7

[검색]
찾고자 하는 점수는? 80 Enter↵
80점을 받은 학생은 없습니다.
```

연습 문제

03 다음과 같이 **쇼핑몰 장바구니를 시뮬레이션하는 프로그램**을 작성하고자 한다.

```
shopping_bag = []     # 장바구니
while True:
    # item = 상품 이름을 입력받기
    # item이 빈 문자열이면 루프 빠져 나가기
    # item을 장바구니에 추가하기
# 장바구니의 모든 상품 이름 출력하기
```

(1) **사용자로부터 입력받은 구입 상품명을 리스트 shopping_bag에 추가**하라. 리스트에 상품 추가 시 리스트의 기존 값은 유지되어야 한다. 상품 추가는 상품명에 빈 엔터가 입력되기 전까지 반복해서 처리한다.

(2) **리스트 shopping_bag에 들어 있는 상품 이름을 출력**하라. 아직 리스트를 반복문과 함께 다루지 않았기에 리스트 이름을 통해 전체 요소를 한 번에 출력한다.

실행 결과

```
[구입]
상품명? 샌드위치 Enter↵
장바구니에 샌드위치가(이) 담겼습니다.

[구입]
상품명? 쥬스 Enter↵
장바구니에 쥬스가(이) 담겼습니다.

[구입]
상품명? Enter↵

>>> 장바구니 보기: ['샌드위치', '쥬스']
```

04 문제3을 **상품명과 그에 대한 수량을 함께 저장할 수 있도록 수정**하고자 한다.

(1) 장바구니의 상품명을 저장하기 위해 문제 3에서 리스트를 이용한 구현을 **딕셔너리로 수정**하라. 딕셔너리에는 상품명을 키값으로 하여 각 상품의 수량을 저장한다.

실행 결과

```
[구입]
상품명? 샌드위치 Enter
수량은? 3 Enter
장바구니에 샌드위치 3개가 담겼습니다.

[구입]
상품명? 쥬스 Enter
수량은? 2 Enter
장바구니에 쥬스 2개가 담겼습니다.

[구입]
상품명? Enter

>>> 장바구니 보기: {'샌드위치': 3, '쥬스': 2}
```

(2) 앞선 구현에 다음과 같이 장바구니 내 상품을 검색하여 그 수량을 출력하라.

실행 결과1

```
...
>>> 장바구니 보기: {'샌드위치': 3, '쥬스': 2}

[검색]
장바구니에서 확인하고자 하는 상품은? 쥬스 Enter
쥬스는 2개 담겨 있습니다.
```

실행 결과2

```
...
>>> 장바구니 보기: {'샌드위치': 3, '쥬스': 2}

[검색]
장바구니에서 확인하고자 하는 상품은? 콜라 Enter
장바구니에 콜라은(는) 없습니다.
```

CHAPTER

10

복합 자료형 활용

이 단원을 마치고 나면

- 리스트를 함수와 같이 사용할 수 있고 그 특징을 이해할 수 있다.
- 반복문을 이용해 리스트를 반복적으로 접근할 수 있다.
- 이중 리스트의 개념을 이해하고 반복적으로 접근할 수 있다.
- 딕셔너리를 반복문과 같이 사용할 수 있다.
- 딕셔너리를 함수와 같이 사용할 수 있다.

01 리스트와 함수

02 리스트와 반복문

03 리스트의 반복적 접근 예제: 인구조사

04 이중 리스트

05 딕셔너리와 반복문

06 딕셔너리와 함수

01 리스트와 함수

리스트를 매개변수로 받는 함수

파이썬의 변수는 데이터 객체에 대한 아이디만을 갖는다.

함수의 인수는 매개변수로 전달된다. 좀 더 구체적으로 말해 인수로 사용된 데이터 객체의 아이디가 매개변수로 전달된다. 따라서 [그림 10.1]과 같이 인수로 리스트를 지정하면 **리스트 객체에 대한 아이디가 매개변수로 전달**된다. 이에 따라 함수 호출측에서 많은 요소를 갖는 리스트를 전달하더라도 ❶ **함수에게 효율적으로 리스트를 전달**할 수 있고, 또 함수 내에서는 ❷ **매개변수를 통해 인수로 사용된 리스트를 조작할 수 있는 효과**를 얻을 수 있다.

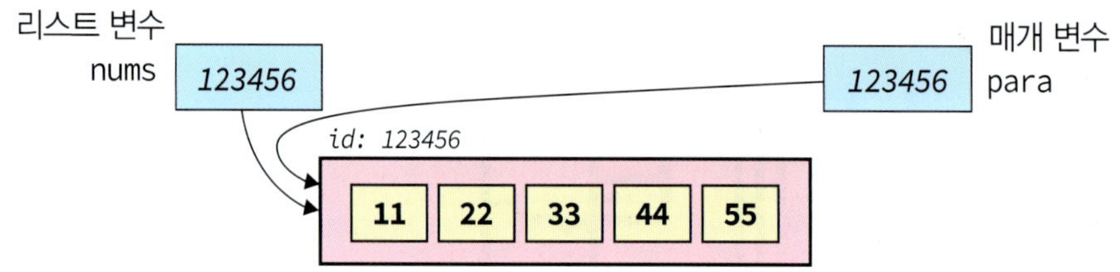

그림 10.1 인수인 리스트를 전달받는 매개변수

예를 들어 내가 요리를 하기 위해 손질한 감자가 필요하다 가정하자. 감자를 구입해 놓고, 그 감자를 손질하는 일을 보조 요리사인 홍길동에게 책임을 할당하려 한다. 손질할 감자가 단지 한 알이라면, 나는 직접 감자를 길동이에게 전달할 수 있을 것이다. 다만 손질해야 할 감자가 10박스 정도 된다면 어떻게 해야 할까?

그림 10.2 전달할 양이 많다면?

물론 10박스의 감자를 직접 들어다 길동이에게 전달해도 되겠지만, 손질해야 할 감자를 '1번 보관소'에 가져다 놓고, 길동이에게 '1번 보관소'에 있는 감자를 손질해 달라고 요청해도 될 것이다. 나는 길동이에게 일을 부탁할 때 단 한 알의 감자도 전달하지 않아도 되며, 길동이 역시 감자의 손질이 모두 끝난 후 그 자리에 두면 추후 나는 손질된 감자가 필요할 때 '1번 보관소'에서 얻을 수 있다.

그림 10.3 위치를 전달하자

내부적으로 모든 데이터를 객체로 표현하는 파이썬에서는 함수에 인수를 전달하는 경우 이런 식으로 처리된다. 다만 불변 객체인 기본 자료형의 데이터와 달리 가변 객체인 복합 자료형을 인수로 사용하게 되니 **함수 내부에서 매개변수를 통해 실 인수 객체를 참조할 뿐만 아니라 수정할 수** 있는 효과를 갖게 된다. 이는 기본 자료형의 데이터를 전달할 때와 사뭇 다른 특징으로 보이니 잘 정리하자.

복합 자료형은 가변 객체이다.

 # 코드 10-1 함수에 전달된 리스트

list는 예약어라서 리스트를 받는 매개변수 이름을 lst로 기술했다.

```python
def input_list(lst) :
    name = input('이름? ')
    num = input('번호? ')

    lst.append(name)
    lst.append(num)

# 주 프로그램부
userinfo = []
input_list(userinfo)
print(f'{userinfo[1]}번 {userinfo[0]}')
```

실행 결과

```
이름? 이찬수 Enter
번호? 123 Enter
123번 이찬수
```

코드 10-1에서는 09행의 공백 리스트를 생성하는 문장이 맨 처음 수행된다. 파이썬 튜터 사이트에서 이 코드를 실행했을 때 함수 호출 직전의 상태를 [그림 10.4(1)]에 나타내었다. 10행의 문장이 처리되면, 리스트 userinfo가 함수의 인수로 사용되어 매개변수 lst로 전달된다. 즉, 변수 userinfo가 갖고 있는 리스트 객체에 대한 아이디값이 매개변수 lst로 복사되어 전달된다. 이 상태는 [그림 10.4(2)]에 나타내었다.

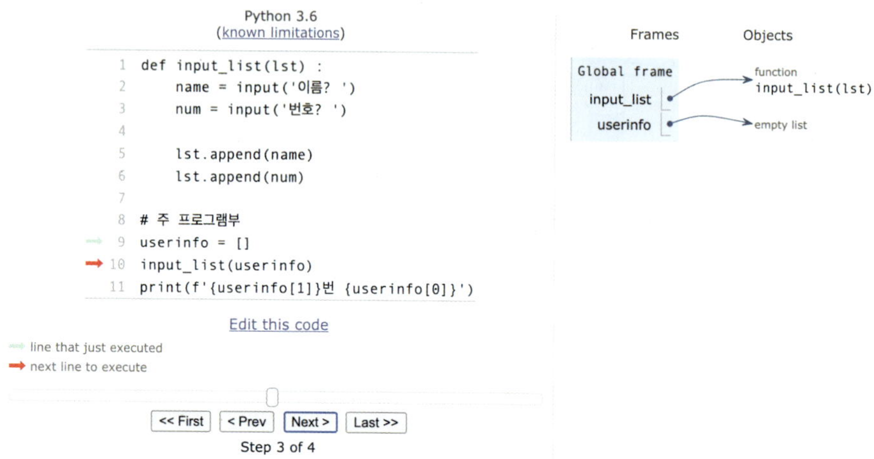

(1) 함수 호출 직전 상태

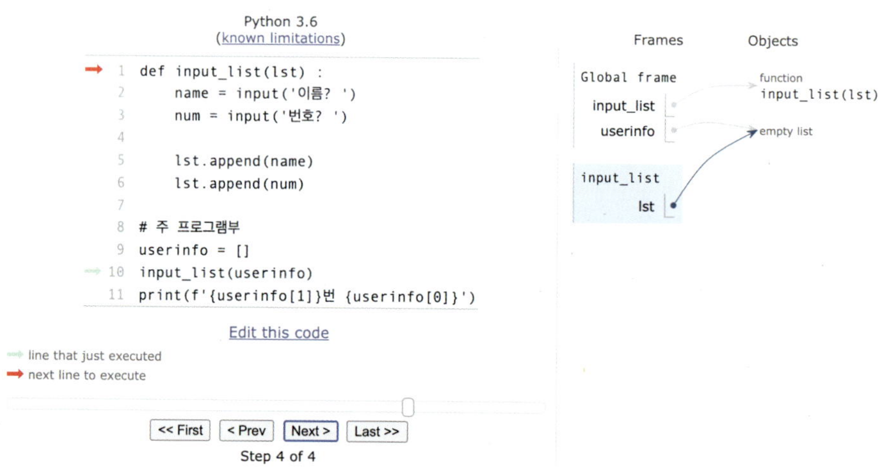

(2) 함수 호출 직후 상태

그림 10.4 리스트를 인수로 갖는 함수의 호출

[그림 10.4(2)]의 오른쪽 그림을 보면 변수 userinfo가 가리키는 리스트 객체와 input_list()의 매개변수 lst가 동일한 공백 리스트 객체를 가리키고 있는 것을 확인할 수 있다. 즉 함수 호출시 인수로 지정한 변수 userinfo가 갖고 있는 리스트

객체에 대한 아이디가 매개변수 lst로 전달되어 두 변수는 같은 리스트 객체를 가리키는 것이다. 즉, 함수 호출 시 리스트에 대한 아이디가 전달된다는 것에 유의하자.

Next > 버튼을 눌러 다음으로 진행해 [그림 10.5]와 같이 이름과 번호를 입력받아 리스트에 추가해 보자.

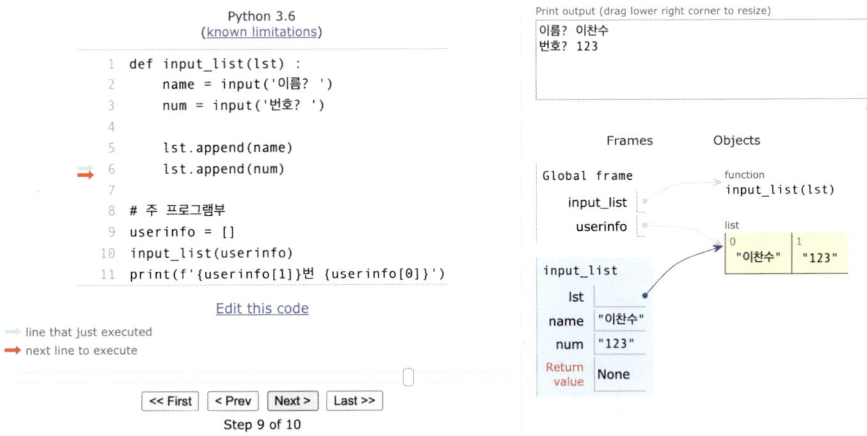

(1) 매개변수 리스트에 요소 추가

(2) 호출측으로 복귀

그림 10.5 매개변수에 접근 및 복귀

[그림 10.5(1)]은 호출된 함수 내에서 키보드 입력을 통해 사용자로부터 입력받은 정보(02~03행)를 매개변수로 전달받은 리스트에 추가(05~06행)한 상태를 나타낸다. 매개변수를 통해 인수 영역의 리스트를 공유하고 있는 상황이므로, 인수로 사용된 전역 공간의 변수 userinfo도 같은 리스트 객체를 가리키고 있음에 유의하자.

이후 함수가 호출측으로 복귀하게 되더라도 [그림 10.5(2)]에서처럼 함수 호출로 만들어졌던 지역변수 lst는 사라지더라도 전역변수 userinfo는 함수 내부에서 설정한 리스트의 요소들을 유지할 수 있다.

특히 함수 input_list()는 어떠한 반환값도 호출측으로 전달하지 않고 있음에 유의하자. 그렇다고 함수 내에서 전역변수에 직접 접근하고 있지도 않다. 그저 함수 호출 시 **인수로 지정한 리스트 객체의 아이디를 매개변수로 전달받았기에, 이를 이용해 리스트에 요소를 추가하는 문장은 함수 안에서 입력받은 값들을 함수 호출측에 전달하는 효과**를 갖는다. 앞서 비유를 들었던 것처럼 감자를 손질하는 길동이와 나 사이에 감자를 직접 주고받지 않더라도 감자가 어디에 있는지에 대한 정보 전달로만으로도 손질된 감자를 얻을 수 있는 것과 비슷한 이치이다.

복합 자료형은 가변 객체이기 때문에 이런 특징이 나타난다.

리스트를 인수로 갖는 함수 정리

- ✓ 매개변수에 인수로 지정한 리스트의 각 요소값이 복사되는 것이 아니라 리스트 객체에 대한 아이디가 복사된다.
- ✓ 함수 내부에서는 매개변수를 통해 인수인 리스트의 각 요소값을 참조할 수도 있을 뿐만 아니라, 수정하거나 삭제할 수도, 또 새로운 요소를 추가할 수도 있다.

○ 리스트를 반환하는 함수

기본적으로 함수는 하나의 값을 호출측으로 반환할 수 있다. 그러면 함수가 리스트를 반환하면 어떻게 될까? 결론부터 보자면, 리스트를 **반환하는 경우 역시 리스트 객체에 대한 아이디가 호출측으로 전달**된다. 따라서 함수 호출측으로 ❶ **좀 더 효율적으로 리스트를 반환**할 수 있고, 또 함수 호출측으로 ❷ **한 번에 여러 개의 값을 반환하는 효과**를 얻을 수 있다.

각 요소들을 복사하지 않아도 되므로

예를 들어 요리를 하기 위해 손질된 감자가 필요하다 가정할 때, 앞선 비유에서와 달리 이번에는 감자를 구입하고, 그 감자를 손질하는 일을 모두 보조 요리사인 홍길동에게 맡기려 한다. 어차피 내 입장에서는 손질된 감자가 필요한 것이므로 구입에 대한 책임까지 길동이에게 맡긴 것이다.

그림 10.6 아예 구입까지 부탁해보자!

길동이가 구입해서 손질한 감자가 단지 한 알이라면 길동이는 직접 내게 손질된 감자를 전달할 것이다. 다만 내게 전달해야 할 감자가 10박스 정도 된다면 어떻게 해야 할까? 좀 더 효율적으로 처리하기 위해서는 구입한 감자를 어딘가(예를 들어 '2번 보관소') 가져다 놓고, 감자들을 손질한다. 그러고나서 길동이는 내게 '2번 보관소'에 손질된 감자가 있다는 것을 알려주면 된다. 나와 길동이 사이에서는 감자를 직접 전달하지 않아도 된다.

함수 내에서 지역적으로 선언한 리스트가 함수 종료 후 호출측에서 유효할까?

다만 이때 한 가지 더 확인해야 할 것이 있다. 사실 리스트 이름이 나타내는 변수는 지역적인 특징을 지니지만, 리스트 요소들을 갖고 있는 리스트 객체는 별도의 영역에 할당된다. 따라서 리스트를 지역적으로 선언한 함수가 종료되더라도, **리스트 객체에 대한 아이디를 호출측으로 반환한다면 리스트 객체는 함수 밖에서도 사용**할 수 있다.

리스트 변수가 참조하는 리스트 객체는 함수 종료 후에도 유지될 수 있다

 # 코드 10-2 리스트를 반환하는 함수

코드 10-1과 비교

```
def input_list() :
    name = input('이름? ')
    num = input('번호? ')

    lst = []
    lst.append(name)
    lst.append(num)
    return lst

# 주 프로그램부
userinfo = input_list()
print(f'{userinfo[1]}번 {userinfo[0]}')
```

실행 결과

```
이름? 이찬수 Enter↵
번호? 123 Enter↵
123번 이찬수
```

코드 10-1과 달리 코드 10-2는 주 프로그램부에서 함수 호출 전에 먼저 리스트를 선언하지 않는다. 따라서 코드 10-1과 달리 코드 10-2의 `input_list()`는 매개변수를 갖지 않는다. 대신 함수 `input_list()` 안에서 리스트를 선언(05행)한 후 사용자로부터 입력받은 값을 추가하였다. 그리고 함수 복귀 시 `lst`를 반환(08행)하였다. 파이썬 튜터를 통한 이 처리 과정을 [그림 10.7]에 가시적으로 나타내었다.

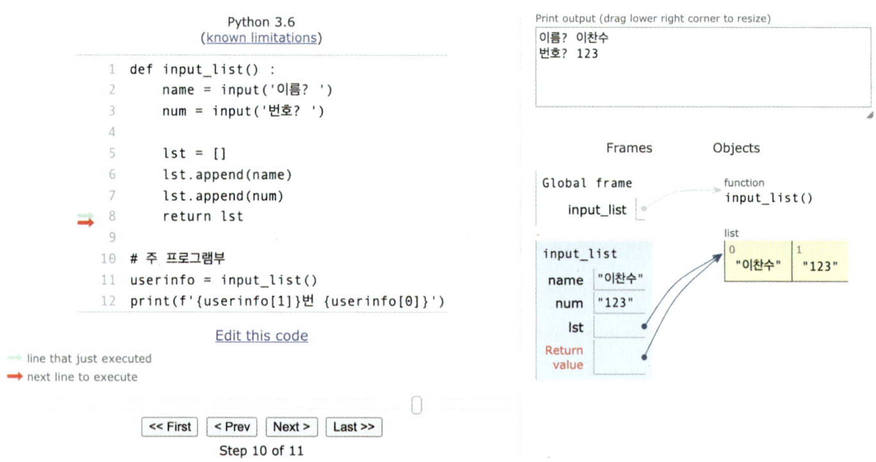

그림 10.7 리스트를 반환하는 함수

이후 함수 `input_list()` 안에서 구성된 리스트 객체의 아이디인 함수의 반환값은 [그림 10.8]과 같이 변수 `userinfo`에 저장(11행)된다. 따라서 주 프로그램 부분에서도 함수 `input_list()` 내에서 선언된 리스트에 여전히 접근할 수 있게 되는 것이다. 리스트가 아무리 많은 요소를 갖고 있더라도 **그저 아이디만 전달받으면 되기에 함수 간에 효율적인 전달이 가능**하다.

그림 10.8 함수에서 반환된 리스트의 사용

정리

리스트를 반환하는 함수

- ✓ 함수에서 리스트를 반환하는 경우에 리스트 객체의 아이디가 반환된다. 따라서 함수 호출측에서 함수 안에서 반환한 리스트에 계속해서 접근할 수 있다.
- ✓ 리스트 변수는 지역적으로 선언되었더라도 그 변수가 가리키는 리스트 객체는 함수가 끝난 다음에도 유지된다.

궁금합니다

함수 안에서 만들어진 리스트 객체는 왜 함수가 끝나도 없어지지 않나요?

일반적으로 실행 중인 프로그램에 할당되는 메모리 중 데이터가 저장되는 영역은 ❶ 정적 데이터 영역, ❷ 동적 할당 영역, ❸ 자동 할당 영역으로 구분됩니다.

앞서 살펴본 전역 변수는 정적 데이터 영역에 할당되는 변수이고, 지역 변수는 자동 할당 영역에 할당되는 변수입니다.

반면에 파이썬 내부적으로 만들어지는 복합자료형의 객체들은 동적 할당 영역에 할당되어 지역 변수와 다르게 함수 종료 후에도 사용할 수 있습니다. 이에 대한 자세한 논의는 이 책의 범위를 넘어서므로 생략합니다.

02 리스트와 반복문

다수의 연관된 데이터들의 묶음인 복합 자료형의 데이터는 많은 경우에 반복적인 처리가 동반된다. 특히 순번에 따라 데이터를 저장하고 있는 리스트는 반복문과 같이 사용하기 위해 만들어진 데이터 구조라 생각해도 과언이 아니다. 이번 절에서는 개별적인 요소들의 집합인 리스트를 반복문과 함께 사용해 보고자 한다.

○ 리스트의 각 요소값에 대한 반복적인 처리

• for 문과 리스트

리스트에는 유한한 개수의 데이터들이 순서대로 저장되어 있다. 앞서 8단원에서 반복 횟수가 정해져 있는 루프는 for 문을 이용하자 하였다. 특히 파이썬의 for 문은 다음과 같이 반복 범위 대신에 리스트를 직접 기술해 반복문을 구성할 수 있다.

변수명 e는 다른 이름으로 바꿔도 된다.

```
for e in 리스트 :
    리스트_요소값_e를_이용한_문장
```

위 구문은 매 루프 주기마다 리스트의 시작부터 한 요소씩 순서대로 변수 e로 가져오고, 그 값을 갖고서 주어진 문장을 반복 처리한다. 이는 코드 8-10의 문자열을 구성하는 각 문자에 대해 반복하는 for 문의 경우와 유사하다.

구체적인 예로 코드 10-3을 살펴보자. 이전의 for 문과 달리 반복 범위를 기술하기 위해 range()를 사용하지 않았다. 대신 in 키워드 다음에 리스트를 직접 기술함으로써 02행의 변수 e는 리스트 msgs의 시작요소부터 순차적으로 한 요소씩 받아올 수 있고, 이 변수를 가지고 03행의 문장을 수행하게 된다. 따라서 실행 결과는 리스트의 각 요소를 /로 구분해가며 한 줄에 출력할 것이다.

 # 코드 10-3 리스트와 for 문

```python
msgs = ['단출하게', '단아하게', '당당하게']
for e in msgs :
    print(f'{e}/', end='')
```

매 루프 주기마다 리스트의 각 요소가 변수 e에 전달된다.

▶ 실행 결과

```
단출하게/단아하게/당당하게/
```

이 구조는 **리스트의 모든 요소에 대해 시작부터 마지막까지 순서대로 접근하고자 할 때** 간단하게 사용될 수 있다. 그런데 리스트의 일부 요소 혹은 역순으로 접근하고자 한다면 어떻게 해야 할까?

• 인덱스를 이용한 반복

앞서 살펴본 for 문은 리스트의 모든 요소에 대해 반복 처리하는데 간단히 사용할 수 있으나, 리스트의 모든 요소에 대해 시작부터 순서대로 접근할 수밖에 없는 제약이 있다. 따라서 리스트의 부분 요소들에 대해 반복하거나, 리스트의 마지막부터 역순으로 접근하고자 한다면 앞선 반복 구조를 이용할 수 없다.

대신 다음과 같이 range()를 통해 접근할 리스트 요소에 대해 인덱스를 만들어 내고, 그 인덱스를 통해 리스트 인덱싱을 이용하면 원하는 범위의 요소들을 원하는 순서대로 반복 접근할 수 있다. 이때 내장 함수 len()을 이용해 리스트의 요소 개수를 얻는다면 리스트의 길이가 바뀌더라도 항상 유효한 범위로 반복을 제한할 수 있다.

```
for i in range(len(리스트)) :
    리스트[i]를_이용한_문장
```

변수명 i는 다른 이름으로 바꿔도 된다.

이와 같은 구성은 **리스트의 일부 혹은 전체 요소에 대해 시작에서부터 접근하거나 또는 끝에서부터 순차적으로 접근**할 수 있다는 특징이 있다. 다음의 코드 10-4를 살펴보자.

코드 10-3의 수정

 # 코드 10-4 인덱스를 이용한 리스트 반복

```
01 msgs = ['단출하게', '단아하게', '당당하게']
02 for i in range(len(msgs)) :
03     print(f'{msgs[i]}/', end='')
```

실행 결과

```
단출하게/단아하게/당당하게/
```

range()의 인수가 하나인 경우에는 0부터 그 숫자 전까지의 숫자 나열을 만들어 낸다고 하였다. 이 예제에서처럼 len(msgs)를 통해 리스트의 요소 개수 3을 얻는다면 range(3)이란 표현은 0, 1, 2라는 숫자 나열을 매 루프 주기마다 변수 i에 전달하게 된다. 따라서 03행에서 msgs[i]라는 표현식은 리스트 msgs의 첫 번째 요소부터 순차적으로 접근할 수 있게 한다.

반면에 다음의 코드 10-5의 02행의 범위 표현식은 매 루프 주기마다 변수 i에 2, 1, 0이라는 인덱스를 전달하여 마지막 요소부터 0번 요소까지 역순으로 접근한다.

코드 10-4를 수정

 # 코드 10-5 인덱스를 이용해 리스트를 역순으로 반복 접근

```
01 msgs = ['단출하게', '단아하게', '당당하게']
02 for i in range(len(msgs) - 1, -1, -1) :
03     print(f'{msgs[i]}/', end='')
```

실행 결과

```
당당하게/단아하게/단출하게/
```

이제는 할 수 있어요!

자신의 친구들 이름을 사전식 순서대로 입력받아 리스트 friends에 저장하자.

(1) 리스트 friends에 저장된 이름들을 저장 순서를 유지해가며 한 줄에 하나씩 출력해 보자.

(2) 리스트 friends에 저장된 이름을 저장 역순으로 한 줄에 하나씩 출력해 보자.

03 리스트의 반복적 접근 예제: 인구조사

문제

통계청에서는 특정 시기에 전 국민을 대상을 각 가구를 직접 방문하여 인구총조사를 시행한다. 이를 위해 인구조사원이 가구를 방문하여 해당 가구의 인구조사 내역을 입력해 처리하는 프로그램을 시뮬레이션하고자 한다. 다만 문제를 간단히 하기 위해 다음의 조건 아래에서만 수행한다고 가정하자.

- 지정한 하나의 빌라에 대한 조사만 수행한다.
- 이 빌라는 4층으로 구성되어 있고, 한 층에 한 가구만 거주한다.
- 인구조사원은 1층부터 4층까지 각 세대를 방문해 각 가구의 인원수를 입력받는다.
- 추후 각종 통계 정보를 구성하기 위해 입력된 정보는 가구별로 분리하여 유지해야 한다.
- 해당 건물의 입력을 마치면 그 건물의 각 가구별 인원수와 더불어 총 거주인원수를 출력한다.

실행 결과

```
1층의 거주인원수는? 3 Enter↵
2층의 거주인원수는? 4 Enter↵
3층의 거주인원수는? 3 Enter↵
4층의 거주인원수는? 2 Enter↵
1층의 거주인원수는 3명입니다.
2층의 거주인원수는 4명입니다.
3층의 거주인원수는 3명입니다.
4층의 거주인원수는 2명입니다.
총 거주인원수는 12명입니다.
```

그림 10.9 인구 조사

1단계: 주 프로그램부

• 주 프로그램부의 설계

이 문제를 해결하기 위해 단계별 세분화 전략에 따라 다음과 같이 설계하자. 다른 프로그램과 마찬가지로 이 프로그램 역시 주 프로그램부에서는 입력-처리-출력 부분으로 책임을 나누어 구성하자.

 # 코드 10-6 인구조사 프로그램의 의사 코드

02행과 03행의 처리순서는 맞바꿔도 될 것이다.

```
01 # 1~4층의 거주인원수를 입력받음
02 # 입력받은 1~4층의 거주인원수를 출력
03 # total = 입력받은 1~4층의 거주인원수의 총합을 구함
04 # 총 거주인원수(total) 출력
```

• 주 프로그램부의 구현

코드 10-6의 의사 코드에서 각 부분은 다소 복잡할 수 있기에 코드 10-7에서처럼 사용자 정의 함수를 이용해 구성하자.

코드 10-6의 구현

 # 코드 10-7 인구조사 프로그램의 주 프로그램부 구현

```
01 # 주 프로그램부
02 # 1~4층의 거주인원수를 입력받음
03 population = input_num_of_population()
04
05 # 입력받은 1~4층의 거주인원수를 출력
06 show_num_of_population(population)
07
08 # total = 입력받은 1~4층의 거주인원수의 총합을 구함
09 total = get_total(population)
10
11 # 총 거주인원수(total) 출력
12 print(f'총 거주인원수는 {total}명입니다.')
```

코드 10-7의 03행과 같이 먼저 input_num_of_population()을 호출해서 각 층의 거주인원수를 입력받자. 이 함수에서 입력받은 값들을 호출측으로 반환해주면 주 프로구램부에서는 그 값을 변수 population에 저장받아 각 층의 거주인원을 가지고 필요한 처리하는 수행하는 함수(06행, 09행)에게 전달한다. 일단 03행의 입력을 담당한 함수부터 정의하자.

2단계: 각 층의 거주인원수를 입력받는 함수

• 거주인원수를 입력받는 함수의 요구사항

각 층의 거주인원수를 입력받는 함수에게 맡겨진 책임은 다음과 같다.

> 1) 1~4층의 각 세대의 거주인원수를 입력받음
> 2) 입력받은 각 층의 거주인원수를 호출측으로 반환

코드 10-7의 03행에서 호출된 함수 input_num_of_population()의 설계

• 거주인원수를 입력받는 함수의 설계: 첫 번째 시도

가장 먼저 생각해 볼 수 있는 가장 단순한 설계는 코드 10-8과 같이 개별적인 변수 네 개에 각 층의 거주 인원수를 입력받는 방법을 떠올려 볼 수 있다.

 # 코드 10-8 입력 함수의 설계 v1

```
01  def input_num_of_population() :
02      # nPeople1 = 1층의 거주인원수를 입력받음
03      # nPeople2 = 2층의 거주인원수를 입력받음
04      # nPeople3 = 3층의 거주인원수를 입력받음
05      # nPeople4 = 4층의 거주인원수를 입력받음
06
07      # 입력받은 거주인원수를 호출측으로 반환
08      return (nPeople1, nPeople2, nPeople3, nPeople4)
```

리스트에 입력받고 싶다하더라도 일단을 이렇게 작성해보자.

이 구성은 현재 문제의 요구사항을 만족시키는데에는 전혀 문제가 없다. 다만 각 층의 거주인원수를 개별적인 변수에 입력받고 있다(02~05행). 그런데 하나의 함수는 하나의 반환값만 가능하므로 08행과 같이 각 변수의 값을 튜플로 묶어 호출측으로 반환해줘야 할 것이다.

하지만 4층 건물이 아니라 40층이나 혹은 그 이상의 경우에 대해 처리해야 한다면 어떨까? 입력받고, 출력하고, 합계를 구하기 위해 비슷한 문장들이 반복되고 있기에, 앞선 구성과 같이 일일이 나열하는 것은 효율적이지 못하다.

• 거주인원수를 입력받는 함수의 설계: 두 번째 시도

좀 더 효율적인 코드의 구성과 좀 더 수월한 작성을 위해 반복문을 적용해 보자. 코드 10-8의 02~05행을 보면 무엇을 얼마나 반복해야 할지가 명확히 파악된다. 다

만 이 문제에선 1층부터 4층까지라는 범위로 반복하거나 혹은 네 번이라는 횟수만큼 반복하며 입력받으면 되니 while 문 보다는 for 문이 더 나은 선택이 된다.

코드 10-8을 수정

코드 10-9 입력 함수의 설계 v2 (오류)

```
01  def input_num_of_population() :
02      # for f를 1부터 4까지 변화하면서 :
03          # nPeople = f층의 거주인원수를 입력받음
04
05      # 입력받은 거주인원수를 호출측으로 반환
06      return (nPeople1, nPeople2, nPeople3, nPeople4)
```

코드 10-8의 02~05행을 코드 10-9와 같이 for 문을 이용해 설계하였다. 그런데 문제가 하나 있다. 입력문의 프롬프트 문자열을 반복문 내에서 반복적으로 만들어내는 것에는 전혀 문제가 없으나, 입력받은 각 층의 거주인원수를 저장할 변수명 nPeople을 같은 반복문 안에서 서로 다르게 지정할 수가 없다. 변수 이름은 그 자체로 고유한 식별자이므로 프로그램 수행 중 연산식으로 조합될 수 없다. 따라서 03행처럼 구성하게 되면 모든 층의 거주인원수를 같은 변수에 저장하게 되므로 문제의 요구조건을 만족할 수 없게 된다.

• 거주인원수를 입력받는 함수의 설계: 최종 안

이렇듯 하나의 반복문 내에서 서로 다른 저장 공간에 반복적으로 입력받고자 한다면 리스트를 사용해야 한다. 앞에서 다뤘듯이 리스트는 하나의 이름으로 여러 데이터를 순서대로 묶을 수 있는 구조이다. 일반적으로 리스트와 반복문은 밀접하게 사용된다. 더불어 이 함수 역시 하나의 반환값만 가질 수 있는데, 리스트를 반환하는 것에는 전혀 문제가 없다. 코드 10-10의 설계를 참고하라.

코드 10-9를 수정

코드 10-10 입력 함수의 설계 v3

```
def input_num_of_population() :
    # 리스트 nPeople 선언
    # for f를 1부터 4까지 변화하면서
        # nPeople[f - 1] = f층의 거주인원수를 입력받음

    # 입력받은 거주인원수를 호출측으로 반환
    return nPeople
```

• 거주인원수를 입력받는 함수의 구현: 1안

입력 함수에 대한 설계가 코드 10-10과 같이 완성되었으니 이에 대한 구현을 살펴보자. 우선은 코드 10-11과 같이 작성하였다.

코드 10-11 입력 함수의 구현 v1

코드 10-10의 첫 번째 구현

```
01 def input_num_of_population() :
02     nPeople = [0, 0, 0, 0]
03     for f in range(1, 5) :
04         nPeople[f - 1] = int(input(f'{f}층의 거주인원수는? '))
05 
06     # 입력받은 거주인원수를 호출측으로 반환
07     return nPeople
```

코드 10-11에 기술한 첫 번째 구현을 살펴보자. 각 세대의 거주인원수를 입력받기 위해 02행에서 건물 층수에 해당하는 네 개의 요소를 갖는 리스트 nPeople을 선언하였다. 각 세대의 인원수는 알 수 없으므로 임의의 초기값 0으로 지정하자.

더불어 03행의 반복문의 **매 반복 주기마다 1부터 4까지 변화해가며 변수 f에 층수가 전달**된다. 04행에서는 각 층의 인원수를 입력받아 리스트 인덱싱을 통해 리스트에서 해당 정보를 저장할 요소의 값을 수정하도록 구성했다.

다만 리스트의 첫 번째 요소는 항상 0번 인덱스를 갖는 요소에 저장되어야 하기에 04행에서 `nPeople[f]`가 아니라 `nPeople[f - 1]`로 기술했다는 점에 유의하라. 즉, f값이 1부터 시작하기에, f층에 대한 거주인원수는 리스트의 `f - 1` 인덱스를 갖는 요소에 저장한다. 예를 들어 1층의 거주인원수는 `nPeople[0]`에 저장한다.

• 거주인원수를 입력받는 함수의 구현: 2안

코드 10-11의 구성 자체가 문제가 되지는 않지만, 종종 리스트의 접근 범위를 좀 더 간단하고 명료하게 표현하기 위해 반복문의 인덱스를 리스트의 인덱스에 맞춰 다음과 같이 수정하고자 한다.

코드 10-11에서 수정

 # 코드 10-12 입력 함수의 구현 v2

```
01 def input_num_of_population() :
02     nPeople = [0, 0, 0, 0]
03     for f in range(4) :     # range(len(nPeople))
04         nPeople[f] = int(input(f'{f + 1}층의 거주인원수는? '))
05 
06     # 입력받은 거주인원수를 호출측으로 반환
07     return nPeople
```

코드 10-12는 코드 10-11과 동일한 결과를 내지만 03행에서 range(4)의 표현을 통해 변수 f의 반복 범위를 0~3으로 지정한다. 따라서 04행에서 리스트 인덱싱 시 상대적으로 좀 더 단순한 nPeople[f]란 표현을 사용할 수 있다. 다만 입력문의 프롬프트 메시지에 출력될 층수는 1층부터 표기되어야 하고, 이 값이 리스트의 0번 요소에 저장될 값이므로 이번에는 각 층수를 f + 1로 나타내야 한다.

간단해 보이지 않다면 건물의 층수가 20층이라 가정해 보라.

초기 설계인 코드 10-8에 비해서는 훨씬 간단해 보인다. 더불어 건물의 층수가 바뀌면 02행에서 리스트에 초기값의 개수를 수정하고, 03행의 반복 횟수만 수정해 주면 간단하게 확장할 수 있다. 물론 03행에서 range()의 인수로 전달된 건물 층수에 해당하는 정수는 리스트의 요소 개수와 일치할테니 이 경우 주석에 나타낸 것처럼 len(nPeople)로 기술하면 건물 층수가 변경되더라도 반복 횟수를 수정하는 번거로움을 덜 수 있다.

• 거주인원수를 입력받는 함수의 구현: 3안

다만 코드 10-11의 구현이든 코드 10-12의 구현이든 간에 리스트 선언시 건물의 층수만큼 초기값을 나열해야 한다는 것은 사실상 굉장히 번거로운 작업이 된다. 따라서 리스트 선언 시 미리 0의 초기값을 일일이 지정하는 대신 공백 리스트를 준비하고, 입력 시 리스트에 요소를 추가하는 형태로 수정하자.

 # 코드 10-13 입력 함수의 구현 v3

코드 10-12에서 수정

```
01 def input_num_of_population() :
02     nPeople = []
03     for f in range(4) :
04         n = int(input(f'{f + 1}층의 거주인원수는? '))
05         nPeople.append(n)
06 
07     # 입력받은 거주인원수를 호출측으로 반환
08     return nPeople
```

코드 10-12와 달리 코드 10-13의 02행에서는 공백 리스트를 선언한다. 처리할 건물의 높이가 몇 층이건 간에 그저 공백 리스트만 준비하면 된다. 다만 각 층의 거주인원수를 입력받아 리스트에 '추가'해주는 작업이 필요하다. 따라서 04행에서 입력받은 값은 05행처럼 append() 메서드를 이용해 리스트에 추가하자.

3단계: 각 층의 거주인원수를 출력하는 함수

• 거주인원수를 출력하는 함수의 구현: 1안

같은 관점에서 전체 프로그램의 설계인 코드 10-7의 06행에서 호출한 각 세대의 거주 인원수를 출력하는 함수를 구현해 보자. 이 함수는 호출 시 인수로 전달된 리스트의 각 요소를 지정한 형식으로 출력하는 함수이다.

두 가지 구현을 생각해 볼 수 있다. 먼저 코드 10-14는 02행에서 매개변수로 전달된 리스트의 길이를 구한 후, 03행의 `for` 문을 이용해 그 길이만큼 반복적으로 처리하며 출력 한다. 여기서 루프 내의 변수 `i`는 0부터 시작되기에 리스트의 인덱스는 `i`로, 출력되는 층수는 `i + 1`로 기술한다.

 # 코드 10-14 각 층의 거주인원수를 출력하는 함수의 구현 v1

코드 10-7의 06행 함수의 구현

```
01 def show_num_of_population(p) :
02     cnt = len(p)
03     for i in range(cnt) :
04         print(f'{i + 1}층의 거주인원수는 {p[i]}명입니다.')
```

• 거주인원수를 출력하는 함수의 구현: 2안

1안의 구성을 보면 리스트의 모든 요소에 대해 반복하므로 인덱스로 접근하는 대신 리스트에 대해 직접 반복 처리해 보자. 코드 10-15의 구현은 03행의 for 문에서 매개변수로 받은 리스트를 직접 for 문의 범위 표현식 부분에 기술한다. 따라서 매 루프 반복 주기마다 변수 n은 리스트의 0번 요소부터 순차적으로 전달받는다. 이 경우에는 코드 10-14에서처럼 리스트 인덱싱하지 않더라도 변수 n을 통해 바로 리스트의 요소값에 접근할 수는 있다. 하지만 각 루프 주기마다 층수를 표현할 방법이 없기에 02행에서 추가의 변수 f를 두고 매 반복 주기마다 그 값을 1씩 증가(05행)해야 한다. 만일 02행의 구문을 루프 안에 두면 매 반복 주기마다 f = 1이 처리되니 모든 층이 1층으로 표시되는 논리적 오류가 발생하니 주의하자.

1안과 2안 중 어느 것을 선택할 것인지는 여러분들이 선택하라.

코드 10-14와 비교

 # 코드 10-15 각 층의 거주인원수를 출력하는 함수의 구현 v2

```
01 def show_num_of_population(p) :
02     f = 1
03     for n in p :
04         print(f'{f}층의 거주인원수는 {n}명입니다.')
05         f += 1
```

4단계: 각 층의 거주인원수의 총합을 구하는 함수

• 거주인원수의 총합을 계산하는 함수의 설계: 1안

다음으로는 전체 프로그램의 설계인 코드 10-7의 09행에서 호출한 각 층의 거주인원수들의 총합을 구하는 함수를 작성하자. 이 함수 역시 리스트를 전달받아 리스트 내의 요소들의 총합을 구하되, 계산한 합계값은 호출측에서 적절한 형태로 이용할 수 있도록 호출측으로 반환하자.

일반적으로 설계 과정은 의사 코드를 이용해 표현한다. 다만 이 함수의 경우 단순 연산을 수행하는 함수이니 직접 파이썬 코드를 이용해 다양한 설계와 그에 따른 구현을 비교해 보자.

코드 10-7의 09행 함수의 설계 및 구현

 # 코드 10-16 리스트의 모든 요소의 합계를 구하는 함수의 설계: v1

```
def get_total(lst) :
    total = lst[0] + lst[1] + lst[2] + lst[3]
    return total
```

list는 키워드이므로 매개 변수 이름은 lst로 했다.

코드 10-16은 네 개 요소를 갖는 리스트의 총합을 구하는 구현이다. 이 문제를 위해서는 이런 구현 역시 가능하지만, 매개변수로 전달된 리스트의 요소 개수가 네 개가 아닌 경우에는 부적절하게 동작될 것이다. 따라서 좀 더 일반화된 형태의 함수로 수정하자.

• 거주인원수의 총합을 계산하는 함수의 설계: 2안

매개변수로 받은 리스트의 요소 개수가 달라지더라도 변하지 않는 것은 각 요소에 대한 누적합을 구하는 연산이 수행된다는 것이다. 따라서 02행의 연산을 변형하여 반복문을 이용해 처리하도록 수정하자.

사실 프로그래밍에서 산술 연산자의 특성상 + 연산자는 이항 연산자로 한 번의 연산에서 그저 두 피연산자 항의 합을 구해 결과로 내주는 연산자이다. 따라서 코드 10-16에서 02행은 연산자 우선순위에 따라 다음과 같은 순서로 처리된다.

```
total = ( ( ( lst[0] + lst[1] ) + lst[2] ) + lst[3] )
```

어느 경우라도 + 연산은 두 피연산자 항을 가지고 연산을 수행한다. 따라서 코드 10-16은 다음과 같이 수정할 수 있다.

 # 코드 10-17 **리스트의 모든 요소의 합계를 구하는 함수의 설계: v2-1**

코드 10-16을 수정

```
01  def get_total(lst) :
02      total = lst[0] + lst[1]
03      total += lst[2]
04      total += lst[3]
05
06      return total
```

코드 10-17의 03~04행을 보면 변수 total에 매개변수 lst가 참조하는 리스트의 2번, 3번 요소를 누적해서 더하는 문장으로, 이 부분은 반복문으로 작성할 수 있어 보인다. 다만 이왕 반복문을 적용할 것이라면 같은 의미를 갖는 다른 문장들을 포함시켜 좀 더 반복 범위를 넓게 유지하도록 설계하는 것이 전체적으로 코드를 단순화시킬 수 있을 것이다.

따라서 리스트의 2번, 3번 요소뿐만 아니라 나머지 요소까지도 03~04행과 같은 표현식이 될 수 있도록 수정하자.

코드 10-17의 02행을 코드 10-18의 02~03행과 같이 두 문장으로 분리해 보자. 이제 앞선 경우보다 반복 범위가 좀 더 넓어진, 즉 리스트의 1~3번 요소의 누적합을 구하는 문장(03~05행)이 같은 유형을 갖는다. 여기서 만족하지 말고 첫 번째 요소에 대한 처리까지 포함할 수 있도록 한 번 더 수정해 보자.

코드 10-17을 수정

 # 코드 10-18 리스트의 모든 요소의 합계를 구하는 함수의 설계: v2-2

```
01 def get_total(lst) :
02     total = lst[0]
03     total += lst[1]
04     total += lst[2]
05     total += lst[3]
06 
07     return total
```

코드 10-18의 02행은 다시 코드 10-19의 02~03행과 같이 분리될 수 있다. 다시 말해 리스트의 각 요소들에 대한 누적합을 구해야 하므로 0으로 초기화된 변수 `total`에 리스트의 각 요소값인 `lst[i]`의 누적합을 구하는 문장을 반복적으로 처리하자. 이제는 리스트의 모든 요소에 대해 같은 형태의 문장이 반복된다.

코드 10-18을 수정

 # 코드 10-19 리스트의 모든 요소의 합계를 구하는 함수의 설계: v2-3

```
01 def get_total(lst) :
02     total = 0
03     total += lst[0]
04     total += lst[1]
05     total += lst[2]
06     total += lst[3]
07 
08     return total
```

• 거주인원수의 총합을 계산하는 함수의 구현: 3안

따라서 코드 10-19에서 반복적인 처리를 수행하는 문장들을 반복문을 이용해 구현하면 코드 10-20과 같다. 이 코드는 앞선 어떤 구현보다도 간결할 뿐만 아니라, 어떤 길이의 리스트를 매개변수로 전달받는다 하더라도 추가 수정 없이 리스트의 모든 요소의 총합을 항상 구할 수 있다.

 # 코드 10-20 리스트의 모든 요소의 합계를 구하는 함수의 구현: v3

코드 10-19를 수정

```
def get_total(lst) :
    total = 0
    for n in lst :
        total += n

    return total
```

궁금합니다

리스트의 총합 구하기

사실 리스트 내의 모든 요소들에 대한 총합을 구하는 일은 빈번하게 사용되어집니다. 이때마다 앞서 작성했듯이 get_total() 같은 사용자 정의 함수를 만들어 반복문을 통해 처리하는 것은 다소 번거롭게 느껴질 수 있습니다.

이런 이유로 파이썬에서는 임의의 **리스트의 총합을 구해 반환하는 내장 함수 sum()이 제공**됩니다. 다시 말해 리스트의 총합을 구하기 위해 get_total() 같은 사용자 정의 함수를 정의하지 않더라도 그저 total = sum(population)이라 호출하면 요구사항을 만족하는 것을 확인할 수 있습니다.

다만 우리는 손쉬운 결과를 얻는데 급급하기 보다는, 또 파이썬에서 더 쉽게 처리하는 각종 기능들을 제공해준다 하더라도 **해결할 수 있을만한 간단한 작업을 직접 구현해 봄으로써 프로그래밍에 대한 개념과 문법에 대해 이해를 도모**하고자 합니다.

처음부터 편한 것에 길들여지기 보다는 처음에는 다소 돌아가는 듯 싶더라도 프로그래밍에 대한 기본 개념과 실력을 쌓아가고, 추후 좀 더 익숙해져 좀 더 복잡한 프로그램을 작성하게 될 때 간편하게 프로그래밍할 수 있는 다양한 함수들을 이용해가기 바랍니다.

전체 프로그램으로 통합 구현

주 프로그램(코드 10-7)에다가 입력에 대한 처리(코드 10-13)와 출력에 대한 처리(코드 10-14 또는 10-15) 그리고 합계를 구하는 처리(코드 10-20)를 포함하면 다음과 같이 전체 프로그램에 대한 소스 코드가 완성된다.

코드 10-7, 10-13, 10-14, 10-20을 통합

 # 코드 10-21 인구조사 프로그램 (최종)

```
# 사용자 정의 함수부
# 코드 10-13
def input_num_of_population() :
    nPeople = []
    for f in range(4) :
        n = int(input(f'{f + 1}층의 거주인원수는? '))
        nPeople.append(n)

    # 입력받은 거주인원수를 호출측으로 반환
    return nPeople

# 코드 10-14
def show_num_of_population(p) :
    cnt = len(p)
    for i in range(cnt) :
        print(f'{i + 1}층의 거주인원수는 {p[i]}명입니다.')

# 코드 10-20
def get_total(lst) :
    total = 0
    for n in lst :
        total += n

    return total

# 주 프로그램부 : 코드 10-7
# 1~4층의 거주인원수를 입력받음
population = input_num_of_population()

# 입력받은 1~4층의 거주인원수를 출력
show_num_of_population(population)

# total = 입력받은 1~4층의 거주인원수의 총합을 구함
total = get_total(population)

# 총 거주인원수(total) 출력
print(f'총 거주인원수는 {total}명입니다.')
```

이제는 할 수 있어요!

다음 리스트 names에 있는 각 이름을 기반으로 '안녕, OO!'과 같이 출력하시오.

names = ['유니', '효리', '서비', '버미']

실행 결과

```
안녕, 유니!
안녕, 효리!
안녕, 서비!
안녕, 버미!
```

04 이중 리스트

리스트는 단일 변수들의 묶음에 비유했다. 그렇다면 여러 리스트들을 한 덩어리의 또 다른 리스트로 묶는, 즉 **리스트의 요소가 또 다른 리스트인 이중 리스트(중첩된 리스트)**를 살펴보자.

이중 리스트

이중 리스트의 선언

코드 10-22의 scores(01~04행)는 두 리스트 ['이찬수', 95, 85]와 ['홍길동', 90, 80]을 한 덩어리로 묶은 리스트의 리스트이다. 다시 말해 [이름, 성적1, 성적2]와 같은 형태로 한 학생의 정보를 리스트로 묶되, 이렇게 표현된 학생 정보를 [학생정보1, 학생정보2]와 같이 또 다른 리스트로 묶은 것이다.

코드 10-22 이중 리스트

보통 이중 리스트는 보기 좋게 여러 줄에 나눠 선언한다.

```
01  scores = [
02      [ '이찬수', 95, 85 ],
03      [ '홍길동', 90, 80 ]
04  ]
05
06  print(scores)
07  print(scores[0])
08  print(scores[0][0])
```

실행 결과

```
[['이찬수', 95, 85], ['홍길동', 90, 80]]
['이찬수', 95, 85]
이찬수
```

이중 리스트의 요소 선택

따라서 scores[0]은 scores의 첫 번째 요소인 리스트 ['이찬수', 95, 85]를 나타낸다. 그러므로 scores[0][0]은 다시 리스트 ['이찬수', 95, 85]의 첫 번째 요소인 '이찬수'라는 문자열을 나타낼 것이다.

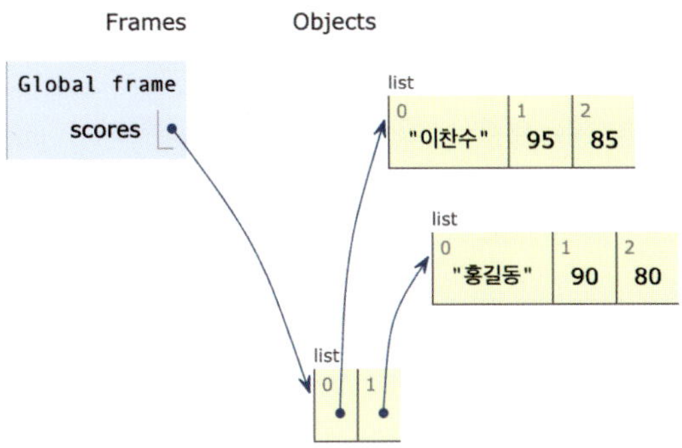

그림 10.10 파이썬 튜터에서 살펴본 이중 리스트의 구조

보통 많은 서적에서 행과 열의 개념을 적용하는데 그보다는 그룹의 개념으로 해석하자!

이를 일반화하면 리스트의 리스트, 즉 이중 리스트인 경우 각 요소에 접근하기 위해 두 번의 [] 첨자 연산을 수행하게 되는데, 이때 **첫 번째 인덱스는 그룹의 인덱스, 두 번째 인덱스는 특정 그룹 내의 요소에 대한 인덱스**로 기억해두자. 다시 말해 scores[0][1]은 scores란 리스트의 0번 그룹의 1번 요소에 대한 인덱싱 표현이 될 것이다.

정리

이중 리스트

- ✓ 리스트를 요소로 갖는 리스트, 즉 리스트들의 리스트를 가리킨다.
- ✓ 2개의 첨자 연산을 통해 인덱싱하는데, 이때 첫 번째 첨자는 접근할 그룹의 인덱스를, 두 번째 첨자는 접근할 그룹의 요소 번호를 나타낸다.

이중 리스트와 반복문

앞서서 임의의 한 리스트는 단일 반복문을 통해 각 요소에 반복적으로 접근할 수 있음을 살펴보았다. 따라서 리스트를 요소로 갖는 이중 리스트는 중첩된 반복문을 통해 보다 효과적으로 접근할 수 있다. 앞선 코드 10-22의 이중 리스트 scores를 하나의 반복문을 통해 모든 요소값들을 출력하면 코드 10-23과 같이 구성할 수 있다.

코드 10-22를 수정

 # 코드 10-23 이중 리스트의 반복적 접근

```
01 scores = [
02     [ '이찬수', 95, 85 ],
03     [ '홍길동', 90, 80 ]
04 ]
05
06 for g in scores:
07     for e in g:
08         print(e, end='/')
09     print()
```

실행 결과

```
이찬수/95/85/
홍길동/90/80/
```

코드 10-23의 06행에서 매 루프 주기마다 변수 g는 이중 리스트 scores로부터 각 요소 리스트에 대한 아이디를 전달받는다. 따라서 07행의 반복문에서는 각 요소 리스트로부터 한 요소값을 변수 e가 전달받게 된다.

이는 코드 10-24와 같이 인덱스 값을 이용한 구성으로 기술될 수 있으며, 이 경우는 앞서 살펴본 바와 같이 리스트의 일부분만 접근할 수도 있을 것이다.

코드 10-23의 06행 이후 수정

 # 코드 10-24 이중 리스트의 반복적 접근

```
06 for gi in range(len(scores)):
07     for ei in range(len(scores[gi])):
08         print(scores[gi][ei], end='/')
09     print()
```

06행의 gi는 각 그룹의 인덱스를, 07행의 ei는 각 그룹 내의 요소 인덱스를 각 루프 주기에서 얻어온다. 따라서 08행은 이 두 인덱스를 이용해 이중 리스트에 대한 인덱싱 연산을 수행해 코드 10-23과 동일한 결과를 얻을 수 있다. 다만 전체 요소에 대해 시작부터 반복하는 것이라면 10-23이 훨씬 더 간단할 것이다.

05 딕셔너리와 반복문

9.5절에서 딕셔너리에 대해 살펴보았다. 딕셔너리는 키와 값의 순서쌍 형태로 데이터를 저장하기에 리스트나 튜플처럼 순서를 저장하지 않는다. 따라서 딕셔너리에 저장된 각 요소값에 접근하기 위해서는 해당 요소값과 연관된 키를 통해야만 한다.

그림 10.11 딕셔너리와 반복문

이런 특징을 갖는 딕셔너리도 반복문과 함께 루핑(looping)될 수 있는데 이를 위해서 딕셔너리는 다음의 메서드를 제공한다.

```
딕셔너리.keys()     # 딕셔너리 내의 키들의 목록을 반환
딕셔너리.values()   # 딕셔너리 내의 값들의 목록을 반환
딕셔너리.items()    # 딕셔너리 내의 키-값 쌍들의 목록을 반환
```

딕셔너리에서 제공하는 위 메서드의 반환값을 내장 함수 `list()`를 이용하면 우리가 앞서 다룬 일반 리스트로 변환할 수도 있다. 따라서 위 메서드를 이용하면 딕셔너리의 각 요소나 키값에 반복적으로 접근할 수 있다. 다만 문자열이나 리스트와 달리 딕셔너리는 저장 순서를 유지하지 않기에 접근되는 순서는 저장된 순서와는 다를 수 있다는 점에 유의하자.

내장 함수 list()

코드 10-25 딕셔너리의 각 요소에 반복적으로 접근하기

```
01 d = {
02     'python':'파이썬',
03     'basic':'기초',
04     'programming':'프로그래밍'
05 }
06
07 for key in d.keys():
08     print(key, d[key])
```

실행 결과

```
python 파이썬
basic 기초
programming 프로그래밍
```

물론 코드 10-25의 07행은 더 간단하게는 다음과 같이 key() 메서드 호출 없이 딕셔너리를 직접 for 문으로도 루핑할 수도 있다. 이는 리스트를 for 문과 같이 사용하는 형식과 같다. 다만 **딕셔너리는 저장 순서를 유지하지 않기에 딕셔너리의 루핑은 저장 순서에 따라 접근하는 것이 아닌 것**에만 유의하라.

코드 10-25의 07행을 수정

코드 10-26 딕셔너리의 각 요소에 반복적으로 접근하기

```
07 for key in d:
08     print(key, d[key])
```

이제는 할 수 있어요!

코드 10-25에서 정의된 딕셔너리 d에 대해 각각 다음의 문장을 수행해 보자.

```
print(list(d.keys()))
print(list(d.values()))
print(list(d.items()))
```

Python Programming

06 딕셔너리와 함수

복합 자료형과 함수

10.1절에서 리스트를 사용자 정의 함수와 같이 사용했을 때 어떤 특징이 나타나는지를 살펴보았다. 사실 그 특징들은 모든 복합 자료형에 대해 공통적으로 적용된다.

정리

- ✓ 가변 객체인 복합 자료형을 함수의 인수로 사용하면 매개변수로 전달된 아이디를 통해 인수 영역의 데이터 객체에 접근할 수 있다.
- ✓ 함수 안에서 선언된 복합 자료형 데이터를 반환하면 그것의 아이디가 호출측으로 전달되어 호출측에서도 계속 사용할 수 있다.
- ✓ 지역적으로 복합 자료형의 데이터가 선언되더라도 그 데이터 객체의 아이디를 전달할 수 있다면 함수 바깥에서도 계속 사용할 수 있다.

딕셔너리를 안전하게 처리하는 함수 구성 예제

앞 단원에서 딕셔너리에 접근할 때 [] 연산을 자주 사용하는 것을 살펴봤다. 다만 일부 연산에서는 유효한 키값을 사용하지 않으면 오류가 발생하는 문제가 발생했다. 이를 위해 파이썬에서는 궁극적으로 예외 처리 매커니즘을 통해 객체지향적으로 문제를 해결할 수 있으나, 이 책에서는 기초 프로그래밍 과정에 초점을 맞추기 위해, 또 지면 제약으로 예외 처리 부분을 다루지 않는다.

다만 딕셔너리의 각 요소를 접근할 때마다 이런 유효성 검사를 처리하는 것은 무척 번거로울 수 있으니 이 처리를 위한 사용자 정의 함수를 만들어 사용하면 좀 더 편리하고 간단하게 처리할 수 있을 것이다. 각 함수의 세부 구현 내용보다는 딕셔너리를 함수와 같이 사용하는 하나의 예제로서 확인해 두자.

• 딕셔너리의 요소 접근

딕셔너리의 특정 요소 접근 시 유효하지 않은 키값을 이용해 [] 연산을 수행하면 오류가 발생한다. 따라서 다음의 코드 10-27에서 정의한 함수 dict_get()는 딕셔너리의 get() 메서드처럼 유효한 키의 경우엔 그에 대한 값을, 유효하지 않은 키의 경우엔 예약어 None을 반환하도록 구성했다. 다만 딕셔너리 객체가 제공하는 기능인 메서드가 아니라 일반 함수로 정의하였기에 호출 시 딕셔너리와 키를 모두 인수로 전달받도록 구성해야 한다.

 # 코드 10-27 딕셔너리의 요소 접근 함수 구성의 예

```
def dict_get(dic, key) :
    if key in dic :
        return dic[key]
    else :
        return None

d = { 'python':'파이썬', 'basic':'기초', 'programming':'프로그래밍' }

res = dict_get(d, 'python')
if res != None :
    print(res)
else :
    print('오류: 잘못된 키')

res = dict_get(d, 0))
if res != None :
    print(res)
else :
    print('오류: 잘못된 키')
```

실행 결과

```
파이썬
오류: 잘못된 키
```

• 딕셔너리의 요소 추가

딕셔너리는 중복된 키값을 허용하지 않는다. 특히 딕셔너리에 요소 추가 시 이미 존재하는 키를 사용하면 기존 요소의 수정이 발생된다. 따라서 코드 10-28은 딕셔너리에 중복되지 않은 키가 지정된 경우에만 요소를 추가하도록 사용자 정의 함수 dict_append()를 정의한다. 이 함수는 새로운 키인 경우에는 딕셔너리에 추가한 후 True를 반환하고, 중복된 키인 경우에는 추가 과정 없이 False를 반환한다.

코드 10-28

```python
def dict_append(dic, key, value) :
    if key in dic :
        return False

    dic[key] = value
    return True

d = { 'python':'파이썬', 'basic':'기초', 'programming':'프로그래밍' }

if dict_append(d, 'PYTHON', '파이썬') :
    print('추가 성공')
else :
    print('추가 실패')

if dict_append(d, 'basic', '베이직') :
    print('두 번째 추가 성공')
else :
    print('두 번째 추가 실패')

print(d)
```

실행 결과

```
추가 성공
두 번째 추가 실패
{'python': '파이썬', 'basic': '기초', 'programming': '프로그래밍',
'PYTHON': '파이썬'}
```

• 딕셔너리의 요소 삭제

딕셔너리에서 유효하지 않은 키값으로 요소를 삭제하게 되면 오류가 발생한다. 따라서 코드 10-29는 임의의 딕셔너리에서 임의의 키값을 갖는 요소를 삭제하는 일을 처리하기 위해 사용자 정의 함수 dict_delete()를 작성하였다. 이 함수는 인수로 전달한 키가 유효하면 해당 키를 갖는 요소를 삭제한 후에 True를 반환하고, 유효하지 않은 키인 경우엔 오류와 삭제 처리 없이 False를 반환하도록 구성한다.

코드 10-29 딕셔너리의 요소 삭제 함수 구성의 예

```
def dict_delete(dic, key) :
    if key in dic :
        del dic[key]
        return True
    else :
        return False

d = { 'python':'파이썬', 'basic':'기초', 'programming':'프로그래밍' }
if dict_delete(d, 'basic') :
    print('삭제 성공')
else :
    print('삭제 실패')

print(d)
```

실행 결과

```
삭제 성공
{'python': '파이썬', 'programming': '프로그래밍'}
```

이번 단원을 정리하며

» 파이썬의 모든 데이터는 내부적으로 객체로 유지되고, 데이터를 저장하기 위한 **변수에는 데이터 객체에 대한 아이디가 저장**된다.

» 함수 호출 시 지정된 인수는 함수의 **매개변수로 데이터 객체에 대한 아이디가 전달**된다.

» 가변 객체인 복합 자료형의 데이터는 **매개변수를 통해** 인수 영역의 데이터를 참조할 수 있을 뿐만 아니라 그 **데이터를 수정하거나 삭제할 수도, 또 새로운 요소를 추가**할 수도 있다.

» 함수에서 복합 자료형을 반환하는 경우에도 해당 **데이터 객체에 대한 아이디가 반환**된다. 따라서 함수 호출측에서는 함수가 반환한 복합 자료형 데이터에 계속해서 접근할 수 있다.

» 함수 안에서 선언된 복합 자료형의 데이터는 그것을 가리키는 변수는 지역적인 특징을 지니지만, 그 변수에 저장된 아이디가 참조하는 **데이터 객체는 별도의 공간에 할당되어 함수가 끝난 다음에도 사용**할 수 있다.

» 다수의 요소들을 갖고 있는 **복합 자료형은 종종 반복문과 같이 사용**된다.

» 유효한 개수를 갖고 있는 **복합 자료형의 데이터는 보통 for 문과 함께 반복 사용**된다.

» **리스트는 for 문의 반복 범위에 직접 기술**될 수도 있는데, 이 경우 리스트의 첫 요소부터 마지막 요소까지 모든 요소에 대해 쉽게 반복된다.

» for 문의 반복 범위에 `range()`를 이용해 리스트 접근을 위한 인덱스를 생성한다면 이를 통해 **리스트의 임의 범위의 요소들에 접근**할 수도 있다.

» **딕셔너리도 for 문의 반복 범위에 직접 기술되어 반복**적으로 사용될 수 있다. 다만 딕셔너리는 저장 순서를 유지하지 않기에 접근 순서를 알 수 없다.

» **이중 리스트**는 리스트의 각 요소가 또 다른 리스트인 경우를 가리킨다.

» 이중 리스트는 보통 **중첩된 for 문**을 통해 모든 요소들에 대해 순차적으로 접근할 수 있다.

» 이중 리스트는 행과 열의 개념보다는 **그룹 번호**와 **그룹 내 요소 번호**의 개념으로 접근하면 이해하기 쉽다.

연습 문제

이번 단원에서는 **복합 자료형을 반복문과 함께 좀 더 효율적으로 사용하는 방법**에 대해 살펴보았다. 더불어 **함수와 같이 사용되었을 때 나타나는 특징**에 대해서도 알아보았다. 이 특징들에 대해 충분히 연습해 보면서 익혀두자.

01 사용자로부터 **연/월/일로 구성되는 특정 날짜를 입력받아 반환**하는 함수 get_date()를 작성하라. 이때 손쉬운 날짜 계산에 활용할 수 있도록 연, 월, 일을 개별 정수로 유지하되 튜플로 묶어 반환하자. 이 함수를 이용해 다음과 같이 생년월일을 입력받고 만 60번째 생일을 출력하는 프로그램을 작성해 보자.

실행 결과

```
당신의 생일은?
연도? 2000 Enter↵
월? 12 Enter↵
일? 25 Enter↵
당신의 만 60번째 생일은 2060년 12월 25일입니다.
```

02 사용자로부터 **입력받은 수 중에 가장 큰 수를 찾고자** 한다. 이를 위해 임의 길이를 갖는 리스트에서 반복문과 리스트 인덱싱을 이용해 최대값을 찾아 반환하는 find_max() 함수를 정의하고 이를 이용해 입력된 다섯 개의 정수 중 가장 큰 값을 찾는 프로그램을 완성하라.

실행 결과

```
정수 입력: 9 Enter↵
정수 입력: -2 Enter↵
정수 입력: 15 Enter↵
정수 입력: -20 Enter↵
정수 입력: 3 Enter↵

가장 큰 정수는 15입니다.
```

* 참고 : 파이썬의 내장 함수 max()는 find_max()에서 하고자 하는 일을 이미 처리해준다.
다만 이 예제를 통해 리스트와 함수 그리고 반복문을 연습하는 기회를 갖기 바란다.

03 9단원의 연습 문제 1번을 확장하여 처리할 학생수를 좀 더 유연하게 할 수 있도록 수정하자. 더불어 다음의 각 부분을 함수로 나누어 구성하자.

```
# 리스트 scores에 학생들의 점수를 입력받기
# avg = scores의 저장된 점수들의 평균을 구하기
# scores의 각 학생들 점수와 평균 avg를 출력하기
```

(1) **사용자로부터 학생들의 점수를 입력받아 하나의 리스트에 저장하여 반환**하는 함수 input_scores()를 작성하라. 단, 학생수는 미리 결정되어 있지 않다. 따라서 유효한 점수는 0 이상이라는 가정하에, 점수 입력 시 0 이상의 양수가 입력되면 점수 입력을 반복하다가 음수가 입력되면 반복을 마친다. 루프 마지막에 입력된 음수는 반복을 마치는 끝표시값으로만 사용하고 리스트에 저장하지 않는다.

(2) **인수로 전달된 리스트에 저장된 점수들의 평균을 구해 반환**하는 함수 get_average()를 작성하라.

(3) 인수로 전달된 리스트의 **각 학생의 점수를 출력**하는 함수 show_scores()를 작성하라.

(4) 앞서 작성한 함수를 이용해 전체 문제의 요구사항을 만족하도록 주 프로그램부를 완성하라. 단, 평균은 소수점 첫째 자리까지만 출력한다.

실행 결과

```
[점수 입력]
#1? 95 Enter↵
#2? 82 Enter↵
#3? 100 Enter↵
#4? 90 Enter↵
#5? 97 Enter↵
#6? -1 Enter↵

[점수 출력]
개인 점수: 95 82 100 90 97
평균: 92.8
```

연습 문제

04 문제3에서 점수와 평균을 출력한 후에, 다음과 같이 **특정 점수를 받은 학생의 번호를 확인**하고자 한다. 구현을 간단히 하기 위해 동일 점수를 받은 학생은 없다 가정한다. 반복문과 리스트의 기본 연산을 이용해 다음의 함수들을 직접 정의해보자.

실행 결과1

```
[점수 출력]
개인 점수: 95 82 100 90 97
평균: 92.8

[검색]
찾고자 하는 점수는? 100 Enter↵
100점은 3번 학생의 점수입니다.
```

실행 결과2

```
[점수 출력]
개인 점수: 95 82 100 90 97
평균: 92.8

[검색]
찾고자 하는 점수는? 80 Enter↵
80점을 받은 학생은 없습니다.
```

(1) 하나의 리스트(lst)와 정수(n)를 매개변수로 전달받아 그 리스트상에 n이 나타나는 인덱스를 반환하는 함수 search()를 작성하라. 만일 리스트상에 n이 나타나지 않으면 이 함수는 None을 반환한다.

(2) search() 함수를 정의하는 대신 리스트의 메서드를 이용해서 (1)의 처리를 구현해보자.

05 9단원 연습 문제 3번의 리스트를 이용한 쇼핑몰 장바구니 시뮬레이션 프로그램을 함수를 이용해 작성하고자 한다.

```
shopping_bag = []    # 장바구니
buy(shopping_bag)    # 첫 번째 상품 이름을 입력받아 장바구니에 추가하기
buy(shopping_bag)    # 두 번째 상품 이름을 입력받아 장바구니에 추가하기
show(shopping_bag)   # 장바구니의 모든 상품 이름 출력하기
```

(1) 호출 시마다 인수로 전달된 리스트 shopping_bag에 **사용자로부터 입력받은 구입 상품명을 추가**하는 함수 buy()를 정의하라. 인수로 전달된 리스트의 기존 값은 유지되어야 한다. 이 함수는 반환값을 갖지 않으며, 추가로 여러 번 호출될 수 있다.

(2) 인수로 전달된 리스트 shopping_bag에 들어 있는 **상품 이름을 출력하는 함수** show()를 정의하라.

(3) 앞서 작성한 함수를 이용해 문제에서 요구한 시뮬레이션 과정을 수행하도록 프로그램을 완성하라. 프로그램은 상품명에 빈 엔터가 입력될 때까지 반복한다.

실행 결과

```
[구입]
상품명? 샌드위치 Enter↵
장바구니에 샌드위치가(이) 담겼습니다.

[구입]
상품명? 쥬스 Enter↵
장바구니에 쥬스가(이) 담겼습니다.

[구입]
상품명? Enter↵
>>> 장바구니 보기: 샌드위치, 쥬스
```

06 문제5에서 제시한 함수를 참고하여 9단원의 연습 문제 4에서 작성한 딕셔너리를 이용한 장바구니 시뮬레이션 프로그램을 함수를 이용한 구조로 수정하라.

CHAPTER

11

클래스와 객체

이 단원을 마치고 나면

- 클래스와 객체에 대해 그 개념과 역할을 설명할 수 있다.
- 클래스를 정의하여 객체를 생성할 수 있다.
- 생성된 객체의 속성과 메서드에 접근할 수 있다.
- 클래스에 생성자를 추가하고 객체 생성 시 이용할 수 있다.
- 비공개 속성을 지정하고, 이에 접근하는 액세스 메서드를 정의할 수 있다.
- 정적 메서드의 특징을 이해하고 정의할 수 있다.

01 객체지향 언어의 개념
02 클래스 정의
03 객체의 생성
04 생성자
05 정보은닉: 비공개 속성과 액세스 메서드
06 클래스 단위 멤버

Python Programming

01 객체지향 언어의 개념

프로그래밍 언어의 유형

인간의 언어와 마찬가지로 컴퓨터 프로그래밍 언어도 다양한 종류가 있다. 프로그래밍 언어를 몇몇 기준에 따라 분류할 수 있는데, 특히 문제해결 방법에 따라 절차지향 언어와 객체지향 언어로 구분한다.

• 절차지향 언어

절차지향 언어

절차지향 언어(procedure-oriented language)란 문제해결을 위한 절차들을 나열하는 방식으로 프로그램을 작성하는 프로그래밍 언어를 가리킨다. 보통 절차지향 언어는 ❶ 데이터를 먼저 기술하고, ❷ 그 데이터를 사용하는 각종 함수를 정의한다. 그리고 문제해결을 위해 ❸ 각 과정에 알맞은 함수들을 순차적으로 호출해가되, 각 함수는 앞서 정의된 데이터들을 주고받으면서 전체 문제를 해결해가는 방식이다. 초기 전자식 컴퓨터는 주로 과학적 계산이나 수학적 계산을 수행했기에, 이런 절차지향적인 방식으로 프로그램 코드를 작성하는 것이 자연스러웠다.

예를 들어 원의 넓이를 구하는 프로그램을 절차지향적으로 작성한다면 다음과 같다.

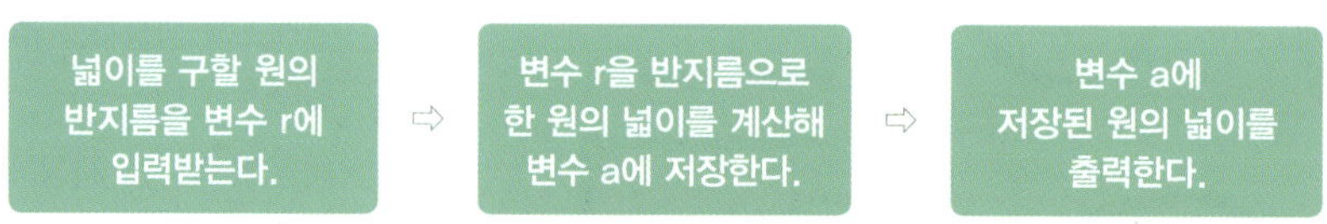

그림 11.1 절차지향적으로 원의 넓이 계산

• 객체지향 언어

다만, 최근에는 컴퓨터를 통해 단순히 절차적인 계산만 수행하는 것이 아니라 다양한 형태의 데이터들을 다양한 방식으로 처리할 수 있는 프로그래밍 방식이 좀 더 널리 사용된다. 따라서 오늘날에는 객체지향의 특징을 갖는 프로그래밍 언어가 더 많이 사용되는데, **객체지향 언어(object-oriented language)란 객체 간의 상호작용을 통해 전체 문제를 해결해가는 방식**의 프로그래밍 언어를 가리킨다. 여기서 **객체란 어떤 정보를 담고 있는 데이터와, 그 데이터를 조작하는 함수들**

객체지향 언어

을 하나로 묶은 실체를 가리킨다. 절차지향 언어에서처럼 데이터와, 그 데이터를 처리하는 함수를 따로 두는 대신 그것들을 객체라 부르는 한 덩어리로 묶어서 좀 더 명료하고 편리하게 사용하자는 것이다.

준비된 변수를 기반으로하여 절차들의 나열로 변수의 값을 변경해가는 절차지향 방식과 달리 객체지향적으로 원의 넓이를 구하면 다음과 같이 스스로 일할 수 있는 객체를 준비하고 그에 대해 요청을 보내면서 처리하게 된다!

넓이를 구할 수 있는 원 객체를 준비한다.	⇨	원 객체에 반지름을 입력 받으라 요청한다.	⇨	원 객체에 넓이를 구하라 요청한다.	⇨	원 객체로부터 받은 넓이를 출력한다.

그림 11.2 객체지향적으로 원의 넓이 계산

정리

문제해결 방식에 따른 프로그래밍 언어의 구분

절차지향 언어: 문제해결을 위한 절차들을 나열하는 방식

객체지향 언어: 객체 간의 상호작용을 통해 전체 문제를 해결해가는 방식

○ 절차지향적 문제해결과 객체지향적 문제해결 방법의 비교

• 절차지향적으로 처리하기

문제해결을 위한 절차지향적인 방법과 객체지향적인 방법에 대해 비유를 통해 비교해 보자. 우리가 식사 준비를 위해 손수 밥을 짓는다고 가정했을 때, 먼저 절차지향적으로 밥을 짓는 과정을 살펴보자.

1. 솥을 준비한다.
2. 솥에 물과 쌀을 적정 비율로 넣는다.
3. 솥뚜껑을 닫는다.
4. 센 불로 솥을 가열한다.
5. 한 번 끓어오르면 불의 세기를 중간 불로 줄인다.
6. 약 10~15분 후 불을 완전히 끈다.
7. 약 10분 정도 뜸을 들인다.
8. 솥뚜껑을 열고 밥을 얻는다.

그림 11.3 일반 솥으로 밥 짓기

여기서 '솥'은 '변수'를, '물'과 '쌀'과 같은 '재료'는 '데이터'를 비유한다. 그리고 '넣고,' '가열하고,' '불 조절하고' 등등의 '행위'는 '함수'를 비유한다. 밥을 짓는 전 과정 동안 밥 짓는 사람은 솥 앞에서, 밥 짓는 과정 하나하나를 세심하게 살피면서 언제 다음 과정으로 넘어가야 하는지를 살펴야 한다. 더불어 그 과정 중 어느 한 부분에서라도 작은 실수를 하게 되면 맛있는 밥 대신 누룽지가 나오거나 죽밥이 될 수도 있다. 또 밥을 10번 반복해서 짓는다 하더라도 매번 이와 같은 과정들을 세심하게 살펴야 하는 번거로움이 발생한다.

• 객체지향적으로 처리하기

이번에는 객체지향적으로 밥 짓는 과정에 대해 살펴보자. 객체지향적인 접근에서는 데이터와 함수가 한 덩어리로 묶인 객체를 이용한다고 하였다. 밥을 짓는데 필요한 재료(데이터)인 쌀과 물을 담을 수 있을 뿐더러, 그 재료를 가지고 밥 짓는 행위들을 스스로 할 수 있는 전기밥솥을 준비하자. 즉, 객체란 실생활의 전기밥솥에 비유할 수 있다. 전기밥솥을 통해 밥 짓는 과정은 다음과 같다.

1. 밥을 지을 수 있는 전기밥솥을 준비한다.
2. 전기밥솥에 물과 쌀을 적정 비율로 넣는다.
3. 전기밥솥의 뚜껑을 닫는다.
4. 전기밥솥에 전원을 연결하고 취사 버튼을 누른다.
5. 전기밥솥의 상태가 보온 상태가 될 때까지 기다린다.
6. 전기밥솥 뚜껑을 열고 밥을 얻는다.

그림 11.4 전기밥솥으로 밥 짓기

일반 솥을 이용해 밥을 지을 때와 달리 전기밥솥을 이용하면 밥솥에 물과 쌀을 넣고 취사 버튼을 누르는 것 이외에 밥을 짓기 위해 내가 할 일은 기다리는 것밖에는 없다. 얼마나 강한 열로 가열해야 하는지, 압력은 어떻게 조절해야 할지, 언제 열의 세기를 줄이고, 또 언제까지 뜸들일지는 전기밥솥이 다 알아서 해준다. 더불어 우리는 언제나 일정한 수준의 밥을 항상 얻을 수 있다.

• 객체는 어디서 구하나?

그런데 문제가 하나 있다. **만일 내게 전기밥솥이 없다면 어떻게 해야 할까?** 어쨌든 간에 객체지향적으로 밥을 짓고 싶으면, 먼저 밥 짓는 일을 하는 객체인 전기밥솥을 준비해야 한다. 전기밥솥을 사오거나 아니면 직접 전기밥솥을 만들어 밥을 지어야 하는 것이다! 절차지향적으로 프로그래밍할 때에는 그저 가지고 있는 데이터로 적절한 연산을 수행해 결과를 만들어내면 되었지만, 객체지향적으로 프로그래밍할 때에는 반드시 **내 문제를 해결할 때 필요한 객체를 준비해야** 한다.

객체지향 언어에서는 객체를 가지고서 문제를 해결한다.

그림 11.5 객체를 준비하자

이런 측면에서 객체지향 언어를 처음 배울 때에는 절차지향 언어보다 뭔가 복잡해 보이고 비효율적인 것처럼 느껴질 수 있다. 지금 당장 밥이 필요한데 전기밥솥을 만들고 있으니 말이다. 더불어 전기밥솥을 만들려면 결국 밥 짓는 절차도 다 알고 있어야 한다! 그렇다면 전기밥솥을 만드는 대신 그냥 그 절차대로 밥을 지으면 되는 것 아닌가!

하지만 내가 사용할 수 있는 객체들이 하나 둘 늘어나게 되면 상황이 달라진다. 즉, 절차지향적으로 요리를 한다면 매번 신경을 곤두세워가며 각 과정이 적절히 처리될 수 있도록 해야 하는데 반해, 객체지향적으로 요리를 하게 되면 요리를 하는 객체인 전기밥솥, 전기오븐, 전자레인지 등을 조작해서 상대적으로 손쉽게 준비할 수 있다.

그림 11.6 어떻게 요리할 것인가?

• 이제는 객체지향적으로 프로그래밍하자!

이렇게 객체지향 언어는 연관된 데이터와 함수들을 객체라는 모듈화된 하나의 묶음으로 만든다. 따라서 내 문제를 해결하기 위해 필요한 프로그램 소스 코드를 상대적으로 더 명확하고 쉽게 작성할 수 있는데 기여한다.

1991년, 저자가 구입한 당시 최신 컴퓨터의 CPU인 80386의 클럭 주파수는 33MHz였다! 반면 오늘날 PC의 CPU는 2~4GHz이다.

다만 객체지향 언어가 처음 소개된 시절에는 컴퓨터 성능이 받쳐주지 못해 똑같은 일을 처리하는 절차지향 언어보다 훨씬 느리게 처리되는 단점이 있어 현장에서는 다소 외면당했었다. 그러나 컴퓨터 처리 기술의 발전으로 오늘날에는 객체지향 언어로 작성한 프로그램이 절차지향 언어로 작성한 프로그램보다 그리 느리지 않게 처리될 수 있다 보니, 객체지향 언어가 갖는 장점들이 더 부각되어 오늘날에는 파이썬을 포함한 **대부분의 프로그래밍 언어들이 객체지향적인 특징을 갖는다.**

객체란 무엇인가?

객체란 무엇인지 좀 더 자세히 살펴보자. 우리는 일상에서 '객체'라는 단어를 잘 사용하지 않기에 절차지향의 '절차'라는 단어보다는 잘 와닿지 않는다. '객체'란 단어는 영어 단어 'object'를 우리말로 번역한 것이다. 영한사전과 국어사전에서 각각 'object'와 '객체'의 뜻을 찾아보자.

object

★★

1. 명사 물건, 물체
2. 명사 욕망, 연구, 관심 등의 대상

출처: 옥스퍼드 영한사전

객체[2] (客體)

〔명사〕

1. 〔철학〕 의사나 행위가 미치는 대상.
2. 〔언어〕 문장 내에서 동사의 행위가 미치는 대상.
3. 〔철학〕 작용의 대상이 되는 쪽.

출처: 국립국어원 표준국어대사전

결과적으로 프로그램에서의 객체란 현실 세계의 사물이나 대상을 모방한 프로그램상의 대상(물)을 가리킨다. 따라서 **객체는 자신이 처리할 '데이터'를 갖고 있으며, 그 자신이 제공하는 '기능'을 통해 외부 세계의 다른 객체와 상호작용**한다. 앞서 비유한 전기밥솥을 생각해 보자. 전기밥솥은 쌀과 물을 담을 수 있으며, 그 재료를 이용해 밥을 짓는 '취사하기'와 취사가 끝난 밥을 '보온하기' 등의 기능을 갖는다.

객체

객체지향 프로그래밍에서는 사물 혹은 대상의 상태 정보와 이를 기반으로 필요한 일을 처리하는 행위 정보를 하나의 객체로 실체화한다. 즉, **객체란 변수 등으로 표현되는 데이터와, 함수로 표현되는 기능들의 묶음**인 셈이다. 그리고 전체 프로그램은 그 안에서 상호 연결된 객체들의 집합으로 볼 수 있다. 따라서 객체지향 프로그래밍을 위해서는 **문제와 관련된 객체를 만들고, 이 객체 간에 적절히 메시지를 교환해감으로써 전체 문제를 해결해가는 전략**을 사용한다.

객체의 구성 요소

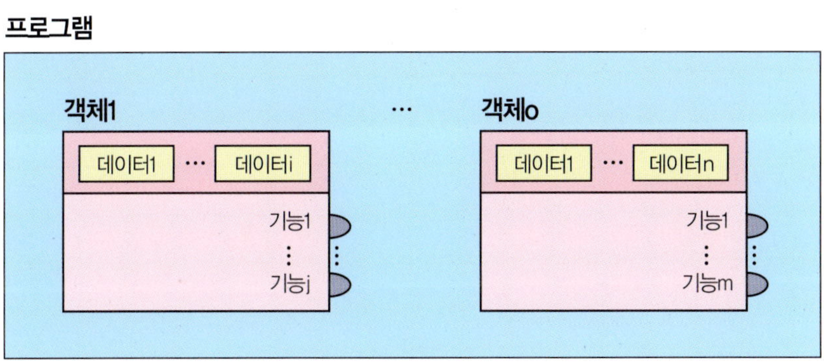

그림 11.7 객체와 프로그램의 구성

객체지향 프로그램을 구성하는 객체는 독립된 책임을 갖고 다른 객체와 상호작용하는 주체로서, 자신의 상태정보를 나타내는 '데이터'와 행위를 나타내는 기능인 '함수'로 구성된다.

정리

객체

- ✓ 현실 세계의 사물이나 대상을 모방한 프로그램 상의 대상물
- ✓ 자신이 처리할 데이터를 가지며, 그 자신 스스로 기능을 제공한다. 이를 통해 자신의 데이터에 대해 어떤 처리를 수행하거나, 외부 세계의 다른 객체와 상호작용한다.
- ✓ 간단하게 생각하면, 연관된 정보들을 갖는 데이터와 함수들의 묶음이다.

! 이제는 할 수 있어요!

여러분 자신을 객체로 표현한다면 어떻게 표현할 수 있을까? 여러분 자신은 어떤 데이터를 가지고 있으며, 또 어떤 행위를 하는 존재인가?

02 클래스 정의

객체지향적으로 접근하기

주어진 문제를 객체지향적으로 해결하기 위해서는 먼저 내 문제를 해결할 수 있는 객체가 필요하다. 이를 살펴보기 위해 다음을 처리하는 프로그램을 객체지향적으로 작성해 보자.

문제

"반지름이 1인 원과 반지름 10인 원의 넓이와 둘레를 각각 구하시오."

원의 넓이를 구하는 문제는 이미 5.3절에서 사용자 정의 함수를 이용해 작성했었다. 단지 이 문제를 절차지향적으로 구성한다면 그 코드에다가 둘레를 구하는 사용자 정의 함수를 추가해 아래 코드 11-1과 같이 구성하면 된다.

 # 코드 11-1 절차지향적으로 원의 둘레와 넓이 구하기

```
# 사용자 정의 함수부
def get_circumference(radius) :
    result = 2 * 3.14 * radius
    return result

def get_circle_area(radius) :
    result = 3.14 * radius ** 2
    return result

# 주 프로그램부
small = 1
c = get_circumference(small)
a = get_circle_area(small)
print(f'반지름 {small}인 원의 둘레는 {c:.2f}이고, 넓이는 {a:.2f}이다.')

big = 10
print(f'반지름 {big}인 원의 ', end='')
print(f'둘레는 {get_circumference(big):.2f}이고, ', end='')
print(f'넓이는 {get_circle_area(big):.2f}이다.')
```

코드 5-7 참고

실행 결과

```
반지름 1인 원의 둘레는 6.280이고, 넓이는 3.140이다.
반지름 10인 원의 둘레는 62.800이고, 넓이는 314.000이다.
```

학습을 위해 다르게 작성했으나 실제 사용 시에는 일관되게 작성하는 게 더 보기 좋을 것이다.

코드 11-1의 12~13행에서 각 함수 호출 시 인수로 1의 값이 할당된 변수 small을 전달해 반지름이 1인 원의 둘레와 넓이를 구하고, 계산된 결과값을 소수점 둘째 자리까지 출력(14행)하였다. 물론 10의 값이 할당된 변수 big을 가지고서 반지름 10인 원의 둘레와 넓이를 출력한 18~19행처럼 함수 호출의 반환값을 바로 출력문에 사용할 수도 있다. 함수의 다양한 호출 형태를 살펴보기 위해 일부러 작은 원과 큰 원의 처리를 다르게 구성했다.

다만 이렇게 변수에 값을 저장하고, 그 변수를 각 함수에 전달해서 처리하는 방법은 다분히 절차지향적이다. 우리는 이 문제를 객체지향적으로 해결해 보고자 한다. 이를 위해서는 우선 이 문제에서 주된 처리 내용인 '임의의 반지름을 가진 원의 넓이와 둘레를 계산할 수 있는 객체'가 필요하다.

사실 이 문제는 워낙 간단한 요구사항만을 갖고 있기 때문에, 최종 구현 결과를 비교해 보면 절차지향적 접근이, 심지어 사용자 정의 함수조차 사용하지 않은 구현이 훨씬 간단해 보일 수 있다. 다만 잘 알려진 단순한 문제를 해결해가면서 어떻게 함수와 객체를 만들 수 있고, 또 객체를 이용해 문제를 해결한다는 것이 무엇인지에 대한 윤곽을 잡기 바란다.

객체의 구성요소

앞서서 객체에 대한 비유로 전기밥솥을 살펴봤듯이, 프로그래밍에서의 객체는 연관된 데이터들과 그 데이터를 처리하는 함수들의 묶음이라 하였다. 즉, 객체는 그 자신의 상태를 표현하는 정적인 성질의 속성(attribute)들과, 그 객체 내부에서 처리할 일이나 다른 객체들과 상호작용하는 동적인 성질의 행위(behavior)들로 구성된다.

속성

행위

이 문제에서 필요한 '원' 객체를 살펴보자. 임의의 원 객체는 반지름이라는 상태 정보를 가지고 있고, 그것을 기반으로 원의 둘레나 넓이를 구하는 행위들을 수행할 수 있어야 한다. 이런 특징을 지녔을 때 비로소 우리는 원 객체를 통해 임의의 반지름을 갖는 원에 대해 둘레나 넓이를 구하는 프로그램을 객체지향적으로 작성할 수 있게 된다.

- 원 객체의 속성 : 반지름
- 원 객체의 행위 : 둘레 구하기, 넓이 구하기

[그림 11.8]에 원 객체를 블록 다이어그램으로 나타내었다. 임의의 원 객체는 자신의 상태 정보로서 반지름에 특정한 값을 갖는다. 예를 들어 아래 그림에서 작은 원 객체 `small`은 반지름 1인 원을 나타내며 자신의 둘레나 넓이를 구할 수 있다. 반면에 큰 원 객체 `big`은 반지름 10인 원을 나타내고 역시 그 자신의 둘레나 넓이를 구할 수 있다. 이는 두 대의 전기밥솥 중 하나로는 흰쌀밥을 다른 하나로는 현미밥을 지을 수 있는 것에 비유할 수 있다.

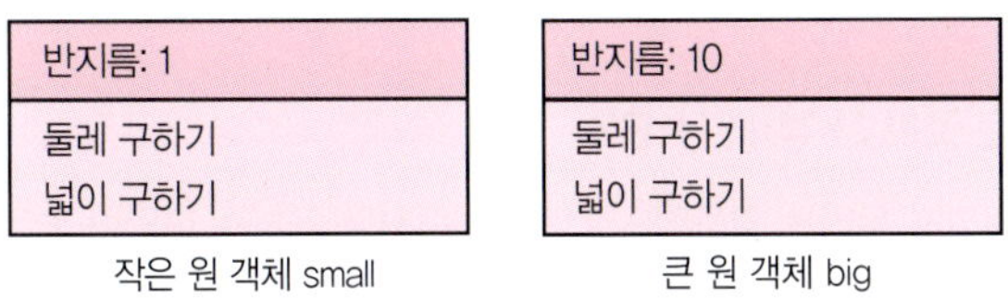

그림 11.8 원 객체에 대한 블록 다이어그램

다시 말해 작은 원 객체도 큰 원 객체도 **모두 모두 동일한 속성으로 반지름을 갖고, 이를 기반으로 동일한 행위로 둘레와 넓이를 구하는 일을 수행**할 수 있다. 다만 두 원 객체는 서로 독립적으로 운용되기에 **서로 같은 '속성'을 지니지만, 서로 다른 '속성값'을 지닐 수** 있어야 한다. 속성과 속성값

사실 원 객체가 갖는 속성과 행위에 대한 구체적인 코드는 앞서 살펴봤던 코드 11-1에 이미 다 나타나 있다. 다만 코드 11-1에서는 반지름을 갖고 있는 변수와 둘레나 넓이를 구하는 함수가 개별적으로 존재하는 데 반해 지금부터 작성할 원 객체는 이것들을 하나의 묶음으로 묶어서 사용한다는 점이 구조적인 측면에서 다르다. 다시 말해서 **객체란 관련된 변수와 함수들의 묶음이다. 따라서 자신의 데이터를 가지고 필요한 처리를 스스로 수행할 수 있는 연관된 정보들의 묶음**이라는 측면에서 객체에 대해 다뤄갈 것이다. 객체 = 변수 + 함수

객체의 구성요소

정리

[속성]

- ✓ 객체 자신의 상태를 표현하는 정적인 성질
- ✓ 같은 종류의 객체는 같은 속성을 갖지만, 그에 대해 서로 다른 속성값을 유지할 수 있다.
- ✓ 객체가 갖는 데이터로 객체 내의 변수에 저장된다.

[행위]

- ✓ 객체 내부에서 처리할 일이나 다른 객체들과 상호작용하는 동적인 성질
- ✓ 각 객체는 특정 처리가 필요한 시점에 미리 지정된 행위를 할 수 있다.
- ✓ 각 객체는 외부 요청에 따라 할 일을 스스로 처리한다.
- ✓ 객체가 갖는 메서드(함수)로 표현된다.

궁금합니다

파이썬에선 모든 것이 다 객체인가요?

그렇습니다. 이제까지 우리는 암묵적으로 파이썬에서 제공하는 다양한 형태의 객체를 사용했었습니다. 특히 파이썬에서는 리스트, 딕셔너리와 같은 복합 자료형뿐만 아니라 문자열, 단순 숫자 데이터, 함수 등 **모든 것들이 다 내부적으로 객체로 구성**된다 하였습니다.

가만히 다시 생각해 보면, 문자열은 표현할 문자들을 속성(데이터)으로 갖고 있고, 그 문자들을 대상을 다양한 행위(기능)들을 제공하였습니다. 리스트나 딕셔너리 역시 각 요소값들을 속성(데이터)으로 유지하되, 그 요소들에 대해 인덱싱이나 요소 추가 등의 다양한 행위(기능)들을 메서드란 이름으로 제공했습니다.

다만 우리는 이 장에서 내 문제를 해결하는데 필요한 데이터와 함수들을 한 데 묶어 나만의 사용자 정의 객체를 생성하고 사용하는 방법에 대해 다룰 것입니다.

클래스의 개념

원의 둘레와 넓이를 객체지향적으로 계산하기 위해 먼저 필요한 것은 임의의 반지름을 갖고 그 계산을 스스로 수행할 수 있는 원 객체를 얻는 일이다. 따라서 이번 절에서는 다양한 반지름을 갖는 원 객체를 명확하고 편리하게 만들기 위해 Circle이라는 클래스를 작성하고자 한다.

클래스의 개념

클래스란 공통의 속성을 갖되, 서로 다른 속성값을 지니면서, 공통의 행위들을 수행하는 같은 종류의 객체를 생성하기 위해 정의되는 하나의 틀에 비유할 수 있다.

예를 들어 같은 모양을 지닌 빵을 손쉽게 만들기 위해서는 빵틀을 이용하는 것에 비유해 보자. 빵 하나하나 손수 빚을 수도 있지만, 빵틀을 이용하는 것이 훨씬 더 효율적일 것이다. 소위 국화 모양의 빵틀로는 국화빵을, 붕어 모양의 빵틀로는 붕어빵을 손쉽게 빚을 수 있다. 따라서 '반지름'이라는 속성과 '둘레 구하기'와 '넓이 구하기'라는 행위를 갖는 원 객체를 쉽게 만들기 위해 Circle이라는 클래스를 정의해 보자.

그림 11.9 다양한 빵틀과 빵

같은 붕어빵틀로 만든 붕어빵이라도 팥앙금의 양이나 익힌 정도가 다 다를 수 있듯이 같은 클래스로 만든 객체일지라도 각 객체가 갖는 속성값들은 서로 다를 수 있다. 따라서 반지름이 1인 원 객체와 반지름이 10인 원 객체를 만들기 위해서는 한 종류의 클래스만 작성하면 충분하다.

[그림 11.10]과 같이 같은 일을 처리하는데 사용될 수 있는 각 원 객체들이 갖는 공통의 속성 정보와 행위 정보들에 대한 틀로서 Circle 클래스를 설계하자. 각 원 객체는 상태 정보로 현재 원의 '반지름'을 가져야 하니 각 객체 내에 변수 radius를 통해 유지하자. 더불어서 각 원 객체는 '둘레 구하기'와 '넓이 구하기'라는 행위를 수행할 수 있어야 하니 각각 get_circumference()와 get_area()라는 함수를 제공하도록 하자. 함수는 연관된 동작을 수행하는 문장들의 묶음이라는 점을 상기하자.

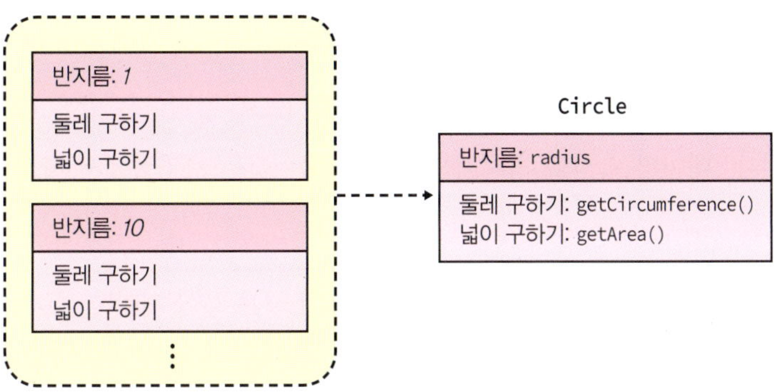

그림 11.10 같은 종류의 객체가 갖는 공통된 구조를 클래스로 뽑아내자

클래스의 정의

클래스의 정의

이렇듯 한 종류의 객체가 갖는 공통된 속성과 행위들을 추상적으로 표현하여 정의한 틀을 클래스(class)라 한다. 객체지향 언어의 기본 특징 중 하나인 캡슐화(encapsulation)는 클래스를 이용해 연관된 정보들을 한데 묶는 것을 뜻한다.

캡슐화

따라서 클래스에는 그로부터 만들어진 객체가 어떤 속성을 갖게 될지, 또 그 객체가 어떤 행위를 어떻게 수행할지를 기술하며, 객체 생성 전에 먼저 정의되어야 한다.

클래스 정리

- 같은 종류의 객체들이 갖는 공통된 속성과 행위들을 추상적으로 표현하여 정의한 틀을 가리킨다. 단, 각 객체들이 갖는 속성값은 서로 다를 수 있다.
- 클래스는 연관된 데이터와 메서드(함수)들을 정의한 틀이다.
- 정의된 클래스는 객체를 생성할 때 사용한다.

클래스의 정의는 다음과 같이 class 키워드를 이용해 복합문 형태로 구성한다. 즉, class 키워드 옆에 새로 정의하고자 하는 클래스에 대한 식별자를 써준다. 그리고 콜론(:)으로 구분해 스위트 부분에는 이 클래스로부터 생성된 객체가 가질 상태 정보를 나타내는 데이터 속성과, 행위들을 기술한 함수인 메서드[1]를 정의한다.

```
class 클래스이름 :
    데이터_속성_정의
    메서드_정의
```

다만 파이썬에서 변수 선언은 값 할당 시점에 해주기 때문에 클래스 정의 시 데이터 속성 정의는 생략될 수 있다. 따라서 보통은 메서드의 정의만을 갖는 다음과 같은 형태가 된다. 데이터 속성을 명시적으로 정의하는 것은 11.6절에서 따로 다루도록 하겠다.

객체지향 언어에서 각 객체는 자신의 일을 스스로 처리할 수 있어야 한다.

다음은 두 개의 메서드를 갖는 클래스 정의에 대한 구문 양식 예이다. 클래스 정의 내에는 그 클래스로부터 만들어질 객체가 지닐 모든 메서드에 대한 정의를 포함한다.

[1] 특정 클래스에 속한 함수를 일반 함수와 구별해 메서드라 부른다. 따라서 메서드에는 그 클래스로부터 만들어진 객체의 행위(동작)를 기술한다.

```
class 클래스이름 :
    def 메서드_이름1(self [, ...]) :
        처리할_문장1

    def 메서드_이름2(self [, ...]) :
        처리할_문장2
```

2개의 메서드를 갖는 클래스 정의의 일반 구조

일반 함수와 달리 메서드를 정의할 때 주의할 것은 **첫 번째 매개변수로 self를 갖는다**는 점이다. 이 매개변수 self로 현재 메서드를 호출한 객체인 자기 자신에 대한 참조를 내부적으로 전달받아 **메서드 내에서 자신의 다른 속성에 접근할 수 있도록** 해준다. self 매개변수에 대해서는 다음 절에서 그 필요성과 역할에 대해 좀 더 자세히 소개하도록 하겠다.

메서드는 첫 번째 매개변수로 self 매개변수를 갖는다.

일단 이제까지 다룬 내용을 바탕으로 원 객체를 생성하기 위한 클래스 Circle을 작성하면 다음과 같다.

 # 코드 11-2 의사 코드: 원 객체 생성을 위한 클래스

```
01 class Circle :
02     def getCircumference(self) :
03         pass
04
05     def getArea(self) :
06         pass
```

코드 11-2의 01행은 클래스 정의의 헤더이고, 02~06행은 클래스 정의의 스위트이다. 클래스 정의의 구조에 초점을 맞추기 위해 일단 둘레와 넓이를 구하는 함수의 세부 구현은 일부러 하지 않았다.

이제까지 봐왔던 코드와 달리 함수 정의가 독립적으로 존재하는 대신 class라는 키워드를 갖는 복합문 안에 포함되어 있다는 점에 유의하자. 즉, Circle 클래스는 02행의 getCircumference()와 05행의 getArea()라는 메서드를 한 덩어리로 묶어 주고 있는 구조이다.

Python Programming

03 객체의 생성

정의한 클래스로 객체를 만들자

클래스는 객체를 만들기 위한 하나의 틀일 뿐이다. 따라서 클래스의 정의 그 자체로는 프로그램 실행 시 큰 의미를 지니지 못한다. 마치 호출문을 기술하지 않은 함수 정의와 비슷하다. 함수에 포함된 문장은 함수가 호출되었을 때 비로소 수행되듯이, 클래스를 정의했다면 구체화된 실체인 객체를 생성해야 사용할 수 있다.

객체 생성의 필요성

파이썬에서 객체의 생성은 다음과 같은 함수 호출 표기법을 사용한다. 마치 클래스 이름을 함수 이름처럼 간주해 사용하면 해당 클래스의 객체가 생성되고, 그 객체의 아이디가 객체 이름의 변수에 저장된다.

객체의 생성

```
객체이름 = 클래스이름()
```

다음의 코드 11-3은 앞서 정의한 Circle 클래스를 이용해서 두 개의 원 객체를 생성한다. 이에 대한 블록 다이어그램은 [그림 11.11]과 같다. 빈껍데기뿐이지만 변수 small과 big이 참조하는 각 원 객체는 독립적인 공간에 생성된다.

코드 11-2와 연결해서 작성

코드 11-3 원 객체 생성

```
small = Circle()
big = Circle()
```

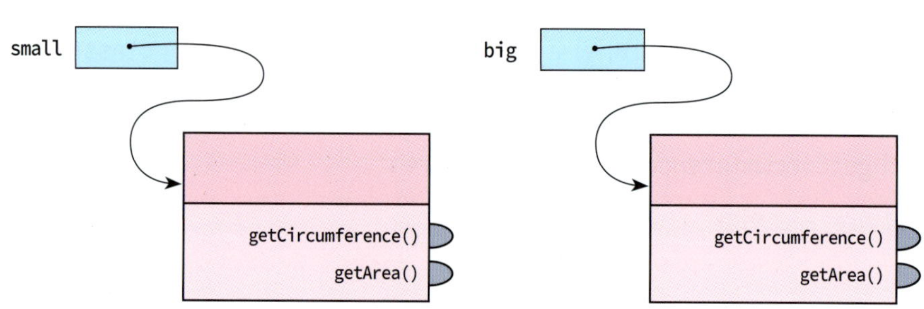

그림 11.11 아직은 미흡한 상태의 원 객체

객체의 속성은?

Circle 클래스가 제공하는 각 메서드의 구현을 완성하기 위해 코드 11-1에서 절차지향적으로 작성한 get_circle_area()라는 함수를 다시 살펴보자. 이 함수는 호출 시 넓이를 구하고자 하는 원의 반지름을 인수로 갖는다. 이 인수는 함수 get_circle_area()의 매개변수로 전달되어 함수 내부에서 원의 넓이를 계산할 때 사용된다.

반면에 코드 11-2의 getArea()는 'Circle 클래스에 소속된 메서드'이다. 일반 함수와 달리 Circle의 메서드는 독립적으로 호출되는 것이 아니라 Circle 객체에 대해 호출되는 함수이다. 여기서 객체는 연관된 데이터와 함수의 묶음이라 했다. 따라서 Circle 객체에 대해 넓이를 구할 때 필요한 반지름을 Circle 객체 스스로 알고 있다면 메서드 호출 시 굳이 반지름을 인수로 전달할 필요가 없다. 전기밥솥의 취사 버튼을 누르는 시점에는 이미 밥솥 안에 쌀과 물이 들어 있을 것이다!

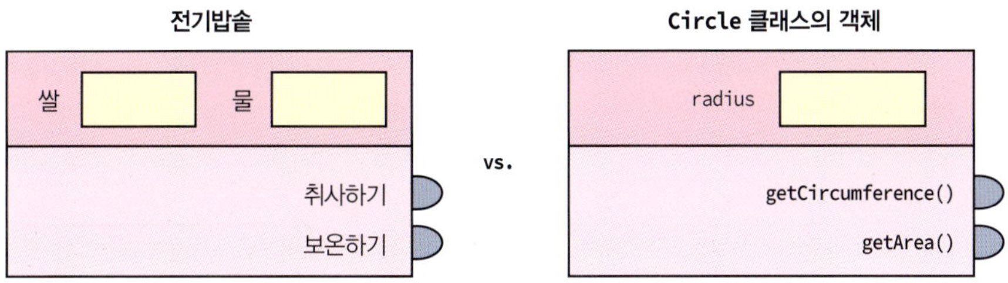

그림 11.12 전기밥솥과 Circle 클래스 객체의 비교

전기밥솥은 쌀과 물을 가지고 밥을 짓거나, 지은 밥을 따뜻하게 유지할 수 있다.
vs
Circle 클래스의 객체는 반지름을 갖고 원의 둘레와 넓이를 구할 수 있다.

객체의 속성에 접근하기

한 객체가 갖는 특정 속성에 접근하기 위해서는 객체의 아이디를 갖는 변수에다가 속성 참조 연산자로 마침표 기호 .을 사용한다. 더불어 다음의 할당문은 대상 객체에 새로운 데이터 속성을 추가하는데 사용되기도 한다.

문자열이나 복합 자료형의 메서드를 호출할 때 이미 사용했다.

```
객체이름.데이터속성이름 = 값
```

파이썬에서는 대입 연산에 의해 변수가 생성된다.

이렇게 지정된 데이터 속성은 대상 **객체가 존속하는 한 계속 유지되며, 이 객체의 다른 메서드에 의해서도 접근**될 수 있다. 다음과 같이 각 객체에 데이터 속성인 각 원의 반지름을 설정해 보자.

코드 11-3을 수정

코드 11-4 객체에 데이터 속성 추가

```
01 class Circle :
02     def getCircumference(self) :
03         pass
04
05     def getArea(self) :
06         pass
07
08 small = Circle()
09 big = Circle()
10
11 small.radius = 1     # 객체 small의 반지름 속성을 1로 설정
12 big.radius = 10      # 객체 big의 반지름 속성을 10으로 설정
```

코드 11-4의 11~12행으로 변수 small과 big이 가리키는 각 객체에 각각 1과 10을 갖는 radius라는 변수가 추가된다. 따라서 [그림 11.13]에서 보는 것처럼 각 Circle의 객체는 고유한 상태 정보로서 반지름을 개별적으로 저장할 수 있게 된다.

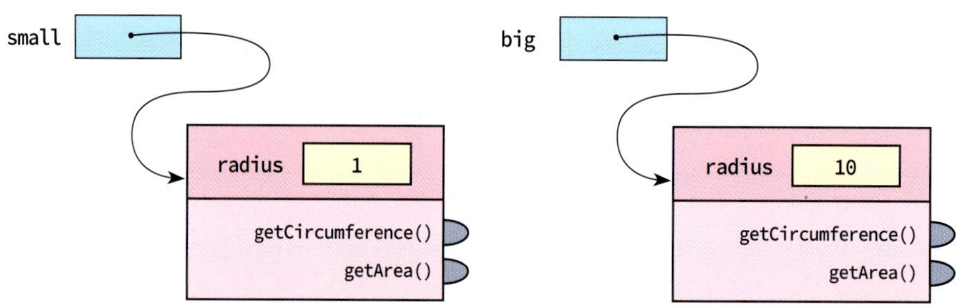

그림 11.13 온전하게 생성된 원 객체

정리

객체

- ✓ 특정 클래스로부터 만들어진다.
- ✓ 각 객체는 독립적인 공간에 자신의 고유한 상태 정보를 저장한다.
- ✓ 명시적으로 함수 호출 표기법을 사용해 생성한다.

메서드는 자신의 속성에 어떻게 접근할 수 있을까?

앞서 살펴본 것처럼 각 객체는 자신을 참조하는 변수를 통해 자신의 속성에 접근할 수 있다. 즉, [그림 11.13]에서 small과 big이 참조하는 객체의 반지름이 무엇인지는 분명하다. 그런데 이 반지름을 이용해서 둘레나 넓이를 구하기 위한 각 메서드는

어떻게 자신의 반지름에 접근할 수 있을까? small이나 big은 특정 메서드 내에 정의된 변수가 아니지 않은가? 또 넓이를 구한다 했을 때 어느 객체의 넓이를 구하느냐에 따라 접근할 대상이 달라져야 하지 않는가?

일반 함수와의 차이점

이를 위해 각 객체가 갖는 메서드는 [그림 11.14]와 같이 객체마다 따로 할당되는 대신 공통의 공간에 위치된다. 같은 클래스의 각 객체가 수행하는 행위가 달라지는 것은 아니니 문제없을 것이다. 다만 **메서드는 호출 시 자동으로 자신을 호출한 객체에 대한 아이디를 첫 번째 매개변수 self로 전달**받는다. 꼭 self라는 이름을 부여할 필요는 없으나 파이썬에서는 관례적으로 self라 사용한다. 따라서 **각 메서드는 수행 중에 self 매개변수를 통해 자신을 포함한 객체의 다른 속성에 접근**할 수 있게 해준다.

self 매개변수

small이 getArea()를 호출했다면 small도 getArea()의 매개변수 self도 모두 같은 원 객체를 가리키고 있다.

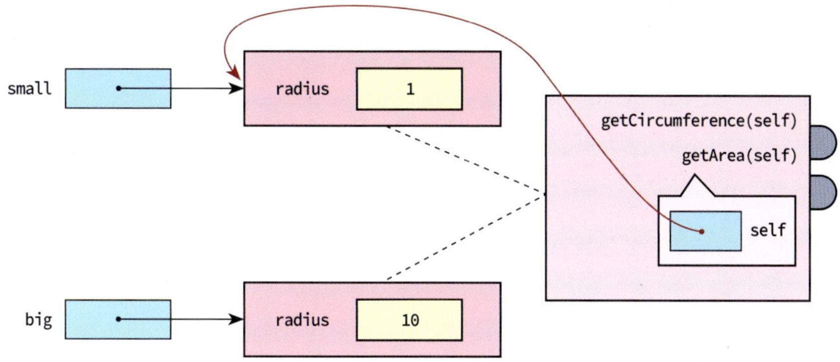

그림 11.14 small.getArea() 호출 시 매개변수 self의 역할

self 매개변수 정리

- ✓ 모든 메서드는 첫 번째 매개변수로 self를 가지며, 메서드를 호출한 객체의 아이디를 자동으로 전달받는다.
- ✓ 이 매개변수를 이용해 메서드 내에서 객체 자신의 다른 속성에 접근한다.
- ✓ 메서드 내에서 이 매개변수를 이용해 새로운 데이터 속성을 정의할 수 있다.

○ 메서드 구현을 완성하자

이제 Circle 클래스의 두 메서드를 구현할 준비가 다 되었다. 코드 11-2의 설계에 따라 다음과 같이 Circle 클래스의 각 메서드를 구현하고, 이번 단원 시작에서 정의한 문제를 Circle 클래스의 객체를 이용해 처리해 보자.

코드 11-4를 수정

코드 11-5 Circle 클래스를 이용한 둘레와 넓이 구하기

```
01 # 원 클래스 정의부
02 class Circle :
03     def getCircumference(self) :
04         result = 2 * 3.14159265 * self.radius
05         return result
06
07     def getArea(self) :
08         result = 3.14159265 * self.radius ** 2
09         return result
10
11 # 주프로그램 부
12 small = Circle()
13 big = Circle()
14
15 small.radius = 1      # 객체 small의 반지름 속성을 1로 설정
16 big.radius = 10       # 객체 big의 반지름 속성을 10으로 설정
17
18 print(f'반지름 {small.radius}인 원의 ', end='')
19 print(f'둘레는 {small.getCircumference():.2f}이고, ', end='')
20 print(f'넓이는 {small.getArea():.2f}이다.')
21
22 print(f'반지름 {big.radius}인 원의 ', end='')
23 print(f'둘레는 {big.getCircumference():.2f}이고, ', end='')
24 print(f'넓이는 {big.getArea():.2f}이다.')
```

실행 결과

```
반지름 1인 원의 둘레는 6.28이고, 넓이는 3.14이다.
반지름 10인 원의 둘레는 62.80이고, 넓이는 314.16이다.
```

04행과 08행의 self.radius는 매개변수 self로 전달받은 객체의 radius 속성에 접근하란 표현이다. 다시 말해 '네가 가지고 있는 반지름을 가지고'란 뜻으로 해석할 수 있다. 이 문장을 포함하고 있는 메서드는 Circle 클래스이므로, 이때 self로 전달된 객체는 Circle 클래스로 표현된 원 객체 중 하나일 것이다.

붉은색 점선 화살표

[그림 11.15]는 위의 코드를 파이썬 튜터에서 실행한 상태를 나타냈다. 코드 11-5의 20행에서 객체 small에 대해 getArea() 메서드가 호출되면서 매개변수 self로 small이 갖는 아이디가 전달된다. 반면 24행에서 객체 big에 대해 getArea()

메서드가 호출되면 역시 매개변수 self로 big이 갖는 아이디가 전달된다. 즉, **똑같은 메서드가 호출되지만 그때마다 어떤 원 객체에 대해 호출되느냐에 따라 self가 전달받는 객체가 달라지는 것이고, 그에 따라 메서드 내에서 처리하기 위해 참조하는 대상 객체가 달라진다.** 즉, 메서드 내에서 self.radius라는 공통의 표현으로 그 메서드를 호출한 객체가 갖는 반지름에 접근할 수 있게 된다.

푸른색 화살표

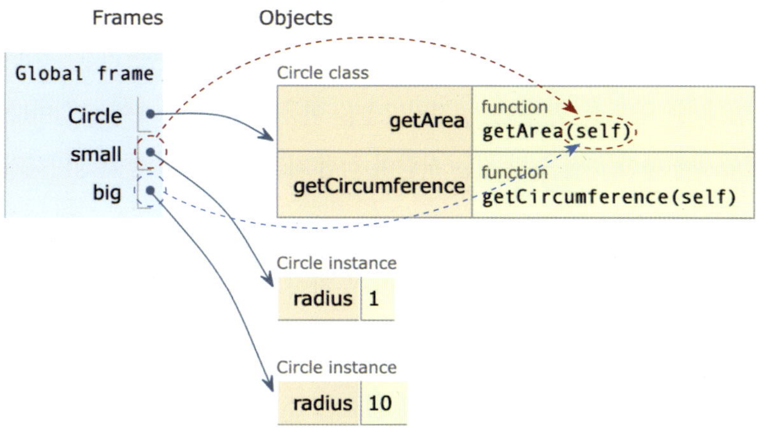

그림 11.15 각 객체에 대해 메서드 호출

이제는 할 수 있어요!

한 학생의 학번과 이름을 저장하는 클래스 Student를 정의하라. 이 클래스의 속성으로는 학번과 이름을 두고, 각 객체에 설명된 값을 기반으로 다음과 같이 학번과 이름을 출력하는 show() 메서드를 추가하라. 다음의 실행 결과는 Student 객체 두 개를 작성하여 두 사람의 정보를 출력한 예이다.

실행 결과

```
나는 15번 이찬수입니다.
나는 9번 홍길동입니다.
```

04 생성자

객체 생성과 동시에 초기화

객체지향 프로그래밍에서 각 객체는 자신에게 부여된 책임에 따른 동작을 '스스로' 행할 수 있도록 작성한다. 전기밥솥을 이용해 밥 지을 때에는 얼마나 센 열로 가열할지에 대한 조절을 밥 짓는 사람이 직접 하지 않는다는 점을 상기하자.

대입 처리의 나열이라는 측면에서 다분히 절차지향적이기도 하다.

그런데 앞 절에서 작성한 코드 11-5의 15~16행에서 객체에 데이터 속성을 설정하는 동작은 Circle 객체 스스로 행하는 동작이 아니라 Circle 객체 외부에서 Circle 객체에 대해 처리를 요청하는 문장으로 그리 바람직한 구성이 아니다.

실생활의 세탁기의 경우 물이나 세제가 필요한 순간에 자동으로 적정량 주입되듯이, 객체지향 프로그래밍에서는 객체 외부에서 데이터 속성값을 따로 지정하기보다는 객체 스스로 속성값을 초기화할 수 있는 메서드를 제공하는 것이 더 바람직하다.

이를 위해 클래스 내에 __init__()이라는 이름으로 반환값을 갖지 않는 메서드를 추가하면 객체 생성 시 자동으로 호출되서 객체를 안전하게 초기화하는데 사용할 수 있다. 이렇게 객체 생성 시 자동으로 호출되어 객체의 데이터 속성을 초기화하는 메서드를 생성자라 부른다.

생성자

코드 11-6은 앞서 작성한 Circle 클래스에 생성자를 추가하였다. 생성자 역시 메서드이므로 첫 번째 매개변수로 self를 반드시 가져야 한다. 이와 별개로 모든 원 객체는 동일한 반지름을 갖지는 않을테니 03행과 같이 추가의 매개변수 radius를 통해 현재 생성되는 원 객체에 설정할 반지름을 전달받고, 이 변수의 값을 04행과 같이 데이터 속성인 self.radius에 할당함으로써 객체를 초기화하자.

생성자 (정리)

- ✓ 객체 생성 시 자동으로 호출되며 해당 객체의 데이터 속성을 초기화한다.
- ✓ 클래스에 정의된 __init__()이라는 이름의 메서드이다.
- ✓ 객체를 초기화하는 일을 수행하므로 반환값을 갖지 않는다.
- ✓ 첫 번째 매개변수로 self를 가지며, 필요 시 추가 매개변수를 가질 수 있다.

코드 11-6 생성자를 갖는 원 클래스의 정의와 사용

코드 11-5의 Cricle 클래스에 생성자 추가

```
01  # 원 클래스의 정의
02  class Circle :
03      def __init__(self, radius) :
04          self.radius = radius
05
06      def getCircumference(self) :
07          result = 2 * 3.14159265 * self.radius
08          return result
09
10      def getArea(self) :
11          result = 3.14159265 * self.radius ** 2
12          return result
13
14  # 주 프로그램부
15  small = Circle(1)     # 반지름 1인 원 객체
16  big = Circle(10)      # 반지름 10인 원 객체
```

반지름을 전달받아 설정하는 생성자

객체 생성 시 생성자 호출을 통해 자동으로 초기화한다.

생성자는 프로그래머가 명시적으로 호출하지 않는다. 다만 생성자가 self 외로 추가의 매개변수를 갖는다면 15~16행과 같이 객체 생성 시 클래스 이름 다음의 괄호 안에 추가의 매개변수에 전달할 인수값을 써주면 된다. 다만 주의할 것은 **메서드의 첫 번째 매개변수 self로 현재 객체에 대한 아이디가 자동으로 전달되므로 생성자의 매개변수 self에 대한 인수는 따로 기술하지 않는다.**

이처럼 생성자를 갖는 클래스는 객체 생성과 더불어 초기화 작업을 한 번에 수행할 수 있어 간편하고 명료하게 사용할 수 있다.

이제는 할 수 있어요!

한 학생의 학번과 이름을 저장하는 클래스 Student를 정의하라. 이 클래스는 다음과 같이 객체를 생성하여 사용될 수 있어야 한다. show() 메서드를 통해 설정된 값을 적절한 형식으로 출력해보라.

실행 결과

```
s1 = Student(11, '이찬수')
s2 = Student(22, '홍길동')
s1.show()
s2.show()
```

05 정보 은닉: 비공개 속성과 액세스 메서드

비공개 속성

앞선 구성에서 각 원 객체는 스스로 자신의 둘레와 넓이를 계산할 수 있었다. 그런데 누군가 코드 11-5의 23행 다음에 아래 문장을 추가했다 가정해 보자.

```
big.radius = -10
```

이 구문은 큰 원 객체의 반지름을 −10으로 설정하는 구문이 된다. 23행까지는 반지름 10인 원에 대한 처리가 일어나다가 이 문장을 만나고 난 뒤로는 갑자기 반지름이 −10이 되는 부적절한 상황이 초래된다. 이와 같이 객체가 갖고 있는 상태정보는 때때로 객체 외부에서 함부로 접근하지 못하도록 차단하는 것이 필요하다. 더불어 객체가 처리해야 할 기능에 대한 세부 구현 사항은 종종 객체 외부에 굳이 노출할 필요가 없다. 이런 특징들을 객체지향 언어에서는 정보 은닉이라 한다.

게다가 음수의 반지름은 가능하지 않다!

정보 은닉

데이터 속성이든 메서드이든 간에 **해당 클래스의 메서드 안에서만 접근을 허용하고, 객체 외부에서는 직접 접근할 수 없도록 숨기기 위해서는 식별자를 '__속성이름'**과 같이 이름 지어주면 된다. 이런 형식의 식별자는 파이썬 인터프리터에 의해 '_클래스이름__속성이름'의 형태로 자동 변환되어 처리된다. 따라서 객체 바깥에서 '__속성이름'으로 접근해봐야 해당 속성에 접근할 수 없게 된다.

비공개 속성

__init__()처럼 식별자 앞뒤에 모두 __를 붙이는 경우에는 비공개 속성에서 제외된다.

> **정리**
>
> **비공개 속성**
>
> 식별자 앞에만 __를 갖는 클래스 멤버의 경우 객체 외부에서는 직접 접근하지 않도록 그 이름을 클래스 내부에 숨긴다.

코드 11-7은 앞서 정의한 Circle 클래스의 데이터 속성인 반지름을 비공개 속성으로 수정한 코드이다.

 # 코드 11-7 비공개 속성을 갖는 클래스

코드 11-6을 수정

```
01 # 원 클래스의 정의
02 class Circle :
03     def __init__(self, radius) :
04         self.__radius = radius
05
06     def getCircumference(self) :
07         result = 2 * 3.14159265 * self.__radius
08         return result
09
10     def getArea(self) :
11         result = 3.14159265 * self.__radius ** 2
12         return result
13
14 # 주 프로그램
15 big = Circle(10)
16 big.__radius = -10     # 비공개 속성에 접근하는 표현이 아님
17 print(f'반지름 {big.__radius}인 원의 ', end='')
18 print(f'둘레는 {big.Circumference():.2f}이다.')
```

객체 외부에서의 __radius는 객체의 비공개 속성에 접근하는 표현이 아니다!

코드 11-7의 16행과 17행의 big.__radius는 big 객체의 비공개 속성에 접근하는 것이 아니라 변수 big이 가리키는 원 객체에 새로운 공개 속성을 '추가'한 것이다. 따라서 현재 객체가 나타내는 원의 반지름을 변경하지는 못하는 효과를 갖는다.

사실 Circle 클래스의 비공개 속성 __radius는 big._Circle__radius로 접근하면 되긴 한다.

따라서 코드 11-7에서 16행을 주석 처리하면 17행의 경우 __radius라는 존재하지 않는 공개 속성 변수에 접근하려 하기에 아래 실행 결과와 같이 AtttributeError 오류가 발생한다.

실행 결과

```
Traceback (most recent call last):
  File "C:\pyWork\runme.py", line 17, in <module>
    print(f'반지름 {big.__radius}인 원의 ', end='')
AttributeError: 'Circle' object has no attribute '__radius'
```

액세스 메서드

원의 반지름을 비공개 속성으로 설정하게 되면, 코드 11-5의 18행이나 22행과 같이 반지름을 객체 외부에서 직접 출력할 수 없게 차단된다. 기본적으로 비공개 속성

은 해당 클래스의 메서드 안에서만 직접 접근할 수 있기 때문이다. 따라서 클래스 내부에 숨겨진 비공개 속성에 객체 외부에서 접근해야 할 필요가 있을 경우에는 **비공개 속성에 간접적으로 접근해주는 메서드**를 이용해야 하는데, 이를 **액세스 메서드**라 한다.

액세스 메서드

기본적으로 액세스 메서드는 보통 데이터 속성별로 **새로운 값을 설정하는 일을 하는 세터(setter)**와 **속성에 설정된 값을 얻어와 주는 게터(getter)**로 나뉜다. 보통 세터는 매개변수로 값을 전달받아 비공개 속성에 값을 설정하는 처리를 하고, 게터는 비공개 속성의 값을 반환하는 처리를 수행한다.

세터, 게터

액세스 메서드의 이름은 관례적으로 각 속성별로 'set속성이름()' 혹은 'get속성이름()'의 형태를 지닌다. 종종 두 메서드의 이름을 반대로 명명하는 실수를 자주 범한다. 정보를 얻어오고(get), 설정한다(set)는 것은 이 메서드를 갖고 있는 객체의 관점이 아니라, **액세스 메서드를 호출하는 측에서 사용하는 이름**이라는 것을 기억하면 덜 헷갈릴 것이다. 즉, 객체로부터 속성값을 얻어(get)오기 위한 동작을 게터가, 객체에 새로운 속성값을 설정(set)하기 위한 동작을 세터가 처리해주면 된다.

정리

액세스 메서드

- ✓ 객체 외부에서 클래스의 속성에 안전하게 접근할 수 있도록 해주는 메서드를 가리킨다.
- ✓ 이를 통해 간접적으로 비공개 속성에 접근할 수 있다.
- ✓ 값을 설정하는 세터와, 값을 반환하는 게터가 있다.

다음은 Circle 클래스에 반지름를 설정하고 반환하는 액세스 메서드를 추가한 것이다.

코드 11-7을 수정

 # 코드 11-8 비공개 속성을 갖는 클래스

```
# 원 클래스의 정의
class Circle :
    def __init__(self, radius) :
        self.__radius = radius

    def getCircumference(self) :
        result = 2 * 3.14159265 * self.__radius
        return result

```

```
10        def getArea(self) :
11            result = 3.14159265 * self.__radius ** 2
12            return result
13
14        def setRadius(self, radius) :
15            self.__radius = radius
16
17        def getRadius(self) :
18            return self.__radius
19
20    # 주 프로그램부
21    big = Circle(10)
22    big.setRadius(100)
23    print(big.getRadius())
```

실행 결과

```
100
```

코드 11-8에서 14~15행이 기존의 원 객체에 비공개 속성인 반지름을 새로 설정하는 세터이고, 17~18행이 비공개 속성인 반지름의 값을 반환해주는 게터이다.

특히 세터의 경우 위의 구현처럼 무조건 값을 할당하게 되면 반지름을 비공개 속성으로 둔 의미가 반감될 것이다. 대신 매개변수로 전달된 값의 유효성을 검사해서 설정 여부를 판별하도록 구현함으로써 좀 더 안전한 사용을 꾀할 수도 있다. 예를 들어 반지름은 0 이하의 음수로 설정되지 않게 처리할 수도 있다. 코드 11-9의 구현 사례를 참고하라. 다만 이후 본문의 기본 코드에서는 단순한 예를 보이기 위해 이와 같은 세부적인 처리 과정을 포함하지는 않는다.

코드 11-9 참고: 세터의 구현 예

코드 11-8에서 setRadius() 메서드 수정

```
    def setRadius(self, radius) :
        if radius <= 0 :
            return False

        self.__radius = radius
        return True
```

06 클래스 단위 멤버

클래스 변수

인스턴스 변수

하나의 특정 클래스 내에서 데이터 속성은 인스턴스 변수와 클래스 변수로 구분된다. 인스턴스 변수는 이제까지 다뤄왔던 것처럼 메서드 내에서 self 매개변수로 참조되어, 각 객체의 고유한 상태값을 저장하기 위해 각 객체마다 고유한 공간이 할당된 변수를 가리킨다.

클래스 변수

반면에 클래스 정의 시 메서드 정의 안에서 선언하지 않은 변수를 클래스 변수라 하는데, 그 클래스 객체 간의 공통 영역에 할당되어 그 클래스의 모든 객체에서 공유되는 변수를 가리킨다. 특정 클래스의 모든 객체가 동일한 값을 참조하거나 유지해야 할 필요가 있다면 클래스 변수로 두는 것이 저장 공간과 유지관리 측면에서 좀 더 효율적일 것이다.

인스턴스 변수 vs. 클래스 변수 정리

인스턴스 변수

- ✓ 각 객체마다 독립된 영역에 할당되며, 각 객체의 상태 정보를 저장
- ✓ 메서드 내에서 self 매개변수로 접근

클래스 변수

- ✓ 클래스의 공통 영역에 할당되어 자신의 모든 객체에서 공유되어 사용된다.
- ✓ 클래스 정의 부분(특정 메서드 정의 안이 아닌)에 선언된 변수

앞서 작성한 Circle 클래스의 메서드 정의에서 원의 넓이나 둘레를 계산할 때 사용되는 원주율 값은 3.14159265라는 다소 복잡한 실수를 사용하였다. 좀 더 손쉬운 프로그래밍을 위해, 또 유지보수 하기 쉬운 코드가 되기 위해 이 수를 별도의 변수에 저장해 사용한다면 코드 11-10과 같이 수정될 수 있다.

코드 11-10 공통의 변수를 갖는 객체들

코드 11-9를 수정

```
01 # 원 클래스의 정의
02 class Circle :
03     def __init__(self, radius) :
04         self.__PI = 3.14159265
05         self.__radius = radius
06 
07     def getCircumference(self) :
08         result = 2 * self.__PI * self.__radius
09         return result
10 
11     def getArea(self) :
12         result = self.__PI * self.__radius ** 2
13         return result
14 
15     def setRadius(self, radius) :
16         self.__radius = radius
17 
18     def getRadius(self) :
19         return radius
```

코드 11-10을 보면, 생성자인 04행에서 __PI라는 이름의 비공개 속성의 변수를 추가하였기에, 08행과 12행에서 원의 둘레와 넓이를 구할 때 원주율값으로 3.14159265라는 다소 복잡한 리터럴을 직접 사용하기보다 __PI라는 식별자를 사용하여 보다 가독성 있는 코드가 되었다.

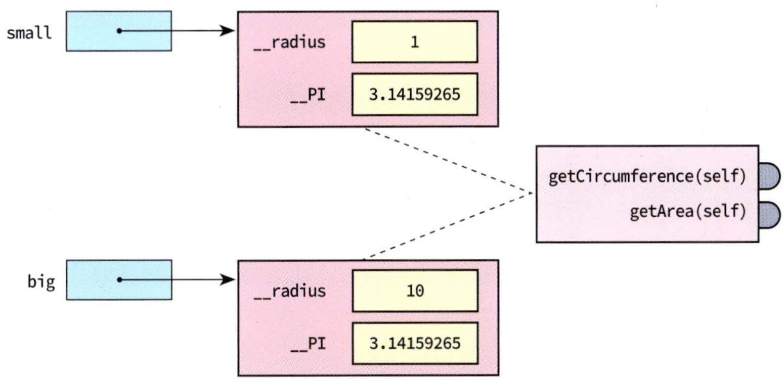

그림 11.16 공통의 변수를 갖는 객체들

다만 이 경우 [그림 11.16]에서 보듯이 이 변수는 각 객체마다 할당되기에 다수의 객체가 생성되었을 때 모든 객체가 똑같은 원주율값을 중복해서 갖게 된다. 원의 반지름과 달리 원주율은 일정한 값의 데이터이고, 일관된 계산을 위해 같은 수를 사용하는 것이 더 바람직할 것이다. 더불어 다수의 객체가 같은 값을 중복 저장하게 되면 저장 공간의 낭비가 초래될 것이다.

따라서 이런 원주율을 저장하는 변수와 같이 각 객체에서 공통으로 사용할 변수는 클래스 변수로 둔다. 즉, 코드 11-11의 03행과 같이 **클래스 정의 내에 변수를 직접 선언하면 클래스 변수**로 등록된다.

 # 코드 11-11 클래스 변수를 갖는 클래스 정의

클래스 변수로 __PI 선언

```
01  # 원 클래스의 정의
02  class Circle :
03      __PI = 3.14159265
04
05      def __init__(self, radius) :
06          self.__radius = radius
07
08      def getCircumference(self) :
09          result = 2 * Circle.__PI * self.__radius
10          return result
11
12      def getArea(self) :
13          result = Circle.__PI * self.__radius ** 2
14          return result
15
16      def setRadius(self, radius) :
17          self.__radius = radius
18
19      def getRadius(self) :
20          return radius
21
22  # 주 프로그램부
23  small = Circle(1)     # 반지름 1인 원 객체
24  big = Circle(10)     # 반지름 10인 원 객체
```

클래스 변수의 생성

[그림 11.16]과 달리 [그림 11.17]을 보면 변수 __PI가 각 객체 간의 공유 공간 내에 선언되어 있는 것을 볼 수 있다. **클래스 변수는 객체 생성시 자동으로 호출되는 생성자를 통해 만들어지는 것이 아니라 클래스 정의에 대한 처리가 끝나는**

즉시 자동 할당되어진다.

따라서 클래스 변수는 특정 객체에 속하지 않을 뿐만 아니라 심지어 객체가 생성되기 전에도 접근될 수 있기 때문에 다음과 같이 **클래스 이름을 통해 접근**해야 한다. 코드 11-11의 09행과 13행을 참고하자. 클래스 변수의 사용

클래스이름.클래스변수이름

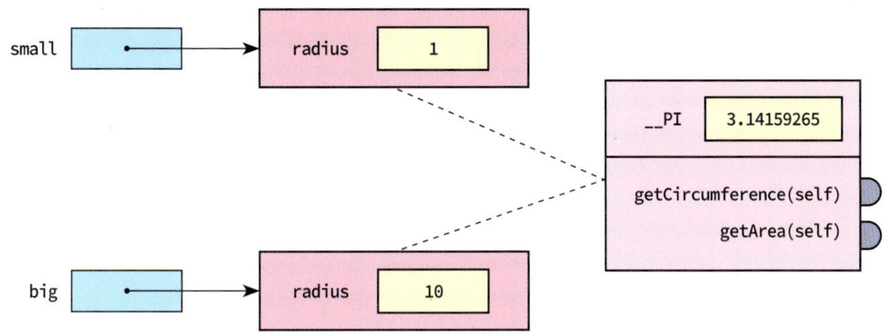

그림 11.17 클래스 변수의 사용

궁금합니다

파이썬에서의 원주율은 매번 정의해야 하나요?

사실 파이썬에서 제공하는 math 모듈에서 이미 원주율에 대한 값은 pi라는 변수에 정의하고 있습니다. 따라서 원주율을 필요로 하는 경우엔 앞선 예제의 Circle 클래스처럼 따로 프로그래머가 별도로 정의하기 보다는 다음과 같이 math 모듈에서 제공하는 pi를 이용하는 것이 더 바람직합니다.

다만 본문의 예에서는 클래스 변수 등의 개념을 소개하기 위해 사용자 정의 클래스 내에 직접 원주율을 정의하였다는 점을 참고하기 바랍니다.

```
import math
print(math.pi)
```

정적 메서드와 클래스 메서드

현재 구성에서는 코드 11-11의 03행과 같이 원주율 값을 현재 원 객체 외부에서 함부로 수정하지 못하도록 비공개 속성으로 두었다. 따라서 원 객체를 사용하는 주 프로그램의 다른 부분에서 원주율 값을 일관되게 사용하기 위해서는 임의의 값을 지정

해서 사용하기보다는 Circle 클래스에서 정의한 __PI를 얻어 올 수 있어야 한다. 이를 위해서 코드 11-12와 같이 비공개 속성인 __PI에 접근할 수 있는 게터를 Circle에 추가할 필요가 있다.

코드 11-12 클래스 변수를 갖는 클래스 정의

```
01  # 원 클래스의 정의
02  class Circle :
03      __PI = 3.14159265
04
05      def getPI(self) :
06          return Circle.__PI
07
08      def __init__(self, radius) :
09          self.__radius = radius
10
11      def getCircumference(self) :
12          result = 2* Circle.__PI * self.__radius
13          return result
14
15      def getArea(self) :
16          result = Circle.__PI * self.__radius ** 2
17          return result
18
19      def setRadius(self, radius) :
20          self.__radius = radius
21
22      def getRadius(self) :
23          return radius
```

그런데 여기서 __PI는 Circle 클래스의 공통 영역에 위치한 속성으로 객체 생성 전에도 접근할 수 있는 속성이다. 그러나 06행의 getPI()는 첫 번째 매개변수 self로 이 메서드를 호출한 객체에 대한 참조값을 전달받는, 즉 객체 생성 후 객체 이름을 통해서만 접근할 수 있는 메서드이다.

클래스 변수처럼 특정 객체와 무관하게 접근할 수 있는 메서드를 만들 수 없을까? 이를 위해 파이썬에서는 정적 메서드와 클래스 메서드라는 것을 제공한다. 두 부류의 메서드 모두 메서드 정의 시 매개변수 self를 선언하지 않고 클래스 정의 내에서 다음과 같이 메서드 앞에 @로 시작되는 데코레이터를 추가해

@데코레이터

기술한다.

정리

정적 메서드: 메서드 선언 앞에 @staticmethod 데코레이터 추가

클래스 메서드: 메서드 선언 앞에 @classmethod 데코레이터 추가

정적 메서드
클래스 메서드

두 메서드의 구현 방식은 조금 다르나, 클래스 이름을 통해 호출 형태나 클래스 변수에 접근한다는 사용 목적만 봤을 때 차이점이 없어 보인다. 정적 메서드와 클래스 메서드에 대한 차이는 기초 프로그래밍을 위한 이 책의 범위를 넘어서므로 자세히 다루지는 않고 여기서는 정적 메서드에 대해서만 간단히 살펴보자.

코드 11-13의 05~07행은 정적 메서드를 정의하고 등록하였다. 기본적으로 **정적 메서드는 명시적으로 매개변수 self를 갖지 않는다.** 이 메서드는 27행과 같이 **객체 생성 없이 클래스 이름으로 호출**될 수 있다.

정리

정적 메서드

정적 메서드는 자신을 호출한 어떤 객체도 매개변수를 통해 전달받지 않는다.

 # 코드 11-13 정적 메서드와 클래스 메서드

```
01  # 원 클래스의 정의
02  class Circle :
03      __PI = 3.14159265
04
05      @staticmethod
06      def getPI() :
07          return Circle.__PI
08
…   # ... 생략 ...
25
26  # 주 프로그램부
27  print(Circle.getPI())
```

기본적으로 정적 메서드는 매개변수 self를 갖지 않음

객체 생성 없이 호출할 수 있다.

실행 결과

```
3.14159265
```

이번 단원을 정리하며

» 객체지향 프로그래밍은 객체 간의 상호작용을 통해 전체 문제를 해결해가는 프로그래밍 방식을 일컫는다.

» 객체지향 프로그래밍에서 객체란 현실 세계의 사물이나 대상을 모방한 프로그램 상의 대상물로, 자신이 처리할 데이터(속성)와 그 자신에 제공하는 기능(메서드)을 통해 외부 세계의 다른 객체와 상호작용한다.

» 객체란 데이터와 메서드들의 묶음으로, 자신의 데이터를 가지고 필요한 처리를 스스로 수행할 수 있는 연관된 정보들의 묶음이다.

» 클래스란 공통의 속성과 행위를 갖는 객체를 생성하기 위해 정의된 틀을 가리킨다. 즉, 같은 클래스로 만든 객체들은 공통의 속성을 갖고, 공통의 행위를 한다. 단 속성이 갖는 값은 서로 다를 수 있다.

» 일반적으로 메서드는 첫 번째 매개변수로 self 매개변수를 가지며, 메서드를 호출한 객체에 대한 참조값을 전달받는다.

» 객체는 각 인스턴스들이 갖는 개별적인 속성값을 저장함으로써 자신의 고유한 상태 정보를 저장한다.

» 생성자는 객체 생성 시 자동으로 호출되어 객체를 초기화하는 역할을 수행하는 메서드를 가리킨다.

» 비공개 속성을 갖는 경우 해당 속성은 객체 외부에서 접근할 수 없도록 숨겨진다. 이를 안전하게 접근하기 위해 엑세스 메서드를 이용할 수 있다.

» 클래스 변수는 클래스 정의 안에서 기술되어 그 클래스 객체들 간의 공통 영역에 할당된 변수를 가리키는데 모든 객체에서 정보를 공유하고자 할 때 사용한다.

» 정적 메서드는 일반적인 인스턴스 메서드와 달리 self 매개변수를 갖지 않고 그 클래스에서 제공하는 기능을 기술한다.

» 객체지향 프로그래밍에서는 객체들이 상호작용해가며 문제를 해결해가되, 가급적 스스로 주어진 책임에 따른 처리를 수행하는 각 객체가 서로 상호작용할 수 있도록 작성되어야 한다.

연습 문제

이번 장에서는 클래스를 정의하고 객체를 생성해 객체지향적으로 문제를 해결하는 방법에 대해 다루었다. **새로운 책임을 갖는 클래스를 정의하여 객체를 생성하고 사용하는 방법을 연습함으로써 객체지향적으로, 즉 객체 스스로 주어진 책임에 대해 처리한다는 관점**에 대해 익숙해지자.

01 연관된 정보로서 **2차원 상의 한 좌표점 (x, y)를 객체**로 표현하고자 한다. 이를 위해 다음의 요구사항을 갖는 클래스 Point를 정의하라.

(1) Point 객체 생성 시 생성자의 인수로 두 정수를 지정하면 순서대로 각각 (x, y)의 값으로 설정한다. 이때 인수값을 생략하면 (0, 0)으로 설정한다.

작성 예시1

```
p1 = Point()          # 좌표값 (0, 0)을 나타내는 객체 생성
p2 = Point(2, 3)      # 좌표값 (2, 3)을 나타내는 객체 생성
```

(2) 현재 객체가 갖고 있는 좌표값을 (x, y)의 형식의 문자열로 출력하는 메서드 show()를 정의하라.

작성 예시2

```
p2.show()      # 화면에 (2, 3)과 같이 출력
```

(3) Point 객체에 새로운 좌표값을 설정하는 메서드 set()을 추가하라. 이 메서드는 반드시 설정할 새 좌표값을 인수로 전달해야 한다.

작성 예시3

```
p1.set(1, 2)      # p1의 좌표값을 (1, 2)로 설정
p1.show()         # 화면에 (1, 2) 출력
```

(4) 현재 객체가 갖고 있는 좌표값을 튜플로 반환하는 get() 메서드를 정의하라.

작성 예시4

```
x, y = p2.get()
print(f'x={x}, y={y}')
```

연습 문제

02 **임의의 한 시각을 나타내는데 사용**할 수 있는 Time 클래스를 다음과 같이 정의해 보자. 이 클래스의 객체는 **특정 시각에 대한 시와 분을 저장**한다.

(1) 다음과 같이 객체 생성 시 설정할 **시와 분을 인수로 전달받는 생성자를 정의**하라. 이때 분에 대한 인수가 생략되면 0의 기본값이 전달되도록 한다. 더불어 구현을 간단히 하기 위해 인수로 지정되는 값은 유효한 범위 내의 정수만 전달된다고 가정한다.

작성 예시1

```
t1 = Time(9)          # 시각 9:00을 나타내는 객체 생성
t2 = Time(9, 30)      # 시각 9:30을 나타내는 객체 생성
```

(2) 임의의 Time 객체에 대해 다음과 같이 호출되어 그 객체가 유지하고 있는 시각을 출력하는 메서드 display()를 Time 클래스에 추가하라.

작성 예시2

```
t1.display()     # 09:00이라 출력
t2.display()     # 09:30이라 출력
```

(3) 다음과 같이 호출되어 두 시각을 더한 결과를 반환하는 메서드 add()를 Time 클래스에 추가하라. 구현을 간단히 하기 위해 두 시각을 더한 결과는 24시를 넘지 않는다 가정하고 작성하라.

작성 예시3

```
later = t1.add(Time(1, 15))     # t1에 1:15분을 더해라
later.display()                 # 10:15이라 출력
```

(4) 정적 메서드 isvalid()를 추가하여 다음과 같이 인수로 지정한 시각에 대한 값이 유효한 시각으로 사용될 수 있는지를 판별해 보자.

작성 예시4

```
if Time.isvalid(25, 0):    # False 반환
    print('유효한 시각')
else:
    print('유효하지 않은 시각')
```

(5) 앞서 작성한 Time 클래스를 time 모듈로 정의하자. 이때 메인 모듈로 실행되는 경우에만 작성 예시 1~4에서 지정한 작업이 수행될 수 있도록 구성하라.

03 **2차원 상의 화면에 있는 임의의 한 직사각형의 둘레와 넓이를 구하는 프로그램**을 다음과 같이 작성하고자 한다. 기본적으로 화면은 아래 그림과 같이 좌측상단 꼭짓점을 원점으로 하고, 오른쪽으로 갈수록 x값이 증가하고, 아래로 갈수록 y값이 증가하는 좌표 체계를 갖는다 가정한다.

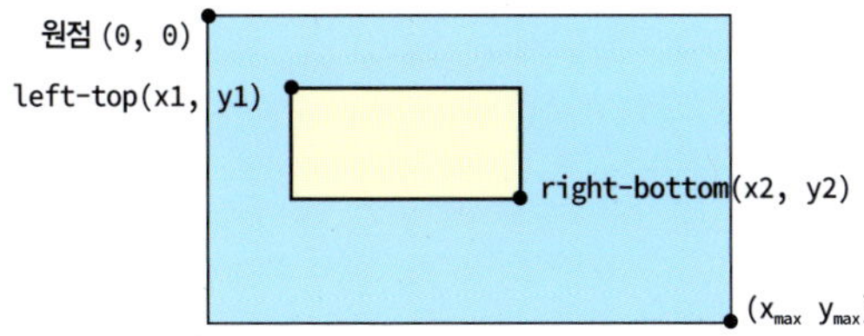

(1) 2차원 화면 상의 직사각형은 위 그림과 같이 두 꼭짓점 left-top과 right-bottom의 좌표값을 통해 표현될 수 있다. 이때 각 꼭짓점은 각각 두 정수로 표현될 수도 있으나, 문제1에서 작성한 Point 객체로 표현하는 것이 더 효율적일 것이다.

두 꼭짓점을 Point 객체로 기술하는 임의의 직사각형 객체를 위해 다음과 같이 초깃값을 인수로 갖는 **Rectangle 클래스를 정의**하라. 즉, 첫 번째 두 인수를 통해 좌측상단 꼭짓점의 좌표값을, 나머지 두 인수를 통해 우측하단 꼭짓점의 좌표값을 갖는다. 인수로 전달받은 값을 클래스 내부에서는 Point 객체 lt와 rb를 이용해 유지하도록 한다.

구현을 간단히 하기 위해 좌측상단 꼭짓점의 좌표는 항상 우측하단 꼭지점의 좌표보다 왼쪽상단에 위치한다 가정한다. (x1 〈 x2, y1 〈 y2)

작성 예시1

```
r1 = Rectangle(5, 5, 20, 10)     # (5, 5)와 (20, 10)
```

(2) 이 클래스에 사각형의 너비와 높이를 반환하는 메서드를 추가하라.

작성 예시2

```
w = r1.getWidth()      # 15 반환
h = r1.getHeight()     # 5 반환
```

(3) 이 클래스에 사각형의 넓이와 둘레를 구해 반환하는 메서드를 추가하라. 이때 (2)에서 작성한 메서드를 이용하라.

작성 예시3

```
a = r1.getArea()          # 넓이 75 반환
p = r1.getPerimeter()     # 둘레 40 반환
```

CHAPTER

12

데이터 파일 입출력

이 단원을 마치고 나면

- 데이터 파일을 입출력해야 하는 필요성에 대해 이해한다.
- 텍스트 파일과 이진 파일의 차이점과 그 특징에 대해 설명할 수 있다.
- 지정된 모드로 파일을 열고 안전하게 닫을 수 있다.
- 텍스트 파일에 임의의 데이터를 쓰고, 읽어 들일 수 있다.
- 이진 파일에 임의의 데이터를 쓰고, 읽어 들일 수 있다.

01 파일이란?
02 데이터 파일의 두 가지 구성 방법
03 파일 열고 닫기
04 텍스트 파일에 쓰고 읽기
05 이진 파일에 쓰고 읽기

01 파일이란?

정보를 저장하고 불러오기

작업을 저장하고 불러오기

우리는 워드프로세서를 이용해서 문서를 작성하고는 작성한 문서를 하드 디스크나 USB 메모리와 같은 저장장치에 저장한다. 추후 이 문서가 필요한 때에 저장된 문서를 워드프로세서로 다시 불러들여 기존의 내용의 수정 작업을 수행한다.

이제까지 우리는 파이썬 프로그램을 작성하기 위해 파이썬 통합개발환경인 IDLE에서 스크립트 모드로 소스 코드를 작성하여 저장한 후 실행하였다. 이렇게 저장된 소스 코드는 언제든지 내가 그 프로그램의 수행을 원할 때 다시 불러들여 그대로 혹은 수정하여 실행할 수 있었다.

그림 12.1 저장된 정보의 사용

하지만 이제까지 우리가 작성해왔던 모든 파이썬 프로그램들은 일반적인 프로그램들과 달리 실행 중인 동안에만 데이터를 유지할 수 있었다. 다시 말해 프로그램을 종료하고 이후 재시작하면 이전에 사용했던 데이터를 유지할 수 없다. 같은 컴퓨터 시스템에서 실행되는 프로그램인데 왜 이런 차이가 발생하는 것일까?

창고 역할을 하는 보조저장장치

• CPU와 협업하는 기억장치

컴퓨터 하드웨어 시스템에서 가장 핵심적인 부분은 중앙처리장치(CPU, Central Processing Unit)와 기억장치(Memory Unit)를 들 수 있다. CPU는 말 그대로 컴퓨터 시스템 내에서 중심된 처리를 담당하는 장치로서 프로그램을 실행하기 위해 각종 연산을 수행하고 적절한 순간에 제어 신호를 만들어 컴퓨터 시스템이 적절히 운용될 수 있도록 제어하는 역할을 담당한다. 다만 고-집적화된 반도체인 CPU 안에는 실행에 필요한 모든 명령어와 데이터를 담을 수 있을 만한 충분한 저장공간을 갖추기 어렵고, 또 가능하다 하더라도 각 시스템의 용도에 따라 그 필요량이 다양하기에 CPU와 별도로 다양한 형태의 기억장치를 갖는다.

중앙처리장치(CPU)
기억장치(메모리)

2020년에 출시된 Apple 사의 M1 CPU는 메모리가 CPU 패키지 내에 포함되어 있기도 하다.

• 주기억장치의 역할

기억장치는 역할에 따라 다시 주기억장치와 보조기억(저장)장치로 나뉜다. 주기억장치는 현재 실행된 프로그램의 명령어 코드와 데이터를 저장한다. 실생활에 비유해 보자면 각종 작업이 이뤄지는 작업실 역할을 주기억장치가 한다.

이런 주기억장치는 시스템이 운용되는 중에 CPU와 빈번하게 상호작용해야 한다. 따라서 주기억장치는 전기적 신호를 기반으로 상대적으로 빠르게 접근될 수 있는 반도체 메모리인 램(RAM)으로 구성한다. 이런 특성으로 인해 전원이 차단되면 주기억장치에 저장된 내용은 유지되지 못하고 소멸된다.

CPU와 상호작용하는 작업 공간인 주기억장치는 빠른 접근이 필요하다.

그림 12.2 다양한 저장장치

• 보조기억장치의 역할

반영구적인 저장을 위한 보조저장장치

보조기억장치는 시스템이 종료된 후에도 **프로그램과 데이터를 반영구적으로 유지**하기 위한 장치이다. 주기억장치를 보조한다는 측면에서 '보조기억장치'라고 부르지만, 정보의 반영구적인 저장을 강조하기 위해 '보조저장장치'라 불리기도 한다.

자기 디스크 기반의 하드 디스크, 광학 디스크 기반의 DVD-ROM나 블루레이(Blu-lay) 디스크, 플래시메모리라는 반도체 기반의 SSD(Solid State Disk)나 USB(Universal Serial Bus) 메모리 같은 것들이 이에 해당한다.

(1) 하드 디스크

(2) 블루레이 디스크

(3) SSD

그림 12.3 다양한 보조기억장치

창고 역할을 하는 보조저장장치

주기억장치를 실생활의 작업실에 비유한다면 **보조저장장치는 창고**에 비유할 수 있다. 따라서 빠른 접근이 필요한 주기억장치와 달리 보조저장장치는 많은 양의 정보들을 얼마나 값싸게 반영구적으로 저장할 수 있는지가 중요한 관심사가 된다.

(1) 작업장 같은 주기억장치 (2) 창고 같은 보조기억장치

그림 12.4 주기억장치와 보조기억장치

다시 말해서 보조저장장치에 저장된 데이터는 그것을 사용했던 프로그램이나 컴퓨터가 종료된 이후에도 데이터를 유지할 수 있다. 뿐만 아니라 실행 가능한 프로그램들도 먼저 **보조저장장치에 저장된 후 실행**된다. 파이썬 프로그램을 개발하기 위해서 파이썬 개발환경을 먼저 설치했던 것을, 또 파이썬 IDLE에서 스크립트 모드로 실행하기 위해선 먼저 작성한 코드를 '저장' 한 후 실행했던 것을 떠올리자.

이 과정을 보통 프로그램(앱)을 설치한다라고 표현한다.

정리

주기억장치 vs 보조기억장치

주기억장치: 실행 중인 프로그램의 코드와 데이터를 저장

✓ 프로그램의 실행 과정에서 CPU에 의해 빈번히 사용되기에 빠른 접근 필요

✓ 작업이 이뤄질 때 당장 필요한 도구와 재료가 놓이는 '작업실' 역할

보조기억장치: 대량의 정보를 상대적으로 값싼 비용으로 반영구적 저장

✓ 필요 시 실행될 수 있는 프로그램과 프로그램에서 사용될 수 있는 데이터 저장

✓ 사용할 수 있는 많은 도구와 재료를 저장해놓는 '창고' 역할

보조저장장치에 저장되는 파일

• 파일

컴퓨터 시스템에서 운영체제의 관리 아래 일정한 체계로 보조저장장치에 저장된 연관된 정보들의 묶음을 파일이라 한다. 파일은 운영체제의 종류에 따라 서로 다른 방식으로 유지되고 관리된다. 다만 파일의 내용은 그저 일련의 바이트들의 나열에 불과하며, 역할에 따라 디렉터리와 파일로 구분한다.

정보들의 묶음인 파일

• 디렉터리

디렉터리는 컴퓨터 시스템 내의 파일들을 좀 더 효과적으로 유지하기 위해 연관된 파일들의 목록을 갖고 있는 특수 파일이다. 하나의 디렉터리에는 다수의 파일과 또다른 디렉터리를 가질 수 있어 계층적으로 구성된다. 따라서 연관된 파일들을 서로 다른 디렉터리에 구분해 유지할 수 있게 된다.

파일 목록을 갖는 디렉터리

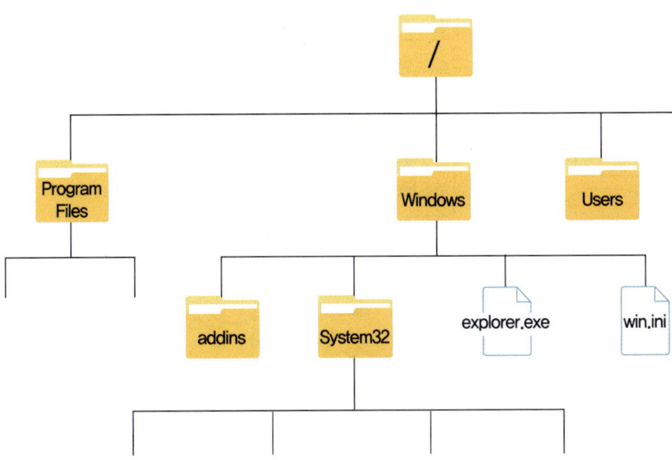

MS-윈도우에서는 폴더라 부르기도 한다.

그림 12.5 계층적으로 구성된 디렉터리와 파일

파일의 종류

컴퓨터 시스템 내에서 디렉터리가 아닌 파일은 다시 몇 종류로 구분할 수 있다. 물론 운영체제의 종류에 따라 다양한 특징을 갖는 파일로 나뉘기는 하나 이 책의 범위를 넘어서는 관계로 크게 두 부류로만 구분하자.

• 실행 파일

MS-윈도우용 실행 파일(.exe)은 MS-윈도우 운영체제가 해석 가능한 정보로 구성된다.

보통 운영체제에 의해 **직접 실행될 수 있는 명령어들의 집합으로 구성된 파일을 실행 파일**이라 한다. 기본적으로 실행 파일은 특정 운영체제가 해석할 수 있는 정보들의 집합으로 운영체제에 종속적이다. 더불어 효율적인 실행을 위해 기계어 코드로 변환된 이진 파일의 형태를 갖는다.

• 데이터 파일

한 프로그램에서 사용하는 정보는 보조저장장치에 저장해두었다가 다음 번 실행 시 다시 불러들여 그 내용을 참조할 수 있다. 보통 이런 용도의 파일을 데이터 파일이라 한다. 기본적으로 데이터 파일의 내용은 그것을 만들어낸 프로그램 종류마다 서로 다른 형식으로 구성된다. 다만 일부 프로그램에서는 호환성을 위해 표준화된 형식을 사용하거나 다른 프로그램의 데이터 파일을 사용할 수 있게 지원하기도 한다.

데이터 파일에는 무엇을 저장할까?

(데이터) 파일 입출력

이렇게 프로그램에서 사용하는 각종 정보를 데이터 파일에 저장하거나 읽어들이는 과정을 **데이터 파일 입출력** 혹은 줄여서 **파일 입출력**이라 한다. 프로그램은 내부적으로 혹은 사용자의 명령에 따라 파일 입출력 처리를 수행한다.

그림 12.6 데이터 파일의 역할

데이터 파일에는 ❶ 프로그램 실행 중에 프로그램 내부적으로 혹은 사용자에 의해 생산된 정보나, ❷ 프로그램 실행을 위해 기본적으로 참조되어야 할 정보를 저장한다. 예를 들어 워드프로세서는 사용자가 작성한 문서 내용을 담고 있는 데이터 파일이 존재한다. 더불어 워드프로세스가 실행 중에 참조할 각종 글꼴 정보나 이미지 정보, 프로그램 환경설정 정보를 별도의 데이터 파일로 갖는다.

프로그램 입장에서 보면 모두 다 실행 시 참조할 데이터이다.

그림 12.7 실행 중에 참조되어지는 다양한 데이터 파일

지금까지 우리가 작성한 프로그램은 파일 입출력 처리를 하지 않았기에 프로그램을 종료하면 실행 중에 사용했던 정보들을 유지하지 못했던 것이다. 그렇다면 파일 입출력을 하기 위해서는 어떻게 프로그램을 작성해야 할지 살펴보자.

정리

데이터 파일

파일:

- 운영체제의 관리하에 보조저장장치에 저장된 정보들의 묶음
- 프로그램이나 데이터가 모두 파일의 형태로 저장 됨

데이터 파일:

- 사용자의 명령(조작)에 따라 프로그램을 통해 생산된 정보 저장
- 프로그램 실행에 기본적으로 필요한 설정 정보나 외부 참조 정보를 저장

! 이제는 할 수 있어요!

(1) MS-윈도우에서 실행 파일은 어떤 이름을 갖고 있는지 확인해 보자.

(2) 당신이 주로 사용하는 프로그램에서 사용하는 데이터 파일은 어떤 것들이 있는지 유추해 보자.

Python Programming

02 데이터 파일의 두 가지 구성 방법

각 응용 프로그램은 데이터 파일에 어떤 내용을 저장할지, 또 어떤 형식으로 저장할지를 결정한다. 따라서 프로그램에서 저장된 형식대로 그대로 다시 읽어 사용하면 된다. 설령 다른 프로그램의 데이터 파일일지라도 그 저장 형식을 알 수 있으면 데이터 파일로부터 정보를 가져올 수 있다.

데이터 파일에 정보를 저장하는 형식은 다음과 같이 두 가지로 구분된다.

○ 이진 데이터 파일

데이터를 바이트 나열로 저장하는 이진 파일

프로그램에서 사용하는 데이터를 **메모리에 저장되는 이진 형식 그대로 파일에 저장**하는 데이터 파일을 가리킨다. 특별한 변환 과정 없이 메모리 저장 형식 그대로 파일에 저장하기 때문에 효율적인 입출력이 가능하다. 따라서 대부분의 응용 프로그램은 이 형식으로 데이터 파일을 유지한다.

더불어 데이터를 어떤 순서로 저장했는지에 대한 정보를 알지 못하는 다른 프로그램에서는 이 데이터 파일의 정보를 해석하기 어렵기에 다른 프로그램에 의한 부적절한 접근을 차단하는데 기여한다. 다만 이미지 파일이나 동영상 파일 등의 경우 응용 프로그램 간의 데이터 호환성을 위해 표준화된 형식을 사용하기도 한다.

이진 파일의 내용인 바이트들을 16진수로 나타내주는 편집기를 헥스(hex) 에디터라 한다.

```
0000000 ef bf bd 50 4e 47 0d 0a 1a 0a 00 00 00 0d 49 48
0000010 44 52 00 00 01 ef bf bd 00 00 01 2e 08 06 00 00
0000020 00 ef bf bd 18 ef bf bd ef bf bd 00 00 0a ef bf
0000030 bd 69 43 43 50 49 43 43 20 50 72 6f 66 69 6c 65
0000040 00 00 48 ef bf bd ef bf bd ef bf bd 07 54 53 ef
0000050 bf bd 1a ef bf bd ef bf bd de 9b 5e 68 01 04 ef
0000060 bf bd ef bf bd de 91 4e 00 29 ef bf bd ef bf bd
0000070 2e 1d 44 25 24 ef bf bd ef bf bd 12 63 42 50 11
0000080 3b ef bf bd 2b ef bf bd 16 54 44 ef bf bd ef bf
...
```

(1) 헥스 에디터로 본 이미지 파일 내용(일부)

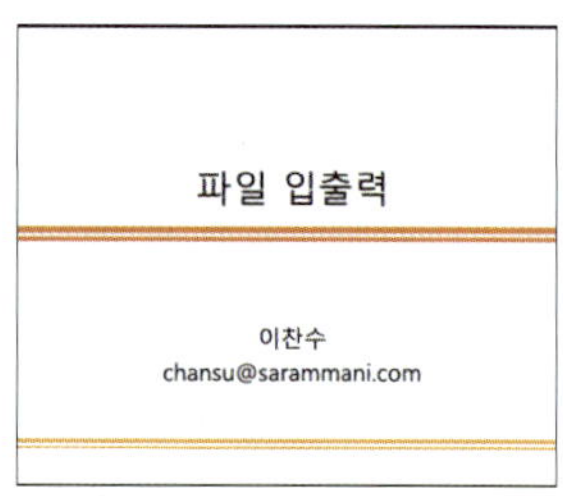

(2) 이미지 뷰어 표시 내용

그림 12.8 이진 데이터 파일의 예: .png 이미지 파일

텍스트 파일

저장하려는 모든 데이터를 문자열로 변환하여 저장된 경우를 텍스트 파일이라 한다. 텍스트, 즉 일종의 문서 파일인 것이다. 다만 동종 시스템에서만 사용할 수 있도록 제한된 문서가 아니라 이종 시스템 간에도 문서 정보를 원활히 공유할 수 있기 위해 공통의 코드로 변환해 저장한 문서 파일을 가리킨다.

문자열의 나열로 저장하는 텍스트 파일

기본적으로 컴퓨터나 통신장비에서 정보교환을 위해 미국국가표준협회(ANSI) 주도로 표준화한 코드체계인 아스키(ASCII, American Standard Code for Information Interchange)로 코드화된 문자열로 저장한다. 다만 이 경우 영문 키보드로 입력 가능한 문자 위주의 1바이트 길이의 코드체계로 오늘날 다양한 언어와 기호를 코드화기에는 부족하다. 따라서 최근에는 아스키와 호환성을 유지하면서도 전 세계의 다양한 문자들을 코드화하여 표현할 수 있도록 설계된 유니코드(Unicode) 중 1~4바이트의 가변 길이를 갖는 UTF-8이라는 방식이 더 선호된다.

아스키(ASCII)

UTF-8

텍스트 파일은 컴퓨터 시스템 사용자가 쉽게 그 내용을 살펴볼 수 있도록 문자열로 변환되어 저장한 파일이다. 따라서 운영체제에서 기본적으로 제공하는 텍스트 편집기는 개행문자를 만나면 다른 행들로 나눠 표시함으로써 사용자가 그 내용을 쉽게 식별하고 편집할 수 있도록 한다.

모든 운영체제에서는 텍스트 파일의 내용을 읽어보거나 편집할 수 있는 텍스트 편집기를 제공한다.

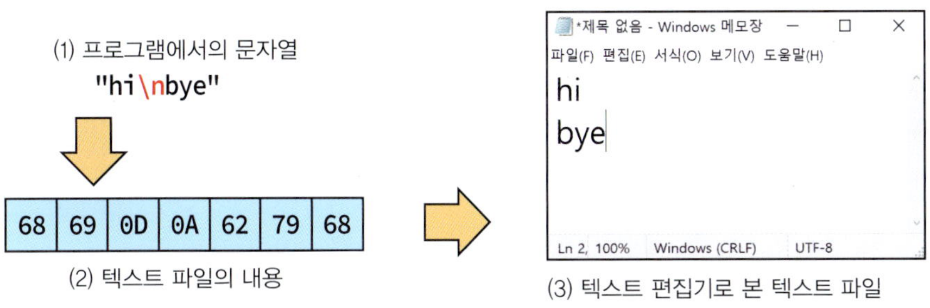

그림 12.9 텍스트 파일

이진 데이터 파일과 달리 텍스트 파일은 저장되는 정보를 특정 문자 코드값을 갖는 문자열로 변환해서 저장된다. 따라서 입출력 효율성도 떨어지고, 저장공간도 많이 차지하며, 텍스트 편집기로 쉽게 그 내용을 수정할 수 있어 데이터의 훼손 가능성도 높다. 따라서 보통은 프로그램 실행 시 내부적으로 참조할 각종 환경설정 정보나 사용 시 유의점 등을 기술한 도움말 문서 혹은 프로그램 소스 코드와 같이 다양한 프로그램 간에 호환성 있는 문서를 저장할 때 주로 사용한다. 보통 프로그램에서 사용하는 핵심 중요 정보를 텍스트 파일로 저장하지는 않는다.

숫자를 텍스트 파일에 저장할 때에도 문자열로 변환된다.

정리

데이터 파일의 종류

이진 파일

- ✓ 프로그램에서 사용되는 데이터 그대로 바이트 나열 형태로 저장
- ✓ 저장한 프로그램이나 저장 형식을 알고 있는 프로그램에서만 사용 가능
- ✓ 프로그램에서 사용하는 데이터를 효율적으로 입출력할 수 있음
- ✓ 일반적인 데이터 파일의 형식

텍스트 파일

- ✓ 공통의 코드값으로 표현된 행 단위의 문자열 위주의 문서 파일
- ✓ 전통적으로는 ASCII 형식, 최근에는 UTF-8 형식으로 코드화
- ✓ 텍스트 편집기를 통해 쉽게 그 내용을 살펴보고 수정 가능
- ✓ 시스템 간에 호환성 있는 방식으로 표현하는 것을 목적으로 함

이제는 할 수 있어요!

(1) jpg 혹은 png의 파일 확장자를 갖는 이미지 파일을 텍스트 편집기를 통해 열어보면 알 수 없는 문자들이 잔뜩 표시된다. 왜 이런 결과가 나오는지 토론해보자.

(2) 웹브라우저에서 특정 웹페이지를 저장하면 .html의 텍스트 문서가 저장된다. 이 문서를 메모장으로 열어 보았을 때와 웹브라우저에서 열어 보았을 때 다르게 화면이 표시되는 이유를 토론해 보자.

03 파일 열고 닫기

글을 쓰거나 읽기 위해서는

일상생활에서 일기장에 일기를 쓰는 경우를 생각해 보자. 우리는 먼저 ① 책꽂이에서 일기장을 찾아 일기를 쓸 쪽을 펼쳐야 한다. 그리고 오늘 하루 동안의 ② 이야기를 순서대로 기록해나갈 것이다. 일기 작성을 끝마쳤다면 ③ 일기장을 덮어 다시 제자리에 꽂아둘 것이다. 이 과정은 일기 쓸 때뿐만 아니라 우리가 책을 읽기 위해 책을 찾아 읽고 정리하는 과정에도 그대로 적용할 수 있다.

준비 작업과 마무리 작업

(1) 일기장 찾아 펴기 (2) 일기 쓰기 (3) 일기장 덮고 정리하기

그림 12.10 일기쓰기 과정

파일에 쓰거나 읽기 위해서는

글을 쓰거나 읽는 상황과 마찬가지로 프로그램에서도 데이터 파일에 정보를 저장하거나 저장된 정보를 읽어들이기 위해서는 준비 작업과 마무리 작업이 동반된다.

다시 말해 일기를 쓰기 위해서는 먼저 책장에서 일기장을 찾아 펼쳐 놓는 것이 필요하듯이, 데이터 파일에 정보를 입출력하기 위해서는 먼저 보조저장장치에서 접근하고자 하는 파일을 찾아 그 파일에 입출력 조작을 위해 **프로그램에서 파일에 연결하는 과정**이 선행되어야 한다. 이 과정을 **파일 열기(file open)**라 부른다.

파일 사용의 준비 작업인 파일 열기

더불어 일기를 쓰고나서는 일기장을 덮고 정리하는 과정이 필요하듯이, 프로그램에서 입출력 조작을 마친 파일의 사용을 안전하게 마무리하고 데이터 파일에 대해 **입출력을 위한 연결을 끊는 과정**을 동반해야 하는데 이 과정을 **파일 닫기(file close)**라 한다.

파일 사용의 마무리 작업인 파일 닫기

정리

파일 입출력 절차

1단계 파일 열기: 접근하고자 하는 파일과의 연결을 수립한다.

2단계 파일 조작: 파일에 데이터를 쓰거나 읽는다.

3단계 파일 닫기: 파일과의 연결을 해제한다.

파일을 열어 보자

• 내장 함수 open()

open() 함수는 파일 객체를 반환한다.

내장 함수 open()은 보조기억장치에 저장된 데이터 파일을 입출력하기 위해 **대상 파일에 접근할 수 있는 파일 객체를 생성해 반환**해준다. 이후 프로그래머는 파일 객체가 제공하는 여러 메서드를 이용해 실제 파일에 대해 적절히 입출력한다. 다시 말해 우리는 데이터 파일이 어떤 보조기억장치에 저장되어 있든지 상관없이 그저 파일 열기 함수 호출 후 반환되는 **파일 객체를 통해 일관되고 손쉽게 그리고 효율적으로 파일 입출력을 수행**할 수 있다.

파일 객체로 파일 입출력을 처리한다.

이 함수는 기본적으로 호출시 어떤 파일을 열 것인지에 대한 대상 파일의 파일이름과 더불어 그 파일을 어떤 용도로 열 것인지를 나타내는 열기 모드값을 문자열 인수로 갖는다.

```
파일객체이름 = open('대상파일이름', mode='열기모드')
```

• 대상 파일은 어디에?

특정 파일이 존재하는 디렉터리 계층 구조 상의 위치를 파일경로라 한다.

여기서 첫 번째 인수로 경로명 없이 **파일 이름만 지정하면 현재 경로상에서 그 파일을 찾는다.** 다만 현재 경로는 파이썬 프로그램의 실행방식에 따라 다르게 해석된다.

기본적으로 대화식 모드에서 open() 함수가 호출된 경우 **파이썬이 설치된 디렉터리**가 현재 실행 경로가 된다. 따라서 MS-윈도우에 설치된 파이썬 IDLE의 실행 파일이 위치한 다음의 경로에서 접근하고자 하는 데이터 파일을 찾는다.

C:\Users\사용자계정명\AppData\Local\Programs\Python\Python310

프로그램 실행 시 기본적인 현재 경로는 소스 파일이 위치한 디렉터리와 같다.

반면에 좀 더 일반적인 실행방식인 스크립트 모드에서 open() 함수가 호출되는 경우에는 실행하고자 하는 스크립트 소스 코드가 위치한 경로가 현재 경로가 된다. 따라서 소스 파일이 위치한 디렉터리에서 대상 데이터 파일을 찾는다.

• 경로명이 포함된 파일 이름

파일 열기 함수 호출 시 대상 파일을 사용자가 지정한 경로에서 찾고자 한다면 open() 함수의 첫 번째 인수에 경로명을 포함한 파일 이름을 문자열로 지정하면 된다. 이때 디렉터리 이름 간에 혹은 디렉터리 이름과 파일 이름 사이의 구분자는 / 기호를 사용한다. 예를 들어 다음은 앞서 살펴본 기본 파일 검색 경로 하위에 '*디렉터리 이름*'이라는 경로 아래에서 *대상 파일 이름*을 갖는 파일에 대한 접근을 수행하는 파일 객체를 생성한다.

디렉터리는 /로 구분

```
파일객체이름 = open('디렉터리이름/대상파일이름', mode='열기모드')
```

open()으로 파일 열기

궁금합니다

MS-윈도우에서는 경로명을 ₩로 구분하던데요?

맞습니다. 대부분의 다른 운영체제와 달리 Microsoft 사의 운영체제는 경로명에서 각 디렉터리를 구분하는 구분자로 역슬래시(\)를 사용합니다. 그리고 한글 표시 체계에서는 역슬래시가 ₩로 보일 뿐이지요. 컴퓨터 시스템 내부적으로는 똑같게 처리된다 했습니다.

따라서 MS-윈도우에서 경로명을 포함하는 문자열은 \를 이용해 구분해도 됩니다. 다만 주의할 것은 문자열 내에서 역슬래시는 이스케이프 문자라 하여 그 뒤에 오는 하나의 문자와 결합해 특별한 의미를 갖는다 하였습니다. 따라서 문자열 내에 하나의 \를 표현하기 위해서는 '\\'와 같이 기술해야 합니다.

'경로명\\대상파일명'

왠지 실수하기 쉽고, 어색해 보이는 표현이라 파이썬에서는 운영체제의 종류와 상관없이 경로명을 구분하는 구분자로 슬래시(/)를 사용할 수 있도록 지원하고 있습니다. 참고로 /로 경로명을 구분하는 것은 유닉스나 리눅스, macOS와 인터넷 주소 등 많은 곳에서 일반적으로 사용한답니다.

• 파일 열기 모드

파일 열기 모드 문자열

open() 함수 호출 시 두 번째 인수 혹은 mode라는 키워드 인수로 지정되는 파일 열기 모드에 대한 인수는 다음과 같은 문자열이 사용되며 크게 두 종류로 구분된다.

파일 입출력 방식

파일 접근 동작

표 12.1 파일 열기 모드 기본값

	모드값	의미		동작
입출력 방식	't'	text		텍스트 파일 입출력 (기본값)
	'b'	binary		이진 파일 입출력
접근 동작	'r'	read		읽기 모드 (기본값)
	'w'	write	overwrite	덮어쓰기 모드
	'a'		append	추가 쓰기 모드
	'x'		exclusive creation	파일 존재 시 에러, 파일 부재 시 생성

입출력 방식 모드는 어떤 형식의 파일에 접근할지 결정

먼저 어떤 형식의 데이터 파일로 입출력할 것인지 입출력 방식을 지정하는 인수로 't'와 'b'가 있다. 이 인수는 뒤에 소개할 접근 동작을 지정하는 모드와 결합하여 사용된다. 다만 이 값이 생략되면 't'가 기본값으로 적용된다.

접근 동작 모드는 어떤 조작을 할지 결정

모드에 대한 두 번째 부류는 파일 객체를 통해 어떤 처리를 할 것인지 지정하는 접근 동작에 대한 방식으로 보통 'r', 'w' 중 하나를 지정한다. 파일로부터 데이터를 읽어들일지, 아니면 파일에 내용을 저장할지에 대한 동작을 지정한다. 이 값이 지정되지 않으면 기본값으로 'r' 모드로 처리된다.

이미 존재하는 파일에 대해 쓰기 모드 시 처리 옵션

일반적으로 읽기 모드로 열 때에는 대상 파일이 없으면 오류가 발생한다. 쓰기 모드에서는 대상 파일이 없는 경우 새로 생성하여 쓰기 동작이 진행된다. 다만 대상 파일이 이미 존재하는 경우 어떻게 처리할 것인가에 따라 'w', 'a', 'x'로 나뉘는데, 각각 기존의 파일 내용을 무시하고 저장할지, 아니면 기존의 파일 내용 끝에 내용을 덧붙일지, 아니면 오류를 발생시킬지에 대한 동작을 지정한다.

• 덮어쓰기와 추가 쓰기

일반적인 저장 모드는 'w'

파일 쓰기 모드는 일반적으로 'w'를 사용한다. 일상에서 워드프로세서를 통해 문서를 작성하는 경우를 생각해 보자. 기존에 저장된 파일의 내용을 불러와 수정하거나 중간에도 새로운 내용을 첨삭할 수 있을 것이다. 프로그램에서 이렇게 수정된 문서의 내용을 기존의 파일 내용과 비교해서 바뀐 부분만 수정하거나 혹은 추가한다는 것은 사실상 굉장히 번거로울 것이다.

따라서 보통은 기존의 파일 내용 전체를 읽어들여 주기억장치에 저장해 놓은 후, 모든 작업이 끝나고 저장시 주기억장치에 있는 내용을 전부 기존의 파일에 '덮어쓰는' 동작을 수행한다. 다만 로그 파일처럼 저장되는 **정보들을 계속 누적해서 저장해야 하는 경우에만 'a' 모드를 사용**하면 된다.

누적 저장 모드는 "a"

• 일반적으로 사용하는 모드

open() 함수의 모드값으로 주로 지정하는 인수는 다음과 같이 입출력 방식과 접근 동작에 대한 문자열을 조합하여 사용한다. 다양한 조합이 가능하겠으나 자주 사용하는 조합은 다음과 같다.

일반적으로 사용하는 파일 열기 모드 조합

표 12.2 일반적인 파일 열기 모드

모드값	동작	동일 표현
'r'	텍스트 파일 읽기 모드 (기본값)	'rt' 혹은 모드값 지정 생략
'w'	텍스트 파일 덮어쓰기 모드	'wt'
'a'	텍스트 파일 추가 쓰기 모드	'at'
'rb'	이진 파일 읽기 모드	'b'
'wb'	이진 파일 덮어쓰기 모드	

궁금합니다

'r+', 'w+' 모드도 있던데 이것들은 무엇인가요?

표 12-1에서 기술한 알파벳 한 문자로 제공되는 모드 외에도 기본 접근 동작 모드에 + 기호가 붙은 모드도 제공됩니다. 앞서 나열한 모드는 읽기 혹은 쓰기 전용의 파일 객체를 생성하는데 반해, 'r+'와 같이 + 기호가 붙은 모드는 읽기/쓰기 겸용의 파일 객체를 생성합니다.

다만 우리는 기본적인 파일 입출력 처리를 위해 보통 파일 열기 혹은 저장하기에 따라 읽기 동작을 수행할지 쓰기 동작을 수행할지가 특정 방향으로 정해져 있고, 그 작업이 끝난 후에는 파일을 닫은 후 다음 번에 필요 시 새로 열면 되기 때문에 이 모드는 많이 사용되지 않기에 이 책에서는 다루지 않습니다.

○ 파일 사용을 마치면 바로 닫자

앞서 예시로 든 일기장의 경우와 마찬가지로 파일 입출력의 경우에서도 사용이 끝난 파일은 파일 닫기 작업을 수행해야 한다. 파일이 열려 있는 경우 해당 파일은 다른 프로그램에 의해 사용되지 못하도록 운영체제에 의해 접근이 차단될 수 있다. 더불어 하나의 프로그램 내에서 동시에 열 수 있는 파일의 개수에 제한이 있기도 하다. 특히 파일 닫기를 수행해야 파일에 저장하고자 하는 내용이 빠짐없이 파일에 기록될 수도 있어 비정상적인 프로그램 종료 등으로 저장이 누락되는 위험을 피할 수 있다. 따라서 **파일 닫기 동작은 파일 입출력에 대한 처리가 끝난 즉시 수행**하자. 추후 접근이 필요하면 그때그때 적절한 모드로 파일을 다시 열면 된다.

항상 뒷정리가 아름다운 사람이 되자.

파이썬에서 파일 닫기 동작은 파일 열기 함수 호출로 얻은 파일 객체에 대해 다음과 같이 close() 메서드를 호출해주면 된다.

파일 닫기 메서드 close()

```
파일객체이름.close()
```

실습: 파일 열고 닫기

• 존재하지 않는 파일을 읽기 모드로 여는 경우

코드 12-1과 같이 현재 경로 상에서 example.txt 파일을 읽기 모드로 열어 보자. open() 호출에서 'r' 모드로 지정하였기에 입출력 방식으로는 기본값인 't' 모드가 지정되어 'rt'를 지정한 것과 같이 텍스트 파일의 읽기 모드로 example.txt라는 이름의 파일에 접근할 수 있는 파일 객체를 얻게 된다.

코드 12-1 읽기 모드로 파일 열기

```
01  file = open('example.txt', 'r')      # 읽기모드로 텍스트파일 열기
02  file.close()
03  print('파일 열고 닫기 완료')
```

실행 결과

```
Traceback (most recent call last):
  File "C:/pyWork/fileopen_test.py", line 1, in <module>
    file = open('example.txt', 'r')
FileNotFoundError: [Errno 2] No such file or directory:
'example.txt'
```

그런데 프로그램을 실행하면 위와 같은 오류가 발생한다. 오류 메시지의 마지막 줄을 살펴보면 example.txt라는 파일이나 디렉터리가 없다면서 FileNotFoundError가 발생하고 프로그램이 비정상 종료했다.

03행의 출력문은 처리되지 않았다.

읽기 모드는 기존에 존재하는 파일로부터 정보를 얻기 위해 사용되는 모드이다. 그

런데 소스 파일이 저장된 경로 상에 example.txt **파일이 없기 때문에 읽기 동작을 수행하는 파일 객체를 만드는 과정 중에 오류가 발생**한 것이다.

존재하지 않는 파일은 읽기 모드로 열 수 없다.

반면에 해당 경로(위의 예에서는 C:\pyWork 폴더)에 example.txt 파일을 만들고 나서 실행하면 오류 없이 마지막 출력문까지 실행될 것이다. 일단은 해당 경로에 파일을 생성하지 말고 가능성만 확인해두고 다음을 살펴보자.

• 존재하지 않는 파일을 쓰기 모드로 여는 경우

다음의 코드는 앞서 살펴본 코드 12-1의 01행에서 모드 값을 'w'으로 수정한 코드이다. 입출력 방식으로는 여전히 기본값인 't' 모드가 지정되어 'wt' 모드로 파일 열기 처리를 수행한다. 코드 12-1을 처음 실행했을 때처럼 소스 파일이 저장된 경로에 example.txt가 존재하지 않는 상황에서 이 프로그램을 실행해 보자.

 # 코드 12-2 쓰기 모드로 파일 열기

코드 12-1을 수정

```
file = open('example.txt', 'w')     # 쓰기모드로 텍스트파일 열기
file.close()
print('파일 열고 닫기 완료')
```

실행 결과

```
파일 열고 닫기 완료
```

읽기 모드로 파일을 열 때와 달리 쓰기 모드로 파일을 열 때에는 대상 파일이 존재하지 않더라도 오류 없이 프로그램이 실행된다. 대상 경로에 가보면 example.txt라는 크기가 0인 파일이 새로 생성되어 있는 것을 확인할 수 있다.

이렇듯 파일 읽기 동작과 달리 **파일 쓰기 동작은 대상이 되는 파일이 존재하지 않으면 파일을 새로 생성**한 후 쓰기 작업을 수행하게 된다. 따라서 기본적으로 대상 파일이 존재하지 않더라도 오류가 발생하지 않는 것이다. 물론 이런 처리는 'w' 모드뿐만 아니라 다른 쓰기 모드에서도, 또 이진 파일 쓰기에서도 마찬가지 방식으로 처리된다.

존재하지 않는 파일도 쓰기 모드로 열 수 있다.

이제 대상 경로에 example.txt 파일이 생성되었기에 코드 12-1에서와 같이 읽기 모드로 파일을 열어주더라도 오류가 발생하지 않고 프로그램이 정상 종료되는 것을 확인할 수 있을 것이다.

궁금합니다

텍스트 파일명에 확장자 txt가 보이지 않습니다?

MS-윈도우에서 파일 탐색기의 기본 설정은 몇몇 알려진 프로그램의 데이터 파일을 좀 더 간단하게 나열하기 위해 파일명의 확장자를 숨기는 처리가 활성화되어 있습니다.

따라서 모든 파일에 대해 확장자까지 포함하는 온전한 파일 이름을 나타내기 위해서는 다음과 같이 파일 탐색기의 상단 메뉴 중 [보기] 선택 후 [표시/숨기기] 항목에서 [파일 확장명] 앞에 체크 표시를 해주면 됩니다.

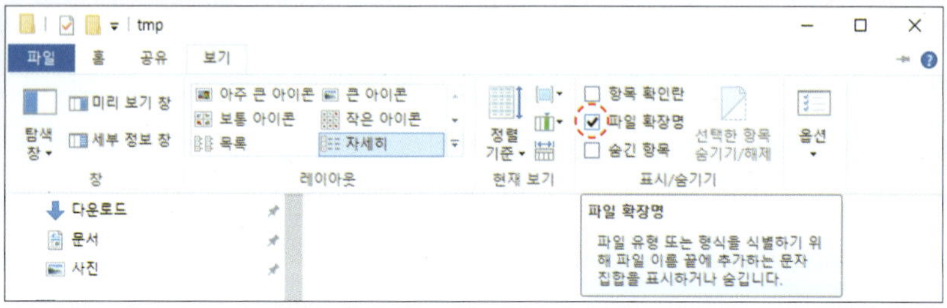

• 쓰기 모드에서의 FileNotFoundErr

쓰기 모드로 파일을 여는 경우에도 FileNotFoundErr가 발생하는 경우가 있다. 다음의 코드 12-3과 같이 대상 파일명에 경로명을 추가한 후 실행해 보자.

코드 12-2를 수정

코드 12-3 쓰기 모드로 파일 열기

```
file = open('data/example.txt', 'w')   # 텍스트 파일 쓰기 모드
file.close()
print('파일 열고 닫기 완료')
```

실행 결과

```
Traceback (most recent call last):
  File "C:\pyWork\fileopen_test.py", line 1, in <module>
    file = open('data/example.txt', 'w')
FileNotFoundError: [Errno 2] No such file or directory: 'data/
example.txt'
```

오류 메시지의 마지막 행의 내용을 살펴보면 'data/example.txt'가 존재하지 않는다는 오류가 발생했다. 파일을 열 때 단순히 파일명만 기술한 경우와 달리 경로명을 포함하는 경우 반드시 해당 경로는 온전히 유효해야 한다. 즉, 쓰기 모드로 파

일 열기를 처리할 때 파일이 존재하지 않는다면 새로 생성되지만, 지정한 경로가 존재하지 않는다면 오류가 발생한다.

존재하지 않는 경로명에는 파일을 열 수 없다.

현재 경로(위의 예에서는 C:\pyWork) 하위에 data라는 디렉터리를 생성한 후 위의 코드를 실행하면 오류 없이 프로그램이 끝나는 것을 확인할 수 있을 것이다.

• 파일/디렉터리의 존재 여부 검사

파일 열기 수행 시 해당 파일이나 경로의 부재로 인해 FileNotFoundErr가 발생할 수 있는 가능성은 매우 높다. 따라서 이에 대해 적절한 처리를 해주어야지만 우리가 작성한 프로그램은 비정상 종료되지 않고 마지막까지 안전하게 수행될 수 있다. 이를 위해 보통 파일 접근과 관련해서는 예외 처리를 수행해주게 된다. 다만 이 책에서는 지면 분량상 예외 처리를 다루지 않기에 파일 접근 전에 먼저 검사하는 방법을 통해 오류를 피해가도록 하자.

예외 처리가 좀 더 일반적이고 세련된 선택이다.

이를 위해 os 모듈에서 제공하는 다음 함수는 인수로 지정한 경로의 파일이 현재 시스템 상에 존재하는지를 확인하여 True 혹은 False로 반환해준다.

```
import os
os.path.exists('검사할파일경로명')      # True / False의 반환값
```

파일 존재 여부 검사

다음과 같이 파일을 열기 전에 먼저 파일의 존재 여부를 검사해 보자.

 # 코드 12-4 파일 존재 여부 확인

코드 12-1을 수정

```
import os

filename = 'example.txt'
if os.path.exists(filename):       # 파일이 존재하는지 검사
    file = open(filename, 'r')          # 텍스트 파일읽기모드로 열기
    file.close()                        # 파일 닫기
    print('파일 열고 닫기 완료')
else:
    print(f'ERROR: {filename}이 존재하지 않습니다!')

print('끝')
```

다음은 현재 경로에 대상 파일이 존재하는 경우의 실행 결과이다.

실행 결과

```
파일 열고 닫기 완료
끝
```

현재 경로상에 파일 example.txt를 삭제한 후 코드 12-4을 실행해 보자. 코드 12-1과 달리 존재하지 않는 파일에 대한 열기 시도를 회피하고 있다.

실행 결과

```
ERROR: example.txt이 존재하지 않습니다!
끝
```

물론 경로명 역시 없으면 오류가 발생할 것인데, 이 상황 역시 사용자가 해당 디렉터리를 만들어서 오류 상황을 피해갈 수 있을 것이다.

궁금합니다

프로그램에서 디렉터리는 어떻게 만드나요?

os 모듈에서는 디렉터리 존재 여부를 확인해주는 isdir()이라는 함수와 디렉터리를 생성해주는 makedirs() 함수를 제공하고 있습니다. 따라서 다음의 문장을 수행하면 현재 경로상에 data라는 서브 디렉터리가 없으면 생성할 수 있습니다.

```
import os
if not(os.path.isdir('data')):
        os.makedirs('data')
```

with 키워드로 안전하게 파일 닫기

파일 입출력 작업이 끝난 파일 객체는 close() 메서드를 호출해서 열린 파일을 닫고 사용된 시스템 자원을 즉시 반납해야 한다. 이 메서드를 이용해 명시적으로 파일을 닫지 않으면, 파이썬 내부적으로 가비지 수거기가 파일을 닫아 주지만, 그 작업이 수행되기까지 파일이 한동안 열린 상태로 남아있게 된다.

따라서 파일 객체의 일관되고 안전한 사용을 위해 with 키워드의 사용을 추천한다.

이를 이용하면 명시적으로 close() 메서드를 호출하지 않고도 단지 이 키워드의 **스위트 부분이 종료될 때 자동으로 파일을 닫는 처리가 내부적으로 수행**된다. 특히 파일 객체를 이용해 파일 내용에 접근하는 과정 중에 **오류가 발생하는 상황에서도 열린 파일이 올바르게 닫히는 처리가 수행**된다.

자동으로 처리되는 안전한 처리를 마다할 필요는 없을 것이다.

with 키워드로 open()

```
with open('파일이름', '열기모드') as 파일객체이름:
    # 파일객체를 가지고 파일 입출력 처리
```

따라서 파일 열기와 파일 닫기를 명시적으로 따로 처리했던 코드 12-3은 다음과 같이 수정할 수 있다.

 # 코드 12-5 with 키워드로 쓰기 모드의 파일 열기

```
01 with open('data/example.txt', 'w') as file:
02     pass    # file에 대해 파일 입출력 처리 문장으로 대체
03
04 print('파일 열고 닫기 완료')
```

코드 12-3보다 좀 더 안전한 방식

02행의 pass 키워드 대신에 파일 객체 file에 대해 파일출력 메서드를 이용하면 데이터 파일에 저장할 수 있다. 이 책의 이후 예제에서는 좀 더 간편하고 안전한 파일 객체의 사용을 위해 with 키워드를 이용하기로 한다.

04 텍스트 파일에 쓰고 읽기

텍스트 파일에 쓰기

• 문자열로 저장하기

텍스트 파일은 텍스트 편집기를 통해 어느 시스템에서나 그 내용을 살펴볼 수 있도록 작성된 파일이다. 그러다 보니 **텍스트 파일에 저장된 정보들은 보통 행 단위의 문자열로 구분**된다. 따라서 텍스트 편집기로 보기 좋게 구성하기 위해 적절한 곳에 줄바꿈 처리를 하는 개행문자를 추가로 저장할 필요가 있다. 물론 이에 대한 선택은 전적으로 프로그래머의 몫이다.

write()로 문자열 저장

파일 쓰기 동작은 쓰기 모드로 열린 파일 객체에 대해 write() 메서드를 통해 수행할 수 있다. 화면 출력에 사용했던 함수 print()와 마찬가지로 **파일에 저장할 문자열을 write() 함수의 인수로 전달**하면 된다.

```
파일객체이름.write(문자열)
```

텍스트 파일에 두 사람의 번호와 이름을 각각 저장해 보자.

 # 코드 12-6 텍스트 파일에 정보 저장

```python
num = 2
name = '홍길동'

with open('data/example.txt', 'w') as file:
    file.write('1 이찬수\n')      # 하나의 문자열을 저장
    file.write(f'{num} {name}\n')

print('끝')
```

변수 num과 name을 문자열 형식화로 하나의 문자열로 표현

코드 12-6의 04행에서처럼 with open 구문을 이용하였기에 별도로 close() 메서드를 호출하지는 않았다. 05행에서와 같이 write() 메서드는 기본적으로 하나의 문자열을 인수로 가지며 그것을 지정한 파일에 저장한다. 다만 파일에 저장하고자 하는 정보가 단일 문자열이 아닌 경우에는 06행에서처럼 **문자열 형식화를 통해 하나의 문자열로 만들어 저장**하면 된다.

때로는 문자열 형식화를 이용해 문자열로 변환이 필요하다.

이 예제를 실행하면 지정된 경로상에 다음과 같은 내용을 갖는 텍스트 파일이 생성된다. 이 파일은 메모장과 같은 텍스트 편집기를 통해 그 내용을 볼 수도 있고 또 수정할 수도 있다. 텍스트 편집기 상에 각 사람의 정보를 행 단위로 알아보기 쉽게 나타내기 위해 write() 메서드 호출 시 문자열 끝에 개행문자 '\n'을 추가했다.

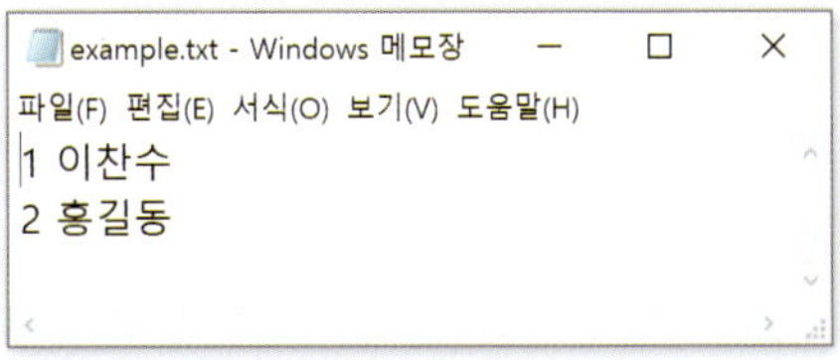

그림 12.11 메모장으로 열기

• 저장되는 문자열의 코드화 종류

텍스트 파일은 별도의 변환 과정 없이 어느 시스템에서 작성했든 간에 호환성 있게 그 내용을 보거나 수정할 수 있다. 초기 컴퓨터 시스템에서는 ASCII 방식으로 영문자 위주의 인코딩 방법을 사용하였다. 다만 MS-윈도우 같은 경우 운영체제 자체적으로 문자셋에 대한 코드 페이지를 별도로 제공해 다양한 나라의 문자를 표현할 수 있도록 지원해 왔다.

초기에는 ASCII

이런 방식은 다양한 환경에서 일관되게 특정 문자를 표현할 수 있는 표준화된 방법이 아니다. 따라서 최근에는 ASCII 방식과 호환성 있으면서도 더 다양한 문자를 표현할 수 있는 **UTF-8 방식의 유니코드를 많이 사용하는 추세**이다.

최근에는 UTF-8

다만 한글 MS-윈도우에서 실행되는 파이썬 프로그램에서 텍스트 파일을 생성하면 기본적으로 영문자나 숫자 문자는 ASCII 방식에 기반하되, 한글은 연속된 2바이트를 이용하는 ECU-KR이라는 방식으로 인코딩한다. 반면 macOS 상에서 실행되는 파이썬 프로그램에서 텍스트 파일을 생성하면 UTF-8을 기반으로 한 텍스트 파일이 생성된다.

초기 기본 인코딩 방식인 ANSI는 ECU-KR 방식으로 한글을 인코딩한다.

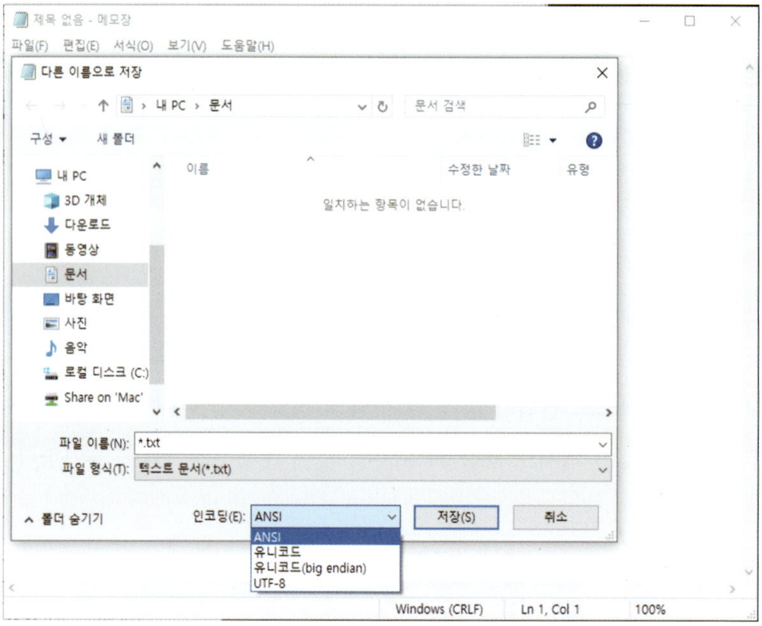

그림 12.12 메모장의 다양한 인코딩 방법

• 저장되는 문자열의 문자셋 지정하기

최근의 추세를 반영해서 MS-윈도우에서 실행되는 파이썬 프로그램에서도 텍스트 파일을 UTF-8 방식으로 인코딩하고자 하면 다음과 같이 open() 함수 호출 시 encoding 키워드 인수를 추가하면 된다. open() 함수를 단독으로 호출할 때에도, with 키워드와 함께 사용할 때에도 모두 사용할 수 있다.

open() 시 문자셋 지정

```
open('경로명/대상파일명', mode='열기모드', encoding='문자셋')
```

파일을 열 때 키워드 인수에 encoding='utf8'을 사용하면 현재 운영체제의 종류와 상관없이 대상 파일에서 문자를 입출력할 때 UTF-8 방식의 인코딩을 사용한다. 반면에 encoding='cp949'를 사용하면 한글 MS-윈도우에서 사용하는 ECU-KR 방식의 문자열 인코딩 방식을 사용한다.

가급적이면 특정 운영체제에 종속적인 형태의 문자셋을 사용하기보다는 좀 더 호환성있는 문서를 위해 UTF-8을 사용하길 권장한다. 다만 이 책의 본문에 포함된 예제에서는 간단한 코드 표현을 위해 문자셋 지정은 생략한다.

정리

보편화된 문자 인코딩을 갖는 텍스트 문서로 사용하기

```
with open('경로명/대상파일명', '열기모드', encoding='utf8') as 객체이름:
    객체이름.파일접근메서드()
```

궁금합니다

개행문자는 파일에 어떻게 저장되나요?

각 운영체제마다 문자열 내의 개행문자 '\n'를 저장하는 방식이 조금씩 차이가 납니다. MS-윈도우에서는 0D 0A라는 2바이트로 저장하는데 반해, macOS에서는 0A의 1바이트로 저장하게 됩니다. 예를들어 문자열 'hi\nbye'는 각 운영체제에서 다음과 같이 저장됩니다.

68	69	0D	0A	62	79	65

윈도우에서 저장한 경우

68	69	0A	62	79	65

macOS에서 저장한 경우

따라서 프로그램에서 텍스트 모드로 파일에 개행문자를 쓸 때의 기본 동작은 '\n' 를 플랫폼 의존적인 줄종료(윈도우에서 0D 0A, macOS에서는 0A)로 변환해 저장합니다. 반대로 텍스트 파일의 내용을 프로그램에서 읽어들일 때의 기본 동작은 플랫폼 의존적인 줄종료를 단지 '\n'로 변경합니다.

따라서 때때로 다른 플랫폼에서 작성한 텍스트 문서를 그대로 가져와 텍스트 편집기로 보면 줄바꿈 처리가 제대로 되지 않는 경우가 있었습니다(최근 MS-윈도우 10의 메모장은 단일 바이트로 표현된 개행문자에 대해서도 개행처리를 해줍니다).

따라서 원격지 컴퓨터와 파일을 주고받는 인터넷 서비스인 FTP에서는 ASCII 모드로 텍스트 파일을 전송할 때에는 텍스트 파일 내의 의존적인 줄종료 문자를 전송하는 플랫폼에서 사용하는 방식으로 변환하기도 합니다.

텍스트 파일로부터 읽기

• read()로 한 번에 읽기

코드 12-6의 실행으로 저장된 example.txt로부터 저장된 내용을 불러오는 프로그램을 작성해 보자. 읽기 모드로 열린 파일 객체와 연관된 텍스트 파일로부터 문자열을 읽어오기 위해서는 read() 메서드를 사용한다.

```
파일객체이름.read()      # 텍스트 파일로부터 읽어들인 내용을 문자열로 반환
```

read()로 한 번에 문자열로 읽어오기

기본적으로 read() 메서드는 해당 파일로부터 **모든 내용을 한 번에 읽어들여 하나의 문자열로 반환**한다. 다음의 예를 살펴보자.

코드 12-6에서 저장한 문자열을 읽어오기

 # 코드 12-7 텍스트 파일의 내용을 한 번에 읽어들여 화면에 출력

```
01 with open('data/example.txt', 'r') as file:
02     all = file.read()      # 전체 내용을 하나의 문자열로 반환
03 
04 print(all)
```

실행 결과

```
1 이찬수
2 홍길동
```

코드 12-7의 02행에서 단 하나의 read() 호출을 통해 텍스트 파일의 모든 내용이 문자열로 반환된다는 점을 눈여겨보자.

• 저장된 파일의 인코딩 형식과 다르게 읽어들인 경우

이때 저장된 파일의 인코딩 방식과 읽기 모드로 open() 시 지정한 방식이 맞지 않으면 다음과 같이 UnicodeDecodeError 오류가 발생한다. 따라서 기본적으로 **저장된 파일의 인코딩 방식과 같은 방식으로 읽어야** 한다.

반드시 저장한 방식으로 읽어오자.

한글 MS-윈도우의 기본값인 ECU-KR로 저장된 파일을 UTF-8로 읽어들인 경우의 오류 메시지는 다음과 같다.

실행 결과

```
Traceback (most recent call last):
  File "C:\pyWork\fileopen_err.py", line 2, in <module>
    all = file.read()
   File  "C:\Users\ChanSu\AppData\Local\Programs\Python\
Python310\lib\codecs.py", line 322, in decode
      (result, consumed) = self._buffer_decode(data, self.
errors, final)
UnicodeDecodeError: 'utf-8' codec can't decode byte 0xb1 in
position 22: invalid start byte
```

반대로 UTF-8로 저장된 파일을 ECU-KR로 읽어들인 경우의 오류 메시지는 다음과 같다.

실행 결과

```
Traceback (most recent call last):
  File "C:\pyWork\fileopen_err.py", line 2, in <module>
    all = file.read()
UnicodeDecodeError: 'cp949' codec can't decode byte 0xed in
position 20: illegal multibyte sequence
```

• 한 줄씩 나눠 읽어오는 readlines()

내가 읽어들일 파일의 크기가 아주 큰 경우 코드 12-7과 같은 읽기 방식은 프로그램에서 파일로부터 읽어들인 내용에 대해 조작하기 까다로울 수 있다. 즉, 파일로부터 읽은 내용을 단지 한 번에 화면에 출력할 것이 아니라, 의미있는 정보들로 나누고자 한다면 무척 번거로운 과정이 수반된다.

따라서 보통 텍스트 파일은 행 단위로 정보들을 구분해서 저장한다는 점에 착안하여 다음과 같이 행 단위로 한 줄씩 분리해서 읽는 다양한 메서드가 제공된다.

```
파일객체이름.readlines()    # 텍스트 파일의 각 행을 리스트로 반환
```

각 행을 리스트로 만들어 반환하는 readlines()

readlines() 메서드 역시 단 한 번의 호출로 텍스트 파일 내의 모든 행을 한 번에 읽어 들인다. 다만 read() 메서드와 달리 하나의 문자열로 반환하는 대신 **파일로부터 읽어들인 각 행을 리스트로 만들어 반환**한다. 다음의 예를 살펴보자.

 # 코드 12-8 텍스트 파일의 내용 읽어들여 리스트에 저장

```python
lines = []
with open('data/example.txt', 'r') as file:
    lines = file.readlines()    # 전체를 하나의 리스트로 반환

print(lines)
```

코드 12-7과 달리 읽은 내용을 리스트로 얻어오기

실행 결과

```
['1 이찬수\n', '2 홍길동\n']
```

문자열의 strip() 메서드는 문자열 앞뒤에 있는 개행문자와 같은 공백문자를 제거한 문자열을 반환한다.

05행의 출력 결과를 살펴보면, readlines() 메서드가 반환한 문자열에는 파일에 저장 시 각 행을 구분하기 위해 추가한 개행문자가 포함되어 있다. 보통은 이를 제거하기 위해서 readlines() 메서드를 통해 읽어들인 각 행에 대한 문자열에 대해 strip() 메서드를 통해 개행문자 '\n'를 제거한 후 다시 리스트에 저장해줘야 한다.

• 한 줄만 읽어오는 readline()

따라서 다른 해결책으로는 readlines() 메서드를 통해 한 번에 모든 행을 읽어오는 대신에 readline() 메서드를 통해 한 줄씩 읽어와 사용하는 방법도 가능하다.

readline()으로 한 줄씩만 읽어오자.

```
파일객체이름.readline()      # 텍스트 파일로부터 한 줄을 읽어 문자열로 반환
```

더 이상 읽을 내용이 없는 경우 빈문자열 '' 반환

이 메서드는 텍스트 파일로부터 한 행, 즉 **처음 만나는 개행문자까지만을 읽어 문자열로 반환**한다. 그리고 호출할 때마다 **자동적으로 다음 행을 한 줄씩 읽어와 문자열로 반환**한다. 파일로부터 읽어들인 내용이 없는 경우에는 빈 문자열 ''을 반환한다. 따라서 파일 내의 모든 내용을 읽기 위해서는 빈 문자열이 반환될 때까지 반복적으로 이 메서드를 호출하면 된다. 다음의 코드를 살펴보자.

코드 12-8과 달리 한 줄씩 읽어오기

 # 코드 12-9 텍스트 파일의 내용 읽어들여 리스트에 저장

```
lines = []
with open('data/example.txt', 'r') as file:
    while True:
        line = file.readline()     # 한 줄을 읽어 반환

        if line == '':
            break

        lines.append(line.strip())

print(lines)
```

문자열 line 앞뒤의 공백문자를 제거해서 리스트 lines에 추가

실행 결과

```
['1 이찬수', '2 홍길동']
```

코드 12-9는 파일 객체로부터 한 줄만을 읽어들여(04행), 각 문자열 끝에 있는 개행문자를 제거한 뒤 리스트에 추가(09행)한다. 이 과정은 파일로부터 읽어들인 값이 빈 문자열이 아닐 때까지(06행) 반복적으로 수행(03행)된다.

• for 문으로 파일 객체에서 직접 읽기

결국 03~09행의 처리는 텍스트 파일의 시작부터 끝까지 한 행씩 반복해서 수행된다. 따라서 유한한 범위를 반복하는 데에 자주 사용되는 for 문을 통해 좀 더 간단하게 처리할 수도 있다.

코드 12-10과 같이 for 문의 반복 범위를 기술하는 표현식에 파일 객체를 직접 지정하면, 루프가 반복할 때마다 파일 객체와 연관된 파일로부터 한 행씩 자동으로 읽어올 수 있다.

for 문으로 직접 파일객체로부터 읽어오자.

 # 코드 12-10 텍스트 파일의 내용 읽어들여 리스트에 저장

코드 12-9와 같은 동작을 수행

```
lines = []
with open('data/example.txt', 'r') as file:
    for line in file:
        lines.append(line.strip('\n'))

print(lines)
```

파일 객체 file로부터 한 행씩 문자열로 읽어들여 line에 저장

실행 결과

```
['1 이찬수', '2 홍길동']
```

코드 12-9와 코드 12-10의 출력 결과를 살펴보자. 두 코드 모두 코드 12-8의 결과와 달리, 리스트에 추가된 각 문자열에는 저장 시 각 행을 구분하기 위해 추가한 개행문자가 포함되어 있지 않다.

다만, 파일에 저장하기 전의 데이터처럼 각 행에 기록된 정보를 '번호'와 '이름'으로 분리해야 한다면 한 행에 대한 문자열에 대해 추가의 분리 작업을 해줘야 하는 번거

로움이 여전히 남아있긴 하다.

프로그램에서 사용할 데이터라면 이진 파일로 저장하자.

이렇게 프로그램에서 사용할 정보를 문자열로부터 변환하는 과정을 수반하기에 **텍스트 파일 입출력은 다음에서 다룰 이진 파일 입출력에 비해 효율성이 낮고 번거로운 방법**일 수 있다. 텍스트 편집기로 그 저장 내용을 볼 수 있다는 점을 제외하고는 프로그램에서 사용하는 민감한 정보를 저장하는 용도로는 그리 추천되지 않는 방법이다.

이제는 할 수 있어요!

프로그램 실행 시 사용자로부터 하나의 텍스트 파일 이름을 입력받아, 그 파일의 내용을 읽어 들여 화면에 각 행 단위로 라인 번호와 함께 출력하는 프로그램을 작성해 보라. 예를 들어 임의의 파이썬 소스 코드를 라인 번호와 함께 화면에 출력해 볼 수 있을 것이다.

05 이진 파일에 쓰고 읽기

텍스트 파일 입출력의 한계

텍스트 파일은 주로 행 단위로 구성되는 문자열들을 입출력하기 좋은 구조를 갖는다. 파일 입출력 처리를 담당한 파일 객체의 write() 메서드는 저장할 문자열을 인수로 가졌으며, read() 메서드는 파일로부터 읽은 내용을 문자열로 반환하였다.

물론 앞선 예에서처럼 텍스트 파일에도 프로그램에서 사용하는 다양한 자료형의 변수값을 저장할 수 있다. 다만 비-문자열 데이터를 텍스트 파일에 저장하기 위해서는 문자열로 변환해야 한다.

문자열 기반의 입출력이 필요한 텍스트 파일

그런데 텍스트 파일은 어느 시스템에서나 텍스트 편집기로 그 내용을 쉽게 살펴보거나 편집할 수 있어서, 누구든지 프로그램에서 사용하는 데이터의 내용이나 구조를 쉽게 훼손할 수 있게 된다. 더불어서 텍스트 파일에 저장된 데이터를 프로그램에서 다시 읽어들이는 경우에는 문자열로부터 기존의 데이터들을 추출해 복원하는 과정이 다소 복잡하고 번거롭게 된다.

(1) 텍스트 파일에 저장하기

(2) 텍스트 파일로부터 불러오기

그림 12.13 텍스트 파일에 데이터 입출력

따라서 텍스트 파일은 주로 문자열 기반의 입출력을 하고자 하는 경우에만 사용된다. 그리고 일반적인 프로그램에서 사용하는 **다양한 형태를 갖는 데이터는 주로 이진 파일로 저장**한다. 그럼으로써 좀 더 효율적할 수 있고, 또 상대적으로 안전하게 사용할 수 있다.

데이터를 변환 없이 직접 기록하자.

다만 이진 파일 입출력은 텍스트 파일 입출력에 비해 다소 복잡한 처리가 동반되어, 파이썬에서는 여러 모듈을 통해 다양한 방식으로 이진 파일에 입출력하는 방법이 제공된다. 이 책에서는 `pickle` 모듈을 이용해 이진 파일에 입출력하는 방법에 대해 알아 보도록 하겠다.

pickle 모듈을 이용한 피클링

• 피클링과 언피클링

직렬화

pickle 모듈

프로그램 실행 시 사용하는 다양한 데이터들을 이진 파일에 저장하였다가 추후 필요한 시점에 읽어들여 재구성할 수 있는 형식으로 변환하여 입출력하는 방식을 직렬화(serialization)라 한다. 이번 절에서는 다양한 기본 자료형의 데이터뿐만 아니라 객체까지도 직렬화하여 이진 파일에 입출력할 수 있는 피클(pickle) 모듈에 대해 살펴보고자 한다.

피클링

언피클링

pickle 모듈은 기본 자료형의 데이터를 포함한 파이썬 객체의 직렬화와 역직렬화의 방법을 제공한다. pickle 모듈을 이용해 데이터를 바이트 나열로 변환하는 직렬화 절차를 피클링(pickling)이라하며, 반대로 바이트 나열로부터 데이터를 복원하는 역직렬화 과정을 언피클링(unpickling)이라 한다. 즉, 우리는 프로그램에서 사용하는 데이터를 피클링하여 이진 데이터 파일에 저장하고, 이진 데이터 파일로부터 읽어들인 정보를 언피클링하여 프로그램에서 사용하는 데이터로 복원할 수 있다.

이렇게 피클링을 통해 바이트 나열로 변환된 데이터들은 이진 파일에 저장하는데 사용될 뿐만 아니라, 데이터베이스에 저장하거나, 네트워크를 통해 다른 시스템으로 전송하는 데에도 사용될 수 있다. 다만 이 책에서는 파일 입출력의 경우에만 초점을 맞춰 설명하도록 하겠다.

• 피클링하여 파일에 저장하기

dump()로 데이터를 바이트 나열로 피클링

프로그램에서 사용하는 다양한 자료형의 데이터를 파일 객체를 통해 이진 파일에 저장하기 위해서는 적절한 형식의 바이트의 나열로 변환해야 한다. `pickle` 모듈에서 제공하는 `dump()` 함수는 다양한 데이터를 바이트 나열로 변환하는 일을 처리해준다.

이때 변환해서 저장할 데이터는 단순 문자열이나 숫자와 같은 기본 자료형의 데이터뿐만 아니라 리스트나 딕셔너리 같은 복합 자료형이나 객체가 될 수도 있다. 다만 dump() 함수의 두 번째 인수로 전달한 파일 객체는 반드시 이진 모드로 쓰기 가능한 파일 객체를 전달해야 한다.

```
import pickle
pickle.dump(저장할_데이터, 이진쓰기모드로_열린_파일객체)
```

• 파일로부터 언피클링하여 복원하기

load()로 바이트 나열을 데이터로 언피클링

피클링하여 이진 파일에 저장된 데이터를 읽어들여 **원래 데이터로 복원하기 위해서는 pickle 모듈에서 제공하는 load() 함수를 이용**한다. 이 함수는 이진 읽기 모드로 열린 파일 객체를 인수로 가지며, 파일로부터 읽어들인 정보를 원래 데이터로 변환해서 반환한다. 따라서 파일에 저장했을 때의 순서대로 파일로부터 읽어들이면 저장된 데이터를 온전히 복원할 수 있다.

```
import pickle
pickle.load(이진읽기모드로_열린_파일객체)      # 읽은 데이터 반환
```

• 기본 자료형과 복합 자료형 데이터의 입출력 예

코드 12-11은 피클링을 이용해 다양한 유형의 데이터를 example.bin에 이진 파일 형식으로 저장하고, 저장된 정보를 읽어들여 화면에 출력한다.

 # 코드 12-11 다양한 데이터를 피클링하여 이진 파일로 저장

```
import pickle

filepath = 'data/example.bin'     # 데이터파일에 대한 파일경로명

# 사용자 정의 함수부
def save_data(num, name, height, scores):  # 피클링하여 저장
    with open(filepath, 'wb') as file:
        pickle.dump(num, file)
        pickle.dump(name, file)
        pickle.dump(height, file)
        pickle.dump(scores, file)

```

네 변수의 값을 차례로 저장

소스 파일이 저장된 경로에 data라는 서브 디렉토리가 만들어져 있어야 한다.

```
13 def load_data():     # 언피클링해 반환
14     with open(filepath, 'rb') as file:
15         num = pickle.load(file)
16         name = pickle.load(file)
17         height = pickle.load(file)
18         scores = pickle.load(file)
19 
20     return num, name, height, scores     # 튜플로 반환
21 
22 # 주 프로그램부
23 num, name, height = 123, '홍길동', 180.5
24 scores = {'mid': 90, 'fin': 95, 'rep': 10, 'att': 10}
25 
26 # 저장하기
27 save_data(num, name, height, scores)
28 
29 # 불러오기
30 r_num, r_name, r_height, r_scores = load_data()
31 
32 # 불러온 값 출력
33 print(r_num)
34 print(r_name)
35 print(r_height)
36 print(r_scores)
```

저장된 순서대로 네 부분으로 나눠 읽기

일반적인 프로그램에서는 사용자 요청에 따라 저장하거나 불러오는 기능이 별도의 시점에 처리될 것이다.

실행 결과

```
123
홍길동
180.5
{'mid': 90, 'fin': 95, 'rep': 10, 'att': 10}
```

책임 분할의 관점에서, 일련의 데이터를 피클링하여 이진 파일에 저장하기 위해 save_data() 함수를, 또 저장된 정보를 파일로부터 언피클링해 불러오기 위해 load_data()라는 함수를 정의하였다.

항상 저장 순서대로 읽어들인다는 점을 기억하자.

save_data()는 매개변수로 전달받은 데이터들을 dump() 함수로 피클링하여 이진 파일에 저장한다(07~11행). 각각 정수, 문자열, 실수, 딕셔너리의 순서대로 저장했다. 따라서 load_data()는 파일의 내용을 읽어 이 순서대로 언피클링(14~18행)하여 호출측으로 하나의 튜플로 묶어 반환(20행)하였다.

궁금합니다

파일 이름의 확장자는 꼭 .bin으로 해야 하나요?

코드 12-11에서는 이진 파일의 파일명에 대한 확장자로 .bin을 사용했는데, binary의 약자로 나타낸 것일 뿐 큰 의미는 없습니다. 일반적으로 텍스트 파일은 .txt의 파일 확장자를 갖지만, **이진 데이터 파일의 확장자는 각 프로그램에서 적절히 정해주면** 됩니다.

다만 MS-윈도우 같은 운영체제에서는 파일의 확장자별로 그 확장자를 갖는 실행 파일과 연관시켜 데이터 파일을 통해 그에 대한 프로그램을 간편하게 실행시켜주는 기능이 있기 때문에 가급적 기존에 잘 알려진 프로그램에서 사용하는 확장자는 피하는 것이 데이터 파일을 유지 관리하는 측면에서 덜 혼란스러울 것입니다.

그럼에도 불구하고 **어떤 확장자를 갖는지는 그 파일의 내용이나 형식과 직접적인 관계를 갖지 않는다**는 점에 오해 없기 바랍니다.

• 사용자 정의 객체의 입출력

객체지향 프로그래밍에서는 프로그램에서 사용하는 다양한 정보들을 단위 변수에 유지하기보다는 객체로 표현하고 유지하게 될 것이다. 이렇게 **사용자가 정의한 클래스 객체도 pickle 모듈을 이용해 이진 파일에 저장**할 수 있다.

pickle 모듈로 파이썬 객체를 직접 파일에 저장할 수 있다.

다음의 예제는 코드 11-12에서 정의한 `Circle` 클래스를 이용해 반지름이 10인 원 객체를 만들어 이진 파일에 circle.bin에 저장하고, 이 파일로부터 다시 읽어 들여 넓이를 출력하였다.

코드 12-12 사용자 정의 클래스의 객체를 피클링하여 이진 파일로 저장

```python
import pickle

filepath = 'circle.bin'     # 데이터 파일에 대한 파일 경로명

class Circle :
    __PI = 3.14159265

    def getPI(self) :
        return __PI

    def __init__(self, radius) :
        self.__radius = radius

```

코드 10-12에서 정의한 Circle 클래스 이용

```python
14            def getCircumference(self) :
15                result = 2 * Circle.__PI * self.__radius
16                return result
17
18        def getArea(self) :
19            result = Circle.__PI * self.__radius ** 2
20            return result
21
22        def setRadius(radius) :
23            self.__radius = radius
24
25        def getRadius() :
26            return radius
27
28    # 주 프로그램부
29    with open(filepath, 'wb') as file:
30        c1 = Circle(10)
31        pickle.dump(c1, file)       # 파일에 객체를 저장
32
33    with open(filepath, 'rb') as file:
34        c2 = pickle.load(file)      # 파일에서 객체를 가져옴
35        print(f'원의 넓이는 {c2.getArea()}')
```

좀 더 실질적인 프로그램에서는 파일에 저장하는 부분과 파일로부터 읽어오는 부분이 프로그램을 사용하는 사용자의 선택에 따라 분리되어 실행될 수 있어야 할 것이다.

실행 결과

```
원의 넓이는 314.159265
```

다만 코드 12-13과 같이 클래스 객체를 언피클링할 때 해당 클래스의 정의가 없으면 오류가 발생한다는 것에 유의하라. 다음의 코드는 코드 12-12에서 Circle 클래스 정의(05~26행)와 파일 저장 처리(29~31행)를 삭제한 후 코드 12-12의 실행으로 생성된 circle.bin으로부터 읽기 동작을 수행한 것이다.

 # 코드 12-13 클래스 정의 없는 채로 읽어 들이기 (오류)

```python
import pickle

filepath = 'circle.bin'         # 데이터 파일에 대한 파일 경로명
with open(filepath, 'rb') as file:
    c2 = pickle.load(file)      # 파일에서 객체를 가져옴
    print(f'원의 넓이는 {c2.getArea()}')
```

실행 결과

```
Traceback (most recent call last):
  File "C:\pyWork\pickling_err.py", line 6, in <module>
    c2 = pickle.load(file)     # 파일에서 객체를 가져옴
AttributeError: Can't get attribute 'Circle' on <module '__
main__' (built-in)>
```

따라서 사용자 정의 클래스에 대한 객체를 피클링해서 저장한 이진 파일로부터 객체에 대한 정보를 복원하기 위해서는 저장된 객체가 어떤 클래스의 인스턴스인지를 알 수 있는 프로그램에서만 가능하다는 점을 기억해두자.

저장 형식을 알아야 읽어낼 수 있기 때문이다.

• pickle 모듈의 단점

앞 절에서 살펴본 pickle 모듈은 다양한 유형의 데이터를 간편하게 이진 파일에 저장해 사용할 수 있도록 지원한다. 다만 언피클 시 임의의 악성 코드가 실행될 수 있도록 악의적인 피클 데이터를 구성할 수도 있어서, 상대적으로 안정성이 떨어진다는 단점을 갖고 있다. 파이썬 공식 문서에 따르면 반드시 **신뢰할 수 있는 데이터만 언피클하도록 경고**하고 있다. 물론 이 한계를 보완하고자 변조되지 않았음을 보장하기 위해 데이터 서명을 추가하는 방식이 있으나 우리가 다룰 범위를 넘어서기에 구체적인 논의는 생략한다.

이제는 할 수 있어요!

코드 12-12를 수정하여 프로그램 시작 시 메뉴를 표시하고 사용자로부터 입력받은 메뉴값에 따라 ① 임의의 반지름을 갖는 원 객체를 파일에 저장하거나 ② 파일로부터 읽어와 넓이를 출력하도록 수정하라.

이번 단원을 정리하며

- 프로그램에서 사용하는 데이터는 보조저장장치에 파일의 형태로 반영구적으로 저장할 수 있는데, 이 파일을 데이터 파일이라 한다.
- 데이터 파일에는 프로그램 실행 중에 내부적으로 생산된 정보나, 프로그램 실행을 위해 기본적으로 참조되어야 할 정보를 저장한다.
- 데이터 파일은 이진 파일과 텍스트 파일이라는 두 가지 형식이 있다.
- 텍스트 데이터 파일은 데이터를 문자 코드로 변환해 저장하여, 이종 시스템 간에도 원할히 그 내용을 확인할 수 있도록 저장한다.
- 이진 데이터 파일은 데이터를 메모리에 저장되는 형태 그대로 바이트 나열로 저장하는 방식으로 효율적인 입출력이 가능하다.
- 데이터 파일을 접근하기 위해서는 ❶ 대상 파일 열기, ❷ 입출력 조작, ❸ 파일 닫기의 과정을 거친다.
- 파일 열기 시 입출력 방식과 접근 동작에 대한 방식을 문자열 인수로 지정한다.
- 대상 파일이 존재하지 않거나 경로가 존재하지 않는 경우 FileNotFoundErr 예외가 발생할 수 있다.
- 안전한 파일 사용을 마치기 위해서 반드시 입출력 처리가 끝난 직후 파일을 닫는 습관을 갖자.
- 안전한 파일 사용을 위해 with 키워드로 파일 닫기를 자동으로 처리할 수 있다.
- 텍스트 파일은 보통 문자열로 변환된 데이터를 행 단위로 구분해 저장한다.
- 텍스트 파일은 문자열로 변환해 저장하므로 한글의 경우 입출력 파일의 인코딩 방식을 일치시켜야 한다.
- 데이터를 이진 파일로 저장하기 위해 피클링 모듈을 이용해 데이터를 직렬화하여 저장한다.

연습 문제

이번 단원에서는 **데이터 파일을 입출력하는 방법**에 대해 살펴보았다. 파일 조작이라는 것이 앞서 다뤘던 부분들과 다소 이질적으로 느껴질 수 있겠지만, 대부분의 프로그램에서 기본적으로 사용되니만큼 그 개념과 방법을 익혀두자.

01 텍스트 파일 이름을 입력받아 그 **파일의 내용을 행 단위로 행번호와 함께 출력하는 프로그램을 작성**하시오. 프로그램에서 사용할 텍스트 파일은 다음과 같이 텍스트 편집기를 이용해 작성하자.

readme.txt

```
안녕하세요, 반갑습니다.
이것 파일은 텍스트 파일 조작을 위해 작성된 텍스트 문서입니다.
조금 낯설더라도 포기하지 마세요.
```

실행 결과

```
파일명: readme.txt Enter↵
  1: 안녕하세요, 반갑습니다.
  2: 이것 파일은 텍스트 파일 조작을 위해 작성된 텍스트 문서입니다.
  3: 조금 낯설더라도 포기하지 마세요.
```

02 10단원의 연습 문제 3번에서 **입력한 학생들의 정보를 프로그램 종료 시 이진 파일 score.bin에 저장**하라. 이 프로그램은 시작 시 지정된 경로에 score.bin이 존재하면 그 파일로부터 점수를 읽어 들이도록 수정하라.

03 10단원의 연습 문제 5번에서 **장바구니에 저장된 정보를 프로그램 종료 시 텍스트 파일 shoppingbag.txt에 저장**하라. 이 프로그램은 시작 시 지정된 경로에 shoppingbag.txt가 존재하면 그 파일로부터 읽어들인 내용을 장바구니에 추가한 채로 시작하도록 수정하라.

연습 문제

04 프로그램이 종료된 마지막 시각을 파일 last.dat에 저장하고자 한다. 프로그램에서 현재 시각은 다음과 같이 구할 수 있다.

```
from datetime import datetime
now = datetime.now()
hour = now.hour
minute = now.minute
```

위에서 얻은 시각값과 분값을 기반으로 11단원 연습 문제2에서 작성한 **Time 클래스를 이용해 파일에 저장하고 불러오는 프로그램**을 작성하라. 이 프로그램은 시작 시에 데이터 파일 last.dat이 존재하면 그 파일로부터 저장된 시각을 읽어와 화면에 출력하고, 종료 시 시각값은 자동으로 파일 last.dat에 저장한다.

실행 결과1 최초 실행 시

```
안녕하세요, 처음 실행되었습니다.
지금은 09:00 입니다.
```

실행 결과2 1분 뒤 재실행 시

```
안녕하세요, 마지막으로 09:00에 실행되었습니다.
지금은 09:01 입니다.
```

(1) 텍스트 파일 입출력을 이용해 위 프로그램을 완성해 보자.

(2) 피클링을 이용한 이진 파일 입출력을 이용해 완성해 보자.

05 문제4는 마지막 실행 시각 하나만 파일에 저장한다. 이를 수정해 기존 실행 시각을 모두 데이터 파일에 유지하도록 저장하라.

실행 결과 4분 뒤 재실행 시

```
안녕하세요, 이 프로그램은 09:00 09:01에 실행되었습니다.
지금은 09:05 입니다.
```

CHAPTER

13

GUI 프로그래밍 기초

이 단원을 마치고 나면

- 이벤트 기반의 GUI 프로그래밍의 동작 방식을 이해할 수 있다.
- tkinter 모듈을 이용해 윈도우 프로그램을 작성할 수 있다.
- 기본 위젯을 이용해 사용자 입력을 받을 수 있다.
- 위젯을 원하는 위치 상에 배치하여 GUI 프로그램을 구성할 수 있다.
- 객체지향적으로 GUI 프로그램을 작성할 수 있다.

01 GUI 프로그래밍이란?
02 루트 윈도우의 기본 구성
03 기본 위젯
04 위젯의 배치
05 객체지향적으로 구성하기

Python Programming

01 GUI 프로그래밍이란?

사용자 인터페이스

• 인터페이스

인터페이스

일반적으로 서로 다른 두 구성요소 간에 정보를 교환하는 공통의 경계를 인터페이스(interface)라 한다. 대표적인 예로 오늘날 컴퓨터에 다른 장치를 연결하기 위해서는 USB(Universal Serial Bus) 인터페이스를 이용한다. 이를 이용해 우리는 서로 다른 기기 간에 정보를 주고 받을 수 있다.

그림 13.1 컴퓨터와 외부장치 간의 인터페이스

• 사용자 인터페이스

사용자 인터페이스

특히, 인간이 시스템과 상호작용하기 위해 제공되는 각종 매개체를 사용자 인터페이스(user interface, UI)라 한다. 다시 말해 컴퓨터 공학에서의 사용자 인터페이스(UI)란 인간이 컴퓨터와 상호작용할 수 있도록 제공되는 각종 물리적(하드웨어적) 혹은 가상적(소프트웨어적) 매개체를 가리킨다.

예를 들어 키보드나 마우스 그리고 모니터 같은 입출력장치가 하드웨어 인터페이스에 해당하고, 특정 프로그램 내에서 제공되는 메뉴나 버튼 그리고 각종 대화상자 같은 화면 구성요소들이 소프트웨어 인터페이스에 해당한다.

그림 13.2 컴퓨터의 사용자 인터페이스

사용자 인터페이스의 구분

오늘날 사용자 인터페이스는 다음과 같이 세 가지 방식으로 구분해 볼 수 있다.

• 문자열 기반의 CUI

이제까지 우리가 작성했던 파이썬 프로그램은 input() 함수를 통해 사용자가 키보드로 입력한 데이터를 문자열로 가져와서 적절한 자료형의 데이터로 변환해서 사용했다. 또 프로그램에서 처리한 다양한 유형의 데이터들을 문자열 형식화나 print() 함수를 통해 문자열로 변환해서 출력했다.

이렇게 프로그램에서 **문자열을 기반으로 정보를 입력받거나 출력하는 방식을 CUI(Character User Interface)**라 한다. 따라서 사용자로부터 정보를 입력 받기 위해 보통 키보드를 사용하고, 또 문자들의 나열을 통해 수행 결과를 모니터에 나타내주는 다소 고전적이고 기본적인 방식으로 사용자와 상호작용한다. CUI

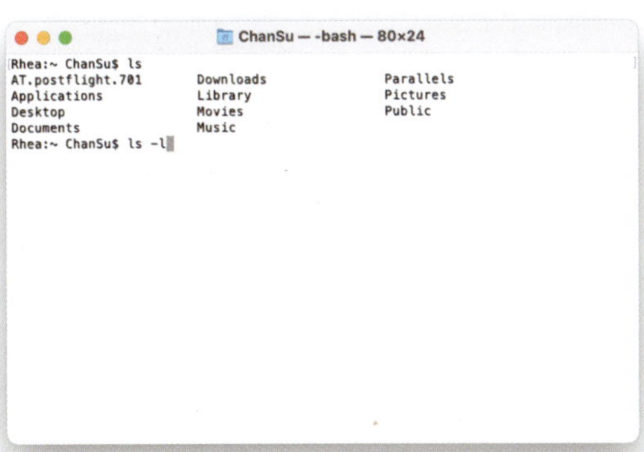

사용자는 프로그램 실행 및 파일 관리를 위한 명령어를 직접 입력해 실행해야 한다.

그림 13.3 CUI 방식으로 명령을 처리하는 macOS의 터미널 프로그램

이 인터페이스를 갖는 프로그램 사용자는 자신이 원하는 처리를 수행하기 위해서 어떤 명령들을, 어떤 순서로 입력해야 하는지를 알고 있어야 한다. 더불어 명령과 데이터 입력은 문자들의 나열로 해야 하고, 또 그 처리 결과 역시 단순 문자들의 나열로 표시된다. 따라서 입출력 장치가 발달하지 못했던 초기 컴퓨터 시스템에서 많이 사용하던 방식이다. 다만 오늘날에도 서버용 응용 프로그램에서는 단순하고 효율적인 실행을 위해 이 방식이 여전히 사용된다.

• 그래픽적인 요소를 갖는 GUI

GUI

데스크탑 컴퓨터나 노트북 혹은 스마트폰 등 오늘날 우리가 일상에서 가장 많이 접하는 사용자 인터페이스인 GUI(Graphic User Interface)는 시각적인 요소들로 프로그램을 구성하여 사용자가 좀 더 직관적으로 프로그램을 사용할 수 있도록 해준다. 즉, 윈도우나 아이콘, 메뉴와 버튼과 같은 요소들로 화면을 구성하고, 키보드뿐만 아니라 마우스와 트랙패드 등을 이용해 화면 구성요소를 선택해 가면서 처리할 명령이나 데이터를 입력하고, 그 결과를 문자열뿐만 아니라 그래프나 그림과 같은 그래픽적인 요소들을 이용해 다양한 방식으로 표시해준다.

사용자는 명령어를 기억할 필요 없이 마우스 조작만으로 직관적으로 파일 관리 처리를 수행할 수 있다.

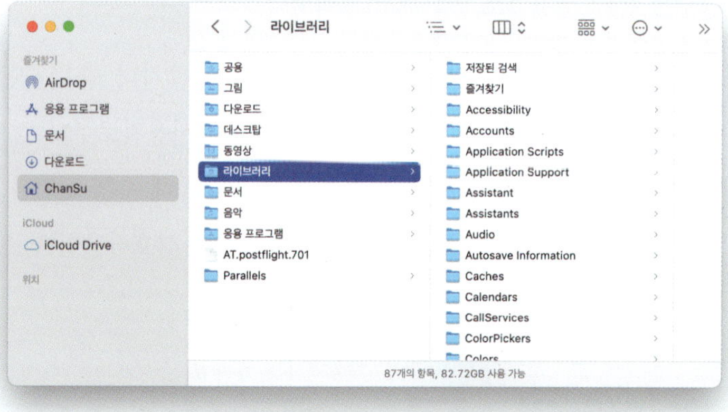

그림 13.4 GUI 방식으로 명령을 처리하는 macOS의 파인더 프로그램

GUI는 CUI와 달리 특정 명령어나 프로그램 실행 절차를 모르더라도 마우스를 통해 화면 이곳저곳을 눌러보면 프로그램을 수행할 수 있어 누구든지 손쉽게 프로그램을 사용할 수 있고, 그 결과를 볼 수 있다는 장점으로 오늘날 널리 사용되고 있다.

• 좀 더 자연스런 NUI

최근에 개발된 스마트 기기들은 다양한 방식으로 사용자로부터 처리할 명령을 입력받는다. 사용자는 운전 중에도 휴대전화의 음성 인식 시스템을 통해 수신된 메시지 내용을 확인할 수 있고, 다른 지인에게 전화를 걸거나 메시지를 보낼 수 있다. 또 스마트 스피커 혹은 인공지능 스피커라 불리는 장치를 통해 사용자는 음성인식을 통해 원하는 정보를 검색하거나 음악을 감상하기도 한다. 더불어 안면인식 시스템을 통해 휴대전화의 잠금을 해제하거나 공항에서의 탑승 수속을 간편하게 진행하기도 한다.

그림 13.5 NUI 방식으로 명령을 처리하는 애플사의 스마트 스피커[1)]

이와 같이 사용자 인터페이스가 더 이상 화면에 제한되지 않고, 인간의 언어나 제스처와 같은 동작 등 인간에게 좀 더 자연스러운 방식을 갖는 것을 NUI(Natural User Interface)라 한다. 다만 이런 다양한 신기술들의 사용은 앞선 방식들에 비해 다소 조심스럽게 사용되어야 한다. 부정확한 인식으로 인한 사용자가 원하지 않는 동작이 수행될 수 있고, 다소 민감한 각 개인의 생체 정보에 대한 유지 관리에 대한 사회적 합의가 필요하기도 하다. 또 해킹이나 오남용으로 인해 개인의 프라이버시가 침해되지 않을 수 있도록 적절한 법적 제도적 장치가 필요하다. NUI

1) https://www.apple.com/kr/apple-events/october-2020/

정리

사용자 인터페이스

CUI : 텍스트(문자열) 기반의 입출력
- ✓ 키보드를 통해 직접 입력
- ✓ 보통 서버용 응용 프로그램의 인터페이스

GUI : 그래픽적인 요소들로 구성
- ✓ 마우스로 각 요소들을 선택해 가며 입력
- ✓ 개인용 컴퓨터의 응용 프로그램의 인터페이스

NUI : 화면에 제한되지 않는 UI
- ✓ 인간의 언어나 제스처 등 다양한 방식의 입력
- ✓ 휴대용 컴퓨터나 내장형 컴퓨터의 프로그램 인터페이스

• GUI 프로그래밍의 목적

GUI 프로그래밍

이해하기 쉽고, 사용하기 쉬운 인터페이스를 제공

그래픽 인터페이스를 갖는 프로그램, 즉 GUI 프로그램을 작성하는 과정을 'GUI 프로그래밍' 혹은 '윈도우 프로그래밍'이라 한다. GUI 프로그래밍의 가장 기본적인 목적은 **그래픽을 이용해 사용자가 이해하기 쉽고 사용하기 쉬운 프로그램 인터페이스를 제공**하는데 있다. 즉, 이제까지 작성한 프로그램과 달리 GUI 프로그램은 손쉽게 실행할 수 있고 이해하기 쉽게 결과를 표시할 수 있어야 한다.

그림 13.6 손쉬운 GUI 프로그램의 사용

따라서 프로그램 실행 시 정보를 입력하기 위해서는 주로 마우스를 사용한다. 물론 사용자로부터 문자열 입력이 필요한 경우엔 키보드를 사용하기도 한다. 또 프로그램의 처리한 결과는 단순 문자열보다는 그래픽을 이용해 보기 쉽게 출력한다.

GUI 프로그래밍의 목적 **정리**

그래픽을 이용해 사용자가 이해하기 쉽고 사용하기 쉬운 입출력 인터페이스 제공

✓ 마우스나 키보드를 이용해 직관적으로 입력

✓ 그래픽을 이용해 다양한 형태로 보기 쉽게 출력

• GUI 운영체제의 특징

애플사의 macOS나 마이크로소프트사의 윈도우 같은 GUI 기반의 운영체제는 보통 동시에 여러 프로그램을 실행할 수 있는 멀티태스킹(multi-tasking)을 지원한다. 따라서 다수의 프로그램은 화면의 일부 영역 혹은 전부를 차지하며 짧은 시간 간격마다 번갈아가면서 수행함으로써 동시에 수행되는 것과 같은 효과를 내주고 있다. 멀티태스킹

따라서 사용자가 화면의 특정 부분을 마우스로 클릭했을 때 운영체제는 이 동작을 현재 실행 중인 어떤 프로그램에게 전달해야 할 것인지를 결정해야 한다. 이렇게 GUI 기반의 운영체제는 **프로그램 내/외부의 각종 변화 발생을 메시지라는 것을 통해 해당 프로그램에게 알려준다.** 메시지

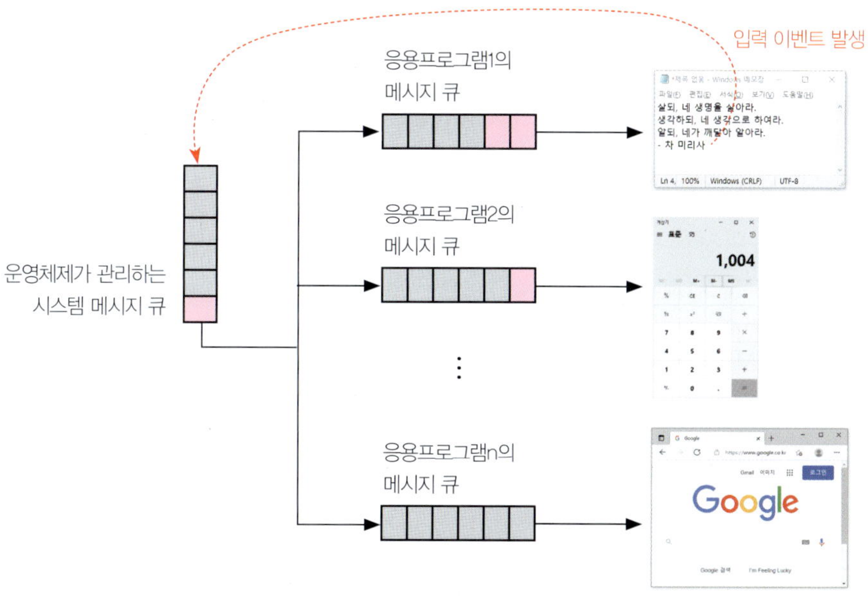

그림 13.7 이벤트와 메시지 큐

그림 13-7에서와 같이 GUI 운영체제 내부에는 여러 실행 중인 프로그램에서 발생된 각종 메시지들이 순차적으로 쌓이게 되는 하나의 시스템 메시지 큐를 가지고 있다. 운영체제는 시스템 메시지 큐에 쌓인 메시지들을 순서대로 하나씩 꺼내 그 메시 시스템 메시지 큐

지가 전달되어야 할 대상 응용 프로그램을 확인한 후 각 응용 프로그램에 대해 별도 생성된 응용 프로그램 메시지 큐로 전달한다. 이후 각 응용 프로그램들은 자신에게 할당된 메시지 큐로부터 메시지들을 순서대로 꺼내서 처리한다.

응용 프로그램 메시지 큐

• GUI 프로그래밍의 두 과정

실행 시 각 순간에 필요한 명령이나 데이터를 문자열 입출력 방식으로 처리하는 CUI 프로그램과 달리, GUI 프로그램은 기본적으로 사용자가 선택할 수 있는 메뉴나 버튼 등으로 화면을 미리 구성해 놓고, 사용자가 마우스나 키보드를 이용해 각 부분을 선택해가면서 처리하게 된다.

그러다보니 CUI와 달리 프로그램 실행에 대한 일련의 흐름이 순차적이기보다는, 사용자가 어느 부분을 선택했는지에 따라 각 상황에 맞는 처리가 일어나야 한다. 시작시 누군가는 메뉴를 클릭할 수도 있지만, 또다른 누군가는 화면상의 특정 부분을 클릭할 수도 있는 것이다. 즉, GUI 프로그램 입장에서는 사용자가 프로그램의 어느 부분을 선택했는지에 따라 그에 맞춰 적절한 동작을 수행해야 한다.

이렇듯 GUI 프로그래밍에서는 사용자가 프로그램의 구성 요소를 마우스로 선택하거나 키보드로 입력하는 등의 행위를 했을 때 '이벤트를 발생했다'라고 표현한다. 그리고 발생된 이벤트에 대한 정보는 메시지에 담겨 운영체제에게 전달되고, 운영체제는 대상이 되는 응용 프로그램에게 전달하는 방식으로 처리된다.

이벤트의 발생

메시지 전달

따라서 GUI 프로그래밍에서는 ❶ 시각적인 요소로 화면을 구성하는 과정과 ❷ 구성된 화면상에서 사용자가 발생시키는 혹은 프로그램 내부적으로 발생하는 각종 이벤트에 대한 메시지를 처리하는 루틴을 만들어 주는 과정이 필요하다. 이런 관점에서 GUI 프로그래밍을 이벤트 기반 프로그래밍(Event Driven Programming) 혹은 메시지 기반 프로그래밍(Message Driven Programming)이라 부르기도 한다.

이벤트 기반 프로그래밍
메시지 기반 프로그래밍

정리

GUI 프로그래밍의 두 과정

- ✔ 기본적인 요소들을 갖고 있는 GUI 프로그램의 화면 구성
- ✔ 사용자나 프로그램 내부적으로 발생되는 이벤트에 대한 처리 루틴 작성

Python Programming

02 루트 윈도우의 기본 구성

tkinter 모듈

파이썬에서 GUI 프로그램을 개발하기 위해서는 다양한 모듈이 제공된다. 그중 표준 라이브러리로 간단하게 GUI 프로그램을 작성할 수 있도록 제공해주는 tkinter에 대해 살펴보고자 한다.

그림 13.8 GUI 프로그래밍의 시작

tkinter는 TK interface의 약자로 티-케이-인터로 발음하자. tkinter는 전통적으로 유닉스 계열에서 간단하게 GUI 프로그램을 작성하기 위해 사용되던 스크립트 방식의 프로그래밍 언어인 Tcl/Tk(Tool Command Language/Tool Kit)를 파이썬에서 사용할 수 있도록 구성된 GUI 모듈이다. 그렇다고 우리가 Tcl/Tk를 배워야 하는 건 아니다. tkinter 모듈에서 제공하는 각종 객체와 함수를 파이썬 문법에 맞춰 적절히 사용하기만 하면 된다.

tkinter

사실 tkinter는 파이썬에서 사용할 수 있는 다른 GUI 모듈에 비해 상대적으로 화면 구성을 위한 지원이 다소 부족하고 또 투박해 보인다는 단점이 있긴 하다. 다만 최근 버전에서는 개선된 UI를 제공하고 있고, 무엇보다도 파이썬 설치시 기본적으로 내장되어 있는 **파이썬 표준 라이브러리이기 때문에 추가의 모듈 설치 없이 쉽게 GUI 프로그래밍**을 하는데 사용할 수 있다. 따라서 기초 프로그래밍 과정에서 GUI 프로그래밍을 맛보기 하는 데에는 충분하다.

tkinter의 단점

tkinter의 장점

사실 파이썬 통합개발환경인 IDLE도 tkinter를 사용해 작성되었다.

● 나만의 윈도우를 만들어 보자

> 여러분들이 학습하게 될 프로그래밍 언어 중에서 가장 간단한 구조를 지닐 것이다.

tkinter를 이용한 GUI 프로그래밍의 가장 큰 강점은 단 몇 줄의 코드만으로 윈도우 프로그램을 작성할 수 있다는 것이다. 먼저 프로그램 시작 시 화면에 표시되는 가장 기본적인 창인 루트 윈도우를 다음과 같이 작성해 보자.

 # 코드 13-1 기본적인 루트 윈도우의 생성

```
01  import tkinter as tk
02
03  # 주 프로그램부
04  root_win = tk.Tk()     # 기본 윈도우 객체 반환
05
06  # 화면 구성 및 이벤트 처리
07  # ...
08
09  root_win.mainloop()    # 윈도우에서 다양한 이벤트 처리 시작을 지시
```

실행 결과

코드 13-1의 01행에서 tkinter 모듈은 tk라는 별명을 부여해 임포트한다. 따라서 04행에서 tk라는 별명이 가리키는 모듈에서 제공하는 ❶ **Tk() 호출을 통해 기본 윈도우 객체를 얻어** 식별자 root_win을 통해 참조하도록 한다. 이 예제에서는 윈도우 객체는 가장 기본적인 루트 윈도우를 나타낸다는 의미에서 root window의 약자를 이용했다. 물론 더 간단한 이름으로 바꿀 수 있다.

> 축하한다! 첫 GUI 프로그래밍이 단 3줄로 완성되었다. 생각보다 싱겁게 끝나 버렸지만 다른 한편으로는 두근거림을 만끽하자!

이후 이 윈도우 객체를 이용해 06행 주석에서 기술한 바와 같이 ❷ **화면을 구성**하고, 그에 대한 ❸ **이벤트 처리**를 해준다. 이에 대한 구체적인 기술은 다음 절에서 살펴보자. 마지막으로 이렇게 작성한 프로그램이 이벤트 처리를 반복적으로 수행할 수 있도록 09행의 ❹ **mainloop() 메서드를 호출**을 해준다. 이로 인해 비로소 프로그램이 지속적으로 사용자 이벤트를 전달받아 주어진 일을 처리할 수 있게 된다.

> mainloop() 메서드

GUI 프로그래밍의 기본 순서

정리

1. Tk() 호출로 윈도우 객체 win을 얻는다.
2. 윈도우 객체 win을 가지고 화면을 구성한다.
3. 화면을 구성한 각 요소에 대해 이벤트 처리를 기술한다.
4. 윈도우 객체 win에 대해 mainloop()를 호출한다.

루트 윈도우를 꾸며보자

앞선 예제는 분명 GUI 프로그램이지만 내가 필요로 하는 요구사항을 하나도 반영하지 못하는 '기본 윈도우'에 불과하다. 이 윈도우를 내 요구에 맞게 꾸며보자.

• 제목 표시줄에 프로그램 제목 추가하기

보통 윈도우 상단의 제목 표시줄이라 불리는 부분에는 현재 프로그램의 제목이나 프로그램에서 편집하는 데이터의 이름을 나타낸다. 앞서 작성한 루트 윈도우에는 기본값인 tk가 출력되어 있다. 다음과 같이 이 부분에 원하는 문자열을 설정해 보자.

 # 코드 13-2 제목을 갖는 기본 윈도우

```
import tkinter as tk

# 주 프로그램부
root_win = tk.Tk()               # 기본 윈도우 객체 반환
root_win.title('나의 첫 윈도우') # 제목표시줄에 윈도우 제목 표시

# 화면 구성 및 이벤트 처리
# ...

root_win.mainloop()  # 윈도우에서 다양한 이벤트 처리 시작을 지시
```

실행 결과

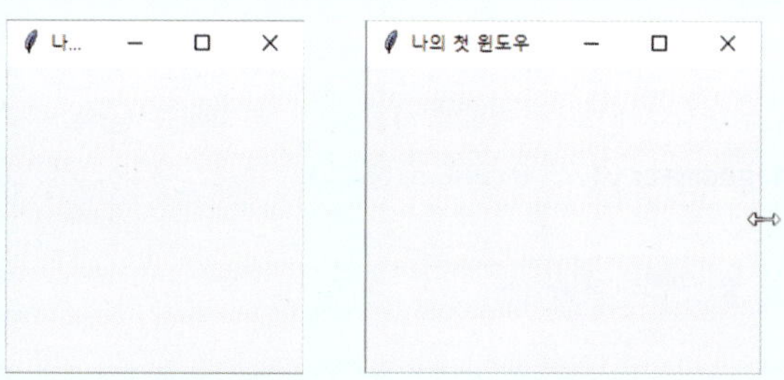

(a) (b)

title() 메서드

코드 13-2의 05행에서 **윈도우 객체에 대해 title() 메서드를 호출해서 제목 표시줄에 출력할 하나의 문자열을 지정**하자. 프로그램을 실행하면 위에서 보는 실행 결과 (a)와 같이 기본값 tk 대신 다른 지정한 문자열이 표시된다.

하지만 윈도우의 너비가 좁아 온전히 표시되지 못했다. 따라서 실행 결과 (b)와 같이 윈도우의 오른쪽 경계선을 마우스로 클릭한 채로 오른쪽으로 드래그-앤-드랍하여 윈도우의 폭을 넓혀주면 제목 문자열이 제대로 보일 것이다.

• 윈도우의 크기와 표시 위치 설정하기

GUI 프로그래밍의 목적은 손쉬운 사용자 인터페이스라는 점을 명심하자.

기본 윈도우는 화면 좌측상단에 치우쳐서 기본 크기로 표시된다. 윈도우의 크기나 위치를 변경하려면 윈도우의 경계선을 드래그-앤-드랍하여 크기를 조절하거나, 제목 표시줄을 드래그-앤-드랍해 원하는 위치로 이동할 수 있으나 무척이나 번거롭다.

geometry() 메서드

따라서 **윈도우의 크기와 위치는 윈도우 객체에 대해 geometry() 메서드를 이용**해 프로그램적으로 설정할 수 있다.

```
루트 윈도우객체.geometry('창의너비x창의높이±가로위치값±세로위치값')
```

여기서 geometry() 메서드의 인수는 **하나의 문자열로 지정해야 한다. 더불어 문자열 내의 모든 내용은 공백없이 작성**해야 하며, 크기를 설정하기 위해선 숫자 사이에 알파벳 x를, 위치를 설정하기 위해서는 +나 - 기호를 사용해야 한다.

	+위치값	-위치값
가로 방향 위치	화면 왼쪽에서부터의 거리	화면 오른쪽에서부터의 거리
세로 방향 위치	화면 위쪽에서부터의 거리	화면 아래쪽에서부터의 거리

코드 13-2를 수정

 # 코드 13-3 일정한 크기로 설정된 기본 윈도우

```
import tkinter as tk

# 주 프로그램부
root_win = tk.Tk()                    # 기본 윈도우 객체 반환
root_win.title('나의 첫 윈도우')        # 제목표시줄에 윈도우 제목 표시
root_win.geometry('500x200-0+50')     # 윈도우의 크기 및 위치 설정

# 화면 구성 및 이벤트 처리
# ...

root_win.mainloop()   # 윈도우에서 다양한 이벤트 처리 시작을 지시
```

실행 결과

코드 13-3의 06행은 너비가 500픽셀, 높이가 200픽셀인 윈도우를 화면 오른쪽 끝부분, 화면 위쪽에서 50픽셀 떨어진 위치에 표시한다. `geometry()`의 인수를 '500x200+0-50'으로 설정하고 그 결과를 비교해 보라.

• 윈도우의 크기 고정하기

프로그램 실행 중 사용자에 의한 **윈도우의 크기 변경을 제한하려면 윈도우 객체에 대해 `resizable()` 메서드**를 이용한다. 이 메서드는 두 개의 인수를 갖는데 각각 윈도우의 너비와 높이를 변경할 수 있는지의 여부를 True/False로 지정한다. 각 인수는 키워드 인수 `width`와 `height`로 명료하게 기술할 수도 있다.

resizable() 메서드

코드 13-4 윈도우의 크기 고정

코드 13-3을 수정

```
import tkinter as tk

# 주 프로그램부
root_win = tk.Tk()                         # 기본 윈도우 객체 반환
root_win.title('나의 첫 윈도우')           # 제목표시줄에 윈도우 제목 표시
root_win.geometry('500x200-0+50')          # 윈도우의 크기 및 위치 설정
root_win.resizable(width=False, height=False)

# 화면 구성 및 이벤트 처리
# ...

root_win.mainloop()    # 윈도우에서 다양한 이벤트 처리 시작을 지시
```

03 기본 위젯

위젯이란?

위젯

GUI 프로그램에서 버튼, 레이블, 텍스트 입력 필드 등의 화면구성 요소를 위젯(widget)이라 한다. 즉, **위젯이란 GUI 프로그램의 화면을 구성하는 작은 부품과 같은 구성요소**를 가리킨다.

그림 13.9 기본 위젯

특정 사용자 인터페이스에 대한 독립된 책임을 갖는 각 위젯은 객체를 생성한 후 적절한 속성을 지정하여 사용한다. 다만 **각 위젯은 독립적으로 존재하는 것이 아니라 반드시 루트 윈도우에 직간접적으로 부착되어 배치**되었을 때 비로소 프로그램 시작과 더불어 가시화되어 사용자와 상호작용할 수 있다.

위젯의 사용 정리

- ✓ 객체 생성 후 필요한 속성을 지정한다.
- ✓ 다른 컨테이너에 부착될 수 있고, 최종적으로는 루트 윈도우에 부착되어야 의미를 지닌다.
- ✓ (필요 시) 사용자 입력에 따른 이벤트 처리 수행한다.

tkinter에서 제공하는 기본 위젯은 다음과 같다.

tkinter 위젯의 종류

위젯	설명
Label	텍스트 또는 이미지 표시
Button	푸쉬 버튼
CheckButton	체크박스 버튼
RadioButton	라디오 버튼
Entry	한 줄로 된 입력상자
Text	다행 입력상자, 일부 Rich Text 기능 제공
ListBox	목록 나열 및 선택상자
Message	Label과 비슷하게 텍스트 표시. 단, 자동 래핑 기능이 있음
Scale	슬라이스 바
Scrollbar	스크롤 바
Menu	메뉴
Menubutton	메뉴 버튼
Toplevel	대화상자 같은 추가의 새 윈도우 생성 시 사용
Frame	컨테이너 위젯. 다른 위젯들을 그룹화할 때 사용
Canvas	그림을 그릴 수 있음. 커스텀 위젯 생성 시 사용

기본 위젯만으로도 GUI를 구성할 수 있지만, 좀 더 개선된 룩앤필을 제공하는 ttk 위젯을 사용해 보자. ttk는 themed tk의 약자로 tkinter의 확장 모듈이다. ttk에는 18개의 위젯이 제공되는데 그중 12개는 기존의 tk 위젯을 대체하고, 6개는 추가로 제공된다.

ttk 위젯

tk 대체	Button, Checkbutton, Entry, Frame, Label, LabelFrame, Menubutton, PanedWindow, Radiobutton, Scale, Scrollbar, Spinbox
추가	Combobox, Notebook, Progressbar, Separator, Sizegrip, Treeview

따라서 기존의 tk 임포트 구문 다음에 ttk에 대한 임포트 구문을 추가하자. 더불어 같은 이름의 객체일지라도 일부 키워드 인수가 다르니 사용에 유의하자.

```
from tkinter import *
from tkinter.ttk import *
```

물론 해당 모듈의 모든 식별자를 한 번에 가져오는 위의 방식은 때때로 모호함을 유발시킬 수 있기에 본 서적에서는 다음과 같은 방식으로 사용하도록 하겠다. 따라서 tkinter 모듈로부터 참조하기 위해서는 tk.식별자의 형태로, ttk 모듈로부터 참조하기 위해서는 ttk.식별자의 형태로 사용하자.

tk.식별자
ttk.식별자

임포트 방식에 대한 세부 설명은 5.4절 참고

```
import tkinter as tk
from tkinter import ttk

# tkinter 위젯은 'tk.위젯이름'으로 사용
# ttk 위젯은 'ttk.위젯이름'으로 사용
```

ttk.Widget 클래스

이 책에서는 클래스 상속을 다루지는 않았다. 실생활의 상속처럼 한 클래스의 모든 속성을 물려받아 새 클래스를 정의하는 개념이다.

ttk에서 제공하는 위젯들은 모두 Widget 클래스를 상속받는다. 다시 말해 **ttk의 위젯들의 공통된 특성을 Widget 클래스가 갖는다.** 다만 ttk의 Widget 클래스는 각 위젯이 지원하는 표준 옵션과 메서드를 정의하여 다른 위젯 클래스의 부모 역할을 할 뿐 이 클래스로 직접 객체를 생성하지는 않는다.

그림 13.10 기반 클래스인 Widget

• 위젯의 주요 옵션

위젯의 여러 옵션 중 우리가 관심을 가질만한 몇 가지를 살펴보자. 이 옵션은 기본적으로 위젯 객체 생성 시 인수로 옵션값을 지정해 사용할 수 있다. 좀 더 자세한 내용은 아래의 파이썬 공식문서를 참고하기 바란다.

https://docs.python.org/ko/3/library/tkinter.ttk.html#widget

모든 ttk 위젯은 오른쪽 표에서 나열한 공통의 특징을 갖는다 정도로만 기억하자.

주요 옵션	설명
style	사용자 정의 위젯 스타일을 지정
text	위젯 안에 표시할 텍스트 문자열을 지정
image	표시할 이미지를 지정
width	텍스트 레이블에 할당할 공간의 크기를 지정 0보다 크면 문자 너비 단위로, 0보다 작으면 최소 너비를 지정 0 혹은 미지정 시 텍스트 레이블의 자연 너비가 사용됨

• 위젯의 옵션값 변경

특정 ttk 위젯 객체에 **configure() 메서드를 인수 없이 호출하면 해당 위젯에 설정된 모든 옵션을 딕셔너리 형태로 반환**받을 수 있어 이를 기반으로 해당 위젯에 설정된 각종 옵션값을 확인할 수 있다.

configure() 메서드

```
위젯객체이름.configure()
```

이 메서드 호출을 통해 반환되는 딕셔너리는 각 옵션 이름을 키로 갖고, 그에 대한 연관된 값으로 다음과 같은 튜플을 통해 해당 옵션에 대한 각 세부 정보들이 기술된다.

```
{옵션이름 : (name, dbName, dbClass, default, current)}
```

옵션 세부 항목	설명
name	옵션 이름
dbName	옵션의 데이터베이스 이름
dbClass	옵션의 데이터베이스 클래스
default	옵션의 기본값
current	옵션의 현재 설정값

오른쪽 표의 내용을 다 기억할 필요는 없다.

참고로 다음의 코드는 09행에서 생성한 Label 위젯의 옵션들과 그에 대한 기본 설정값들을 표 형식으로 가지런히 정렬하여 출력하는 프로그램이다. 이 예제를 통해 각 위젯들은 기본적으로 여러 옵션들을 갖고 있다는 점만 살펴봐두자.

 # 코드 13-5 위젯에 설정된 옵션값 확인

```
01 import tkinter as tk
02 from tkinter import ttk
03
04 def display_options(widget):
05     config = widget.configure()
06     for key, value in config.items():
07         print(f'{key:15s}\t{value}')
08
09 widget = ttk.Label(None)
10 display_options(widget)
```

역시 실행 결과로 출력된 세부 옵션 항목을 다 기억하려하기 보다는 필요할 때 확인할 수 있을 정도로만 살펴보기 바란다.

실행 결과

```
background        ('background', 'frameColor', 'FrameColor', '', '')
foreground        ('foreground', 'textColor', 'TextColor', '', '')
font              ('font', 'font', 'Font', '', '')
borderwidth       ('borderwidth', 'borderWidth', 'BorderWidth', '', '')
relief            ('relief', 'relief', 'Relief', '', '')
anchor            ('anchor', 'anchor', 'Anchor', '', '')
justify           ('justify', 'justify', 'Justify', '', '')
wraplength        ('wraplength', 'wrapLength', 'WrapLength', '', '')
takefocus         ('takefocus', 'takeFocus', 'TakeFocus', '', '')
text              ('text', 'text', 'Text', '', '')
textvariable      ('textvariable', 'textVariable', 'Variable', '', '')
underline         ('underline', 'underline', 'Underline', -1, -1)
width             ('width', 'width', 'Width', '', '')
image             ('image', 'image', 'Image', '', '')
compound          ('compound', 'compound', 'Compound', <string object: 'none'>,
<string object: 'none'>)
padding           ('padding', 'padding', 'Pad', '', '')
state             ('state', 'state', 'State', <string object: 'normal'>, <string
object: 'normal'>)
cursor            ('cursor', 'cursor', 'Cursor', '', '')
style             ('style', 'style', 'Style', '', '')
class             ('class', '', '', '', '')
```

인수를 갖는 configure() 메서드

더불어 위젯 객체가 생성된 이후에 **특정 옵션값을 변경하기 위해서는 인수를 갖는 형태로 configure() 메세드를 호출하여 지정**할 수 있다. 이 메서드는 하나 이상의 인수 지정을 통해 동시에 여러 옵션을 설정할 수도 있다. 위젯에 특정 옵션을 설정하고 수정하는 것은 뒤의 코드 13-7에서 살펴보자.

```
위젯객체이름.configure(설정옵션명=설정값)
```

라벨(Label) 위젯

• 단순 출력을 위해 라벨 위젯을 사용해 보자

단순 출력을 위한 Label 위젯

가장 기본적인 위젯 중 하나인 라벨 위젯은 **단순 문자열이나 이미지를 출력할 때 사용**된다. ttk 모듈의 Label 클래스로 위젯 객체를 생성하며, 다른 위젯과 마찬가지로 최종적으로는 루트 윈도우에 부착돼야 한다.

객체 생성 시 첫 번째 인수로 이 위젯이 부착될 부모 윈도우를 지정하고, 필요에 따라 추가적으로 이 위젯에 설정될 옵션을 키워드 인수 형태로 나열한다. 보통은 표시할 문자열을 나타내기 위해 text 키워드 인수를 통해 출력할 문자열을 지정한다.

```
객체이름 = Label(부모윈도우, text='문자열')
```

다음의 예제와 같이 Label 위젯을 적용한 GUI 프로그램을 작성해 보자.

 # 코드 13-6 Label 위젯의 기본 사용 예

```python
import tkinter as tk          # tk라는 별명으로 tkinter 모듈 임포트
from tkinter import ttk       # tkinter에서 ttk 모듈 임포트

# 사용자 정의 함수부
def buildGUI():
    text_label1 = ttk.Label(win, text='안녕하세요')
    text_label1.pack()

# 주 프로그램부
win = tk.Tk()        # 기본 윈도우 객체 반환
win.title('라벨 위젯 예1')
buildGUI()           # 화면 구성
win.mainloop()       # 윈도우에서 다양한 이벤트 처리 시작을 지시
```

실행 결과

코드 13-6에서는 루트 윈도우의 크기를 따로 설정하지 않았다. 위젯이 하나도 부착되지 않은 루트 윈도우는 기본 크기를 가지나 위젯이 부착된 경우 기본적으로 위젯의 내용을 나타낼 최소한의 크기로 자동으로 설정된다. 물론 geometry() 메서드를 이용해 루트 윈도우의 크기나 위치를 설정할 수도 있다.

루트 윈도우의 기본 크기는 코드 13-1의 결과 참고

코드 13-6 참고

• 1단계: 루트 윈도우 생성하기

우선 01~02행에서는 tkinter 모듈과 ttk 모듈을 임포트한다. 그리고나서는 언제나처럼 프로그램 실행의 시작점이 될 주 프로그램부를 먼저 확인하자. 루트 윈도우 객체는 win이라는 이름으로 유지(10행)하자. 윈도우 제목표시줄에 프로그램 제목을 기술(11행)해 여러 프로그램이 동시에 실행되더라도 각 윈도우를 식별할 수 있도록 하자. 화면 구성은 다소 복잡할테니 buildGUI()라는 사용자 정의 함수를 통해 처리(12행)하도록 하자. 모든 구성이 끝난 마지막에서는 윈도우 객체에 대해 mainloop() 메서드를 호출(13행)하는 것을 잊지 말자. 이 단원의 나머지 예제들의 주 프로그램부는 모두 이와 같은 형태를 지닌다.

앞선 예제와 달리 좀 더 단순한 이름을 사용해 보자.

• 2단계: 위젯으로 화면 구성하기

일반적으로 화면 구성은 사용자에게 표시되어 사용자로부터 입력 이벤트를 받을 수 있는 상태가 되기 전에 마무리되어야 할 것이다. 따라서 주 프로그램부의 마지막의 mainloop() 메서드 호출 전에 화면을 구성한다.

보통 화면을 구성하는 작업은 다수의 위젯 객체를 생성하고 적절히 루트 윈도우에 배치하여 부착하는 다소 복잡한 과정을 동반할 것이다. 따라서 **화면 구성을 처리할 책임을 갖는 별도의 사용자 정의 함수를 구성해 처리**하자. 이 예제에서는 buildGUI() 라는 함수를 호출(12행)해 처리하였다. 이후 주 프로그램부는 동일하더라도 buildGUI() 함수의 내용을 다르게 구성함으로써 서로 다른 화면 구성을 갖는 프로그램을 작성할 수 있게 될 것이다.

05~07행과 같이 정의된 buildGUI() 함수는 ❶ **위젯을 생성**하고 생성된 ❷ **위젯을 윈도우에 배치**하는 작업을 수행한다. 즉, win이라는 전역변수를 통해 참조되는 부모 윈도우에 부착되는 Label 위젯 객체를 생성(06행)하자. 다만 이 위젯은 아직 부모 윈도우에 배치된 상태가 아니다. 따라서 07행에서와 같이 **pack() 메서드**를 이용해 그 위젯을 루트 윈도우에 적절히 배치해야 비로소 프로그램 실행 시 보인다.

pack() 메서드

위젯을 컨테이터 역할을 하는 부모 윈도우에 배치하는 방법은 다음 절에서 자세히 다룰 것이다. 일단 이번 절의 예제에서는 각 위젯들의 배치를 단순하게 처리할 수 있는 pack() 메서드를 이용해 배치한다.

• 3단계: 위젯 옵션 변경하기

각 위젯 객체는 생성 시 여러 가지 옵션을 키워드 인수를 통해 지정할 수 있다. 다만 위젯 객체가 생성된 이후에는 ttk 위젯의 경우 앞서 소개한 **configure() 메서드를 통해 새로 설정할 옵션을 지정**하면 된다.

configure() 메서드

다음의 코드 13-7은 08행에서 루트 윈도우에 부착될 두 번째 라벨 위젯 text_label2를 옵션 지정 없이 생성했다. 그리고나서 09~13행에서와 같이 configure() 메서드로 위젯의 표시 문자열, 전경색, 배경색, 표시 글꼴을 설정하였다.

코드 13-7 Label 위젯에 옵션 설정 예

코드 13-6을 수정

```
01  import tkinter as tk          # tk라는 별명으로 tkinter 모듈 임포트
02  from tkinter import ttk       # tkinter에서 ttk 모듈 임포트
03
04  # 사용자 정의 함수부
05  def buildGUI():
06      text_label1 = ttk.Label(win, text='안녕하세요')
07
08      text_label2 = ttk.Label(win)
09      text_label2.configure(text='반가워요',
10                            foreground='white',
11                            background='red',
12                            font=('맑은 고딕', 20)
13      )
14
15      text_label1.pack()
16      text_label2.pack()
17
18  # 주 프로그램부
19  win = tk.Tk()       # 기본 윈도우 객체 반환
20  win.title('라벨 위젯 예1')
21  buildGUI()          # 화면 구성
22  win.mainloop()      # 윈도우에서 다양한 이벤트 처리 시작을 지시
```

실행 결과

이 절은 진도에 따라 생략할 수 있다.

ttk 스타일링

• 스타일을 정의해서 사용하자

하나의 프로그램에서 사용되는 각 위젯들은 공통의 표시 양식을 가지며 일관된 스타일로 화면을 구성할 필요가 있을 것이다. 코드 13-7에서는 text_label2에 대해서 화면 표시 스타일을 지정하기 위해 09~13행과 같이 설정하였다. 그런데 스타일을 설정할 위젯이 여러 개 존재하면 어떻게 해야 할까? 일차적으로는 각각의 위젯에 대해 앞선 방식과 같은 방식으로 일일이 설정해주면 되긴 한다.

style 옵션

기존의 tkinter에서는 이렇게 각 위젯에 개별적으로 설정하는 방법만 제공했다. 다만 ttk에서는 **각 위젯에 대한 스타일을 좀 더 일관되고 효율적으로 설정하고 관리할 수 있도록 style 옵션이 제공**된다. 즉, ttk의 각 위젯은 색상이나 표시 글꼴의 종류 등에 대한 기본 스타일 옵션을 갖고 있고, 필요에 따라 **다수의 위젯에 대해 공통의 스타일을 정의해 지정**해줌으로써 각 위젯의 스타일을 효율적이고 일관되게 지정할 수 있는 추가의 방법을 지원한다.

각 위젯이 갖는 기본 스타일을 변경하고자 하면 다음과 같이 생성된 Style 클래스 객체를 이용해 스타일을 지정해야 한다.

Style 객체

```
style = Style()
style.configure('스타일이름', 변경옵션이름1=값1 [, 변경옵션이름2=값2])
```

• 스타일 이름 규칙

기본 스타일 이름은 보통 'T위젯클래스이름'의 형식을 지닌다.

configure() 메서드의 첫 번째 인수로 지정한 **스타일 이름은 일정한 규칙을 갖는다.** 각 위젯에 대한 기본 제공 스타일 이름은 다음의 표와 같이 위젯 클래스 이름 앞에 접두사 T를 붙인 이름과 같다. 다만 일부 위젯의 경우 이 규칙을 따르지 않는 것도 있다.

표 13.1 위젯의 기본 스타일 이름

위젯 클래스	스타일 이름
Button	TButton
Checkbutton	TCheckbutton
Combobox	TCombobox
Entry	TEntry
Frame	TFrame

Label	TLabel
LabelFrame	TLabelFrame
Menubutton	TMenubutton
Notebook	TNotebook
PanedWindow	TPanedwindow (w가 소문자임에 주의)
Progressbar	orient 옵션에 따라 Horizontal.TProgressbar 또는 Vertical.TProgressbar
Radiobutton	TRadiobutton
Scale	orient 옵션에 따라 Horizontal.TScale 또는 Vertical.TScale
Scrollbar	orient 옵션에 따라 Horizontal.TScrollbar 또는 Vertical.TScrollbar
Separator	TSeparator
Sizegrip	TSizegrip
Treeview	Treeview (하나의 T로 시작함에 주의)

위젯에 대한 **스타일 이름을 확인해 보기 위해서는 각 위젯 객체에 대해 winfo_class() 메서드를 호출**하면 확인할 수 있다.

```
위젯객체이름.winfo_class()      # 위젯의 기본 스타일 이름 반환
```

winfo_class() 메서드

다음의 코드는 04행에서 생성한 Label 위젯에 대해 05행에서와 같이 기본 스타일 이름을 얻어 출력한다.

코드 13-8 라벨 위젯의 기본 스타일 이름 확인하기

```
01  import tkinter as tk
02  from tkinter import ttk
03
04  w = ttk.Label(None)
05  print(w.winfo_class())      # Label 위젯의 기본 스타일 이름 출력
```

실행 결과

```
TLabel
```

• 새로운 스타일 이름 작성 규칙

기존 스타일의 일부를 수정하는 새로운 스타일을 적용하고자 할 때에는 **스타일 객체에 대해 configure() 메서드**를 호출해야 하는데, 첫 번째 인수로 구성하고자

위젯 객체에 대해서 호출하는 것이 아니다!

'새이름.기존스타일이름'의 형식을 통해 기존 스타일에서 파생된 새 스타일을 정의할 수 있다.

하는 스타일의 이름을 **'새스타일이름.기존스타일이름'의 형식**으로 지정하고, 그 뒤에 변경하려는 옵션 이름과 값을 지정하는 키워드 인수를 나열한다. 이 경우 새 스타일에 지정되지 않은 옵션들은 기존 스타일을 물려받는다.

코드 13-7의 두 라벨 객체에 이 방법으로 스타일을 적용해 보자.

코드 13-7의 buildGUI()를 수정

옵션 항목 이름은 코드 13-5를 통해 확인할 수 있다.

 # 코드 13-9 Label 위젯의 스타일 설정 예 (buildGUI()만 나타냄)

```
05  def buildGUI():
06      s = ttk.Style()                        # 스타일 객체 생성
07      s.configure('WR.TLabel',               # 새 스타일 이름
08          foreground='white',                # 전경색을 흰색으로 설정
09          background='red',                  # 배경색을 빨강색으로 설정
10          font=('맑은 고딕', 20)             # 글꼴을 설정
11      )                                      # WR.TLabel 스타일 정의 끝
12
13      text_label1 = ttk.Label(win, text='안녕하세요', style='WR.TLabel')
14
15      text_label2 = ttk.Label(win)
16      text_label2.configure(text='반가워요', style='WR.TLabel')
17
18      text_label1.pack()
19      text_label2.pack()
```

코드 13-9의 06행에서 기본 스타일 객체를 생성하고, 07~11행에서 TLabel의 특성을 물려받는 새 스타일 객체 WR.TLabel을 생성한다. 다시 말해 WR.TLabel은 기본적으로 Label의 기본 스타일을 기반으로 하되, 빨간색의 배경에 흰색을 가지며, 맑은 고딕의 20포인트 크기를 갖도록 지정하였다.

이렇게 정의한 스타일은 13행처럼 ❶ **위젯 객체를 생성할 때**나 16행처럼 ❷ **기존의 위젯 객체에 대해 configure() 메서드를 통해 style 옵션을 지정**해 줌으로써 일관되고 간편하게 설정할 수 있다.

ttk 스타일링

정리

객체 생성 시 지정

```
style = Style()
style.configure('스타일이름', 변경옵션이름1=값1 [, 변경옵션이름2=값2])

위젯객체이름 = Label(부모윈도우, style='스타일이름')
```

생성된 객체에 지정

```
style = Style()
style.configure('스타일이름', 변경옵션이름1=값1 [, 변경옵션이름2=값2])

위젯객체이름 = Label(부모윈도우)
위젯객체이름.configure(style='스타일이름')
```

많은 그래픽적인 요소들로 화면을 구성하는 GUI 프로그램에서 보기 좋게 화면을 구성하는 것은 분명 중요한 부분일 것이다. 하지만 이후 예제 코드에서는 지면 제약상 구성을 간단히 하기 위해 좀 더 보기 좋게 꾸미는 처리는 생략한다.

각자 원하는 대로 자유롭게 꾸며보기 바란다.

궁금합니다

다양한 방식으로 스타일이 혼용되면 어떻게 되나요?

물론 새로운 스타일을 정의했다 하더라도 위젯에 대해 style 옵션으로 스타일을 지정되지 않으면 그 위젯은 기본 스타일로 표시됩니다. 즉, 스타일 정의는 그저 양식 정의에 불과합니다. 그 양식이 지정된 위젯에만 효과가 적용될 것입니다.

다만 특정 위젯에 대해 새로운 스타일을 정의하는 대신 기존의 스타일에 몇몇 값을 재지정했다면 개별적인 style 옵션을 지정하지 않아도 프로그램 내의 그 유형의 모든 위젯에 대해 자동 적용될 수 있습니다.

더불어 스타일 옵션이 적용되어 있다 하더라도 각 위젯에 대해 configure() 메서드를 통해 개별적으로 스타일 관련 옵션을 지정한 경우에는 그 옵션이 최종적으로 적용됩니다. 적용 우선순위는 다음과 같습니다.

위젯의 기본 스타일	<	스타일 객체로 수정된 위젯의 기본 스타일	<	스타일 객체로 추가 지정된 위젯의 스타일	<	위젯에 개별 기술된 스타일 옵션

버튼(Button) 위젯

• 푸시 버튼으로 확인 입력을 받아보자

확인 입력을 받기 위한 Button 위젯

일반적으로 라벨 위젯은 사용자에게 단순 문자열이나 이미지를 출력할 때 사용된다면 ttk 모듈의 **Button 클래스로 생성된 버튼 위젯은 사용자로부터 간단한 방식으로 확인 입력을 받기 위해** 사용된다. 즉, 사용자는 버튼을 눌러주는 행위를 통해 어떤 작업이 일어나기를 프로그램에게 명령한다.

command 키워드 인수

버튼 위젯은 라벨 위젯과 마찬가지로 text 옵션을 통해 버튼에 표시될 문자열을 지정한다. 더불어 **command 옵션을 통해 버튼이 눌렸을 때 처리될 동작을 기술한 함수를 지정**한다.

이벤트 핸들러 함수

꼭 주의하자!

이와 같이 **어떤 이벤트가 발생했을 때 그에 대한 동작을 기술하며, 이벤트 발생 시 호출되도록 구성된 함수를 이벤트 핸들러 함수**라 한다. 즉, command에 대한 키워드 인수로 버튼 클릭에 대한 이벤트 핸들러 함수를 다음과 같이 지정해 준다. 이때 유의해야 할 것은 이 인수로 이벤트 핸들러 함수의 이름을 전달해야지, 함수 호출의 결과를 전달하는 것은 아니므로 **() 없이 오로지 함수 이름만 기술**해야 한다. 따라서 버튼 위젯 객체는 일반적으로 다음과 같이 생성한다.

핸들러함수이름 뒤에 괄호 ()가 없어야 한다!

```
객체이름 = Button(부모윈도우, text='문자열', command=핸들러함수이름)
```

앞서 작성한 코드 13-6에 코드에 다음과 같이 두 개의 버튼 위젯을 추가해 보자.

코드 13-6을 수정

 # 코드 13-10 버튼 위젯의 사용 예

```
import tkinter as tk         # tk라는 별명으로 tkinter 모듈 임포트
from tkinter import ttk      # tkinter에서 ttk 모듈 임포트

# 사용자 정의 함수부
def buildGUI():
    global text_label      # 이벤트 핸들러에서 접근 위해
    text_label = ttk.Label(win, text='안녕하세요')

    input_btn = ttk.Button(win, text='입력',
                            command=input_btn_handler)
    quit_btn = ttk.Button(win, text='종료',
                            command=win.destroy)

```

```
14         text_label.pack()
15         input_btn.pack()
16         quit_btn.pack()
17 
18     def input_btn_handler():   # 버튼 클릭에 대한 이벤트 핸들러 함수
19         text_label.configure(text='반가워요')
20 
21     # 주 프로그램부
22     win = tk.Tk()        # 기본 윈도우 객체 반환
23     win.title('버튼 위젯 예')
24     buildGUI()           # 화면 구성
25     win.mainloop()       # 윈도우에서 다양한 이벤트 처리 시작을 지시
```

실행 결과

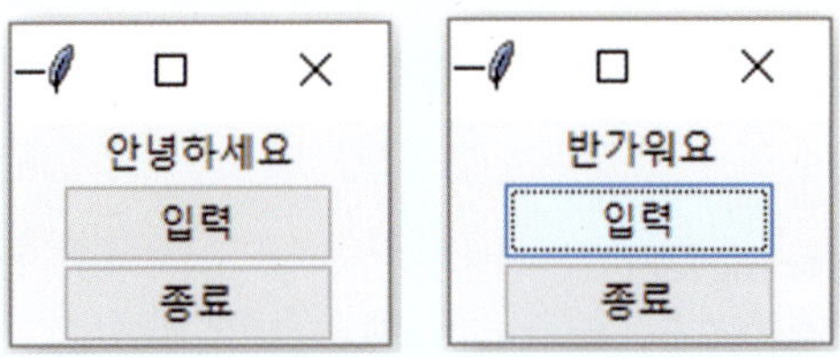

(a) 프로그램 시작 시 (b) 입력 버튼을 누른 후

• 프로그램의 구성

코드 13-10에서 09행과 11행에서 각각 '입력'과 '종료'라는 버튼 위젯을 생성했다. 그리고 이 버튼은 15~16행에서 라벨 위젯 다음에 각각 배치하였다. 기본적으로 pack() 메서드는 그저 일렬로 단순하게 배치하기에 기존의 라벨 위젯 아래쪽으로 부착 순서대로 버튼들이 배치된다.

• 이벤트 처리

18행의 input_btn_handler() 함수는 입력 버튼이 클릭되었을 때에 대한 처리를 기술하는 이벤트 핸들러 함수(10행)이다. 즉, 입력 버튼이 눌리면 라벨 위젯의 텍스트를 '반가워요'로 수정한다. 위젯의 옵션을 수정하기 위해서 configure() 메서드를 이용했다.

이 단원의 마지막 절에서 윈도우를 객체지향적으로 구성하면 전역변수를 사용하지 않을 수 있다.

다만 19행에서 접근하고자 하는 라벨 위젯은 buildGUI()에서 생성되어 루트 윈도우에 부착된 위젯이어야 할 것이다. 따라서 06행에서 text_label을 전역변수로 선언해 buildGUI() 함수에서 생성했지만 input_btn_handler() 함수에서도 접근할 수 있도록 해야 한다.

destroy() 메서드

종료 버튼이 클릭(12행)된 경우에는 27행에서 호출한 mainloop()가 무한히 반복하면서 이벤트 처리하는 과정을 마치도록 하기 위해 윈도우 객체의 destroy() 메서드를 호출하여 프로그램을 종료한다.

○ 엔트리(Entry) 위젯

• 한 줄로 된 문자열을 입력받아 보자

문자열 입력을 위한 Entry 위젯

ttk 모듈의 Entry 클래스를 이용한 엔트리 위젯은 사용자로부터 한 줄로 된 임의의 문자열 하나를 입력받을 때 사용한다.

```
tk변수객체이름 = StringVar()
객체이름 = Entry(부모윈도우, textvariable=tk변수객체이름)
```

tk변수 객체

여기서 키워드 인수 textvariable은 사용자로부터 입력받은 값을 저장할 변수를 지정한다. 다만 이 변수는 이제까지 사용해왔던 파이썬의 기본 자료형의 변수가 아니라 tkinter 모듈에서 제공되는 다음의 클래스로부터 만들어진 객체를 지정해야 한다. 이 객체를 tk변수 객체라 부르자. 즉, tk변수 객체는 tkinter를 이용한 GUI 프로그래밍에서 각 위젯과 연관된 정보를 손쉽게 이용하기 위해 사용된다.

tk변수 객체 생성을 위한 클래스

클래스 이름	의미
StringVar	문자열을 저장할 tk변수 객체
IntVar	정수를 저장할 tk변수 객체
DoubleVar	실수를 저장할 tk변수 객체

tk변수 객체의 역할

각 tk변수 객체에 대해서 get() 메서드를 이용해 엔트리 위젯에 입력된 값을 가져올 수 있고, set() 메서드를 통해 엔트리 위젯에 새로운 값을 설정할 수 있다.

코드 13-11 엔트리 위젯의 사용 예 코드 13-10에서 수정

```
import tkinter as tk
from tkinter import ttk

# 사용자 정의 함수부
def buildGUI():
    global text_label
    text_label = ttk.Label(win, text='안녕하세요')

    global name                # 이벤트 핸들러에서 접근 위해
    name = tk.StringVar()      # 엔트리 위젯에서 문자열 저장 위해
    input_entry = ttk.Entry(win, textvariable=name)

    input_btn = ttk.Button(win, text='입력',
                           command=input_btn_handler)
    quit_btn = ttk.Button(win, text='종료',
                          command=win.destroy)

    text_label.pack()
    input_entry.pack()
    input_btn.pack()
    quit_btn.pack()

def input_btn_handler():  # 버튼 클릭에 대한 이벤트 핸들러 함수
    text_label.configure(text='반가워요, ' + name.get())
    name.set('')            # 작은따옴표 두 개로 빈문자열을 인수로 지정

# 주 프로그램부
win = tk.Tk()        # 기본 윈도우 객체 반환
win.title('버튼 위젯 예')
buildGUI()           # 화면 구성
win.mainloop()       # 윈도우에서 다양한 이벤트 처리 시작을 지시
```

실행 결과

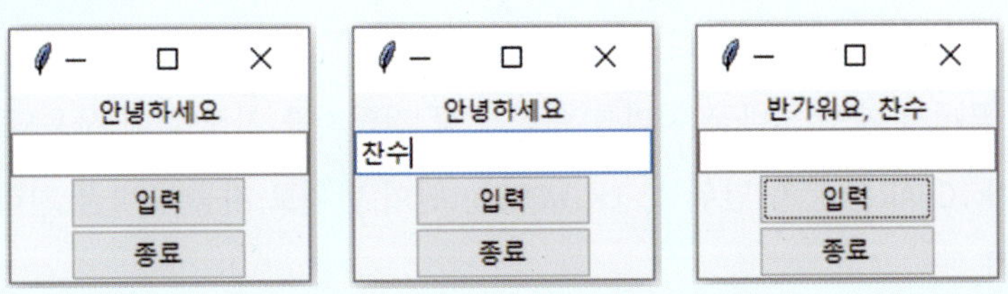

(a) 프로그램 시작 시 (b) 키보드로 입력 중 (c) 입력 버튼 클릭 후

• 프로그램의 구성

코드 13-11의 10행에서 엔트리 위젯에 입력된 값을 문자열로 저장하기 위해 tk 변수 객체 name을 선언한다. 그리고 이 객체에 입력된 값을 이벤트 핸들러에서 가져오기 위해 전역적으로 선언(09행)하였다. 엔트리 위젯 객체 생성 시 키워드 인수 textvariable에 tk변수 객체를 지정(11행)하고, 라벨 위젯과 버튼 위젯 사이에 엔트리 위젯을 배치(19행)하였다.

• 이벤트 처리

name.get()
text_label.configure()

name.set()

실행 시 사용자에 의해 [입력] 버튼이 눌리면 이 버튼에 연결(14행)된 이벤트 핸들러 함수(23행)가 호출된다. 24행에서 엔트리 위젯과 연결된 tk변수 객체 name으로부터 값을 얻어와 라벨 객체 text_label의 표시 문자열로 설정한다. 더불어 25행에서는 name 객체에 빈 문자열 ''을 지정함으로써 엔트리 위젯에 사용자가 입력한 값을 지우는 효과를 낸다.

텍스트(Text) 위젯

• 여러 줄로 된 문자열을 입력받아 보자

여러 줄을 입력받기 위한 Text 위젯

ttk 모듈에서는 Text 위젯이 제공되지 않는다.

엔트리 위젯과 달리 사용자로부터 여러 줄로 된 문자열 입력이 필요한 경우에는 Text 클래스를 이용한 텍스트 위젯을 사용한다. 즉, 텍스트 위젯은 메모장처럼 입력창에서 엔터키를 이용해 줄바꿈 처리를 할 수 있는 위젯이다. 다만 Text 클래스는 ttk 모듈에서는 따로 제공하지 않기에 tkinter 모듈에서 정의된 것을 이용해야 한다.

```
객체이름 = Text(부모윈도우, width=폭, height=높이,
                    wrap=줄바꿈처리방식)
```

width, height

wrap

키워드 인수 width와 height는 텍스트 위젯의 크기를 지정할 때 사용된다. wrap은 한 행의 끝에서 자동 줄바꿈 처리를 어떻게 할 것인지를 지정할 때 사용되는데, 기본값인 tk.CHAR는 문자 단위로, tk.WORD는 단어 단위로 자동 줄바꿈 처리를 수행하게 한다.

다음의 코드는 텍스트 위젯에 입력한 내용을 출력 버튼 클릭 시 콘솔 창에 출력하는 예제이다.

코드 13-12 텍스트 위젯의 사용 예

코드 13-6에서 수정

```
import tkinter as tk
from tkinter import ttk

# 사용자 정의 함수부
def buildGUI():
    global text_area
    text_area = tk.Text(win,
                        width=30, height=5, wrap=tk.WORD)

    input_btn = ttk.Button(win, text='출력',
                           command=input_btn_handler)

    text_area.pack()
    input_btn.pack()

def input_btn_handler():   # 이벤트 핸들러 함수
    print(text_area.get(0.0, tk.END))
    text_area.delete(0.0, tk.END)

# 주 프로그램부
win = tk.Tk()       # 기본 윈도우 객체 반환
win.title('버튼 위젯 예')
buildGUI()          # 화면 구성
win.mainloop()      # 윈도우에서 다양한 이벤트 처리 시작을 지시
```

ttk.Text가 아니라 tk.Text임에 유의

실행 결과

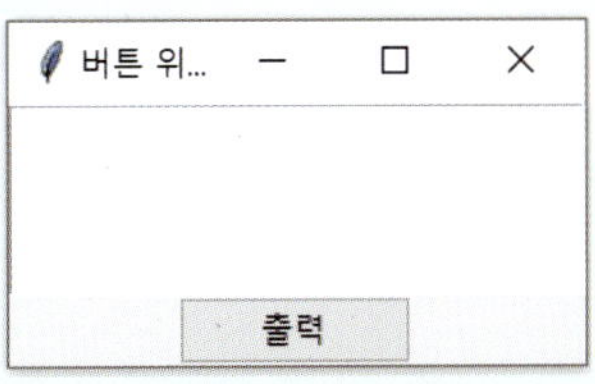

(a) 기본 실행 화면

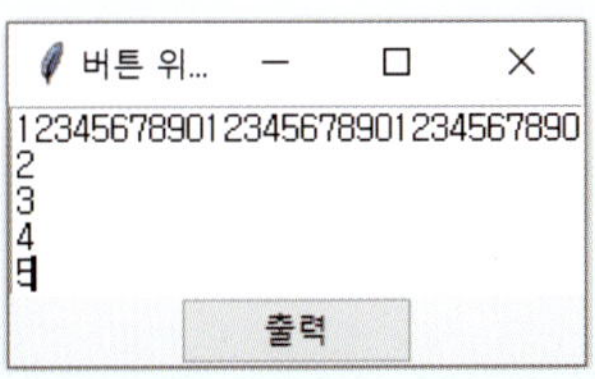

(b) 한 줄에 30문자, 기본 5행

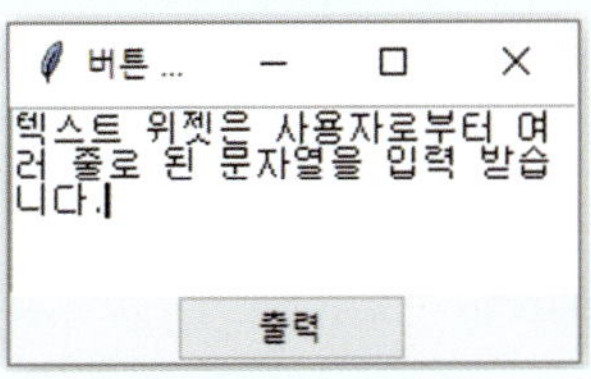

(c) wrap='tk.CHAR'

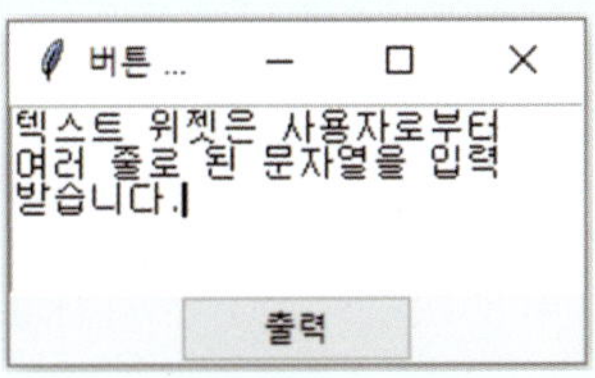

(d) wrap='tk.WORD'

get() 메서드
delete() 메서드

전역적인 공간에 폭이 30, 높이가 5인 텍스트 위젯을 생성(06~08행)한다. 출력 버튼(11행)이 클릭되었을 때의 동작(16행)을 살펴보자. 17행에서 텍스트 위젯에 입력된 값을 `get()` 메서드를 통해 가져와 콘솔 화면에 출력하고, 18행의 텍스트 위젯에 입력된 내용을 `delete()` 메서드로 지운다.

행번호.문자위치
ttk 위젯이 아니라 다소 불편하다.

텍스트 위젯에 입력된 값을 얻기 위해 가져올 부분에 대한 시작 위치와 끝 위치를 인수로 지정해야 하는데, 0.0은 시작을, `tk.END`는 끝을 의미한다. 만약 텍스트 위젯에 입력된 일부분에만 접근하고자 한다면 '행번호.문자위치'의 형태의 소수점 표기 형식을 사용해서 지정한다. 이때 행번호는 1번부터, 한 행에서의 문자 위치는 0번부터 시작함에 유의하자. 즉, 2.0는 '두 번째 줄 첫 번째 문자'라는 뜻이 된다.

tk.CHAR
tk.WORD

`wrap`에 대한 키워드 인수에 따른 차이는 실행 결과 (c)와 (d)에 나타내었다. 각 줄의 끝에서 자동으로 다음 줄로 넘어가 출력되는데 `tk.CHAR`은 문자 단위로 처리되는데 반해, `tk.WORD`는 한 단어가 두 행에 걸쳐 표시되지 않도록 처리된다.

• 스크롤 가능한 텍스트(ScrolledText) 위젯

스크롤바를 갖는 scrolledtext.ScrolledText 위젯

텍스트 위젯은 입력된 행의 수가 `height`로 지정한 값보다 많아질 수는 있다. 이런 경우 스크롤바가 나타나서 쉽게 이동할 수 있도록 지원하는 것이 필요하다. 이렇게 **텍스트 위젯과 스크롤바를 하나로 묶어 제공하는 위젯으로 `tkinter.scrolledtext` 모듈에서 제공하는 `ScrolledText` 클래스**를 이용한다.

이 위젯의 사용 방법은 기본적으로 텍스트 위젯과 같다. 코드 13-12의 03행에 다음의 임포트 구문을 추가하고, 07행의 위젯 클래스 이름을 다음과 같이 수정해 보자.

코드 13-12를 수정

 # 코드 13-13 스크롤 텍스트 위젯의 사용 예

```
01  import tkinter as tk
02  from tkinter import ttk
03  from tkinter import scrolledtext
04  # 사용자 정의 함수부
05  def buildGUI():
06      global text_area
07      text_area = scrolledtext.ScrolledText(win,
08                                width=30, height=5, wrap=tk.WORD)
    // 이하 생략
```

실행 결과

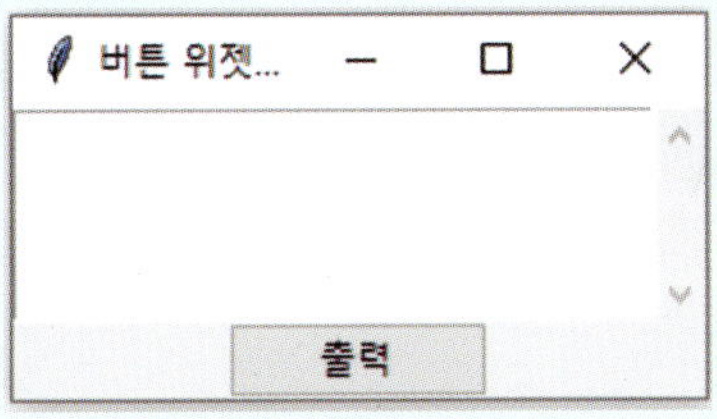

(1) 기본 화면

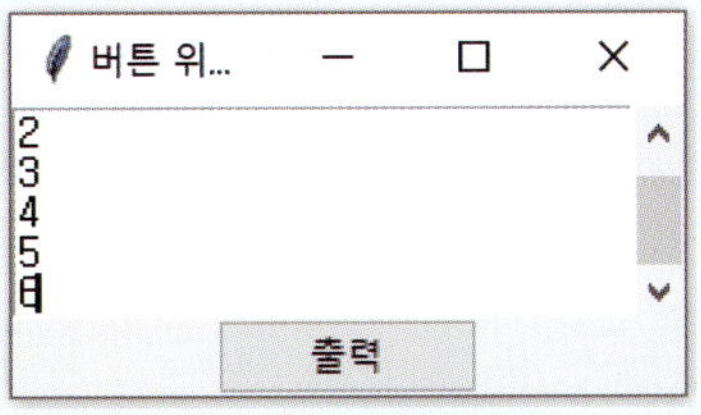

(2) 세로 스크롤바 활성화

프로그램을 실행해 보면 초기에는 우측의 수직 방향의 스크롤바가 비활성화되어 있지만, 입력된 행의 수가 현재 스크롤 텍스트 위젯의 높이를 넘어서는 순간 자동으로 활성화되어 좀 더 쉽게 이동할 수 있도록 지원하고 있다.

체크버튼(Checkbutton) 위젯

다중 선택 입력을 위한 Checkbutton 위젯

• 다중 선택 입력을 받아보자

상태를 갖는 버튼으로 체크버튼 위젯은 보통 사용자로부터 다중 선택 입력을 받을 때 자주 사용된다. 보통 체크박스라는 이름으로 많이 불리기도 하지만 파이썬에서는 ttk 모듈의 Checkbutton 클래스를 이용한다.

```
tk변수객체이름 = IntVar()
객체이름 = Checkbutton(부모윈도우, text='문자열',
                        variable=tk변수객체이름,
                        command=핸들러함수이름)
```

버튼 위젯과 같은 관점에서 text와 command 키워드 인수를 가진다. 추가적으로 체크 버튼의 상태를 저장하기 위해서 키워드 인수 **variable에 대해 정수형의 tk변수 객체를 지정**한다. 즉, 체크 버튼이 클릭되었을 때 tk변수 객체의 값이 1이면 체크가 선택된 상태를, 0이면 체크가 해제된 상태를 나타낸다.

만일 여러 개의 체크버튼을 두고 각각의 체크 상태를 독립적으로 확인하고자 한다면 각 체크버튼마다 별도의 tk변수 객체를 지정하면 된다.

코드 13-6에서 수정

코드 13-14 체크버튼 위젯의 사용 예

```
import tkinter as tk
from tkinter import ttk
from tkinter import messagebox

# 사용자 정의 함수부
def buildGUI():
    global check              # 이벤트 핸들러에서 접근 위해
    check = tk.IntVar()       # 체크 상태 저장 위해
    check_btn = ttk.Checkbutton(win, text='옵션을 선택하세요',
                                variable=check,
                                command=open_dialog_box)

    check_btn.pack()

def open_dialog_box():
    if check.get() == 1:
        messagebox.showinfo('확인', '옵션 선택')
    else:
        messagebox.showinfo('확인', '옵션 해제')

# 주 프로그램부
win = tk.Tk()         # 기본 윈도우 객체 반환
win.title('버튼 위젯 예')
buildGUI()            # 화면 구성
win.mainloop()        # 윈도우에서 다양한 이벤트 처리 시작을 지시
```

open_dialog_box 뒤에 ()가 없어야 한다.

실행 결과

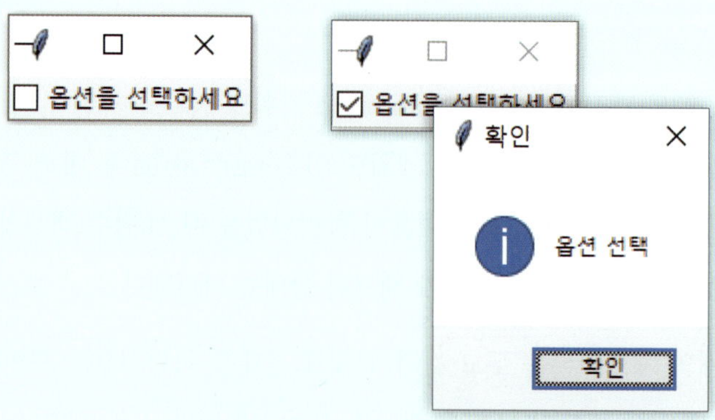

(1) 기본 상태 – 체크 해제 (2) 체크 시 확인 대화상자

- **프로그램 구성**

화면 구성을 위한 buildGUI()에서 체크버튼 위젯의 생성 구문(09행)을 살펴보자. 버튼 위젯과 마찬가지로 체크버튼이 눌렸을 때 이벤트 처리를 담당할 함수를 지정(11행)한다. 또 발생한 이벤트의 상태를 식별하기 위해 08행에서 생성한 정수형의 tk변수 객체를 지정(10행)한다. 이벤트 처리 함수(16행)에서 이 변수를 통해 체크버튼의 상태값을 확인할 수 있도록 하기 위해 전역적으로 선언(07행)한다.

- **이벤트 처리**

체크버튼이 눌릴 때마다 핸들러 함수(15행)가 호출된다. 이 함수가 호출되면 tk변수 객체인 check에 대해 설정된 정수값을 가져와서(16행) 현재 체크버튼의 상태를 간단한 대화상자를 통해 출력(16~19행)한다.

이와 같이 대화상자로 출력하기 위해 tkinter.messagebox 모듈을 임포트(03행) 한 후 17, 19행에서와 같이 showinfo() 함수를 통해 각 상황에 맞는 정보를 출력한다. 이 함수는 첫 번째 인수로 대화상자의 제목을, 두 번째 인수로 대화상자에 표시할 문자열을 지정하여 호출되며 확인 버튼을 누를 때까지 프로그램의 진행을 일시 멈추는 방식의 대화상자를 표시한다.

tkinter.messagebox 모듈

showinfo() 함수

라디오버튼(Radiobutton) 위젯

배타적 선택 입력을 위한 Radiobutton 위젯

- **상호 배타적인 선택 입력을 받아보자**

체크버튼처럼 상태를 갖는 버튼이지만, 체크버튼과 달리 나열된 **여러 항목 중에 한 항목만 선택하고자 할 때 ttk 모듈의 Radiobutton 클래스를 이용한 라디오버튼 위젯**을 사용한다. 각 항목은 상호간에 배타적으로 선택된다.

```
tk변수객체이름 = IntVar()
객체이름 = Radiobutton(부모윈도우, text='문자열',
                      variable=tk변수객체이름,
                      value=각버튼의식별아이디값,
                      command=핸들러함수이름)
```

한 그룹의 라디오버튼 위젯의 variable 키워드 인수에는 동일한 tk변수 객체 지정

라디오버튼 위젯의 사용법은 체크버튼의 사용법과 거의 유사하다. 다만 한 그룹으로 묶이는 라디오버튼은 독립적으로 선택/해제에 따른 이벤트 처리를 하는 것이 아니기에 **variable 키워드 인수로 공통의 tk변수 객체를 지정**해 주면 된다. 더불어 이 변수에 어떤 라디오버튼이 눌렸는지를 **식별하기 위해 추가적으로 value 키워드 인수를 지정**해준다.

선택된 라디오버튼 위젯의 value 값이 반환

코드 13-15 라디오버튼 위젯의 사용 예

```python
import tkinter as tk
from tkinter import ttk

GENDERS = [ '남성', '여성', '기타' ]
COLORS = [ 'red', 'yellow', 'purple' ]

# 사용자 정의 함수부
def buildGUI():
    text_label = ttk.Label(win, text='당신의 성별은? ')
    text_label.pack()

    global gender              # 이벤트 핸들러에서 접근 위해
    gender = tk.IntVar()       # 체크 상태 저장 위해
    for i in range(3):
        radio_btn = ttk.Radiobutton(win,
                          text=GENDERS[i],
                          value=i,
                          variable=gender,
                          command=radio_btn_hadler
        )
        radio_btn.pack()

    gender.set(-1)     # 라디오 버튼 선택 지우기

def radio_btn_hadler():
    choice = gender.get()
    win.configure(background=COLORS[choice])

# 주 프로그램부
win = tk.Tk()       # 기본 윈도우 객체 반환
win.title('버튼 위젯 예')
buildGUI()          # 화면 구성
win.mainloop()      # 윈도우에서 다양한 이벤트 처리 시작을 지시
```

같은 그룹의 라디오버튼 위젯은 일반적으로 동일한 variable 키워드 인수와 command 키워드 인수를 가진다.

실행 결과

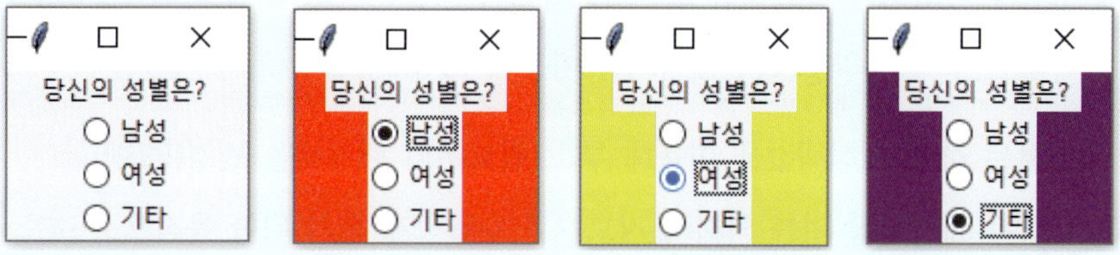

(1) 시작 (2) 남성 선택 (3) 여성 선택 (4) 기타 선택

• 프로그램 구성

코드 13-15의 14~21행에서 반복문으로 라디오버튼 위젯 3개를 생성해 배치한다. 체크버튼 위젯과 거의 유사한 구성을 가진다. 각 라디오버튼 위젯의 텍스트 라벨을 반복문 안에서 설정하기 위해 04행에서 정의한 리스트를 이용한다. 이 리스트의 선언을 `buildGUI()` 함수 안에서 할 수도 있지만 위의 구성과 같이 소스 코드 상단에 해둔다면 필요 시 리스트의 요소의 추가, 수정, 삭제 등의 유지보수 작업을 좀 더 수월하게 할 수도 있을 것이다.

개별적으로 체크 여부가 설정되는 체크버튼 위젯과 달리 한 그룹의 라디오버튼 위젯들은 variable 키워드 인수로 공통의 tk변수 객체를 지정(18행)한다. 그리고 각 라디오버튼 위젯이 사용자에 의해 선택되었을 때 17행에서 지정한 value 키워드 인수의 값이 tk변수 객체에 저장된다. 즉, 이 예제에서는 첫 번째 라디오버튼이 선택되면 gender에 0이 저장된다.

프로그램이 처음 시작되었을 때에는 gender는 초기값 0을 갖기에 이에 해당하는 첫 번째 라디오버튼 위젯이 선택된 상태로 시작되도록 해야 한다. 다만 이 동작은 사용자에 의해 라디오버튼 위젯이 선택된 경우와 달리 이벤트가 발생되지 않기에 프로그램 시작 때에는 이벤트 처리 함수가 자동으로 호출되지 않는다. 이에 대해 별도의 호출 처리를 따로 기술해줘야 한다. 혹은 23행에서와 같이 라디오버튼의 선택을 해제해줌으로써 시작 시 사용자로 하여금 명시적으로 라디오버튼을 선택하도록 유도할 수 있다.

• 이벤트 처리

각 라디오버튼 위젯은 command 키워드 인수로 공통의 이벤트 핸들러 함수 `radio_btn_handler()`를 지정(19행)하고 있다. 따라서 각 라디오버튼 위젯이 선택되면

25행의 함수 radio_btn_handler()가 호출된다. 따라서 이 함수에서는 사용자에 의해 어떤 라디오버튼이 선택된 것인지를 판별할 필요가 있다. 이를 위해 26행에서와 같이 tk변수 객체의 get() 메서드를 이용해 value값을 얻어와 식별한다.

이 예에서는 사용자 선택값을 이용해 루트 윈도우의 배경색을 변경(27행)한다. 바꾸고자 하는 배경색상 이름 역시 유지보수를 수월하게 하기 위한 목적으로 소스 코드 상단에 위치(05행)시킨다. 따라서 첫 번째 라디오버튼 위젯이 선택되면 빨간색이, 마지막 라디오버튼 위젯이 선택되며 보라색으로 루트 윈도우의 배경색이 변경된다.

궁금합니다

왜 GUI 프로그램을 '윈도우'라고 부르나요?

우리는 실내에서 각 방향의 창문을 통해 창밖의 세상을 볼 수 있습니다. 동쪽으로 난 창을 통해서는 새벽녘의 여명에서 어둠을 깨고 밝아지는 하늘을 볼 수 있고, 저녁에 서쪽으로 난 창을 통해서는 황혼으로 붉게 물들어 가는 하늘을 볼 수 있습니다.

멀티태스킹을 지원하는 GUI 기반의 운영체제에서는 각 프로그램의 내용을 전체 화면에 꽉 채워 표시하는 대신 윈도우(window)라 불리는 제한된 영역을 통해 그 내용을 제시합니다. 즉 사용자는 윈도우라는 창을 통해 각 프로그램과 상호작용할 수 있을 것입니다.

이런 측면에서 마이크로소프트사에서는 자사에서 개발한 첫 GUI 운영체제의 이름을 MS-Windows(본문에서 'MS-윈도우' 혹은 '윈도우'리고 표기)리고 칭하기도 했습니다. 디시에 비해 다소 뒤늦게 개발된 GUI 환경의 운영체제였지만, 소위 '창들'로 구성된 운영체제라는 것을 강조한 것이지요.

04 위젯의 배치

GUI 프로그램은 사용자에게 편리한 인터페이스를 제공하는데 그 목적이 있다. 따라서 그래픽 기반의 각종 위젯들을 알아보기 쉽게, 그리고 사용하기 좋게 배치하는 것이 필요하다. 이번 절에서는 위젯들의 배치 방법에 대해 살펴보고자 한다.

그림 13.11 식당에서의 자리 배치

pack() 메서드를 이용한 배치

pack() 메서드

앞 절에서 다뤘듯이 **pack() 메서드는 각 위젯을 하나의 블록으로 구성하여 컨테이너 윈도우에 배치**해준다. 다시 말해서 각 위젯 객체 생성 시 첫 번째 인수로 지정된 컨테이너 상에 pack()를 호출한 순서대로 한 줄로 나열되어 배치된다.

이때 키워드 인수 side를 이용해 나열 방향을 지정할 수 있다. 기본값은 `tk.TOP`의 값으로 위젯들을 컨테이너의 위에서부터 아래 방향으로 나열한다.

코드 13-16 pack()을 이용한 위젯 배치

```
01  import tkinter as tk
02  from tkinter import ttk
03
04  # 사용자 정의 함수부
05  def buildGUI():
06      btn1 = ttk.Button(win, text='버튼1')
07      btn2 = ttk.Button(win, text='버튼2')
08      btn3 = ttk.Button(win, text='버튼3')
09      btn4 = ttk.Button(win, text='버튼4')
10      btn5 = ttk.Button(win, text='버튼5')
11
12      btn1.pack()     # btn1.pack(side=tk.TOP)과 동일
13      btn2.pack()
14      btn3.pack()
15      btn4.pack()
16      btn5.pack()
17
18  # 주 프로그램부
19  win = tk.Tk()       # 기본 윈도우 객체 반환
20  win.title('pack() 배치의 예')
21  win.geometry('300x200')
22  buildGUI()          # 화면 구성
23  win.mainloop()      # 윈도우에서 다양한 이벤트 처리 시작을 지시
```

실행 결과

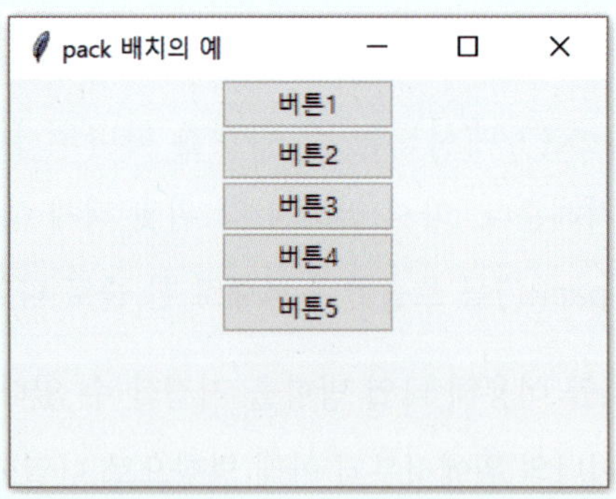

06~10행에서 생성한 버튼 위젯 다섯 개를 pack() 메서드를 이용해 루트 윈도우에 배치(12~16행)한다. 따라서 버튼1부터 버튼5까지 위에서 아래 방향으로 나열된다.

• 위젯이 배치될 방향을 지정하기

코드 13-16에서는 pack() 메서드 호출 시 side 인수로 기본값인 tk.TOP이 지정되었기에 상단 중앙에 치중해서 배치된 것을 볼 수 있다. 12~16행의 pack() 메서드 호출 시 다음의 코드 13-17과 같이 **side 키워드 인수**를 지정해 보자. 12행에서 btn1은 아래쪽에 치중하도록 하고, btn2는 왼쪽에, btn3은 오른쪽에 치중한다. 그리고 btn4와 btn5는 위쪽에 치중하도록 배치한다.

pack() 메서드의 side 키워드 인수

 # 코드 13-17 pack()에 side 키워드 인수를 지정한 예

코드 13-16의 12~16행 수정

```
12    btn1.pack(side=tk.BOTTOM)
13    btn2.pack(side=tk.LEFT)
14    btn3.pack(side=tk.RIGHT)
15    btn4.pack()
16    btn5.pack(side=tk.TOP)
```

실행 결과

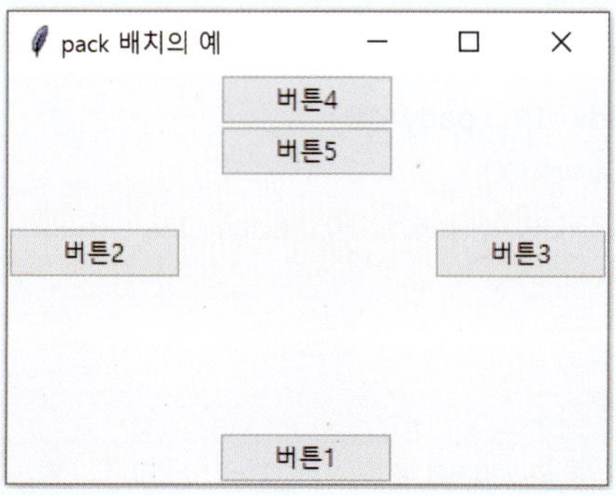

• 위젯의 여백 지정하기

여백의 종류는 두 종류가 있다. **위젯의 경계면부터 그 위젯의 내용까지의 여백을 안쪽여백**이라 한다. 위젯의 왼쪽과 오른쪽의 안쪽여백은 키워드 인수 ipadx로, 위쪽과 아래쪽의 안쪽여백은 ipady로 픽셀 단위로 지정한다.

안쪽여백

반면에 **위젯의 경계면에서부터 컨테이너나 다른 위젯까지의 경계를 바깥여백**이라 하는데, 왼쪽과 오른쪽의 바깥여백은 padx로, 위쪽과 아래쪽은 pady 키워드 인수로 지정한다.

바깥여백

그림 13.12 안쪽여백과 바깥여백

fill 키워드 인수

더불어 각 위젯을 포함하는 **컨테이너의 너비에 맞춰 위젯의 크기를 지정하고자 한다면 `fill=tk.X`라는 인수**를 추가할 수 있다. 이 경우엔 `ipadx`로 지정한 위젯 좌우쪽의 내부 여백은 무시되고 컨테이너의 폭에 따라 가변적으로 설정된다.

코드 13-16의 12~16행을 다음과 같이 수정해 보자.

코드 13-16을 수정

코드 13-18 pack()로 위젯의 여백 지정하기

```
12  btn1.pack()
13  btn2.pack(ipadx=10, ipady=10)
14  btn3.pack(padx=10, pady=10)
15  btn4.pack(fill=tk.X)
16  btn5.pack(fill=tk.X, padx=10, pady=10, ipadx=10, ipady=10)
```

실행 결과

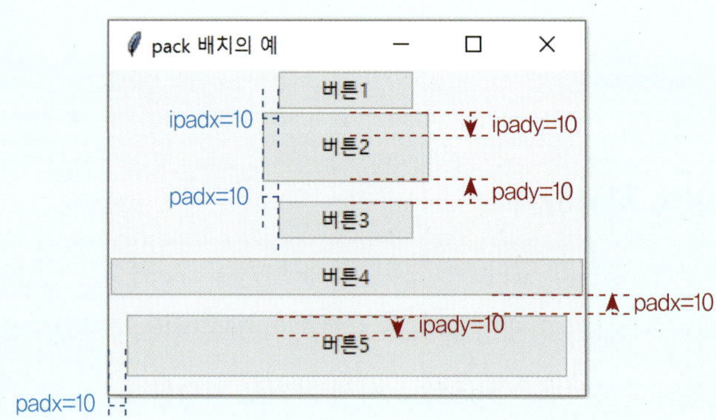

13행은 버튼 위젯의 안쪽여백을 각각 10픽셀로 설정한다. 따라서 12행에서 배치된 버튼1에 비해 버튼2는 라벨의 상하좌우에 여백이 더 추가된 것을 볼 수 있다.

14행은 버튼 위젯의 바깥여백을 각각 10픽셀로 설정하였기에, 버튼 위젯의 크기는 버튼1과 동일하지만 위아래에 10픽셀만큼의 여백이 추가된다. 현재 구성에서는 모든 위젯을 위아래로 배치했기에 좌우여백은 가시적으로 드러나지 않는다.

15행은 버튼 위젯의 폭을 현재 버튼을 포함하는 컨테이너인 루트 윈도우 폭에 맞추도록 설정하였다. 따라서 루트 윈도우의 폭을 조정하면 그에 따라 가로방향으로 꽉 채워진 버튼 위젯을 구성할 수 있다.

16행은 버튼 위젯의 폭을 루트 윈도우에 맞추되 안쪽여백과 바깥여백을 모두 지정하였다. 바깥여백을 지정하였기에 버튼의 경계선과 루트 윈도우의 좌우 경계선 그리고 위쪽의 버튼4와 아래쪽 경계선과 각각 10픽셀 만큼의 여백이 설정된다.

fill=tk.X가 설정되었기에 ipadx=10의 설정은 무시된다.

grid() 메서드를 이용한 배치

앞서 다룬 pack() 메서드를 이용한 배치는 한 방향으로의 나열되는 다소 간단한 화면 구성에 사용될 수 있으나 많은 위젯을 가지면서 2차원적인 배치를 해야 하는 상대적으로 복잡한 화면을 구성하기에는 다소 한계가 있다.

이번 절에서 소개하는 gird() 메서드는 위젯 배치를 위해 화면 영역을 격자로 나누어 배치하는 방법이다. 여기서 격자로 나뉘어진 각각의 칸을 셀(cell)이라 부르자. 다시 말해 grid() 메서드 호출 시 row와 column 키워드 인수를 통해 위젯을 어느 셀에 배치할지를 지정한다. 이 값은 각각 0의 값을 기본값으로 갖는다.

grid() 메서드

grid() 메서드의 row, column 키워드 인수

```
위젯이름.grid(row=배치할_셀의_로우값, column=배치할_셀의_컬럼값)
```

		키워드 인수 column의 값				
		0	1	2	...	c
키워드 인수 row의 값	0	(0, 0)	(0, 1)	(0, 2)	...	(0, c)
	1	(1, 0)	(1, 1)	(1, 2)	...	(1, c)
	2	(2, 0)	(2, 1)	(2, 2)	...	(2, c)
	...	...	...	...	...	...
	r	(r, 0)	(r, 1)	(r, 2)	...	(r, c)

이때 격자로 나뉘어진 각 셀의 크기는 그곳에 배치되는 위젯의 크기에 따라 달라진다. 즉, 셀의 너비는 같은 column에 배치된 위젯 중 가장 넓은 위젯에 의해, 셀의 높이는 같은 row에 배치된 위젯 중 가장 높이가 높은 위젯에 의해 결정된다.

코드 13-16에서 수정

 # 코드 13-19 grid()을 이용한 위젯 배치

```
01 import tkinter as tk
02 from tkinter import ttk
03
04 # 사용자 정의 함수부
05 def buildGUI():
06     btn1 = ttk.Button(win, text='버튼1')
07     btn2 = ttk.Button(win, text='버튼2')
08     btn3 = ttk.Button(win, text='버튼3')
09     btn4 = ttk.Button(win, text='버튼4')
10     btn5 = ttk.Button(win, text='버튼5')
11
12     btn1.grid(row=0, column=0)  # btn1.grid()와 동일
13     btn2.grid(row=0, column=1)
14     btn3.grid(row=1, column=1)
15     btn4.grid(row=1, column=2)
16     btn5.grid(row=2, column=0)
17
18 # 주 프로그램부
19 win = tk.Tk()       # 기본 윈도우 객체 반환
20 win.title('grid 배치의 예')
21 win.geometry('300x200')
22 buildGUI()          # 화면 구성
23 win.mainloop()      # 윈도우에서 다양한 이벤트 처리 시작을 지시
```

실행 결과

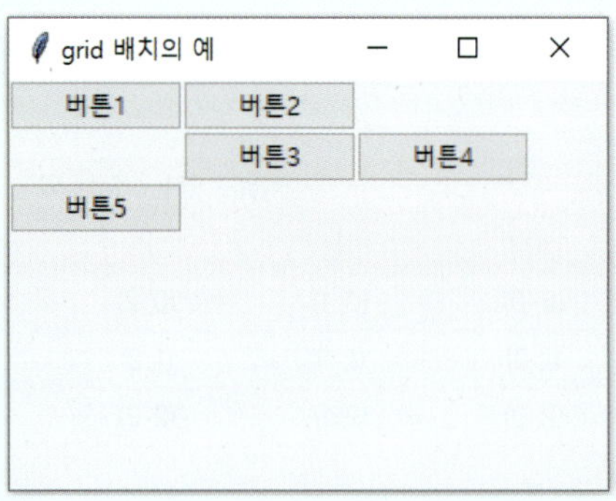

• grid() 메서드를 이용한 배치의 한계

그리드 배치는 각 위젯들을 가지런히 행과 열의 형태로 배치하는 일반적인 구성에서 유용해 보인다. 다만 코드 13-19의 08행에서 생성한 버튼의 텍스트를 다른 버

튼들의 텍스트보다 긴 문자열을 사용하면 다음과 같이 정렬 상태가 흐트러져 버리는 한계가 발생한다. 코드 13-19의 07행을 다음과 같이 수정해 보자.

코드 13-20 grid()을 이용한 다양한 크기의 위젯 배치

```
07  btn2 = ttk.Button(win, text='매우 긴~~~ 너비와 높이를 갖는\n버\n튼\n2')
```

실행 결과

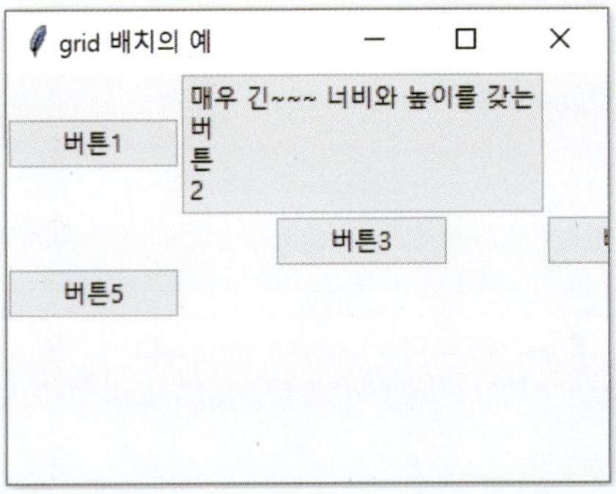

버튼4의 일부가 잘려서 표시되는 것은 루트 윈도우의 너비를 늘려주면 해결되지만, 버튼2의 텍스트가 길어지고 여러 줄로 표시됨에 따라 그 바로 아래에 배치된 버튼3에 할당된 칸의 너비도 같이 확장되어 버튼1의 위아래, 버튼3 좌우에 공백이 추가되면서 애초의 가지런히 배치된 형태가 다소간 흐트러진다.

• 특정 셀 내의 정렬 방식 지정하기

앞선 예제의 버튼1이나 버튼3처럼 다른 셀에 배치된 더 큰 크기를 갖는 위젯 때문에 현재 위젯이 할당된 셀에 여백이 생기는 경우 위젯은 해당 셀의 가운데에 배치된다. 다만 위젯이 배치될 **셀 내에 여백이 존재할 경우 위젯이 배치될 위치를 설정하기 위해** grid() 메서드는 sticky 키워드 인수를 제공한다.

grid() 메서드의 sticky 키워드 인수

```
위젯명.grid(sticky=정렬방향)    # n, e, s, w, nw, ne, sw, se
```

여기서 sticky 키워드 인수값으로는 하나의 문자열을 갖는데 해당 셀의 어느 방향에 치중해서 배치할 지에 따라 'n', 'e', 's', 'w', 'nw', 'ne', 'sw', 'se' 중 하나를 갖는다. 이는 4 방위를 나타내는 영어 단어의 첫 자에 대한 문자열 표현이다. 다시 말

해 'se'는 남동쪽(south-east), 즉 오른쪽 아래 방향에 치중해서 배치하고자 할 때 사용한다.

코드 13-19의 12~16행을 다음과 같이 수정해 보자.

코드 13-19의 12~16행을 수정

 # 코드 13-21 sticky 키워드 인수의 사용 예

```
12        btn1.grid(row=0, column=0, sticky='se')
13        btn2.grid(row=0, column=1)
14        btn3.grid(row=1, column=1, sticky='w')
15        btn4.grid(row=1, column=2)
16        btn5.grid(row=2, column=0)
```

실행 결과

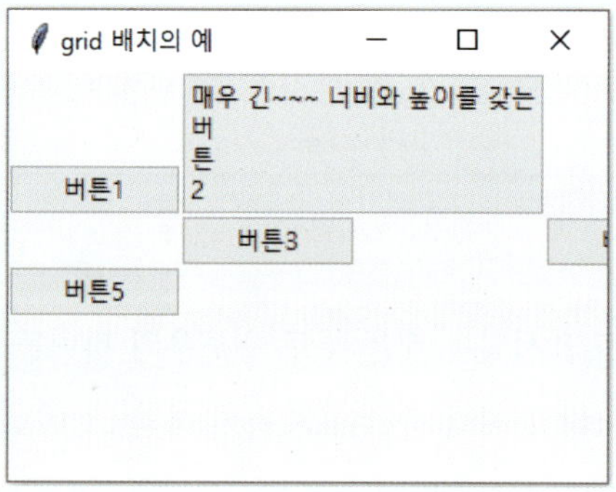

• 셀 합치기

코드 13-21의 결과에서 보면, 상대적으로 넓은 폭은 갖는 버튼2와 버튼3을 같은 열에 배치하다 보니 버튼3과 버튼4 사이에는 여백이 생겼다. 이때 버튼4를 버튼3 바로 옆에 배치하고 싶다면 어떻게 해야 할까?

원칙적으로 보면 2번 컬럼에 배치된 버튼4를 1번 컬럼 영역에 어중간하게 걸쳐서 배치할 수는 없다. 하지만 이와 비슷한 효과를 내기 위해 다음의 키워드 인수를 살펴보자.

grid() 메서드의 columnspan, rowspan 키워드 인수

```
위젯이름.grid(columnspan=셀_개수, rowspan=셀_개수)
```

이 키워드 인수들은 정수의 인수를 가지며, 각 방향으로 지정한 개수의 셀을 합치는 효과를 낸다. 즉, columnspan은 가로 방향의 셀들을, rowspan은 세로 방향의 셀들을 합치는 효과를 갖는다.

코드 13-21의 13행에 다음과 같이 columnspan 키워드 인수를 추가해 보자.

코드 13-22 셀 합치기

코드 13-21을 수정

```
12    btn1.grid(row=0, column=0, sticky='se')
13    btn2.grid(row=0, column=1, columnspan=2)
14    btn3.grid(row=1, column=1, sticky='w')
15    btn4.grid(row=1, column=2)
16    btn5.grid(row=2, column=0)
```

실행 결과

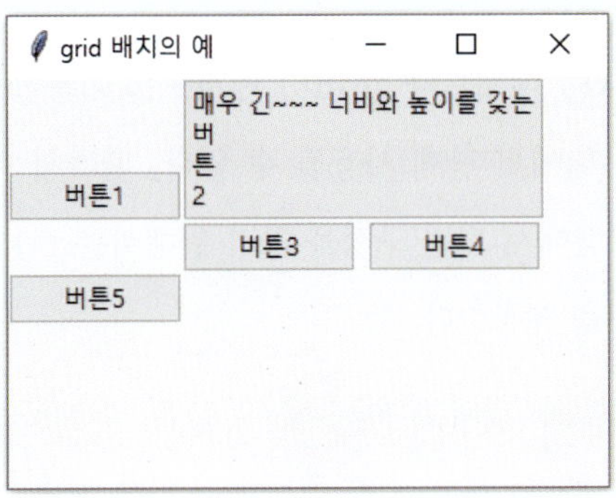

코드 13-21의 실행 결과와 비교해 보면 버튼4가 버튼3 오른쪽으로 이동한 것처럼 보인다. 하지만 여전히 버튼2와 버튼3은 1번 컬럼에, 버튼4는 2번 컬럼에 배치되어 있다. 다만 기존과 달리 버튼2는 columnspan 키워드 인수를 통해 1번 컬럼부터 가로 방향으로 2개의 셀에 걸쳐 배치하도록 지정한 것이다. 즉, 버튼2는 1~2번 컬럼에 걸쳐 배치되었다고 표현하는 것이 더 정확할 것이다.

• 그러나 여전히 복잡한 grid() 메서드

코드 13-22의 실행 결과를 보면 1번 컬럼에 배치된 버튼3과 2번 컬럼에 배치된 버튼4의 너비를 합친 것보다 버튼2의 너비가 더 넓기때문에 여전히 버튼3과 버튼4 사이에는 간격이 생기는 것을 볼 수 있다.

이렇듯 서로 다른 너비를 갖는 다양한 위젯들을 가지고 화면을 배치할 때에는

grid() 메서드를 이용한 배치 역시 화면을 구성하기에 복잡해지고 한계가 존재한다.

place()

물론 tkinter에서는 앞서 다룬 두 메서드 외에도 place() 메서드를 이용해 각 위젯을 화면 어디에 배치할 것인지에 대한 소위 절대좌표를 지정하는 방법이 제공된다. 이 방법을 이용하면 직관적으로 각 위젯을 원하는 곳에 단순하게 배치할 수 있기는 하다. 하지만 한 번 배치가 끝난 화면에 새로운 위젯을 추가하거나 기존의 위젯의 위치를 수정하거나 삭제하는 행위를 할 때마다 전체적으로 각 위젯의 배치 좌표를 수정해야 하는 번거로움이 발생한다.

이런 복잡한 화면 구성을 갖는 윈도우에 각 위젯을 좀 더 효율적으로 배치하기 위해 tkinter에서는 프레임이라는 컨테이너 구성요소를 추가로 제공한다.

프레임(Frame) 위젯을 이용한 화면 구성

앞 절에서 소개한 pack() 메서드나 grid() 메서드를 이용한 위젯의 배치는 기본적으로 하나의 컨테이너 내에서 함께 사용될 수 없다. 따라서 다소 복잡한 화면 구성을 갖는 윈도우 프로그램에서 화면 구성을 하기 위해서는 ttk 모듈의 Frame 클래스를 이용한 프레임 위젯을 제공한다.

프레임 위젯은 실생활의 쟁반과 비슷한 역할을 수행한다. 일부 음식점에서는 손님들에게 빠르게 음식들을 제공할 수 있도록 음식을 담은 그릇들을 각 쟁반 위에 미리 배치한 후, 그저 그 쟁반을 통째로 각 손님 앞에 가져다주면서 상차림을 빠르게 한다. 각 그릇을 각 손님 상위에 어떻게 배치할지 고민할 필요가 없게 된다. 여러 명이 함께 다양한 종류의 음식을 시키더라도 문제없다. 학교 식당 같은 경우에는 아예 쟁반과 그릇을 하나로 만든 식판을 이용하기도 한다.

그림 13.13 개인 쟁반을 이용한 상차림

프레임 위젯 자신은 화면에 가시적으로 보이지 않으나, 그 내부에 다른 위젯들을 포함할 수 있는 컨테이너 객체이다. 이제까지는 각 위젯이 배치될 컨테이너를 지정하기 위해 위젯 객체 생성 시 첫 번째 인수로 루트 윈도우를 지정했다. 즉, 각 위젯을 루트 윈도우에 직접 배치하였다. 하지만 프레임 위젯을 사용한다면 같은 방식의 배치를 갖는 인접한 위젯끼리 서로 다른 프레임 위젯에 부착하고, 이렇게 구성된 프레임 위젯들을 루트 윈도우에 배치함으로써 좀 더 복잡한 화면 구성을 수월하게 할 수 있다. 이제 더 이상 특정 배치 방법이 갖는 한계를 어떻게 해결해야 할지를 고민하지 않아도 될 것이다! 그저 **비슷한 위치에 같은 방식으로 배치될 위젯끼리 프레임 위젯으로 묶어주자.**

투명 쟁반에 비유해보자

코드 13-19의 `buildGUI()`를 다음과 같이 수정해 보자.

 # 코드 13-23 Frame을 이용한 배치

코드 13-19를 수정

```
def buildGUI():
    btn1 = ttk.Button(win, text='버튼1')
    btn2 = ttk.Button(win,
                text='매우 긴~~~ 너비와 높이를 갖는\n버\n튼\n2')
    btn_group = ttk.Frame(win)
    btn3 = ttk.Button(btn_group, text='버튼3')
    btn4 = ttk.Button(btn_group, text='버튼4')
    btn5 = ttk.Button(win, text='버튼5')

    btn1.grid(row=0, column=0, sticky='se')
    btn2.grid(row=0, column=1)
    btn3.pack(side=tk.LEFT)
    btn4.pack(side=tk.LEFT)
    btn_group.grid(row=1, column=1, sticky='w')
    btn5.grid(row=2, column=0)
```

실행 결과

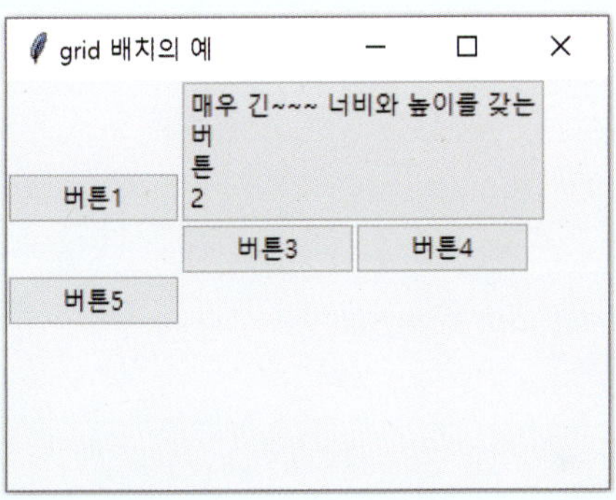

코드 13-23의 09행에서 루트 윈도우를 컨테이너로 지정한 프레임 위젯을 생성하자. 이제 버튼3과 버튼4는 컨테이너로 기존의 루트 윈도우 win 대신 프레임 위젯 btn_group을 지정(10~11행)하였다. 그리고 pack() 메서드 호출로 두 버튼 위젯을 btn_group에 부착(16~17행)하자. 더불어서 btn_group은 루트 윈도우의 1번 행 1번 열에 왼쪽에 치중해서 배치(18행)된다.

여기서 하나 더 확인할 것은 코드 13-22의 13행에서와 달리 btn2를 배치할 때 columnspan을 지정하지 않았다는 점에 유의하자. 다시 말해 루트 윈도우의 1번 컬럼에 버튼3과 버튼4를 하나로 묶은 프레임이 배치된 것이다. 실행 결과를 비교해 보면 코드 13-22의 경우와 달리 프레임 위젯이 한 덩어리로 취급하기에 버튼3과 버튼4 사이에 여백이 포함되지 않는 것을 확인할 수 있다.

프레임 위젯의 특징 정리

- ✓ 프레임 위젯을 통해 특정 영역에서 같은 방식으로 배치될 위젯들을 하나의 그룹으로 묶을 수 있다.
- ✓ 각 프레임 위젯은 직사각형의 영역을 갖는다.
- ✓ 각 프레임 위젯은 고유한 방식의 배치 방법을 적용할 수 있다.
- ✓ 계층적인 형태로 중첩해서 사용함으로써 복잡한 화면 구성을 상대적으로 용이하게 할 수 있다.

05 객체지향적으로 구성하기

절차지향적으로 구성된 GUI

11장을 다루지 않은 경우 생략할 수 있다.

앞서 살펴본 코드 13-11을 다시 살펴보자. 주 프로그램부에서 기본적인 루트 윈도우 객체를 생성한 후, 화면을 구성하기 위해 buildGUI() 함수를 호출했다. 더불어 이 함수 안에서 생성된 text_label과 name은 버튼 클릭에 대한 핸들러 함수에서도 접근해야 하므로 text_label과 name는 전역변수로 선언(06, 09행)하였다.

 # 재인용 엔트리 위젯의 사용 예 (코드 13-11)

```
01  import tkinter as tk
02  from tkinter import ttk
03
04  # 사용자 정의 함수부
05  def buildGUI():
06      global text_label
07      text_label = ttk.Label(win, text='안녕하세요')
08
09      global name                  # 이벤트 핸들러에서 접근 위해
10      name = tk.StringVar()        # 엔트리 위젯에서 문자열 저장 위해
...     # ... 생략 ...

23  def input_btn_handler():  # 버튼 클릭에 대한 이벤트 핸들러 함수
24      text_label.configure(text='반가워요, ' + name.get())
25      name.set('')            # 작은따옴표 두 개로 빈문자열을 인수로 지정
26
27  # 주 프로그램부
28  win = tk.Tk()        # 기본 윈도우 객체 반환
29  win.title('버튼 위젯 예')
30  buildGUI()           # 화면 구성
31  win.mainloop()       # 윈도우에서 다양한 이벤트 처리 시작을 지시
```

이제까지 우리가 작성한 코드는 그저 변수를 선언하고, 정의된 함수를 호출하는 등의 각종 구문을 나열하는 절차지향적인 방식이었다!

28~31행과 같이 필요한 절차들을 일일이 나열하기보다는 한 덩어리로 묶어 잘못 사용할 가능성을 줄이고, 그저 특정 윈도우를 위한 특정 함수 내에서만 사용되는 text_ label과 name과 같은 전역변수의 사용을 줄일 수는 없을까? 따라서 이렇게 하나의 윈도우를 생성하고 사용하는 데에 연관된 코드들을 클래스로 구성하고자 한다.

객체지향적으로 구성된 GUI

이제까지 다룬 예제와 같은 간단한 구성에서는 이런 절차지향적인 구성도 크게 문제되지는 않는다. 하지만 프로그램의 규모가 커지게 되면 이런 절차지향적인 구성은 그리 바람직하지 않다. 좀 더 가독성 좋은 코드로 유지관리하기 쉽고 재사용 하기 좋도록 GUI 프로그램의 구조를 클래스로 모듈화해보자.

11장에서 언급했듯이 객체지향적인 문제 해결이란 어떤 책임을 갖고 있는 객체를 이용해서 주어진 문제를 해결해 가는 프로그래밍 방식을 가리킨다. 사용자에게 보여줄 화면을 구성하고, 그 안에서 발생되는 이벤트 처리를 수행한다는 것은 상호 연관된 요소들이다. 따라서 윈도우를 위한 화면 구성과 각종 이벤트에 대한 처리를 위한 책임들을 하나의 클래스로 기술해보자. 앞서 작성한 코드 13-11을 다음과 같이 수정하자.

코드 13-11을 기반으로 수정

각 함수가 해야할 일만 참고하고 새로 작성하는 것이 덜 복잡할 수 있다.

 # 코드 13-24 객체지향적으로 GUI 구성

```
import tkinter as tk
from tkinter import ttk

# 클래스 정의부
class SayHelloWin:
    def __init__(self):
        self.win = tk.Tk()      # 기본 윈도우 객체 생성
        self.win.title('버튼 위젯 예-OOP')
        self.__buildGUI()      # 화면 구성

    def __buildGUI(self):
        self.text_label = ttk.Label(self.win,
                                    text='안녕하세요')

        self.name = tk.StringVar()
        input_entry = ttk.Entry(self.win,
                                textvariable=self.name)

        input_btn = ttk.Button(self.win, text='입력',
```

```
                                     command=self.__input_btn_handler)
18          quit_btn = ttk.Button(self.win, text='종료',
                                        command=self.win.destroy)
19
20          self.text_label.pack()
21          input_entry.pack()
22          input_btn.pack()
23          quit_btn.pack()
24
25      def __input_btn_handler(self):
26          self.text_label.configure(
                  text='반가워요, ' + self.name.get())
27          self.name.set('')
28
29  # 주 프로그램부
30  hello = SayHelloWin()
31  hello.win.mainloop()
```

실행 결과

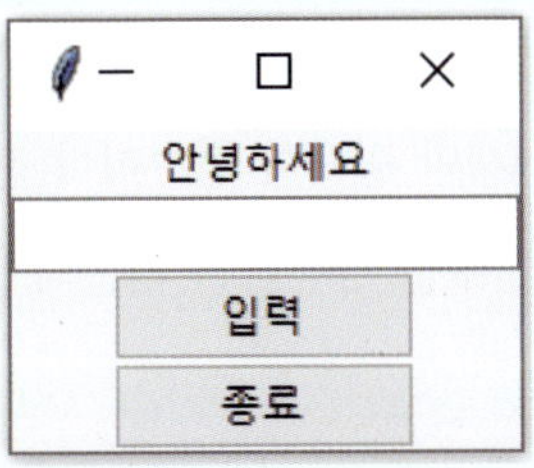

• 사용자 윈도우 클래스로 정의하자

사용자 정의 윈도우를 위해 SayHelloWin 클래스를 정의(05행)한다. 생성자 정의(06행)를 통해 루트 윈도우를 생성하여 화면을 구성하는 작업이 객체 생성 시 자동으로 일어나도록 하자. 루트 윈도우 객체를 가리키는 식별자 win은 SayHelloWin 클래스의 속성으로 등록해서 이 클래스의 다른 메서드에서도 접근할 수 있도록 하자.

self가 추가되어있다.

• buildGUI()를 메서드로 만들자

화면 구성을 위한 buildGUI()는 기존의 함수 정의를 그대로 이용하되 매개변수 self를 추가해 SayHelloWin 클래스의 메서드로 정의한다. 더불어 이 메서드는 SayHelloWin 클래스 객체 외부에서 따로 명시적으로 호출될 필요가 없기에 식별자 앞에 __를 추가해 비공개 속성으로 정의한다. 기존의 절차지향적인 구현에서 전역적으로 선언했던 text_label과 name 역시 self를 추가하자. 생성자의 win과 마찬가지로 지역변수로 선언하는 대신 메서드가 끝난 이후 다른 메서드에서도 접근할 수 있도록 클래스의 데이터 속성으로 등록한다. 다만 식별자 input_entry, input_btn, quit_btn의 경우에는 buildGUI()에서만 사용되므로 여전히 지역변수로 놔두자.

• 이벤트 핸들러 함수도 메서드로 만들자

버튼에 대한 이벤트 핸들러로 input_btn_handler() 함수 역시 메서드로 정의한다. 이 메서드 역시 그저 버튼에 대한 핸들러로 SayHelloWin 클래스 객체 내부에서만 사용되므로 식별자 앞에 __를 추가해 비공개 속성으로 정의하자. 이 메서드 안에서 사용되는 text_label과 name은 buildGUI() 메서드에서 선언된 데이터 속성에 접근하면 되므로 그 앞에 self에 대한 참조를 추가한다.

• 전역변수 대신 멤버변수로 사용하자

win, name, text_label

절차지향적인 구현과 달리 이제는 굳이 전역변수를 사용하지 않아도 된다. 사실 이 변수들은 윈도우 객체에서만 필요한 변수이니 전역변수로 둘 필요도 없다. 다만 멤버변수로 수정한 이 세 변수를 사용하는 기존의 코드에는 모두 self를 추가해 주어야 한다는 점을 잊지말자.

• 나만의 윈도우 객체를 생성해 이용하자

30~31행에서와 같이 이제 주 프로그램부에서는 SayHelloWin 클래스를 이용해 객체를 생성하고, 이 객체가 가지고 있는 루트 윈도우 객체에 대해 이벤트 처리의 시작을 호출하면 된다. 절차지향적인 이전의 코드에 비해 주 프로그램부가 상당히 간단해졌고, 이 윈도우와 연관된 함수나 변수들이 모두 하나의 클래스로 모듈화되어 묶여 있다는 점을 확인해두자.

● 좀 더 복잡한 화면 구성을 갖는 GUI

GUI 프로그램을 위한 소스 코드는 화면을 구성하는 작업과 이벤트 처리를 기술하는 작업으로 구분된다. 보통 이벤트 처리는 각 이벤트 소스마다 처리할 내용이 상이하게 별도의 메서드를 통해 구성하게 될 것이다. 반면에 화면 구성 처리를 위해서 우리는 buildGUI()라는 메서드를 추가해 처리하기는 했으나 더 복잡한 화면 구성을 갖는 경우 이 메서드 자체가 복잡해져서 유지보수하기 쉬운 코드가 되기 어렵다.

이에 대한 한 예로 다음의 코드는 앞선 예제에 프레임 위젯을 이용해 화면을 구성하도록 수정해보자.

 # 코드 13-25 객체지향적으로 GUI 구성 코드 13-24를 수정

```
import tkinter as tk
from tkinter import ttk

# 클래스 정의부
class SayHelloWin :
    def __init__(self):
        self.win = tk.Tk()     # 기본 윈도우 객체 생성
        self.win.title('버튼 위젯 예-OOP')
        self.__buildGUI()      # 화면 구성

    def __buildGUI(self):
        self.__create_input_frame().pack()
        self.__create_button_frame().pack()

    def __create_input_frame(self):
        frame = ttk.Frame(self.win)

        self.text_label = ttk.Label(frame, text='안녕하세요')

        self.name = tk.StringVar()
        input_entry = ttk.Entry(frame, textvariable=self.name)

        self.text_label.grid()
        input_entry.grid(row=0, column=1)

        return frame

    def __create_button_frame(self):
        frame = ttk.Frame(self.win)

        input_btn = ttk.Button(frame, text='입력',  command=self.__input_btn_handler)
        quit_btn = ttk.Button(frame, text='종료', command=self.win.destroy)

```

```python
34            input_btn.pack(side=tk.LEFT)
35            quit_btn.pack(side=tk.LEFT)
36
37            return frame
38
39        def __input_btn_handler(self):
40            self.text_label.configure(
41                text='반가워요, ' + self.name.get())
42            self.name.set('')
43
44    # 주 프로그램부
45    hello = SayHelloWin()
46    hello.win.mainloop()
```

실행 결과

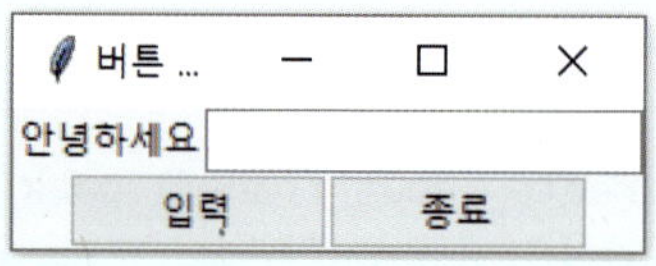

이를 위해서 프레임 객체를 생성하고, 또 각 프레임에 위젯을 배치하는 등 코드 13-24에 비해 buildGUI()에서 해야 할 처리가 많아진다. 따라서 책임 분할의 측면에서 각각의 프레임을 구성하는 작업을 추가의 메서드를 통해 처리하도록 구성하자. 즉, 15행과 28행의 메서드를 두어 적절히 위젯들을 배치하여 구성된 프레임을 반환하도록 한다. 각 메서드를 통해 구성되는 프레임에 서로 다른 배치 메서드를 사용해 보았다. 상황에 맞게 다양한 배치 방법을 적용하자.

단위 책임을 갖는 작은 메서드로 분할해 구성하자.

buildGUI()에서는 그저 이 두 메서드 호출의 반환값을 배치하는 작업으로 단순화될 수 있다. 하나의 메서드 내에서 모든 구성을 나열하기보다 이렇게 각 프레임 단위별로 **별도의 메서드로 분리된 경우 가독성이 높아져서 유지보수하기 좋은 구성**이 된다. 더불어 각 메서드에서는 하나의 프레임 구성을 위한 처리만 담당하고 있기에 덜 복잡하게 원하는 형태로 수정할 수 있다.

복잡한 화면 구성 — 정리

복잡한 화면 구성은 프레임 위젯을 이용해 각 단위별로 분리해 구성하되, 이 작업을 별도의 메서드로 수행할 수 있도록 모듈화하면 가독성이 좋아질 수 있다.

이번 단원을 정리하며

- GUI는 사용자가 좀 더 직관적으로 프로그램을 사용할 수 있도록 시각적인 요소들로 프로그램을 구성한다.
- GUI를 지원하는 운영체제에서는 사용자 입력이나 프로그램 내/외부의 각종 변화로 인해 발생된 이벤트에 따라 메시지를 프로그램에게 통지한다. 따라서 각 응용 프로그램들은 각 이벤트에 따라 전달된 메시지들을 처리하는 루틴을 프로그래밍해야 한다.
- GUI 프로그래밍 작성 과정은 크게 ❶ 화면 구성과 ❷ 이벤트 처리 프로그래밍으로 나뉠 수 있다.
- 위젯이란 GUI 프로그램의 화면을 구성하는 작은 부품 역할을 하는 구성요소 객체를 가리킨다. 이는 루트 윈도우에 부착되어 배치되었을 때 사용자 입출력 처리를 수행할 수 있다.
- 간단하게 GUI 프로그램을 작성하기 위해 tk 모듈을 이용할 수 있고, 좀 더 개선된 룩앤필을 제공하기 위해 ttk 모듈을 보조적으로 사용한다.
- 라벨 위젯은 단순 문자열이나 이미지를 출력할 때 사용한다.
- 버튼 위젯은 사용자로부터 간단하게 확인 입력을 받고자 할 때 사용한다.
- 엔트리 위젯은 사용자로부터 한 줄로 된 문자열 입력을 받고자 할 때 사용한다.
- 텍스트 위젯은 사용자로부터 여러 줄로 된 문자열 입력을 받고자 할 때 사용한다.
- 체크 버튼 위젯은 다중 선택 입력을 받고자 할 때 사용한다.
- 라디오 버튼 위젯은 배타적으로 동작하는 선택 입력을 받고자 할 때 사용한다.
- pack() 메서드는 위젯들을 하나의 블록으로 구성하여 컨테이너에 배치한다.
- grid() 메서드는 화면을 격자로 나누어 위젯들을 컨테이너에 배치한다.
- 프레임 위젯은 비슷한 위치에 같은 방식으로 배치될 위젯들을 묶어주는 컨테이너 역할을 한다.
- 객체지향적으로 윈도우를 구성하는 것이 프로그램 소스 코드의 복잡도를 줄이고, 재사용 가능성을 높이는데 기여한다.

연습 문제

이번 단원에서는 GUI 프로그램의 화면을 구성하고 사용자 이벤트에 대한 처리를 수행하는 프로그램 작성 방법에 대해 살펴보았다. 일반적으로 GUI는 편리한 인터페이스를 제공해 많이 사용할 수 있으므로 원하는 화면구성과 그에 따른 처리를 프로그래밍할 수 있도록 연습하자.

01 **섭씨온도와 화씨온도 사이의 변환을 처리하는 GUI 프로그램**을 작성하고자 한다. 다음과 같이 화면을 구성하고, 각 버튼 입력에 대한 처리를 프로그래밍하라. [화씨->섭씨] 버튼은 정수로 입력된 화씨온도를 섭씨온도로 변환해 출력한다. 반대로 [섭씨->화씨] 버튼은 입력된 섭씨온도를 화씨온도로 변환해 출력한다. [초기화] 버튼은 각 입력 필드를 지우고, [종료] 버튼은 프로그램을 종료시킨다.

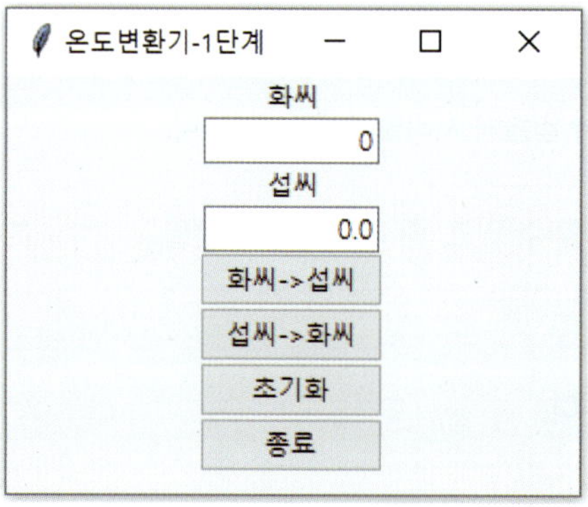

초기 상태 및 초기화 상태

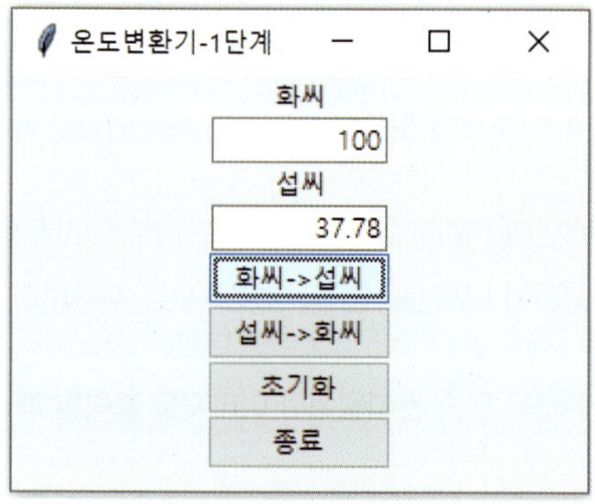

화씨온도 100을 변환한 결과

02 문제1에서 작성한 프로그램을 `grid()` **메서드를 이용한 배치**를 이용해 다음과 같이 화면 구성을 수정해보자.

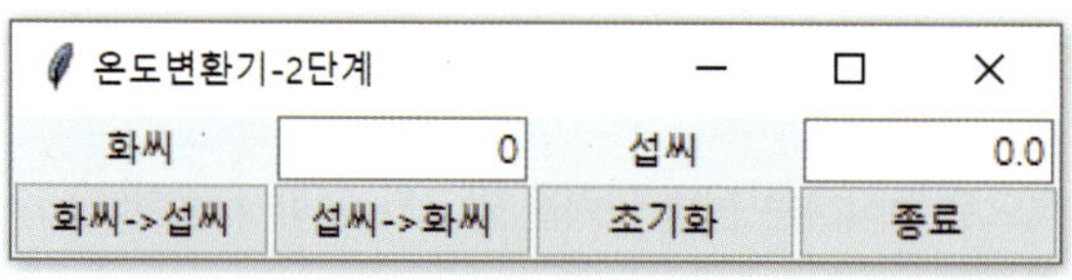

03 문제1에서 작성한 프로그램을 **프레임 위젯을 이용**해 다음과 같이 화면 구성을 수정해 보자.

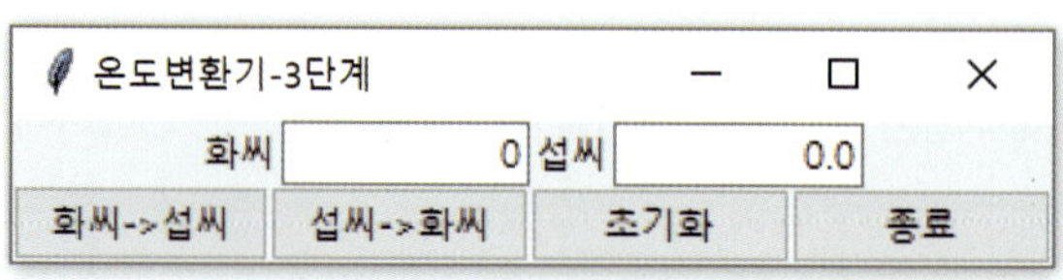

04 다음과 같이 **사용자 정보를 입력**받는데 사용할 수 있는 프로그램을 작성하고자 한다.

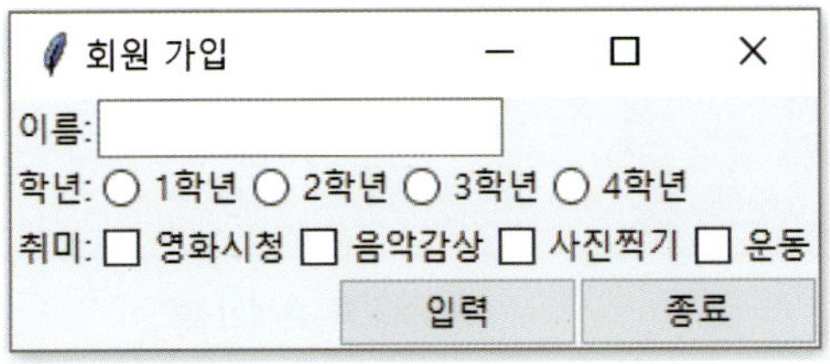

(1) 위와 같이 화면을 구성하시오. 이름은 한 줄로된 문자열로 입력받으며, 학년은 배타적으로 선택할 수 있어야 하며, 취미는 다중 선택이 가능하도록 구성합니다.

(2) [종료] 버튼이 눌리면 프로그램이 종료되고, [입력] 버튼이 눌리면 사용자 입력값을 바탕으로 아래와 같이 콘솔창에 출력하도록 처리하시오.

실행 결과 예

```
홍길동(1학년) - 취미: 영화시청 사진찍기
```

05 다음과 같은 화면 구성으로 **단어장 프로그램**을 작성하고자 한다.

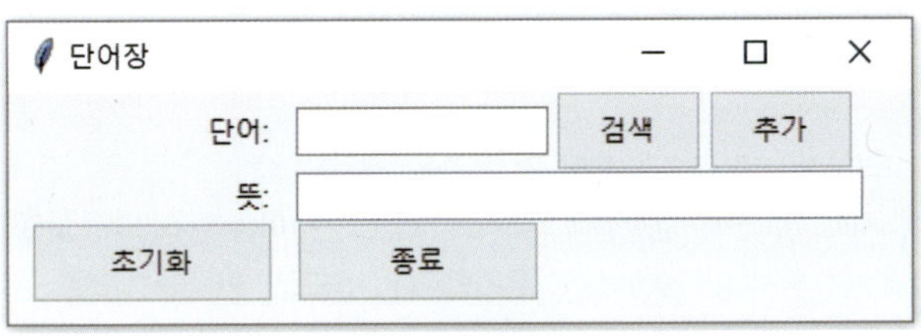

(1) 초기화면

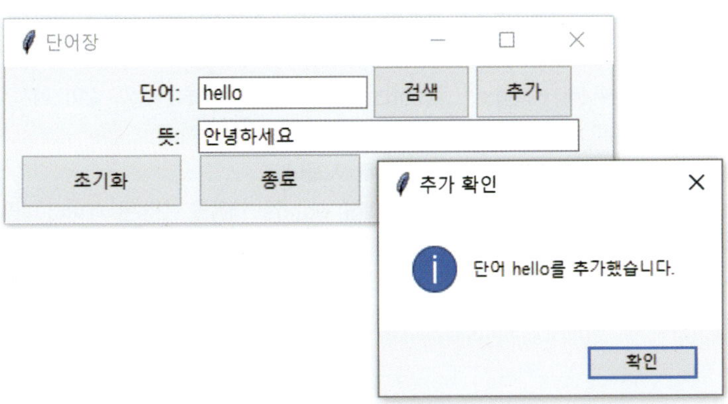

(2) 새 단어 추가 예

연습 문제

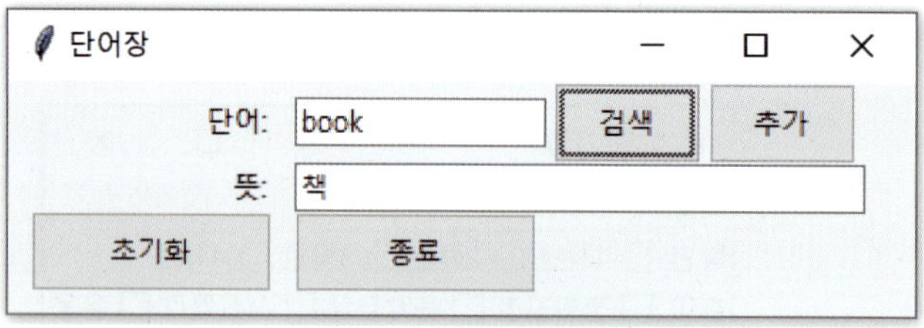

(3) book을 검색한 예

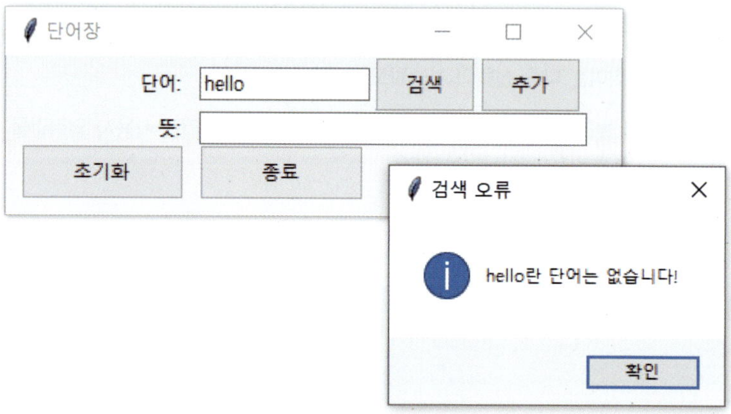

(4) 검색한 단어 부재시

다음의 요구사항을 만족하도록 프로그램을 완성하시오.

- 여백을 고려하여 그림(1)과 같이 각 위젯을 배치합니다.
- 프로그램 시작 시 현재 경로상에 words.txt라는 이름의 데이터 파일이 존재하면 그 내용을 불러들여 딕셔너리 words에 유지합니다. 없으면 빈 딕셔너리를 준비합니다.
- 입력창에 단어와 뜻을 각각 입력하고 [추가] 버튼을 누르면 딕셔너리 words에 추가 저장하고, 입력 위젯은 모두 비운 후 그림(2)와 같이 메시지 박스로 표시합니다.
- 단어를 입력하고 [검색] 버튼을 누르면 딕셔너리 words로부터 검색해 그림(3)과 같이 그 뜻을 출력합니다.
- [검색] 시 딕셔너리 words에 일치하는 단어가 없으면 그림(4)와 같이 메시지 박스로 오류를 표시합니다.
- [초기화] 버튼을 누르면 입력 내용을 모두 지웁니다.
- [종료] 버튼을 누르면 프로그램을 딕셔너리 words 내용을 지정된 데이터 파일에 모두 다시 저장하고 종료합니다.

찾아 보기

ㄱ – ㄴ

가변 객체 327
가시 범위 173
값(value) 352
개행문자 110
객체 413, 417
객체 아이디 99, 336, 371
객체지향 언어 408
게터(getter) 432
고정 소수점 표기법 226
과학적 표기법 76
기본 자료형 73
기억장치(Memory Unit) 447
깊은 복사 338
내장 함수 85
논리곱 연산(and) 246
논리 리터럴 77
논리 연산자 246
논리합 연산(or) 246

ㄷ – ㄹ

다중 대입문 151
단계별 세분화 67, 168
단순문 240
대입 연산자 148
대화식 모드 45, 46
데이터 73
데이터 파일 450
들여쓰기 86, 241
디렉터리 449
딕셔너리 352
라디오버튼(Radiobutton) 위젯 519
라벨(Label) 위젯 502
루트 윈도우 494
리스트 323
리스트 슬라이싱 332
리스트 인덱싱 331
리터럴(literal) 73, 75

ㅁ – ㅂ

매개변수 101, 121, 124
매개변수의 기본값 106
멀티태스킹(multi-tasking) 491
메시지 491
메시지 기반 프로그래밍 492
메시지 큐 491
메인 모듈 188
모듈(module) 188
문자셋 468
문자열 206
문자열 리터럴 77
문자열 메서드 231
문자열 반복 연결 218
문자열 슬라이싱 215
문자열 연결 216
문자열 인덱싱 214
문장(statement) 63
반복 루프(loop) 279
반복문 240, 278, 376
반환값 71, 112, 122, 124
버튼(Button) 위젯 510
변수 선언문 95
변수(variable) 73, 94
변환 명세 226
보조기억(저장)장치 448
복귀 71, 87, 170
복소수 리터럴 76
복합문 240
복합 자료형 74, 322
부호 연산자 138
부호화 39
분해 68
불변 객체 100, 327
비공개 속성 430
비교(관계) 연산자 242
비트 논리 연산자 152
비트 시프트 연산 154
비트 연산자 152
빈 줄 63

ㅅ – ㅇ

사용자 인터페이스(UI) 486
사용자 정의 모듈 190
산술 연산자 140
삼중 따옴표 62, 212
생성자 428
세미콜론(;) 64
세터(setter) 432
소수점 표기법 76
소스 코드(source code) 38, 49
소스 파일(source file) 38, 50
소프트웨어 35
속성(attribute) 416
속성값 417, 419
스위트(suite) 241
스크롤 가능한 텍스트(ScrolledText) 위젯 516
스크립트 모드 45, 48
스크립트 코드 편집기 45
식별자(identifier) 82
실수 리터럴 76

실행 파일 450
아스키(ASCII) 453
액세스 메서드 431
얕은 복사 338
언피클링(unpickling) 476
엔트리(Entry) 위젯 512
역슬래시(\) 208
연산자 136
연산자 결합규칙 137, 160
연산자 우선순위 135, 137, 159
연산자(operator) 135, 136
예약어 84
위젯(widget) 498
윈도우 프로그래밍 490
의사 난수 198
의사 코드(pseudocode) 142
이벤트 기반 프로그래밍 492
이스케이프 문자 208
이중 리스트 392
이진 데이터 파일 452, 475
인수(argument) 71, 101
인스턴스 변수 434
인터페이스(interface) 486
인터프리터(interpreter) 38
임포트 189
입력문 115, 143
입력 프롬프트 46

ㅈ

자기 대입(할당)문 150
자료형(data type) 73
작업 폴더 49
전역변수 177
절차지향 언어 408
정보 은닉 430
정수 리터럴 75
정적 메서드 437
제어문 240, 278
조건문 240
주기억장치 447
주석(comment) 61
중앙처리장치(CPU) 447
중첩 구조 300
지수 표기법 76, 226
지역변수 177
직렬화(serialization) 476

ㅊ – ㅋ

책임 할당 125
체크버튼(Checkbutton) 위젯 517
축약 대입 연산자 155
출력문 78
치환 연산자 % 223
캡슐화(encapsulation) 420
컴파일러(compiler) 38
컴퓨터(computer) 31
컴퓨팅 사고력 39
코드화(encoding) 39, 73
코딩(coding) 39
클래스 메서드 437
클래스 변수 434
클래스(class) 418, 420
키워드 인수 104
키워드(keyword) 84
키(key) 352

ㅌ – ㅍ

텍스트 파일 453, 466
텍스트(Text) 위젯 514
통합개발환경 45
튜플 348
파이썬 41
파이썬 튜터 사이트 328
파일 449
파일 닫기 455
파일 열기 455
파일 열기 모드 458
파일 입출력 450
표현식(expression) 135
프레임(Frame) 위젯 532
프로그래밍 37, 38
프로그래밍 언어 37
프로그램 31, 38
프롬프트 메시지 116
피클링(pickling) 476
피클(pickle) 모듈 476

ㅎ

하드웨어 34
할당 연산자 148
함수 몸체 86
함수 정의 85, 169
함수 호출 70, 87, 101, 169, 170
함수 호출문 71
함수(function) 67, 169
항(term) 135
행위(behavior) 416
헤더(header) 241
형식 코드 224
형식화된 문자열 리터럴 222

A – C

append() 343
as 191, 194

bin() 152
break 311
clear() 345, 359
close() 460
command 510
configure() 501, 506
count() 231, 346

D – F

def 85
del 344, 350, 359
dir() 195
dump() 476
elif 263
end 110
f-문자열 222
FileNotFoundErr 462
find() 232
for 문 295, 376, 393, 473
from 192, 194

G – K

geometry() 496
get() 355
global 185
grid() 527
GUI 프로그래밍 490
GUI(Graphic User Interface) 488
help() 84
id() 100
IDLE 45
IDLE 쉘 45
if ~ elif ~ else 문 263
if ~ else 문 253
if 문 249
import 190
in 229, 347, 356
index() 346
input() 115
insert() 343
items() 395
keys() 395

L – R

L-값(left-value) 148
len() 230, 342
load() 477
mainloop() 494
NameError 47
None 355
not in 229, 347
open() 456
os.path.exists() 463
pack() 504, 523
pass 145
place() 532
print() 67, 72, 78, 109
randint() 198
random 모듈 198
range() 297
read() 469
readline() 472
readlines() 471
remove() 344
replace() 233
resizable() 497
return 112
rfind() 232

S – W

self 421, 425, 429
sep 110
str() 218
Style 506
sum() 389
SyntaxError 47
sys 모듈 197
title() 495
tk 변수 객체 512
tkinter 모듈 493
tkinter 위젯 499
True 247
ttk 스타일링 506
ttk 위젯 499
UnicodeDecodeError 470
UTF-8 453, 467
values() 395
variable 517, 521
while 문 283
Widget 500
winfo_class() 507
with 464
write() 466

기호

@ 데코레이터 438
__init__() 428
__main__ 188
__name__ 188